Psychology for Physical Educators

体育教師のための心理学

ヴァンデン-オウェール・Y
Yves Vanden Auweele

バッカー・F　ビドル・S
Frank Bakker　*Stuart Biddle*

デュラン・M　ザイラー・R
Marc Durand　*Roland Seiler*

［編］

スポーツ社会心理学研究会
［訳］

大修館書店

Psychology for Physical Educators
by
Y. Vanden Auweele, F. Bakker, S. Biddle, M. Durand, R. Seiler

Copyright©1999 by FEPSAC
Japanese translation/rights arranged with Human Kinetics Publishers, Inc.
through Japan UNI Agency, Inc., Tokyo.

TAISHUKAN PUBLISHUNG CO., Ltd., Tokyo, Japan.

まえがき
Preface

ヨーロッパには多くの体育カリキュラムが存在しているが，この1世紀，ほぼ同じ方向に発展してきたといってよいであろう。運動や身体の発達といった伝統的な目標に加え，健康・体力，肯定的自己認知や社会的スキルの発達といった新たな目標を含んだカリキュラム目標が広く支持されるようになってきているからである。しかし，多くの人々からその目標の重要性が支持されているにもかかわらず，その挑戦的な課題を実行に移すために必要な具体的なアドバイスとなるとはなはだ乏しいのが現状である。

本書は，体育教師に体育のカリキュラム目標の達成に必要な心理学的知識と実践へのガイドラインを提供し，その落差を埋めることを目的としている。本書が一般教育心理学の教科書[1),2),3),4),5)]とは異なり体育領域の特殊性に焦点を当てていることは，読者にふさわしいアドバイスを豊富に提供できるという点で大きな利点である。

本書は幅広い意味での体育教師に役立つことが期待される。小中高の体育教師，教員養成課程の教師と学生，体育カリキュラムの専門家，大学及び博士課程前期生，体育専攻生，健康教育者，心理学者，カウンセラー，並びに青少年スポーツとトレーナー学校のトレーナーとコーチなど，幅広い読者が利用できるからである。わかりやすい理論の説明と教師のためのガイドラインは，親・政治家・一般市民が子どもの健康と幸福に貢献する体育の重要性や体育の実践に及ぼす心理的要因の影響を理解するうえでも役立つであろう。

編者である我々が本書の企画・編集・執筆を引き受けた理由は，スポーツ・運動心理学では比較的新しい組織であるヨーロッパスポーツ心理学連盟(European Federation of Sport Psychology; FEPSAC)の学会で，共通の問題意識と共通の出版物の刊行をとの議論に刺激され，この領域における伝統と専門的知識を提供したいという願いからであった。スポーツ・運動心理学者がその知識を体育教師に提供することが必要と考えられたのである。本書は，我々にそのテキストを共に作り上げる機会を与えることになった。

5人の編者はそれぞれ単独で執筆できたに違いない。しかし，心理学とヨーロッパの両方の水準からみて，この共同作業が提供する広さと深さには遠く及ばなかったであろう。構成を検討した後，「はじめに」で説明するようにヨーロッパの研究者にテーマの提出を依頼した。我々は当初，ヨーロッパ全土から著者を起用することが望ましいと考えたが，最終的にベルギー，フィンランド，フランス，ドイツ，ギリシャ，イスラエル，オランダ，ノルウェー，ロシア，スイス，イギリスの11カ国40名になった。

中央及び東ヨーロッパの主要な国の研究者が含まれていないのは，労働と生活条件の困難さが続いて

まえがき
Preface

いることや東西ヨーロッパの研究者同士が顔を合わせコミュニケーションすることの難しさによるところが大きい。この隔たりを克服することは，今後のヨーロッパのスポーツ心理学に課せられた大きな宿題であろう。

　さて，各章の利用のしやすさ，読みやすさ，流れに関して，著者たちは理論，研究結果，実践のアイディアに適切なバランスを保つように努めた。それぞれ具体例やまとめ，演習問題，研究課題を含んでいる。

　本書が実践に役立つことを切に願っている。

ヴァンデン-オウェール，Y.（ベルギー）
バッカー，F.（オランダ）
ビドル，S.（イギリス）
デュラン，M.（フランス）
ザイラー，R.（スイス）

文献
1) Feldman, R.S. (1990). The social psychology of education. New York: Cambridge University Press.
2) Schmuck, R.A. & Schmuck, P.A. (1992). Group processes in the classroom. Dubuque, Iowa: Brown.
3) Slavin, R.E. (1994). Educational psychology. Theory and practice. Boston: Allyn & Bacon.
4) Travers, J.F., Elliott, S.N., & Kratochwill T.R. (1993). Educational psychology. Effective teaching, effective learning. Dubuque, Iowa: Brown & Benchmark.
5) Woolfolk, A.K. (1990). Educational psychology. Boston: Allyn & Bacon.

はじめに
Prologue

本書は,ヨーロッパの教育システムに共通するカリキュラム目標に基づいて構成されている。これは，ヨーロッパ及び世界の幅広い読者に，心理学的概念と実践例を提供するための現実的な決定である。

ヨーロッパの多様な国家と文化にみられる体育カリキュラムには，あまり類似点がないようにみえる。このことは，民族と国家の多様性を考えると当然のことかもしれない。しかしながら，多くの相違にもかかわらず，今日のヨーロッパの体育カリキュラムには，重要で根本的な類似点が認められることも事実である。この類似点は，その起源，並びに問題の討議に用いられる概念や用語を反映する領域の歴史的な発展に関連している。

連合の概念に対するヨーロッパ人の両価性は，ヨーロッパの人々に否定しがたい類似点と相違点を同時に尊重したいという欲求を反映している。多様性の尊重は，ヨーロッパ連合のモットーの1つである「ヨーロッパ人であれ，多様であれ」にも謳われており，民族・文化・教育システムの著しい多様性と関連しているのである。

ヨーロッパを構成する国家と文化は，教育に対してそれぞれ独自の基準や期待を持っている。また，哲学的なものから記述的なものまで，保守的なものから批判的なものまで，そのアプローチにおいても大きな違いがある。体育の歴史と文化遺産にみられる違いは，東西ヨーロッパ内及びヨーロッパ間の両方で顕著である。また，Körperkultur（身体文化），Bewegunserziehung（運動教育），education par le mouvement（運動教育），physical education（体育），sport（スポーツ），movement education（運動教育）などにみられる用語の違いは，それぞれ哲学的・文化的差異を反映している。したがって，教師と生徒の相互作用のあり方も国よって同じではない。

ここで，カリキュラムが何に影響を受け，どのように作成されるのかをみておくことは有益である。教育行政担当者は，それぞれの社会の市民として基本的に身に付けるべき資質について組織的熟考と議論を通して独自の教育哲学を明らかにしようとする。そのためには，それぞれの社会でおおよその合意が得られている基準や期待に頼ることになる。カリキュラムは，このような教育の概念が書き留められたものであり，国・地方・教室のいずれのレベルにかかわらず，授業の計画と実施を方向づける。また，期待される学習を成立させるために，目標・方法・内容などが書き加えられ，教室に近づけば近づくほど詳しく具体的なものになる。

一方，作成されたカリキュラムは，教師と生徒の間で生じる教育的な相互作用に大きな影響を及ぼす。そして相互作用が生じる社会文化的文脈が，今度は，カリキュラムの実施と適用を左右することになる[5),6)]。

はじめに
Prologue

　それでは，これら多様な国家がどのようにして互いに共通な体育の基本カリキュラム目標を持つことができるのだろうか。違いの重要性にもかかわらず，大多数のヨーロッパ諸国にみられる体育カリキュラムの目標は同じ起源を持ち，同じ方向で発展してきたというのが我々の見解である。ヨーロッパの体育カリキュラムをさかのぼると，ドイツの「ツルネン」，スウェーデンの「ギムナスティーク」，イギリスの「スポーツ」を共通の起源としているからである。

　一方，最近の傾向をみると，北米とオーストラリアを含めて，ほとんどのヨーロッパの体育カリキュラムは，歴史の差こそあれ，生徒の自己認知と社会的スキルの発達を重視していることが明らかである。

　この2つの新しい目標は，身体と運動の発達といった伝統的な目標や健康・体力教育にとって代わるものではなく，新たに追加されたものである。しかし，新しいからといってその目標の重要性が低いということではない[2),3),4),7),8)]。

ヨーロッパにおける身体活動の目標

　すべてのヨーロッパの体育カリキュラムは，2つの身体的目標と2つの心理的目標を掲げている。一般に，ヨーロッパの体育の目的は，健康で幸福な国民の育成にある。人は，仕事や余暇の多様な場面で，自らの身体を自己実現のための道具として使用できる。身体とその機能に直接関連するものとして設定された身体活動の目標が，[a]身体及び運動の発達と[b]健康・体力である。一方，人格とその社会的機能に関する目標が，[c]肯定的な自己認知と[d]社会的スキルの発達である。

　ヨーロッパ諸国に共通するもう1つの発展は，前述した目標に最も適切でふさわしい用語として広く受け入れられてきた「体育」という用語であり，身体・身体トレーニング・運動教育といった限定的で伝統的な概念と，それを越えた運動による人格教育という幅広く新しい概念を含んでいる。

　ヨーロッパの体育カリキュラムは，北米，とりわけアメリカと無関係に発展してきたわけではない。しかしながら，その関係に変化がみられることも事実である。たとえば，20世紀以前，ヨーロッパの体育は，アメリカでどのような問題が扱われ研究されるのかを左右していた。しかし，2つの世界大戦の後，アメリカの教育システムとその理想像は，ヨーロッパの教育システムとその実施に極めて強い影響を与えることになった。アメリカとヨーロッパの伝統的な教科書を比較すると，国が異なるにもかかわらず，典型的な体育の授業の様子をみる限り，酷似していたことが分かる。事実，その類似性は1986年にバレット[1)]が提出した基本的カリキュラム目標にまでさかのぼることができるのである。

　本書を4つのカリキュラム目標に基づいて構成する利点の1つは，伝統的な教育目標の構造と対応し

はじめに
Prologue

▶表1 ヨーロッパにおける体育教育の目標例

	体力／健康／安全	精神運動有能さ	肯定的自己認知	社会的発達
知識（認知）	健康なライフスタイルの一部として体力の役割を理解すること	効果的なパフォーマンスの実行に必要な基本事項について理解すること	自尊心を高める実用的知識を理解すること	現代社会における望ましい行動を理解すること
スキル（行動）	一定水準の持久力と体力を獲得すること	多様なスポーツ技能や表現運動ができること	身体活動において自尊心と内発的動機づけを持つこと	身体活動，スポーツ，ゲームにおいて適切な社会的情緒的行動がとれること
態度（感情）	生活の質を高める要素として体力の重要性を認識すること	スポーツやゲームにおいて有能で独創的な動作を評価できること	身体的・感情的能力と自尊心を高揚させたいという欲求を認識すること	個人差を理解し，それを尊重できること

ている点にある。このことは多くの体育教師にとって馴染みの深い認知・行動・感情での分類を可能にしてくれる。すなわち，**表1**に示すように，4つの目標それぞれに，知識・態度・スキルの観点から3つの下位目標をまとめることができるのである。

本書のねらい

ヨーロッパとアメリカ・オーストラリアにまたがる類似性に基づいて，本書は5部から構成されている。まず，1部から4部までは，それぞれヨーロッパに共通する4つのカリキュラム目標に対応している。また第5部は，教師そのものに焦点を当て，教師の関心や課題の要求に対処する方略に関する疑問に答える（訳者註；第5部は訳出していない）。

第1部では，身体活動と健康で安全なライフスタイルの形成に焦点を当てる。ここでの体力は，人生の目標や自己認知，アイデンティティを含む健康なライフスタイルの統合であり，単に身体活動の促進や体力テストで測定できる内容よりも幅広く定義されている。楽しさ・目標志向性・動機づけ雰囲気など，児童・生徒の体育への動機づけを高める要因が重要な役割を果すことになる。

第2部では，体育による肯定的な自己認知の発達に代表される体育の心理的成果の問題が扱われる。

はじめに
Prologue

　体育の授業と心理的成果との関係を直接支持する研究はないが，教師と生徒，あるいは生徒相互の適切でダイナミックな相互作用は，身体活動の程度に応じて，生徒に適切な心理的成果を与えることが明らかにされている。自分が何であるか，他者が自分をどのようにみているのか，集団の中でどのような役割を果すのか，多様な場面にどのように適応すればよいのか，これらはすべて運動やスポーツによって変化する自己の特徴である。この目標は体力の向上や運動発達といった他の目標とも関連している。集団での技能練習やトレーニングを通して，生徒はさまざまな成功や失敗を経験する。生徒はこれを解釈しようとし，原因や釈明を探す。また，常に自分の能力・才能・進歩の程度を評価している。教師や友人など自分にとって重要な他者が行った評価や判断を意識している。したがって，他の部と重複する部分もある。

　第3部は，運動有能感とパフォーマンスが中心である。筆者はこれを教授・学習スキル，スポーツテクニック，戦術よりも幅広く定義している。課題の困難度と学習方略への配慮と同様に，必要とされる情報の質と量への熟慮が必要である。困難な技能の獲得，協応性，生徒が認知する運動有能感と同様に，適切な文脈での動作・運動・パフォーマンスについて考察することになる。

　第4部のテーマは，身体活動を通した社会教育である。ここでは，社会性の発達や生徒がクラスの一員としての行動をどのように学習するのかといった問題が扱われる。教師はクラス集団の発達にどのような貢献ができるのだろうか。教師は生徒の逸脱行動や攻撃行動をどのように理解し，どのように対処すればよいのだろうか。教師は生徒とのコミュニケーションの取り方をどのように学べばよいのだろうか。教師と生徒，あるいは生徒相互の関係のありようが学習にとっていかに重要かという認識をさらに深めていくことになる。生徒が競争や協同といった集団で効果的に学習する方法や葛藤・緊張に対処する方法を学ぶことは，学習に極めて重要であり，結果的に生徒の将来の社会的有能感を規定するからである。

体育学習のライフスタイルへの転移と体育授業の社会的状況

　本書には4つのカリキュラム目標のほか，その根底に2つの概念が流れている。すなわち，転移の概念と社会的状況を特定することの重要性である。体育における教授と学習は，ともに児童・生徒の現在と将来の活動に影響するという意味で，教師と児童・生徒によって繰り広げられる複雑でエキサイティングな過程である。体育は，ライフスタイルの選択，課外のスポーツや身体活動といった余暇活動，あるいは，社会とのかかわりと健康に対する人々の願いなどに影響することをねらいとしている。それゆ

はじめに
Prologue

え，転移の概念，長期的効果，及び授業場面の重要性が詳しく検討される。体育の教授と学習は，真空の中ではなく，特定の社会的状況下で営まれる。体育館やプールに代表されるこの特有の状況は，机と椅子に象徴される伝統的な教室で行われる他の教科と明らかに違っている。これらの状況に特有の心理的要因が，カリキュラムが実行に移される方法を調整する。

実践への挑戦

真の挑戦は，本書で得た心理的原則を体育指導の実践に活かすことにある。この挑戦は組織的な問題かもしれないが，何よりも体育教師一人ひとりの日々の実践にかかわる問題なのである。

ファン-アッシィ, E
ヴァンデン-オウェール, Y
メトロシコ, O
チェブニッキ, R

文献

1) Barrette, G. T. (1986). New York State Education Department's physical education syllabus. New York: BOCES (Board of Cooperative Educational Services).
2) Bennet, B., Howell M., & Simri, U. (1983). Comparative physical education and sport. Philadelphia: Lea & Febiger.
3) Hardman, K. (1995). Present trends in the state and status of physical education. A global context. International Journal of Physical Education, 32 (4), 17-25.
4) Heinemann, K. (1995). The image of sport in Western Europe. Images of sport in the world. Proceedings of the international congress in honour of the German Sport University Cologne, 75th anniversary. Koln: Deutsche Sporthochschule.
5) Jewett, A. E. (1994). Curriculum theory and research in sport pedagogy. Sport Science Review, 3, 56-72.
6) Jewett, A. E., Bain, L., & Ennis C. (1995). The Curriculum Process in Physical Education. Dubuque, Iowa: Brown & Benchmark.
7) Laporte, W. (1994). Neue Entwicklungen im Schulsport in Europa [New developments in European school sport]. Brennpunkte der Sportwissenschaft, 8, 34-42.
8) Van Assche, E., & Metlouchko, O.(in press). Doelstellingen en achterliggende waarden van de Lichamelijke Opvoeding in Oost-Europa. [Goals and underlying values of physical education in eastern Europe]. Tijdschriftvoor Lichamelijke Opvoeding.

本書の翻訳にあたって

本書は, ヨーロッパ・スポーツ心理学連盟のプロジェクトとして刊行された "PSYCHOLOGY for PHYSICAL EDCATORS" (Human Kinetics, 1999) のうち4部16章を翻訳したものです。

　近年のスポーツ心理学の研究は，競技力の向上や健康づくりを中心にますますの広がりと深さを見せるようになってきました。しかし，教育場面，すなわち体育への適用という視点からみると，社会的な要請に必ずしも答えきれていない状況にあるといえるのではないでしょうか。

　このような状況にあって，本書は，最新のスポーツ心理学の成果に基づいて，体育のカリキュラム目標の達成に必要な心理学的知識と実践へのガイドラインを広くヨーロッパの体育教師に提供する目的で企画されました。

　内容の詳細は「まえがき」に譲りますが，健康や体力づくりに必要な態度や動機づけ（第1部），自尊心や有能感に代表される自己認知の発達（第2部），運動スキルの獲得（第3部），社会性・道徳性といった社会的スキルの発達（第4部），などの問題が扱われています。これらはすべてわが国における体育の目標と重複していることから，わが国の小中高の体育教師や教員養成課程の学生の皆さんにも十分役立つ内容となっています。また，運動部活動の指導者や子どものスポーツにかかわるコーチなど，多くのスポーツ指導者にも是非目を通していただきたい内容です。さらに，本書の特徴であるわかりやすい理論の説明と教師のための実践的なガイドラインは，親，教育行政担当者，あるいは広く一般市民が，子どもの体育・スポーツ活動の重要性や心理的要因の影響を理解するうえでも役立つことを期待しています。

　さて，翻訳を分担したわれわれの多くは何らかの形で教員養成に携わっていますが，残念ながらこの教員養成が社会の要請に十分応えていないのではないかという批判があります。現在，教職課程の質的水準の向上，教職大学院制度の創設，教員免許更新制の導入といった問題が論議されていますが，それらの改革の前提となるのは，まず，われわれ自らが担当する授業内容の点検・評価ではないでしょうか。このような意味において本書が，授業を改善していくための知的な刺激となり，実際の授業改善に広く活用されることを願っています。

　ところで，優れた教育を行う場合，教師自身の問題も極めて重要です。このような観点から，原書では3つの章を教師の問題に割いていますが，本書では，全体のボリュームの関係から割愛せざるを得ませんでした。したがって，この問題は別の機会を捉え是非検討してみたいと考えています。

本書の翻訳は，スポーツ社会心理学研究会の活動の一環として，各章をそれぞれが分担して行いました。各部ごとの語句や表現の調整は，九州大学の杉山佳生（第2部），筑波大学の三木ひろみ（第3部），東京女子体育大学の阿江美恵子（第4部）が担当いたしました。第1部を含む全体の調整は筆者が行いましたが，力不足から誤訳やつたない文章表現が多々残されていると思います。これらの点については，読者諸氏のご叱正によって，後日訂正したいと考えています。

　最後に，本書の翻訳を勧めていただいた大修館書店の山川雅弘氏に感謝の意を表します。また，作業が大幅に遅れたにもかかわらず，われわれを忍耐強く励まし続け，適切かつ綿密な修正を惜しまれなかった同書店の丸山真司氏に対しても心から感謝したいと思います。

2006年2月
訳者を代表して　伊藤豊彦

目次

まえがき………i
はじめに………iii
本書の翻訳にあたって………viii

第1部　体育における身体活動, 運動, 健康増進の心理学………1

第1章　体育による健康的なライフスタイル形成への動機づけ………3

1 ── はじめに………3
2 ── 子どもと身体活動………3
3 ── 子どもの身体活動に影響する要因………3
4 ── 体育による身体活動促進の実践的ガイドライン………10
　　　キーポイント………11
　　　理解度チェック………11

第2章　体育における子どもの目標と動機づけ………12

1 ── はじめに………12
2 ── 子どもが認識する努力, 能力, 課題の困難度, そして運………12
3 ── 課題目標と自我目標………13
4 ── スポーツ能力に関する子どもの信念………20
5 ── スポーツ能力に関する信念：まとめ………21
6 ── 実践的示唆と応用………21
　　　キーポイント………22
　　　理解度チェック………23

第3章　体育授業における動機づけ雰囲気………24

1 ── はじめに………24
2 ── 理論の概観：―自分にできるのか, やりたいのか―………24
3 ── 望ましい動機づけ雰囲気をつくる：実践へのガイドライン………26
　　　キーポイント………30
　　　理解度チェック………30

第2部	**体育における心理的成果**………33

第4章	**心理的成果：理論，研究，実践への提言**………35
1	はじめに………35
2	期待されていた成果と実際の成果………35
3	心理的成果：焦点をあてる問題………36
4	動機づけ及び感情に関する成果………37
5	自尊心の向上………45
6	社会道徳的な成果………48
7	結論………52
	キーポイント………52
	理解度チェック………53

第5章	**学童期における自己知覚の発達**………55
1	はじめに………55
2	自己知覚とは何か………55
3	自己知覚の発達………57
4	学校での自己知覚の促進………61
5	結論………62
	キーポイント………62
	理解度チェック………63

第6章	**身体活動と認知機能**………64
1	はじめに………64
2	理論的検討………64
3	結論………70
4	実践への提言………71
	キーポイント………72
	理解度チェック………72

第3部	**運動スキルの獲得と運動能力**………75

第7章	**協応能力**………77
1	はじめに………77
2	協応能力とは何か………77

- 3 ──── 実証可能な証拠はあるか………80
- 4 ──── 協応能力を向上させるには………82
- 5 ──── 測定と評価………86
- 6 ──── 結論………87
  - キーポイント………87
  - 理解度チェック………88

第8章 ── 運動に対する有能感：体育における自己参照思考………89

- 1 ──── はじめに………89
- 2 ──── 有能感の概念………90
- 3 ──── 有能感の測定………91
- 4 ──── 実証的結果………92
- 5 ──── 子どもの自己知覚の現実性………93
- 6 ──── 運動有能感と実際の運動能力を説明するモデル………95
- 7 ──── 結論と実践的示唆………96
  - キーポイント………98
  - 理解度チェック………99

第9章 ── 主観的難易度，努力の投資，運動パフォーマンス………100

- 1 ──── はじめに………100
- 2 ──── 定量的アプローチ―課題はどのくらい難しいのか―………100
- 3 ──── 質的観点―課題の性質とは？―………104
- 4 ──── 結論………105
  - キーポイント………106
  - 理解度チェック………106

第10章 ── 複雑な運動スキルの獲得………108

- 1 ──── はじめに………108
- 2 ──── 複雑運動の組織化理論………108
- 3 ──── 運動スキルの獲得の練習………111
- 4 ──── 体育での理論の活用………113
- 5 ──── 結論………116
  - キーポイント………116
  - 理解度チェック………117

第11章 ── 運動スキルの獲得における付加的情報………119

- 1 ──── はじめに………119

2 ───── 学習課題の違いに応じた付加的情報の与え方………119
3 ───── 付加的情報の提示………122
4 ───── 学習手続きにおける付加的情報の組織化………125
5 ───── 運動学習における認知方略………127
　　　　キーポイント………130
　　　　理解度チェック………131

第4部　体育の社会心理学………133

第12章　社会性の発達………135

1 ───── はじめに………135
2 ───── 社会的認知………135
3 ───── 社会的役割獲得と共感………136
4 ───── 利他主義………138
5 ───── 攻撃性………140
6 ───── 結論………143
　　　　キーポイント………143
　　　　理解度チェック………144

第13章　道徳性の発達………145

1 ───── はじめに………145
2 ───── 道徳性の発達………146
3 ───── 道徳性の発達に対する社会的相互作用の意味………148
4 ───── 道徳教育………149
5 ───── 道徳性を発達させる環境としての体育………150
6 ───── 学校体育への提言………152
　　　　キーポイント………154
　　　　理解度チェック………155

第14章　教師—生徒の相互作用と生徒集団における相互作用パターン………156

1 ───── はじめに………156
2 ───── 社会的相互作用………156
3 ───── 教師—生徒の相互作用………161
4 ───── 生徒集団における社会的相互作用………166
5 ───── 社会的相互作用の活用………167

6 ──── 結論………169
キーポイント………169
理解度チェック………170

第15章──── 児童・生徒の協同と競争………172

1 ──── はじめに………172
2 ──── 定義と理論的な基礎………172
3 ──── 教室における協同と競争………173
4 ──── 体育, スポーツ, 協同, 競争………176
5 ──── 実践のための指針………179
6 ──── 結論………182
キーポイント………183
理解度チェック………183

第16章──── 体育授業における集団の発達………185

1 ──── はじめに………185
2 ──── グループダイナミックスの研究:理論的背景………185
3 ──── 集団の発達を通しての集団経営:実践のためのガイドライン………190
4 ──── 結論………194
キーポイント………195
理解度チェック………195

索引………197

第1部

体育における身体活動,運動,健康増進の心理学

Psychology of Promoting Physical Activity, Exercise,
and Health in Physical Education

現在のヨーロッパ社会では,子どもから大人に至るまで健康に大きな関心が寄せられている。医学と技術が進歩したにもかかわらず,現在のライフスタイルが健康の維持を阻害しているという認識が予防的方法を通した健康の増進と疾病の防止を重視するようになったからである。学校で子どもに健康問題を教育することもそのアプローチの1つである。

歩くといった日常的活動や組織的な運動,あるいはスポーツといった身体活動は,いまや健康の保持・増進と疾病の予防に欠かせない重要な要素であることが広く知られるようになった。たとえば,運動不足は,ほんの数年前まで心臓疾患の二次的危険因子と考えられていたが,現在では,喫煙,高血圧,高コレステロールと並んで一次的危険因子と考えられるようになっている。

したがって,現代の体育カリキュラムの目的の1つは,正しい態度の形成と動機づけを通して,生涯にわたる活動的なライフスタイルを育てることにあるといってよい。体力の向上はそれ自体が目標であるが,時間数の関係から顕著な向上は難しいかもしれない。しかし,体育教師は健康を支える体力を重視し,体力の向上に必要な活動的なライフスタイルの育成を目指して子どもを教育する必要がある。

本書の第1部では,イギリス,フランス,ギリシャの専門家が,学校での体育授業の中で,身体活動をどのように促進・奨励・振興すればよいかという問題を扱う。

1章では,イギリスのビドルとチャチアランティが,体育教師に必要な動機づけの問題を検討する。まず,身体活動に対する望ましい態度の形成は,いかなる学校プログラムにおいても中心的な課題とされるが,ここでは,態度とは何か,どのようなメカニズムで形成されるのか,現実の行動とどのように関係しているのかといった心理学的な視点から検討される。また,内発的動機づけ,すなわち活動それ自体,おもしろさ,充実感のために動機づけられていることの重要性についても言及する。教師が子どもの動機づけを長期にわたって高めることができるのは,子どもが内発的に動機づけられている場合に限られるからである。最後に,教師と生徒がともに重視する楽しさの問題も検討される。楽しさは日常生活で用いられる用語であるが,心理学的にも重要な研究テーマである。

2章では,フランスのザラスインとファモーズによって,動機づけにかかわる子どもの目標が扱われ

第1部

体育における身体活動,運動,健康増進の心理学
Psychology of Promoting Physical Activity, Exercise, and Health in Physical Education

る。特に,子どもが体育授業で抱く成功感の基礎となる2つの基準,すなわち課題−達成目標と自我−達成目標が取り上げられ,これらの達成目標が動機づけと行動に影響するメカニズムが検討される。また,子どもの動機づけを考える場合,スポーツに必要とされる能力について子どもがどのような信念を持っているかを理解しておくことの重要性が指摘される。さらに,3章で扱われる動機づけ雰囲気を理解するための基礎的知識も用意されている。

ギリシャのパパイアノウとグッダスによる3章では,動機づけ雰囲気の問題が取り上げられ,子どもの動機づけにとって体育授業の動機づけ雰囲気を課題志向的にすることの重要性が指摘される。イギリスとギリシャにおける研究から,熟達動機づけ雰囲気の重要性が明らかにされ,教師のための実践的アドバイスが提供される。

以上のように,本書の第1部では,子どもにとって最適な動機づけを理解するとともに動機づけを高めるための基礎的知識と実践へのガイドラインを明らかにしようとしている。そのねらいは,子どもが生活の中に活動的なライフスタイルを取り入れ,それを維持する機会を高めることにある。

ビドル S.J.H.

■第1章■
体育による健康的な
ライフスタイル形成への動機づけ

Motivation for a Physically Active
Lifestyle Through Physical Education

1 はじめに

　体育教師は，健康に必要な体力・身体活動の原則を理解させることを体育の目標に掲げてきた。また，西欧社会，おそらく他の社会でも，健康問題にこれまでになく大きな関心が払われるようになってきている。したがって，子どもの身体活動と健康の増進に今まさに体育が大きな貢献をすべき時であるといえよう。

　そこで本章では，まず，体育，動機づけ，及び健康的なライフスタイルの形成にかかわる概念を紹介し，身体活動を促進させるために重要となる態度の役割を検討する。さらに，子どもの身体活動を動機づけるための楽しさと心理的健康との関連を検討した研究を振り返り，最後に，実践に向けたガイドラインを示すことにする。

　なお，本章では，身体活動を，スポーツ，運動，遊びのすべてを含む身体運動と定義する。運動とは体力向上のために行われるさまざまな身体活動であり，スポーツはルールの下で行われる競争的身体活動，もしくは，そのためのトレーニングと定義できる。体育を通して健康的なライフスタイルを育てるためには，身体活動，運動，スポーツのすべてが必要であることはいうまでもない。

2 子どもと身体活動

　コンピュータやテレビ，交通手段の発達によって，先進諸国の子どもは運動不足に陥る危険性が増大しているという。しかし，子どもの運動量そのものに関する研究結果は曖昧で，明確ではない。また，その知見も横断的な研究に基づくものであり，縦断的であったにしてもその期間は限られている。したがって，現時点で，子どもが運動不足にあるかどうかを判断するのは難しい。

　しかし，イギリスの研究によると，長期の身体活動への参加は確実に減少しているという。さらに，オランダの子どもも，身体活動の種類にかかわらずその活動レベルに低下がみられるという。ただ，一般に，子どもは高いレベルのエネルギーを持っているし，男子のほうが女子よりも活動的であるという性差もみられる。

　大人の場合，少なくとも1980年代から余暇時間での運動が増加しているが，活発な活動というよりも中程度の運動参加であり，健康を維持するための活動量としては不十分なことも明らかになっている。したがって，生涯にわたって身体活動を促進させるためには，子どもへの教育が最も有効であるといえよう。

3 子どもの身体活動に影響する要因

　子どもの身体活動には，①競技スポーツ，あるいはそのためのトレーニングや練習，②遊び（学校の休み時間や昼休みに行うスポーツ，街角での遊びなどのレクリエーション活動を含む），③フィットネスやダンス教室での運動，④移動手段としての運動（通学など）の少なくとも4種類がある。このような身体活動の多様性が，身体活動に影響する要因や介入方法の検討を難しくしている原因

となっている。

Exercise 1
4つの身体活動への参加を促進させる要因をできるだけ多く挙げなさい。

大人と比べると，子どもの身体活動を規定する要因は明確ではない。身体活動への参加には多くの要因が影響していると考えられるが，個々の要因すべてが同じ影響を与えるわけではないからである。

たとえば，社会や家族の支援のように，子どもの身体活動に影響を及ぼす可能性のある要因が明らかにされつつあるが，それらの要因と身体活動の関係は曖昧で，いくつかの競合する仮説によって説明されているといった状況である。

一方，社会的支援が常に身体活動を促進させるわけではない。たとえば，子どもの安全を重視するあまり，身体活動への参加を制限する親もいる。交通量の多い道路での自転車遊び，危険な広場や立ち入り禁止区域での遊びなどがその例である。結果的に，通学のような身体活動に代わるものとして交通機関の利用が促進されるようになる。以上のことが親の社会的影響によって子どもの身体活動が抑制される例である。実際，イギリスの多くの学校では，駐輪場の確保・盗難・安全の問題から学校への自転車通学を禁じているほどである。

さて，以下，身体活動に影響する要因のうち，態度，内発的動機づけ，及び楽しさについて検討する。その理由として第1に，これら要因の重要性が体育教師に広く認識されていること，第2に，各要因が心理学的背景を持ち，その重要性が支持されていること，第3に，それらが教師によって左右されることから介入による効果が期待できることが挙げられる。

1.態度と態度変容

「体育が好きだ」，「脂肪の多い肉は食べない」というように，態度は信念（評価）と感情から構成され，行動を予測する重要な要因と考えられてきた。態度は直接観察不可能な構成概念であり，一定の対象や行動を含んでいる。また，その対象が限定的であればあるほど行動を正確に予測できると考えられる。

一方，「走ることは好きだが，泳ぐのは嫌いだ」というように，態度は対象に対する感情を反映した評価を含んでおり，個人的体験や他者とのコミュニケーションを通して獲得されていく。さらに，「経済に強いから，その政党を支持する」，「健康に悪いから，喫煙室にいるのはいやだ」などのように，認知的要素である対象に対する情報や信念を含んでいる。

ここでは，態度と行動との関係を概観し，身体活動に対する適切な態度の育成について検討することにする。

(1) 態度と子どもの身体活動

態度と行動との関係を示すモデルはいくつかあるが，態度は，行動の予測に影響する多くの要因の1つであり，価値，信念，統制認知，行動意図などの媒介変数によって行動の予測が可能になる。とりわけ，行動意図の発達が伴わなければ態度から行動を予測することは難しい。

さらに，合理的行為の理論（theory of reasoned action; TRA）や計画的行動の理論（theory of planned behavior; TPB）では，社会的規範が行動意図に影響すると考えられている。社会的規範とは，「先生は，私が週末にもっとスポーツをすべきだと思っている」というように，親，教師，仲間など重要な他者の信念や期待からの影響である。「先生がいうようにやってみようと思う」というように，重要な他者の信念や期待に応えようとする動機づけの強さは，社会的規範要因が行動意図に影響するかどうかを決定する際に重要である。合理的行為の理論（TRA）は，人が行動を自分で統制できる時，態度と社会的規範の2つの成分が行動意図を規定すると仮定した。しかし，行動を統制できない場合には，計画的行動の理論（TPB）が有益である。なぜなら，行動意図を規定し，さらに直接行動に影響する可能性を持つ行動の統制認知要因が含まれているからである（▶図1.1）。

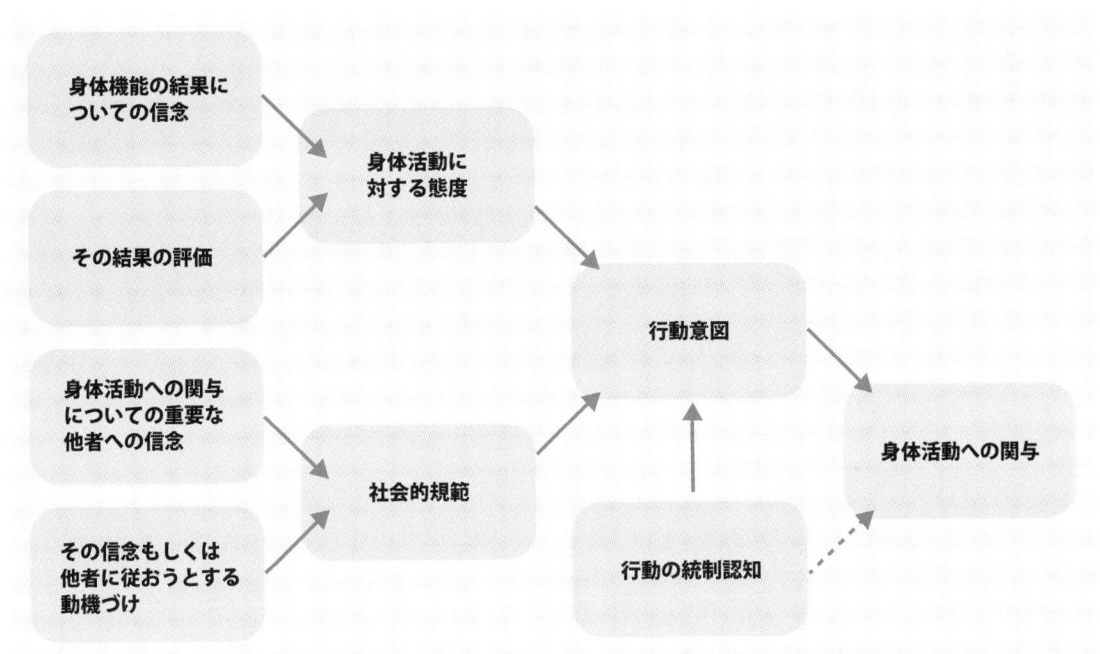

▶図1.1 合理的行為の理論(行動の統制認知を除く)と計画的行動の理論(行動の統制認知を含む)

　エイゼンとフィッシュバインによれば，態度は，行動と結果の関係に関する信念とその結果に対する評価の2つの成分で決まるという[2]。たとえば，2人の子どもが「体育は競争心を高める」といったとする。これは信念の始まりである。しかし，それに続いて，一人が「だから，もっと競争したい」といい，もう一人は「だけど，競争は重要じゃないと思う」というかもしれない。これらはいずれも評価の表明である。同じ信念であってもその評価が異なれば，異なった態度となり，結果として異なる行動意図と行動が予測されることになる。

　現在，TRAとTPBに関する研究結果は広く支持されている。行動意図は態度と社会的規範によって規定され，行動の統制認知変数を導入することで説明力が飛躍的に向上するのである。

■(2)態度の形成

　態度は直接体験や他者とのコミュニケーションを通して獲得されるが，その過程で信念が形成・修正され，記憶の中に貯えられていく。たとえば，子どもは多様な社会的文脈の中で身体活動を経験し，それぞれの経験を意味づける。そして，信念構造を形成・修正しながら，「好き—嫌い」，「楽しい—楽しくない」，「役に立つ—役に立たない」といった結果の評価を発達させ，それらの評価的信念が記憶の中に階層的に貯えられていくのである。したがって，強い信念であればあるほど行動と意思決定に強い影響を与えることになる（▶図1.2）。

　身体活動における態度の形成と信念に関する研究から，身体活動に対する態度を支える重要な信念として以下のものが挙げられる。

①健康の増進，②自由時間の充足，③疲労，④心理的健康，⑤おもしろさ，⑥体力の向上，⑦身体的容姿

▶図1.2　態度は直接体験や他者とのコミュニケーションを通して形成される

以上のことから，態度と社会的規範が行動意図を規定し，さらにその行動意図が身体活動への意思決定を規定することがわかる。したがって，身体活動に対する望ましい態度は，身体活動に対する肯定的信念と価値を高めることを通して育てることが可能である。もう一方の社会的規範は，影響力のある人物の信念と行動に従おうとする動機づけの強さに影響される。それゆえ，重要な他者としての教師は，子どもの行動を変容させる大きな影響力を持っているといえるのである。

■2.内発的動機づけ

　外的報酬や圧迫感からではなく，活動それ自体によって動機づけられている状態をさす内発的動機づけは，子どもの身体活動を規定する重要な要因であり，有能さと自律性の2つの心理的概念に支えられていると考えられている（▶図1.3）。

　有能さへの欲求は行動や事象を自ら制御したい，効果的でありたいという欲求である。一方，自律性は自分の行動を自分で選択しているかどうかに関連している。内発的に動機づけられた行動は，心理的健康，興味，楽しさ，おもしろさ，持続性が含まれるという[5]。したがって，内発的に動機づけられている子どもは，義務や強制されて参加している子どもより，体育の授業に積極的に参加しているといえる（▶図1.4）。

　さて，有能さと自律性の認知は環境要因によって影響を受ける。たとえば，認知的評価理論によ

▶図1.4 楽しさは健康と同等である

ると，外的報酬が行動に及ぼす影響は，報酬の意味がどのように解釈されるかによって異なるという。つまり，もし外的報酬によって自分の行動が有能で自律的であったと判断されれば内発的動機づけは向上し，逆に行動を制御する手段と判断されれば内発的動機づけは低下するのである。

　一方，人は自分の行動を自己決定の程度に応じて調整しているという。自己決定理論[5]によれば，その調整の段階には，以下の4つがある。
(1) 外的調整（外発的動機づけ）：行動は，外的報酬の獲得もしくは罰の回避のために行われる。これは，本人の意思決定によらない外発的行動である。
(2) 取り入れ的調整：ここでの行動は，罪悪感や恥などの負の感情を回避するために行われる。内からの圧力で行動が開始されてはいるが，やり

▶図1.3 内発的動機づけは活動それ自体によって動機づけられている

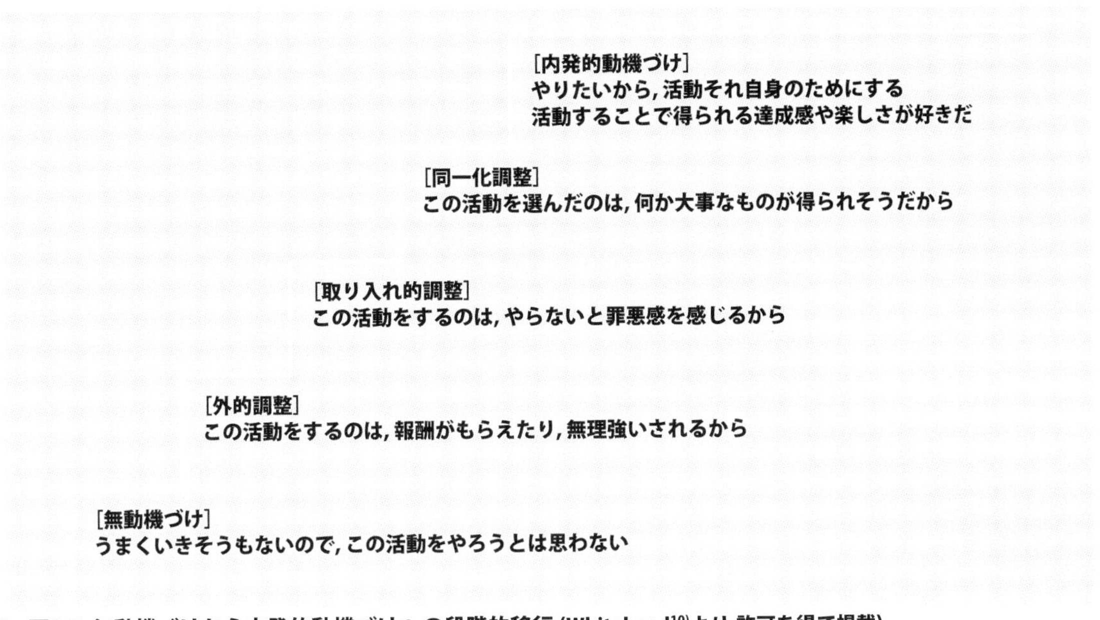

[内発的動機づけ]
やりたいから,活動それ自身のためにする
活動することで得られる達成感や楽しさが好きだ

[同一化調整]
この活動を選んだのは,何か大事なものが得られそうだから

[取り入れ的調整]
この活動をするのは,やらないと罪悪感を感じるから

[外的調整]
この活動をするのは,報酬がもらえたり,無理強いされるから

[無動機づけ]
うまくいきそうもないので,この活動をやろうとは思わない

▶ 図1.5 無動機づけから内発的動機づけへの段階的移行 (Whitehead[10]より,許可を得て掲載)

Exercise 2

図1.5から,それぞれの段階にある子どもに対してどのような指導をすればよいかを考えなさい。どのようにすれば次の段階に進むことができるのか。また,内発的に動機づけられている状態を維持できるのか。

たいからやるというよりも,やらなければならない行動と考えられている。
(3) 同一化調整:身体活動は健康や病気の予防に役立つというように,個人的に価値付けられた行動である。
(4) 内的調整:おもしろさ,楽しさ,喜び,そして有能さと自律性への欲求に基づく内発的に動機づけられた行動である。

ホワイトヘッド[10]は,学校体育場面用に無動機づけ(動機づけが極めて低いか存在しない状態)を加えた内発的動機づけの実践段階モデルを提唱している(▶図1.5)。このモデルは,人が身体活動を内発的から外発的までの段階によって調整していることや自律的な人がどのような決定をしているのかを教えてくれる。また,内的あるいは同一化調整のように,内発的な理由で運動する人がいる一方で,外的調整のように強制的な理由で運動している人がいることも示している。低い段階の理由による体育参加よりも,高い段階の理由による参加のほうが,楽しく,充実した,しかも長期にわたる動機づけとなることはいうまでもない。

■3.動機づけ要因としての楽しさ

学習における楽しさの重要性はすべての教師が認めるところであろう。しかし,楽しさは単純な問題ではない。教育において,とりわけ体育のように身体的な努力を要する場合,楽しさは動機づけの重要な要因の1つであるにもかかわらず,心理学者がこれに注目しだしたのはつい最近のことにすぎない(▶図1.6)。

▶ 図1.6 楽しさは動機づけにとっても重要である

■第1部

▶図1.7 スキルに合った挑戦は動機づけを高める

体育の楽しさに関しては，少なくとも次の4つのアプローチがある。

■(1)楽しさとフロー

チクセントミハイリ[4]は，外的報酬がないにもかかわらず，なぜ人が莫大な時間とエネルギーを費やして課題に取り組むかを検討した。彼の結論の1つは，自分の能力もしくはスキルの水準に合った課題に挑戦する時，人は最も動機づけられるという点にある（▶図1.7）。能力と課題の水準が適切な場合はフロー（flow），すなわち至高の楽しさと課題への関与が期待できるが，不適切な場合は退屈（高いスキルによる低い挑戦）や不安（低いスキルによる高い挑戦）を引き起こすことになる（▶図1.8）。

■(2)楽しさと内発的動機づけ

前述したように，内発的動機づけを高めることは体育教師にとって重要な課題である。なぜなら内発的動機づけそのものが，努力と楽しさ，有能感，自律性（自己決定感）を高め，義務感や不安を低下させるからである。

内発的動機づけとフローとの関連は，チクセントミハイリ[4]自身がフロー体験として内発的動機づけに代表される自己目的的活動を例示したり，デシとライアン[5]が内発的動機づけにとって適切

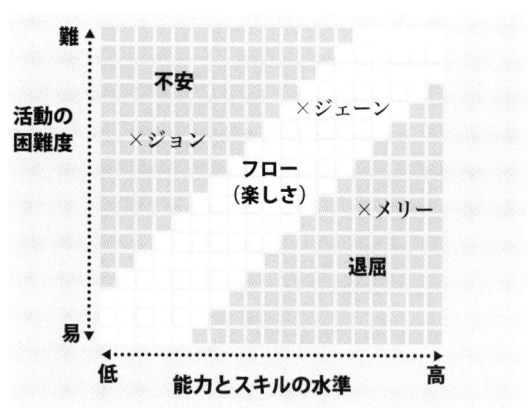

▶図1.8 フロー（楽しさ）のためのスキルと挑戦の一致

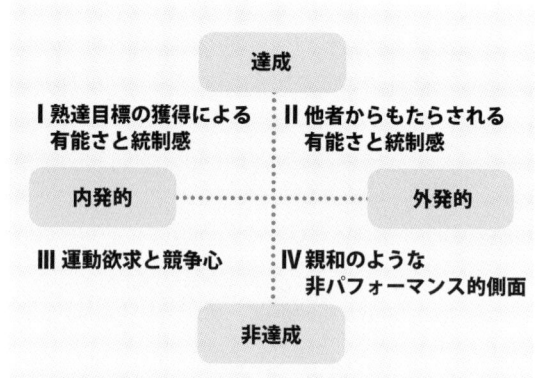

▶図1.9 スポーツの楽しさモデル（Scanlan and Lewthwaite[8]より許可を得て掲載）

Exercise 3

フローモデル（図1.8）から，体育授業で多様な指導スタイルが必要な理由を挙げなさい。

Exercise 4

テキストなしで，図1.9の各4象眼を描いてみよう。学校での身体活動の楽しさを高める方法を考えてみよう。

な課題に挑戦するような自己決定が重要であることを指摘していることからも明らかである。

■**(3)スキャンランによるスポーツの楽しさモデル**

スキャンラン[8]は，スポーツの楽しさを「喜び，好み，おもしろさといった感情や認知を反映した競技スポーツ経験に対する肯定的な情動反応」と定義した。また，楽しさを「内発的動機づけの概念とその基礎を共有する」とする一方で，内発的動機づけにおける有能感や統制感（自律性）よりも幅広い概念として捉えている（▶図1.9）。

■**(4)運動後の感情**

運動によって気分が改善することはよく知られている。5つのネガティブな気分状態と1つのポジティブな気分状態を測定する気分状態プロフィール検査（Profile of mood state; POMS）を用いた研究が多いが，アベルとブレヘム[1]は，気分を活性（activation）と評価（evaluation）の2次元によって表すドイツ版の気分状態尺度を提案している（▶図1.11）。この図の左上に示される

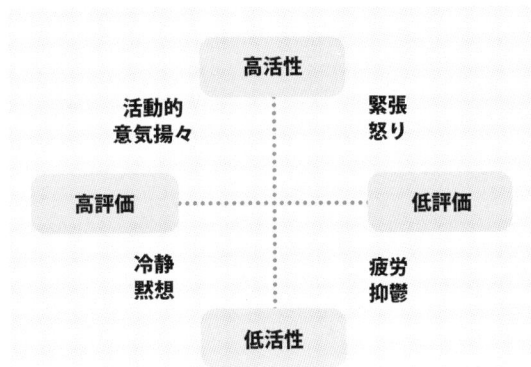

▶図1.11 気分尺度モデル

ポジティブな感情は，身体活動の楽しさと密接に関連している。しかし，楽しさは動機づけの鍵となることから（3章参照），その同定と測定はさらに検討を要する課題である。

なお，筆者らの研究では，授業の後にポジティブな気分になった子どもほど，①自分の有能感を高く評価し，②他者との比較や勝利よりも，自分の進歩，努力，協力に焦点を当てた課題志向目標を持つようになったことを明らかにしている。

■**4.活発な子どもは大人になっても活動的か？**

子ども時代に学習した行動が大人になっても引き継がれるということは当然のことのように思われるが，その関係は必ずしも明確ではない。

しかし，近年になって，より肯定的な関連が報告されるようになってきた。学校期から成人期への移行において，多くの要因が身体活動の質と量に影響を及ぼすとともに，大人になってからの生活サイクルそれ自体の変化も活動性を左右するという。

イギリスの国家体力研究[9]の結果は，間接的にではあるが少年期の身体活動への参加がその後の運動実施に影響することを報告している。そこでは，16，24，34歳の各時点での身体活動の程度を調べ，成人後のスポーツ・レクリエーション活動への参加が，それ以前の活動と密接に関連していることを明らかにしている。このことは，14歳から19歳までに運動を始めた人の25％が現在も運動を継続しているのに対して，思春期に運動をしなかった人で現在運動をしている人は，わず

▶図1.10 スポーツの楽しさには喜び,好み,おもしろさがある

体育による健康的なライフスタイル形成への動機づけ

▶図1.12 楽しさはポジティブな情動を導く

か2%にすぎないというデータから支持される。

また，スウェーデンのオングストローム[6]は，15歳の子ども2000名を30歳まで追跡した調査を実施している。その結果，週あたりの運動回数，もしくはジョギング強度という大まかな指標ではあるが，15歳時の運動関与と30歳時の心理的心構えとの間には男女を問わず明確な関係が認められたのである。

以上のことから，子ども時代の運動経験が成人後の運動水準を高めることは明らかである。これは，幼少期の運動参加による有能感や内発的動機づけの発達から説明できる。たとえば，もし，幼少期の運動経験が適切で有能感を高めるものであれば，子どもは進んで運動を継続するのに対して，もし，活動から何ら得るものがなく無能感を抱かせるものであれば，たとえ運動するチャンスがあったとしても運動しないことになる。このことは，体育における教授方略とカリキュラムのあり方に重要な意味を持つ。

■5.生涯にわたる身体活動を促進させるための体育

ヨーロッパ諸国では，現在の体育カリキュラムが成人期の身体活動の促進に適切かどうかという疑問を抱いている。たとえば，イギリスのコークリーとホワイト[3]の研究では，体育授業でのネガティブな経験，すなわち退屈，選択の欠如，無力感と無能感，仲間から受けたマイナスの評価などがコミュニティスポーツプログラムへの参加を抑制しているという。

ベルギーの研究者も体育のカリキュラムが余暇時間の身体活動に及ぼす有効性に疑問を持ってい

る。最近の生徒には個人的スポーツに人気があるにもかかわらず，学校体育はいまだに伝統的チームスポーツが中心だからである。また，ドイツでは，体育は現在よりも幅広い活動を取り入れるべきだという指摘もある[7]。

体育は健康にかかわるさまざまな行動の発達に重要な意味を持っているが，現実には，子どもの身体活動と体力を短期間で変化させることは難しい。一方，近年，西欧諸国のカリキュラムにおいてコアとなるスキルを重視する政策がとられるようになった結果，イギリスにみられるような体育の授業時数の削減が行われている。体育教師は多くの目標を掲げるものの体力と活動を短期間で変化させることは現実には難しいのである。しかし，学校に存在するあらゆる機会を通して，長期的な身体活動のための最良の方法を探求する努力を絶えず続けなければならない。

4 体育による身体活動促進の実践的ガイドライン

■1.体育の目的

体育は，子どもの身体活動を生涯にわたって促進するものでなければならない。したがって，身体活動を促進させる短期的介入であっても，長期的な効果を問題とすべきである。体育カリキュラムを通して行動を変容させるためには，身体活動を規定する要因を理解することが必要となる。

■2.態度

健康でありたいという行動意図は，身体活動に対する態度と社会的規範から影響を受ける。態度とは，身体活動の結果についての信念（例：「エアロビクスは脂肪の燃焼に役立つ」）とその結果の評価，ないしは価値（例：「私は減量したい」）からなる。社会的規範は，家族のような重要な他者の信念とその人に従おうとする動機づけの強さと関連している。身体活動は，いつも自分で統制できるものではないため，意図や行動を予測する場合には行動の統制認知を高めることが重要となる。

■3.内発的動機づけ

内発的に動機づけられた行動は，有能感と自己決定に関連した自律性の感情に支えられている。報酬が統制的とみなされる場合は内発的動機づけが低下し，有能さの情報とみなされる場合は内発的動機づけが高まるというように，外的報酬に関する認知は内発的動機づけに影響する。自分の行動を制御しているという自己決定感は内発的に動機づけられた行動にみられる特徴である。

■4.楽しさ

体育で経験するポジティブな感情は，少なくとも短期的には，行動意図を規定する最も重要な要因である。したがって，授業では楽しさを重視しなければならない。楽しさは自律性と統制感及び最適な挑戦から生じる。さらに，上達のための努力，学習，協力を導く。

キーポイント

[1] 子どもは成長するにつれて運動から遠ざかる。また，男性は女性よりも活動的である。
[2] ほとんどの大人は健康の維持に必要な運動量が足りない。
[3] 子どもの運動を規定する要因について，あまりに科学的知識が少ない。
[4] 態度は信念と感情から構成される。
[5] 態度は行動意図を媒介して行動を規定する。
[6] 同じ信念から多様な態度が形成されるが，その評価によって行動が異なる。
[7] 直接体験と対人コミュニケーションが態度の形成を助ける。
[8] 内発的動機づけは活動それ自体による動機づけである。
[9] 内発的動機づけは幸福感と結びついている。
[10] 楽しさは，動機づけに重要である。
[11] スキルの水準と挑戦の水準を合せることは，動機づけを高める。
[12] 内発的動機づけは楽しさを伴う。
[13] スポーツの楽しさは，喜び，好み，面白さを含んでいる。
[14] 楽しさは，ポジィティブな沸き上がる感情と定義できる。
[15] 子ども時代の運動水準は成人後の運動を規定する。
[16] 身体活動を学校から社会人へ転移させるためには，多くの要因が影響する。
[17] 子ども時代の肯定的な体験が大人になってからの運動を左右することがある。
[18] 体力の向上は短期間で達成できるものではない。

理解度チェック

[1] 青少年の身体活動を促進させるうえで，学校はなぜ適切な場所なのか？
[2] 子どもの身体活動は思春期を通してどのように変化するのか，また，性差はあるのか？
[3] 子どもを活動的にする多様な方法とは何か？
[4] 親はどのようにして子どもの身体活動を抑制しているのか？
[5] 態度の認知的要素について説明しなさい。
[6] 内発的動機づけとは何か？
[7] フローとは何か，またどのようにすればフローが生まれるのか？
[8] 運動好きの子どもは大人になっても活発だろうか？ あなた自身の考えを説明しなさい。

文献

1) Abele, A., & Brehm, W.(1993). Mood effects of exercise versus sports games: Findings and implications for well-being and health. In S. Maes, H. Leventhal & M. Johnston (Eds.), *International review of health psychology* (Vol. 2, pp.53-80). Chichester, UK: John Wiley.
2) Ajzen, I. (1988). *Attitudes, personality and behaviour.* Milton Keynes, UK: Open University Press.
3) Coakley, J. J. & White, A. (1992). Making decisions: Gender and sport participation among British adolescents. *Sociology of Sport Journal,* 9, 20-35.
4) Csikzentmihalyi, M.(1975). *Beyond boredom and anxiety.* San Francisco: Jossey-Bass.
5) Deci, E. L., & Ryan, R. M. (1985). *Intrinsic motivation and self-determination of human behavior.* New York: Plenum Press.
6) Engstrom, L.-M. (1991). Exercise adherence in all from youth to adulthood. In P. Oja & R. Telama (Eds.), *Sport for all* (pp.473-483). Amsterdam: Elsevier.
7) Franke, E. (1991). School physical education as a promoter of sport for all among the population. In P. Oja & R. Telama (Eds.), *Sport for all* (pp.465-471). Amsterdam: Elsevier.
8) Scanlan, T. K., & Lewthwaite, R. (1986). Social psychological aspects of competition for male youth sport participants: IV. Predictors of enjoyment. *Journal of Sport Psychology,* 8, 25-35.
9) Sports Council and Health Education Authority. (1992). *Allied Dunbar national fitness survey: Main findings.* London: Author.
10) Whitehead, J. R. (1993). Physical activity and intrinsic motivation. President's Council on Physical Fitness and Sport. *Physical Activity and Fitness Research Digest,* 1 (2), 1-8.

■第2章■
体育における子どもの目標と動機づけ
Children's Goals and Motivation in Physical Education

1 はじめに

友だちと協力し，努力を惜しまずさまざまな工夫を凝らして取り組む子どもがいる一方で，勝つことしか意識になかったり，できるだけ少ない努力ですませてしまおうとする子どももいる。

このようなタイプの異なる子どもは，達成目標志向性（achievement goal orientation）の概念から解釈できる。このアプローチは，学校やスポーツのような達成場面の理解を助けるとともに，子どもを体育学習へと誘い動機づける要因を明らかにしてくれることから，子どもの興味・関心を高め，学習とパフォーマンスの雰囲気づくりに取り組む教師にとって重要な概念である。

達成目標志向性とは，スポーツのような達成場面で子どもや大人が持つ目標の個人差特性である。課題志向性（task orientation）が強い人は，進歩，努力，協同，失敗からの学習を成功と考えるのに対して，自我志向性（ego orientation）が強い人は，少ない努力による勝利や他者よりも高い能力を誇示することを成功と考える傾向にある（▶図2.1）。程度の差はあっても，人はどちらの目標も持っているものである[5]。

達成行動は，有能さ，より正確には有能さの認知にその本質がある。つまり，達成行動は「能力を高め，その能力を自分や他者に誇示するとともに，能力が低い場合はそれをできるだけ隠すことを目標とする行動」と定義される[8]。なお，達成場面では課題目標と自我目標の2つの目標志向性が最も重要と考えられる。

2 子どもが認識する努力，能力，課題の困難度，そして運

ニコルスらの研究による重要な知見の1つは，能力の概念が努力や困難度と一体となった未分化なものから，運や困難度，努力から分化したものへと発達的に変化することを明らかにしたことである[9]。つまり，大人は，次の3つの観点から能力概念を発達的に分化させていることになる。第1に，能力と運の区別である。この区別は大人に

▶図2.1 自我志向

とって当然のことであるが，子どもがこれらを区別しているかどうか確認する必要がある。

第2に，課題の困難度や能力水準を判断する時に社会的比較を行うことができるかである。走り幅跳びで9mを跳ぶことがどれほど難しく，それを目標とすることや達成することがどのようなレベルの困難度／能力を意味するのだろうか。大人の場合，その判断は社会的比較過程に支えられており，パフォーマンスの質は特定の基準との関連で評価される。しかしながら，子どもも同様の評価をしているのだろうか。

第3は，努力に対立する概念としての能力である。前述したように，達成やパフォーマンスはすべて特定の基準に基づいて評価される。しかし，10mを跳べないからといって，誰も跳べないのだから能力がないとはいわない。多くの人ができることができない時にはじめて，能力がないと判断されるのである。

容量としての能力概念を人，とりわけ子どもがどのように理解するかは，自分を有能と感じるか無能と感じるかを左右する重要な要素である。たとえば，この世界には達成不可能な課題にあふれているが，たとえパリのセーヌ川を跳び越えることができなくても，誰も自分を無能とは思わない。「他の人にできることができなかったり，同じことをするのに他の人より時間がかかることを経験することで，人は自分を無能と認識するのである」[9]。自分の能力に限界を感じ，容量を意識するようになると，他の人よりも時間と努力が必要だった場合は達成感が生じない。また，多くの人が成功できる課題にもかかわらず失敗しそうな場合は決して努力しようとしない。なぜなら，努力したにもかかわらず失敗に終わることは自分が無能なことを証明することにほかならないからである。スポーツ活動で問題となるドロップアウトは，子どもが容量としての能力概念を発達させた結果かもしれない。

3 課題目標と自我目標

ニコルス[8),9)]によれば，能力概念は12歳頃に自動的に分化するのではなく，その個人の持つ目標と深く関わっているという。2つの能力概念に対応した目標が，子ども自身の成功の基準や有能さの判断に影響するのである。

■1.課題関与

新しいスキルの獲得や向上，問題解決，理解に関心がある場合，人は未分化な能力概念を使用している。これを課題目標（task goal），あるいは課題関与（task involvement）と呼ぶ[3)]。課題目標を持つ人の関心は，どうしたらスキルを獲得しマスターできるのか，自分が進歩したかどうかにある。

この場合の有能さの認知は自己言及的であり，パフォーマンスの向上や課題のマスターなどの主観的経験が成功の基準となる。また，努力すればするほど学習が期待されることから，精一杯努力したという感情は有能感を高めることになる。

■2.自我関与

能力の高さを誇示することを目標とする場合，進歩や努力だけでは十分ではない。能力を努力や課題の難しさに関係なく正確に評価するためには，分化した容量としての能力概念が必要である。仲間よりも優れていたい，能力が劣っていることを隠しておきたいというように，他者と比較した自分の位置に関心がある場合，これを自我目標（ego goal），あるいは自我関与（ego involvement）と呼ぶ[3)]。

自我目標を持つ人は，「私の能力は十分か」，「一番かビリか」といったことに関心があり，外的基

▶図2.2 自我目標を持つ子どもは仲間と比較できる競争を求める

準（他者のパフォーマンスや努力）や仲間との比較過程によって有能さの認知が左右される。他者を凌ぐことや他者より少ない努力でやり遂げることを成功と考えるのである。

3.達成目標を規定する要因

目標理論によると人が特定の場面でどの目標を持つかは状況要因と特性（個人）要因の両方に影響されるという。

(1)状況要因

人を取り巻く文脈が2つの能力概念のどちらを強調しているかによって，特定の達成目標が導かれる。まず，自我目標は，①課題が能力をテストするものとして提示される場合，②対人競争や基準フィードバックとの比較が強調される場合，③自分の能力への意識や関心が高まる場合（たとえば，観客の存在やビデオ録画など）に設定されやすい。

これに対して，①スキルの向上欲求を抑制する

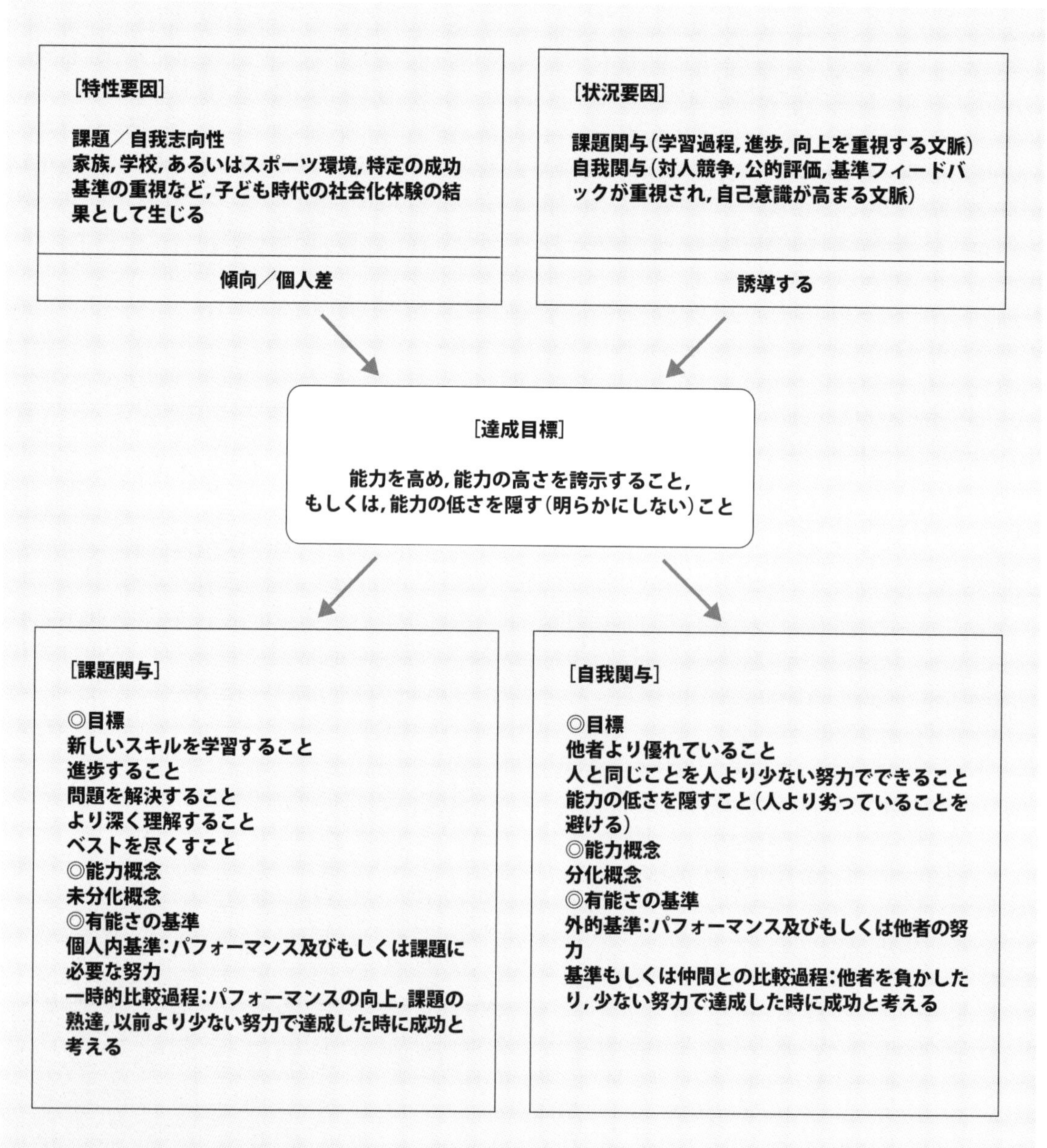

[特性要因]
課題／自我志向性
家族,学校,あるいはスポーツ環境,特定の成功基準の重視など,子ども時代の社会化体験の結果として生じる

傾向／個人差

[状況要因]
課題関与(学習過程,進歩,向上を重視する文脈)
自我関与(対人競争,公的評価,基準フィードバックが重視され,自己意識が高まる文脈)

誘導する

[達成目標]
能力を高め,能力の高さを誇示すること，
もしくは,能力の低さを隠す(明らかにしない)こと

[課題関与]
◎目標
新しいスキルを学習すること
進歩すること
問題を解決すること
より深く理解すること
ベストを尽くすこと
◎能力概念
未分化概念
◎有能さの基準
個人内基準：パフォーマンス及びもしくは課題に必要な努力
一時的比較過程：パフォーマンスの向上，課題の熟達，以前より少ない努力で達成した時に成功と考える

[自我関与]
◎目標
他者より優れていること
人と同じことを人より少ない努力でできること
能力の低さを隠すこと(人より劣っていることを避ける)
◎能力概念
分化概念
◎有能さの基準
外的基準：パフォーマンス及びもしくは他者の努力
基準もしくは仲間との比較過程：他者を負かしたり，少ない努力で達成した時に成功と考える

▶図2.3 課題達成目標と自我達成目標

要因が少ない場合，②学習や熟達に集中したり，統制感を高めるための挑戦が用意されている場合，③学習の過程や熱心な取り組み，個人的進歩が重視されている場合は課題目標が設定されやすい。

■(2)特性要因

人は状況によって自我関与的にも課題関与的にもなるが，特定の目標を持つ傾向があること，すなわち達成目標に個人差が存在することも事実である。親，教師，コーチによって作られた環境や心理的・動機づけ雰囲気[1]，すなわち子ども時代の社会化経験が特性としての目標志向性の形成に影響する。この影響は，勝利か進歩かといった特定の価値観や成功の基準を何に置くかによって生じることになる。

■4.課題目標と自我目標:まとめ

ここまでの議論と**図2.3**のまとめは次の通りである。

[1] スポーツや学校のような達成場面での目標は，能力を誇示するとともに，低い能力を隠すことにある。

[2] 能力概念は，努力と一体となった未分化な能力概念から分化した能力概念へと発達的に変化する。

[3] 2つの能力概念は，12歳を境に区別できるようになると考えられており，どの達成目標を持っているかで明確になる。つまり，人は基準やプロセスが異なる能力概念に支えられた達成目標のどちらかを持つようになるのである。

[4] 学習や問題解決を目標とする場合，人は未分化な能力概念を持っている。能力は内的な自己参照基準と一時的比較過程で判断され，練習，習得，個人的進歩の経験が，能力の高さを示す満足の源泉となる。このようなケースを課題関与と呼ぶ。

[5] 他者との比較，すなわち能力を誇示し，低い能力を隠すことを目標としている場合は，分化した能力概念を持っている。能力は，他者のパフォーマンスや努力といった外的基準と基準比較過程から判断され，他者より優位な時や少ない努力で達成できた時に成功と評価される。このようなケースは自我関与と呼ばれる。

[6] 自我目標の下では，努力は「両刃の剣」である[2]。努力はパフォーマンスと能力の向上に欠かせないが，失敗に終わった場合はその人が無能であることを証明するからである。

[7] 特定の場面で，課題目標と自我目標のどちらの目標を持つかは，状況要因と特性要因の両方，あるいはそのいずれかに影響される。状況要因は，社会的環境の必要に応じて，課題目標と自我目標を導く。特性としての目標志向性は，幼児期の社会化経験に左右される。

[8] 教師は，クラスに適切な動機づけ雰囲気を作ることによって特定の目標を育てることができる。

■5.目標,動機づけ,そして子どもの関与

目標理論は，目標志向性，信念，行動が合理的関係にあるとみなしている[4],[10]。つまり，目標が達成場面に対する認識とそこでの行動を左右する重要な要因と考える。ここでは，課題の選択と努力の量を検討した2つの実験をみていくことにする。

課題に取り組む場合，その選択や努力，障害に対する粘り強さは，動機づけの強さを反映したものとなる。動機づけの強さは，能力の高さを誇示できる課題なのか，それとも能力の低さを隠さなければならない課題なのかによって変化する。また，課題目標と自我目標のどちらの目標を持って

▶図2.4 動機づけの強さは困難に直面した時の粘り強さから推測できる

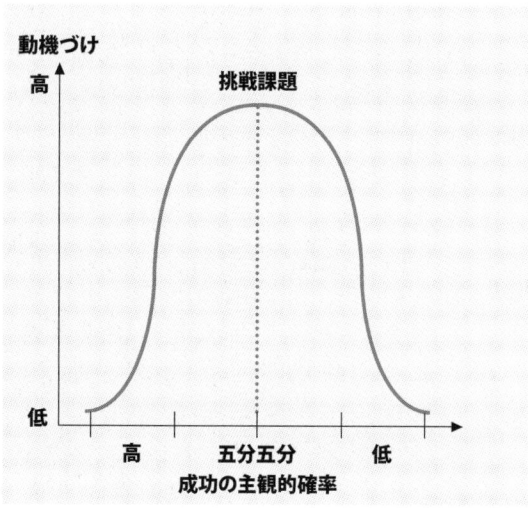

▶図2.5 課題関与している人の成功の主観的確率からみた動機づけの強さ

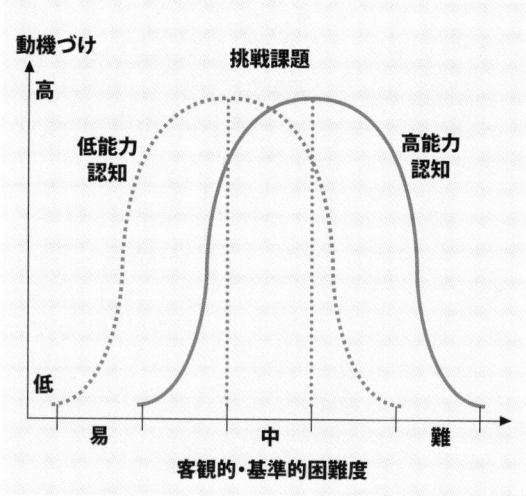

▶図2.6 課題関与している人の能力認知別にみた動機づけの違い

いるかによって，能力認知と課題の困難度認知からみた達成動機づけ水準の予測も可能になる（課題関与と自我関与という用語は，特定の状況を説明する時に用いる）。

子どもが課題関与している場合，失敗を恐れないのは当然のこと，課題を達成できるという確信すら意識になく，**図2.5**に示すように，成功する確率が五分五分のような挑戦的な課題が最も魅力のあるものになる。

ただ，人によって挑戦的な課題の水準が異なることから，能力認知が高い人ほど挑戦的な課題の客観的・規準的な困難度も高くなる（▶**図2.6**）。

一方，子どもが自我関与している場合の予測は複雑なものになる。能力を誇示するためには，他者より優れているか，他者より少ない努力でやり遂げなければならないことから，（外的）基準に基づく評価が必要になる。したがって，能力に自信がある人ほど，その課題での成功が高い能力の証明となる中程度かそれ以上の難しさの課題を選ぶようになる（▶**図2.7**）。一方，自分の能力を低いと考える人は，中程度の難しさの課題では失敗しやすい。中程度の課題では，成功しても平均的，失敗すれば平均以下というように，挑戦する人の能力水準を明確にすることから，その課題での失

▶図2.7 自我関与している子どもは，できるだけ努力を控えて勝とうとする

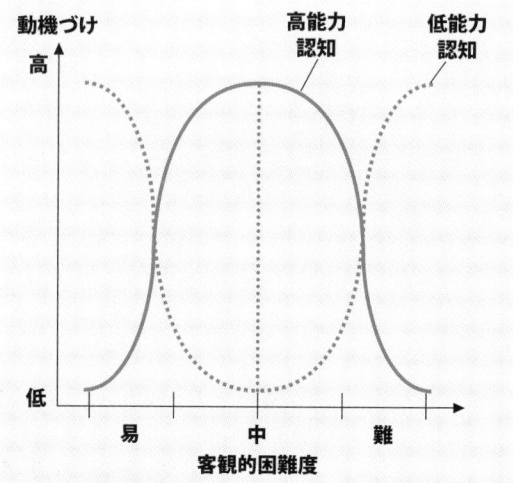

▶図2.8 自我関与している人の能力認知別にみた動機づけの違い

敗は無力感を生みだしやすい。結果的に，中程度の課題をできるだけ避け，極端な難しさの課題を選ぶようになる。

困難度の観点からみると，たとえ難しい課題で失敗しても能力がないことを意味しない。一方，簡単な課題を努力なしで成功しても能力の高さに何ら影響しない。したがって，自我関与の人が課題の遂行から逃れられない場合は，成功が確実な簡単な課題か，極めて難しい課題にその努力が向けられることになる（▶図2.8）。

■ 6.課題の選択

以上の仮説を検証するために，ザラスインら[13]は，少年がどの壁登りルートを選択するかを検討した。まず，「非常に簡単」から「非常に難しい」までの5つのルートの難しさが同年齢の少年100名によって検討され，各ルートの成功率が順に，94％，80％，54％，23％，3％であることが確認された。つぎに，500名を対象に目標志向性とクライミング能力の認知に関する調査が行われ，以下の4群，計82名が選ばれた。第1群は，課題志向−高能力認知群，第2群は，課題志向−低能力認知群，第3群は，自我志向−高能力認知群，第4群は，自我志向−低能力認知群である。

どの少年も，それぞれの目標志向性に対応した状況におかれた。すなわち，自我志向の子どもは，観客の前でビデオ撮影が行われ，課題志向の子どもには，個人的目標の達成を狙いとする授業の一環としての学習場面という設定である。登り始める前に，成功の可能性を，「まったくできない」から「かならずできる」までの5段階で評定することを求めた。

図2.9をみると，自我志向−低能力認知群は中程度のルートを選択しなかったことがわかる。また，約1/3が「非常に簡単」か「簡単」なルートを，1/4が「難しい」か「非常に難しい」ルートを選択した。この結果は，大多数が「中程度」のコースを選択した課題志向−低能力認知群と対照的である。また，残り2つの高能力認知群は，いずれも「中程度」あるいはそれ以上のコースを選択しているが，課題志向−高能力認知群が「難しい」か「非常に難しい」課題を選択しているのに対して，自我志向−高能力認知群は「中程度」のコースを選択する傾向が窺える。

目標理論は，成功の主観的確率によっても支持される。図2.10から，課題志向の少年は，能力認

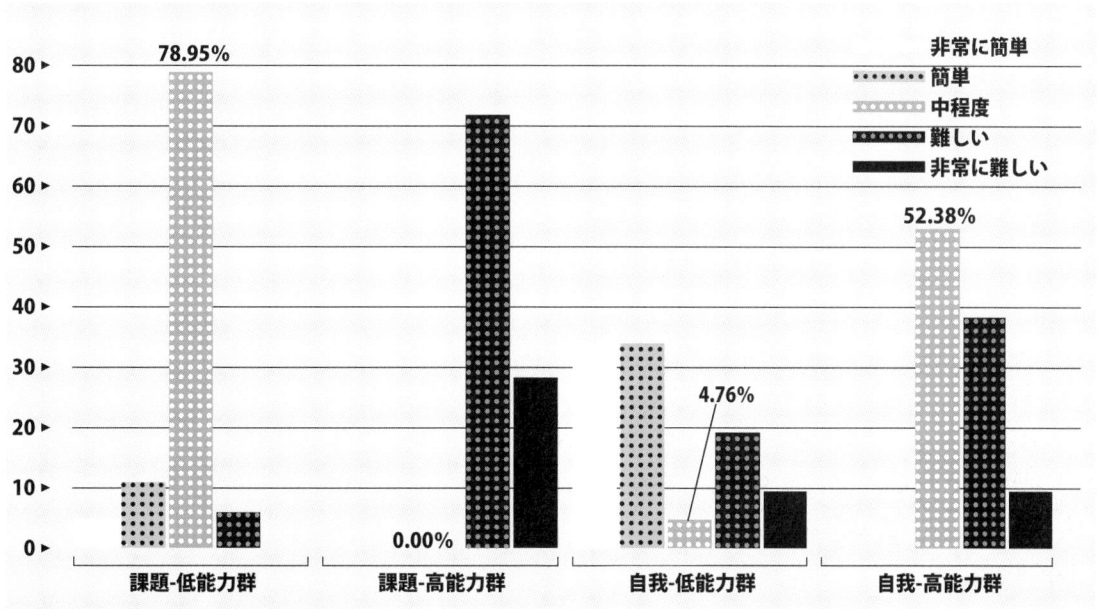

▶ 図2.9 目標群別にみた課題の選択

■第1部

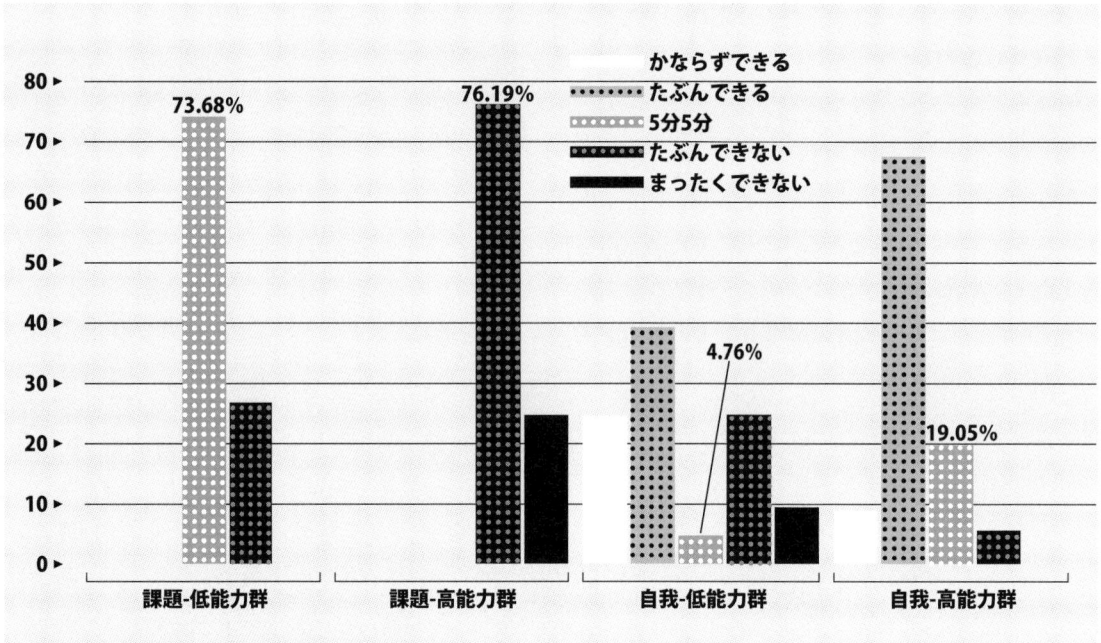

▶図2.10 目標群別にみた成功の主観的確率

知にかかわらず，成功する確率が五分五分の挑戦的な課題を選択していたのである。一方，自我目標を持つ少年は，全体として成功する確率が高い簡単なコースを選ぶ傾向が認められた。

自我志向の少年の結果を詳しくみると，2つのパターンを示している。まず，自分の能力を高く認知している子どもがリスクの低いコースを選んでいる点である。他者に努力させないように惑わすためか，それとも単に最低得点を確実なものにするためなのか，コースを楽に達成したいという欲求を優先させたのであろう。また，極端な困難度のルートを選択した自我志向−低能力認知群がその成功の主観的確率についても，「できる」から「できない」まで極端な評定をしていた点である。

■ 7. 努力の量

ザラスイン[11]は，別の実験で，達成目標（課題目標と自我目標），能力認知，及びクライミングコースの困難度が心拍数を指標とする努力の量に与える影響を検討した。被験者は，先の実験の4群，78名であり，まず中程度のコースから始め，その後はランダムに5つのコースすべてに登るよう求められた。また，先の実験のように被験者の目標志向性に対応した環境設定が行われ，以下の結果を得た。

[1] 非常に簡単なコースと非常に難しいコースでは，他の3コースと比較して，努力が抑制される傾向がある。
[2] 課題関与群は，自我関与群よりも努力する傾向がある。
[3] 図2.11が示すように，各群ともに，コースの難易度によって努力の量に違いがある。

理論が予測するように，自我志向−高能力認知群は，「中程度」及び「難しい」コースで最も努力し，その努力量は「簡単」もしくは「非常に簡単」なコースより有意に高かった。この群は，他者より優れていることや平均的能力以上であることを証明できる水準の困難度，すなわち平均もしくはそれ以上の課題に取り組む場合に最も努力することを示している。これに対して，成功が確実な易しい課題やいくらがんばっても失敗するような難しい課題では，努力しようとしない。

自我志向−低能力認知群は，「非常に簡単」なコースと「簡単」なコースで，他の3コースよりも有意に高い努力量を示した。また，「中程度」

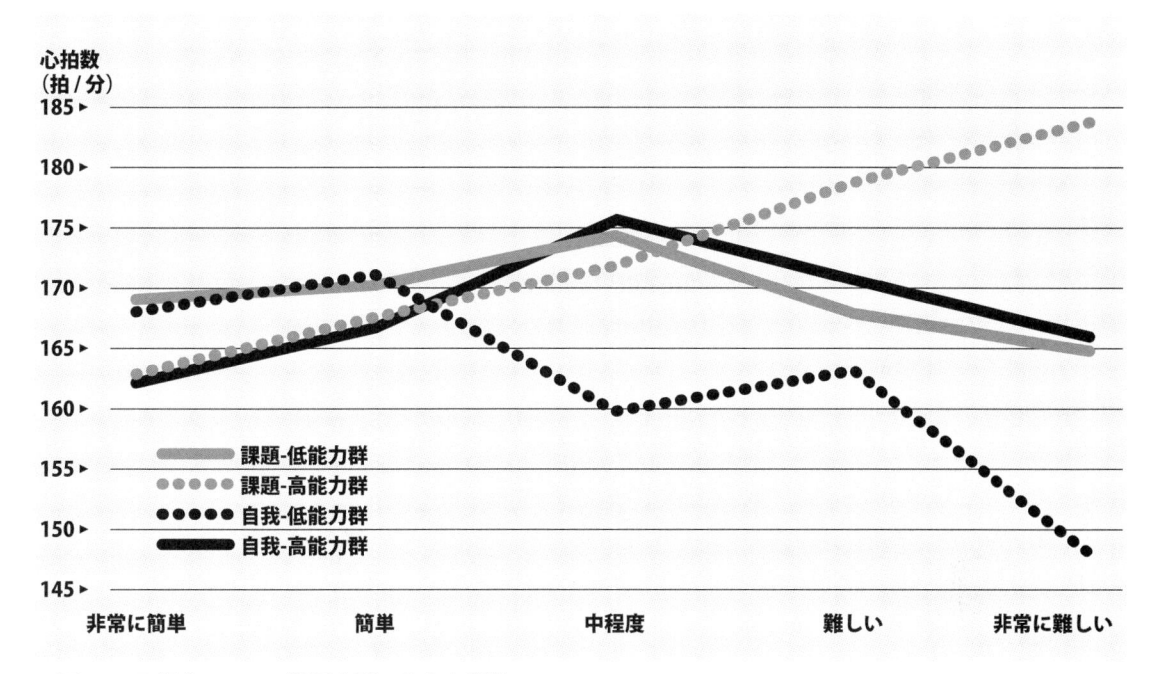

▶図2.11 目標とコースの難易度別にみた心拍数

のコースにおける努力量は，他の3群と比較して有意に低かった。中程度の困難度には，最も高い象徴的なリスクがあり，このレベルの難しさでは失敗すると考えたのであろう。努力したにもかかわらず失敗した場合は，自分に能力がないことを証明してしまうことから，あらかじめ努力の差し控え方略を取ることで自尊心を維持しようとしたと考えられる。一方，難しい課題で失敗しても，ほとんどの人が失敗するのだから無能感を抱く恐れはない。以上のことが，中程度のコースよりも難しいコースでの努力が上回ると考えられる理由である。結果はこのような傾向を示すものの統計的には有意に至らなかった。しかしながら，以上の知見は，自我志向−低能力認知群の残り3つのパターンを予測していることから全体として目標理論を支持するものと考えられる。

中程度のコースへの取り組みは理論をすべて支持するものではないが，難しいコースにもかかわらず努力を続ける姿は，有能さの獲得を求める少年の特長である。しかし，能力認知の低い子どもは実際の能力も低く，無能感を回避するために努力しようとはしない。失敗が予想されるとすぐにあきらめてしまうことから，難しいコースでは努力しなくなるのである。

課題志向の群では，能力認知の違いによって努力する困難度水準に違いが認められた。すなわち，課題志向−低能力認知群が中程度の挑戦的なコースで最も努力したのに対して，課題志向−高能力認知群は最も難しいコースで努力したのである。

■8.目標と行動との関係:まとめ

目標理論では，達成目標の種類によって達成場面の解釈とそこでの行動が規定されると考える。つまり，どのような達成目標を持つかによって，能力認知の基準とプロセスが変化し，その能力の自己評価が，さらに課題の選択，努力の量，持続性，パフォーマンスといったその後の行動を左右する。

そのパターンは，課題関与と自我関与に大別できる。

[1] 課題関与は，能力認知にかかわらず，有能さを維持・向上させる可能性が高く，しかも熱心な取り組みが期待できる挑戦的な課題を選択させやすい。
[2] 課題関与は活動の内発的興味，持続性（特に失敗後），努力への集中と深く関わっているこ

とから,「適応的達成行動パターン」と呼ぶ。

[3] 自我関与をしている人でも能力認知が高い場合は適応的行動パターンが認められる。しかし, 能力認知は失敗や困難の前では極めてもろい存在である。したがって, 有能さを高められるだろうか, 失敗して無能感を感じることがないだろうかといったことをいつも気にしていなくてはならない。他の人よりうまくできそうもないといった不幸な予測から逃れるために, 自我関与的な人, とりわけ能力認知が低い人は, 極端な困難度の課題を選択するか, 努力の差し控え方略を使用せざるを得ない。

[4] 自我関与と低い能力認知の組み合わせは, 挑戦的な課題の価値を損ねてしまう。この場合, 自我関与的な人の有能さを維持・向上させる機会を妨げることから「不適応的達成行動パターン」と呼ぶ。

4 スポーツ能力に関する子どもの信念

達成目標は, 成功の基準や有能感のほか, スポーツにおける成功の原因についての信念, スポーツの目的の認知, スポーツマンシップや攻撃性に対する態度といった要因とも密接に関連している（デュダ[3]のレヴューを参照）。

最近, ザラスインら[12]は, スポーツに必要な能力を子どもがどのように認識しているのか, その能力の向上可能性をどのように評価しているのかに関心を向け, 以下に示す3つの信念を評定する「競技能力の性質に関する概念測定尺度」を作成している。

第1尺度は, スポーツの能力を固定（stable）したものと捉えるか, 向上（incremental）するものと捉えるかという能力の発達可能性についての信念である。第2尺度は, スポーツ能力を先天的なもの（gift）と考えるか, 学習（learning）の成果と考えるかという能力を規定する要因についての信念である。第3尺度は, スポーツの能力を普遍的（general）と認識するか, 特殊・限定的（specific）と認識するかという能力の普遍性に関する信念である。

筆者の研究では, 課題志向性が向上及び学習信念との間に正の, 固定信念との間には負の関連があるのに対して, 自我志向性は先天的及び普遍的信念と関連していた。

図2.12から, 課題志向性が強い人は, 自我志向性の程度にかかわりなく, 競技能力は向上し学習可能で, しかも限定的なものと捉える傾向にある

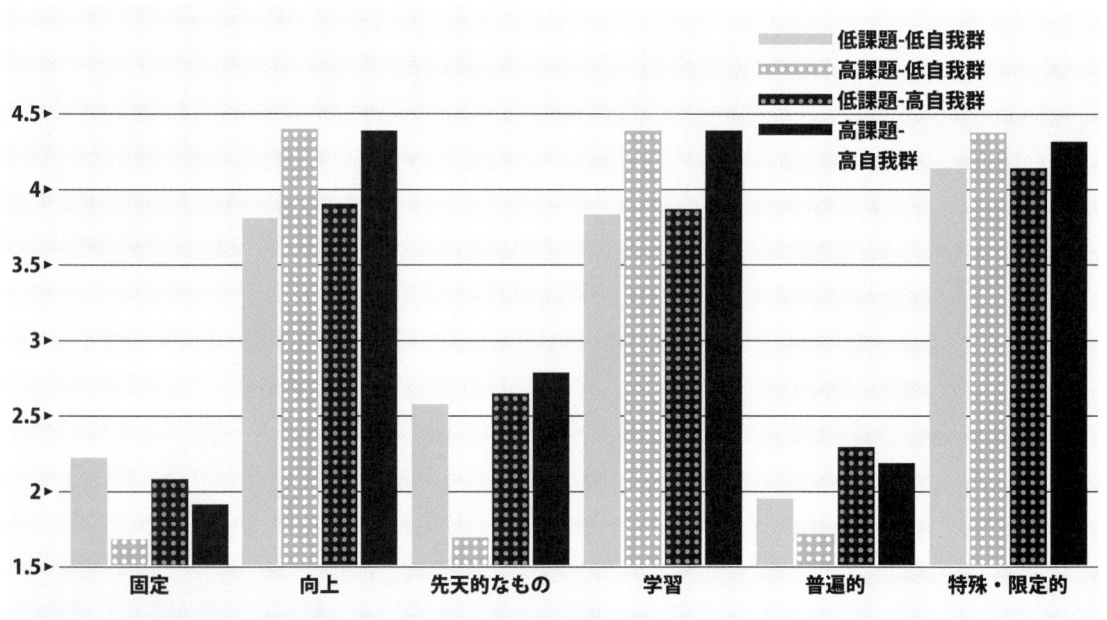

▶ 図2.12 目標群別にみた競技能力の性質に関する概念尺度得点

▶図2.13 課題目標は統制感と深いかかわりがある

ことがわかる。また、高課題-低自我群は、競技能力が先天的なものであるという信念を最も低く評定していることもわかる。それに対して、自我志向性が強い人は、高課題-低自我群と比較して明らかに競技能力が先天的なものであると認知している。最後に、高課題-高自我群は、能力概念が統合されているとみなすことができる。高いレベルの選手にみられるこの群は、能力は向上するもので、学習と先天的能力の両方で決まると考えているのである。

目標志向性と競技能力に関する認知との関係は、目標の認知的プロセスによって説明することができる。実際、課題志向性を持つことは、自分の努力で成功できると考えていることに他ならない。したがって、そのような成功への期待が能力は向上するものであり努力と学習によって高まるという信念と関連していることは当然である。

一方、自我志向性は、外的基準に基づくパフォーマンスの評価を意味する。また、同じ成績なら努力の少ないほうが高い能力を持つと評価されるため、努力の役割を軽視しやすい。したがって、自我志向性は、能力が向上し、学習可能で、努力によって規定されるという信念とは明らかに矛盾している。逆に、仲間より優れていること、あるいは低い能力を隠し通したいというような強迫観念は、その課題に十分能力があるかといった表面的な問題に関心を向けさせやすい。したがって、能力の高さにかかわらず、能力を固定的で、普遍的で、先天的なものと見なしやすくなるのである。

5 スポーツ能力に関する信念:まとめ

自我志向的な子どもは、自分の能力の高さにかかわらず、競技能力を先天的で普遍的なものと考える傾向がある。一方、課題志向的な子どもは、能力を固定したものではなく、向上かつ学習可能で限定的なものと考えやすい。また、両方の志向性が高い子どもは、両方の能力概念が統合されていることが明らかになっている。

また、能力に関する信念は、人が特定の状況で設定する目標を左右する。たとえば、幅跳びの能力を先天的で練習しても伸びないと認識することは自我関与をさせやすい。それに対して、能力が練習や努力によって伸びると考える生徒は、課題に積極的に関与するであろう。最後に、これらの信念は、経験を通してそれに関わる達成目標とともに時間をかけて発達していくと考えられる。

能力に関する信念が動機づけに及ぼす影響も重要である。自我志向的な子どものように、成功するためには先天的な能力が必要と考えることは、課題への取り組みや課題に対する粘り強さに不利な結果をもたらす。自分にその能力がなければ、学習性無力感と同様、動機づけの低下や課題の回避につながる危険性があるからである。一般に、学習よりも遺伝的能力に左右されやすい活動での成功の魅力は低く、能力認知が低ければなおさらである。達成するためには特定の能力が必要という信念は、有能さに自信のない子どもの努力を停止させる。同様に、能力は固定的で、進歩の可能性が少ないと考える場合も、その後の取り組みを抑制しやすい。

6 実践的示唆と応用

分化した能力概念を用いると（自我志向性や自我目標関与）、多くの生徒が自分の能力を低く評価せざるを得ない。また、低い能力認知が自尊心と達成に与えるマイナスの影響は、分化した能力概念を用いるほど強くなる傾向にある。したがって、体育教師が生徒の動機づけを維持するためには、どんなパフォーマンスでも平均以上か、能力に限界がないと信じ込ませるかのいずれかが求められる。しかし、すべての人が常に平均以上であることは不可能なことから、筆者は学習や進歩によって有能感を獲得させるようにすることが重要

と考えている。有能感の獲得は，客観的にみて明らかに平均以下の能力しかない子どもでも可能だからである。そのためには，エイムズ[1]が指摘する課題志向的な動機づけ環境をつくりだすことが必要であろう。

しかし，現実問題として，体育教師は授業場面に課題志向的な学習環境をどのようにして作り出せばよいのだろうか。文化としてのスポーツから競争を削除・抑制することでそのことが可能になるのだろうか。筆者はそんなことは勧めない。なぜなら，①競争がスポーツの独自性と文化的要素の象徴であること，②競争が本来持っている結果の不確実性が動機づけに有効であること，③競争と自我関与は同じではないからである。

筆者は，勝利を唯一の目的としないゲームを用いることでスポーツの持つ自尊心への威嚇効果を除去し，競争結果の重要性を低下させることを提案したい。

スポーツから競争の持つネガティブな効果を排除するためには，たとえば以下の方法がある。まず，生徒を勝敗のような客観的結果のみで評価しないこと。代わりに，進歩，熟達，上達の程度で承認・評価すること。第2に，「優勝は○○さん！」のように，結果を公表しないこと。第3に，大勢の前で一人がやらなければならないような状況は避けること。第4に，個人的有能さに関心が向けられるような状況を避けること。これには，「速

▶図2.14 挑戦の機会を提供する

い人はいいけど，ビリの人はもっと練習しなくちゃ！」といった言葉も含まれる。能力が高い人の動機づけは高まるかもしれないが，能力の低い生徒にとっては苦痛以外のなにものでもないからである。

そのほか，子どもが自分の進歩に集中できるような条件を設定することによって，課題関与と自己競争を刺激することが上げられる。たとえば，走り幅跳びよりは3段跳び，短距離走よりはハードル走というように，教師は少しでも進歩の可能性のある運動や課題を用いるべきである。前述したように，子どもは進歩の可能性がない活動に興味を示さない。どんな場合でも，生徒自身が進歩の可能性があると思わなければ課題に関与することはないのである。

教師は多様な課題を提示することで，生徒のレベルに合わせた最適な挑戦の機会を提供することもできる[6]。

子どもに自分の進歩を認識させるもう1つの条件は，勝敗といった競争結果の代わりに特定の課題あるいは目標に集中させることである。長期の曖昧な目標よりも，活動が終了するまでの，限定的で，測定可能で，短期の目標を設定させるとよい[7]。また，一人ひとりの子どものレベルに応じたパフォーマンス基準を設定する必要もある。教師は，目標設定を無駄に終わらせないためにも，目標への達成度についてフィードバックを与え続けなければならない。

さらに，コンピュータとビデオは有効である。「20分間，できるだけ速く走ろう」という代わりに「時速12キロのペースで，20分走ろう。そうするには，200mトラックを1分のラップで走ればいいよ」というように個人の目標を具体的に設定できるからである。生徒に責任を自覚させるには，生徒自身に目標を設定させるとよい。そうすることで，現実的で中・長期的な目標の設定と達成を学び，課題志向的な子どもに育つのである。

キーポイント

[1] 達成目標は，子どもが体育やスポーツで示す特性傾向（個人差）である。

[2] 動機づけは，課題の選択，努力の量，持続性から判断できる。
[3] 自我志向的な子どもは，できるだけ少ない努力で勝とうとする。
[4] 課題志向的な子どもは，挑戦を好む。
[5] 課題目標は，スポーツの能力が学習によって向上するという信念と関連している。
[6] 自我志向性は，パフォーマンスを外的基準によって評価する。
[7] 生徒の進歩・向上を評価すべきである。
[8] 一人ひとりに最適な挑戦を用意すべきである。
[9] 能力と努力が未分化な場合，課題目標を設定しやすい。
[10] 自我志向的な子どもは，有能さの基準を他者との比較に求める。

理解度チェック

[1] 能力の分化・未分化概念によって，何がわかるか？
[2] 課題志向性の特徴とは何か？
[3] 自我志向性と自我関与の違いは何か？
[4] 目標志向性は課題の選択にどのような影響を与えるか？
[5] スポーツの能力に関する信念は，目標志向性とどのように関連しているのか？

文献

1) Ames, C. (1992). Achievement goals, motivational climate, and motivational processes. In G. Roberts (Ed), *Motivation in sport and exercise* (pp 161-176). Champaign, IL: Human Kinetics.
2) Covington, M. V. & Omelich, C. L. (1979). Effort: The double-edged sword in school achievement. *Journal of Educational Psychology*, 71, 169-182.
3) Duda, J. L. (1992). Motivation in sport settings: A goal perspective approach. In G. Roberts (Ed.), *Motivation in sport and exercise* (pp. 57-91). Champaign, IL: Human Kinetics.
4) Famose, J. P. (1990). *Apprentinage moteur et difficulte' de la tâche* [Motor learning and task difficulty]. Paris, France: INSEP Publications.
5) Fox, K. R., Goudas, M., Biddle, S. J. H., Duda, J. L., & Armstrong, N. (1994). Children's task and ego goal profiles in sport. *British Journal of Educational Psychology*, 64, 253-261.
6) Goudas, M., Biddle, S. J. H., Fox, K. R., & Underwood, M. (1995). It ain't what you do, it's the way that you do it! Teaching style affects children's motivation in track and field lessons. *The Sport Psychologist*, 9, 254-264.
7) Locke, E. A., & Latham, G. P. (1985). The application of goal setting to sports. *Journal of Sport Psychology*, 7, 205-222.
8) Nicholls, J. G. (1984). Achievement motivation: Conceptions of ability, subjective experience, task choice, and performance. *Psychological Review*, 91, 328-346.
9) Nicholls, J. G. (1989). *The competitive ethos and democratic education*. Cambridge, MA: Harvard University Press.
10) Roberts, G. C. (1992). Motivation in sport and exercise: Conceptual constraints and convergence. In G. C. Roberts (Ed.), *Motivation in sport and exercise* (pp. 3-29). Champaign, IL: Human Kinetics.
11) Sarrazin, P. (1995). *Motivation à l'accomplissement dans les activités motrices: Mises en èvidence de processus et variables affectant les croyances relatives à la nature de l'habileté motrice, le choixd' une difficulté, l' effort fourni, et la performance* [Achievement motivation in motor activities: Identification of processes and variables influencing beliefs about the nature of motor ability, the choice of task difficulty, the effort expended, and the performance]. Unpublished doctoral dissertation, Paris XI-Orsay University.
12) Sarrazin, P., Biddle, S., Famose, J. P., Cury, F., Fox, K., & Durand, M. (1996). Goal orientations and conceptions of the nature of sport ability in children: A social cognitive approach. *British Journal of Social Psychology*, 35, 399-414.
13) Sarrazin, P., Famose, J. P., & Cury, F. (1995). But motivationnel, habileté percue et sélection du niveau de diffculté d' une voie en escalade [Motivational goal, perceived ability and selection of the level of difficulty of wall-climbing routes]. *Sciences et Techniques des Activities Psysiques et Sportives*, 38, 49-61.

第3章

体育授業における動機づけ雰囲気
Motivational Climate of the Physical Education Class

1 はじめに

多くの体育教師が生徒の動機づけに関心を払い続けてきた。いかに優れた体育カリキュラムが用意できたとしても，生徒が努力の必要性を認識し，積極的に取り組まなければ学習効果は期待できないからである。

ところで，体育教師は生徒を学習へと動機づける要因について，信念ともいうべき実践で培われた個人的理論を持っている。これは，教師自身の長年にわたる経験や生徒との相互作用を通して形成されてきたという点で重要である。しかし，体育教師が生徒の体育での経験を理解し，その経験を適切な方向に変化させていくためには，生徒の動機づけを育てるための心理学的な理論が必要である。なぜなら，理論は①実践を振り返り新たな動機づけの方法を検討するきっかけを提供し，②実践を一貫した枠組みに整理し，③体育授業における生徒の行動理解に新たな視点を提供するからである。

生徒の動機づけ研究には歴史があるが，体育学習場面での検討は始まったばかりである。しかし，その結果は，教育心理学研究の結果と極めて一致している。本章では，最近の達成動機づけの理論とその理論を体育場面に適用した研究，とりわけ教師が作り出すクラスの風土や授業の雰囲気に関する研究結果を概観する。そして，最後に，体育授業の心理的雰囲気を高める具体的な方法を紹介する。

2 理論の概観：
—自分にできるのか,やりたいのか—

生徒は体育の授業で多様な課題に取り組まなければならないが，それらの課題を前にした時，「自分にできる課題なのか」，「やりたい課題なのか」と問いかける。

最初の問いかけは，自分の有能さへの関心を表している。人はだれでも物事を達成し，環境を制御したいと願う存在である。もう1つの問いかけは，課題の主観的な評価に関わるものであり，興味の有無や功利性に基づいて生徒は課題を評価することが多い。たとえば，自分の将来（進学など）に有利と考えてサッカーの授業に取り組む生徒は，授業の功利性に動機づけられているといえる。

しかし，これらの問いかけの内容は同じではな

▶図3.1 いかに優れた体育カリキュラムでも生徒が努力の必要性を認識し，学習に取り組まなければ意味がない

▶図3.2 課題に関与している子どもは自分の進歩に集中している

い。たとえば、「自分ができる課題なのか」という問いかけは「友達と同じようにできるだろうか」という新たな疑問を生むかもしれない。また、「前の授業より上手にできるだろうか」、「失敗した時、どうしたら下手と思われなくてすむだろうか」と考える生徒がいるかもしれない。いずれにしても、学習場面で生徒がどのような疑問を抱くかは動機づけを左右する重要な要因であり、教師の指導によるところが大きい。

さて、2章で検討された課題目標と自我目標は、授業の目標としても適用できる[2),8),9)]。

課題関与の場合、生徒は進歩やスキルの熟達に集中し、動機づけを維持・向上させやすい。一方、自我関与の場合、生徒は他者を凌ぐことや能力を誇示することに夢中になり、自分の能力を低いと認知している生徒の場合は、動機づけが低下する。課題関与的な生徒は、それができるかという問いにできると答え、体育授業や課題に興味を示すというものである。

体育の実践研究は、以上の予測を支持している[4)]。そこでは、生徒が体育の授業を課題志向的とみているか、自我志向的とみているかが質問紙で評定された後、20mのシャトルランテストが行われた。テストはクラスの前で10〜15人のグループで実施されたが、すべての生徒が他の人よりうまくできるかどうかを意識していた。テストが終了し、記録を知ってから、シャトルランのおもしろさ、有能感、努力の量について評定した。

その結果、うまくできなかった生徒（平均以下）と自我関与的な生徒は、自分を有能と感じておらず、あまり努力しなかった。一方、課題関与的な生徒は、実際の記録にかかわりなく、課題をおもしろいと感じ、努力したと回答した。

教師がどのような指導を行うかは、生徒を課題志向的にするか、自我志向的にするかを左右する重要な要因である。したがって、生徒の授業での動機づけが教師の指導で決まるのも疑いようのない事実である。

■1.雰囲気について

教師は、授業における個人の目標だけでなく、授業全体の動機づけ雰囲気にも配慮しなければならない。なぜなら、授業の動機づけ雰囲気は、授業における生徒の目標志向性を左右する多くの要因から構成されているからである。一方、教師が体育の授業場面をどのように設定しても、生徒がそれをどう認知するかが生徒の反応を規定する（▶図3.3）。したがって、生徒が教師の行動と指導法をどのように捉えているかを測定できる質問紙の開発が必要とされるのである。

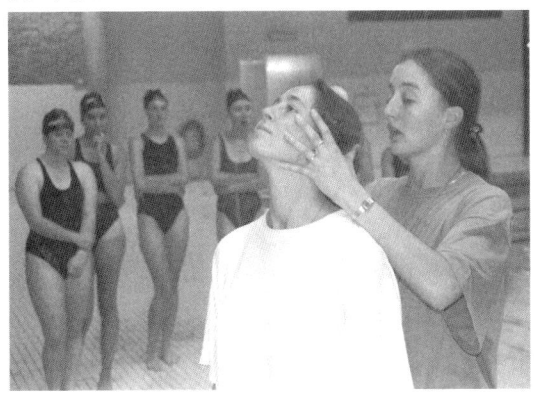

▶図3.3 教師が体育の授業場面をどのように設定しても、生徒がそれをどう認知するかが反応を規定する

■2.動機づけ雰囲気の測定

パパイアノウ[10),11)]は、「体育授業における学習志向−成績志向測定尺度」を作成した。この尺度は、①クラスの学習志向（熟達／課題）、②教師による課題志向（熟達／課題）、③クラスの自我（成績）志向、④生徒の失敗に対する恐れ、⑤努力することなしの勝利、の5つの下位尺度から構成さ

■第1部

▶図3.4 望ましい動機づけは課題志向的な授業から生まれる

れている。

■3.動機づけ雰囲気の重要性

この尺度を用いた研究結果は極めて一貫している。たとえば，パパイアノウ[10]とグッダス，ビドル[3]は，授業の雰囲気を課題志向的と認知する生徒は，緊張や不安が少なく，より楽しいと認知するとともに，多くの努力を払っていたと報告している（▶図3.4）。

また，フランスのカリーら[1]によると，授業の雰囲気を課題志向的と認知するほど課題目標と内発的興味が高まるのに対して，競争的と認知しているほど競争目標を持ちやすく，授業への内発的興味を抑制する傾向があるという。

一方，パパイアノウ[11]は，授業を競争志向的と認知する生徒ほど，教師が特定の生徒をひいきしていると考えやすいことを明らかにした。さらに，熟達志向性が軽視される授業では，能力が低い生徒ほど不安を感じやすく，プレイや運動に対する内発的動機づけも低くなるという。

以上の研究では，被験者内及びクラス間の両方に差が認められる。これは，同じクラスでも生徒によってその雰囲気認知に違いがあると同時に，教師によってクラスごとの雰囲気にも差があることから，適切な指導を行うことでクラス環境を変化させることが可能なことを示唆している。事実，最近では，授業の心理的環境への介入を試みる研究が行われている。

■4.動機づけ雰囲気への介入

ロイドとフォックス[6]は，エアロビック体操を競争的方法と自己基準的（課題）方法で，6週間にわたって指導した。その結果，競争的プログラムに参加した少女は，あまり楽しいと感じず，自我目標を持つ傾向が高かった。

また，グッダスら[5]は，直接（命令）スタイルと個別（能力差包括）スタイル[7]の2つの指導スタイルでイギリスの少女に陸上競技を指導した。直接スタイルでは，教師が決定した一斉指導によってすべての生徒が同じ課題を学習した。一方，課題志向的関与を促進させると考えられる個別スタイルでは，課題の選択が可能で，しかも，グループ学習が行われた。研究の結果，個別スタイルで指導された生徒のほうが，課題関与的で，努力し，楽しいと感じ，次の授業を楽しみにしていることが明らかになった。

以上のことから，課題目標や熟達目標にあふれた授業を行うことが体育の動機づけを高める重要な要因であることがわかる。そこで，以下，実践的なガイドラインを提示しておきたい。

3 望ましい動機づけ雰囲気をつくる：実践へのガイドライン

授業における望ましい動機づけ雰囲気は，授業の早い段階で確立しておくことが求められる。そのため教師は，学習志向的な雰囲気を支えている価値・期待・目標をすべての生徒が理解し受容しているかを初期の授業で確認しておく必要がある。具体的には，指導スタイル・課題・適切なフィードバックにかかわる実践を学習志向的雰囲気と対応したものにしておかなければならない。

生徒は，数回の授業で授業の目的や価値，その価値を高めるための具体的な課題を十分理解することができる。ここで，具体的な課題を経験させることには，①授業の価値を実践を通して認識・受容させ，②課題に取り組む理由や特定の指導が行われる理由を明確にし，これからの授業の見通しを持たせる，という2つのねらいがある。

■1.始めての授業

元気な口調と意欲的な態度で臨み，年間を通して学習する内容とその学習が生徒の人生にいかに重要かを指導する必要がある。生徒が感じる楽

しさやおもしろさを大切にし，教師の指導は，生徒が人生に必要な学習を楽しく，時にはエキサイティングな雰囲気の中で行うためにあることを説明するとよい。

授業の目標は個人が進歩することにある。したがって，成功は基準との比較ではなく，あくまで自分の努力や進歩したかどうかで判断するように指導するとよい。先天的な能力に関係なく，どの生徒も平等に尊重すべきである。能力とボディイメージは先天的要因だけで決まるものではなく，その大部分がトレーニングや運動量に左右されることを理解させる必要がある。また，努力することの価値を強調することが重要である。目標の設定を怠り，目標達成のための努力をしなければ，どんな学習やトレーニング計画でもよい結果が得られない。目標は，運や相手といった外的要因に左右される勝利や記録の更新ではなく，あくまで自分の努力で可能な進歩である。また，学習には失敗が欠かせないことを十分指導しておく必要がある。望むような結果が得られなくても何ら問題ではない。なぜなら，それはスキルが少し不足しているだけで，さらに練習を続ければよいからである。

健康とは幅広い概念であることを理解させておく必要もある。身体だけが問題ではなく，精神的にも社会的にも健全で良好な状態でなければならない。したがって，体育の目的は強くてたくましい体と精神の健康，健全な人格と人間関係を育てることにある。カリキュラム全体を通して，運動が筋力，持久力，スピード，柔軟性，敏捷性を向上させるだけでなく，心臓病や糖尿病に代表される生活習慣病の危険度を減少させ，さらに，精神的健康，ストレスの低減，自信の向上にも役立つことを強調しておかなければならない。協力することの価値も重要である。人に教えることで，すでに知っている内容をさらに深く理解し，自分のものにすることができる。また，協力し合うことで，より早く効果的に有能感を高めることもできる。なにより，協力はトレーニングと運動を楽しくしてくれる。

生徒が互いに協力する中で楽しさを実感し，感動を呼び起こせるような課題を用意する必要がある。授業は，運動の実施やその進歩を評価する方法を学び，自分に合った運動プログラムを作成するためにある。自己評価の方法や運動プログラムの作成方法を学べる例題も用意しておくことが望ましい。

2.日々の授業

教師の日々の実践は，授業の最初に生徒に示した哲学と一致したものでなければならない。

(1)課題

子どもにとって意味のある課題が必要である。特に，家庭や公園，海や山といった自然環境に応用しやすい課題や新鮮で変化に富み，多様でしかも興味を惹くような課題が望まれる。また，必要な場面で必要な課題がすぐに使えるように，あらかじめ授業の目的に合わせた課題のリストを準備しておくことが望ましい。

一人ひとりの能力に合った課題が必要なことから，能力に応じて簡単に調整できる課題を選ぶとよい。ただし，すべての生徒が目標を設定するように支援する必要がある。さらに，生徒が自分のパフォーマンスを素早く簡単に評価できる課題が望ましい。

ペア学習課題のように，能力や性の違いを越えて生徒が互いに協力できる課題も必要である。これらの学習を支援することで，社会における協力の重要性に気づかせることができる。課題のリストを準備しておき，授業ごとに2〜3の課題を実施するとよい。

メンタル・リハーサル，漸進的リラクセーション，失敗に対するコーピング，注意集中などの技法を利用することで，クラスの学習志向性と生徒の動機づけを高めることができる。また，筋力，持久力，敏捷性に関する理論的な説明やトレーニングの実際についても指導するとよい。

(2)指導スタイル

授業の目的や場面に応じて指導スタイルを使い分ける必要がある。また，生徒の批判的思考力を育てなければならない。そのためには，「チームを素早く移動させるには，どんなパスをしたらよ

いか」，あるいは「なぜ男女一緒に運動したり，プレーするのか」など，「なぜ」と「どうして」を問う必要がある。このような発問を準備しておき，毎時間の授業に含めることが望まれる（モストン，アッシュワース[7]の誘導発見スタイルと拡散的発見スタイルを参照）。

生徒に活動を選択できる機会を提供することも重要である。そのためには，同じ目標を持つゲームや練習課題をあらかじめ複数用意しておき，その中から生徒に選ばせるといった方法がある。

生徒が意思決定に参加できるように援助し，その決定を守るように励ます必要もある。多くの場合，その決定は個人の目標に関係している。たとえば，「5本のフリースロー中2本」という目標に代わって，3週間以内に3本決めるという目標を設定するようになるかもしれない。

また，生徒が自己評価できることも大切である。そのためには，着実な進歩が期待できる課題に取り組ませたり，課題が細分化され，イラストや解説などが書かれた記録カードを用いるとよい（モストン，アッシュワース[7]の自己チェックスタイルを参照）。

熟達志向的な環境のもとでは，課題を能力に合わせる方法を生徒自身が学習しなければならない。そのためには，以下のポイントを手がかりに，課題の難しさを調整する実習が必要となる。
①静的な動きから動的な動きへ，またはその逆，②動作の数，③ディフェンダーの数，④反復数，⑤距離，⑥時間，⑦用具（高さ，重さ，直径など），⑧シュートの角度

生徒を評価する場合の注意点は以下の通りである。まず，他者について言及しない。良い，普通，悪いといった基準も使わない。また，他者の成績に関する情報を与えないように注意する必要がある。評価はあくまで個人の進歩に基づいたものでなければならないからである。

評価は，自分の成績や将来の目標，向上意欲に関するフィードバックとして極めて重要なことを生徒に理解させる必要がある。以下に示すように，評価は目標設定のプロセスに必要不可欠な要素であり，生徒の進歩に欠かせないのである。

[目標設定⇒努力⇒評価⇒新たな目標設定]

生徒が互いに協力し，助け合うように激励・援助することも重要である。他者に教えることは，自分の理解を深めることから，生徒同士が先生役（観察者）と生徒役になって，互いに指導しあうペア学習スタイル[7]をできるだけ使用するとよい。先生役の生徒は，スキルを学習している生徒を見守り，教師や黒板・記録カードに示されたスキルの内容に基づいてフィードバックを与えることになる。

ルールの変更や新しいスキル・ゲームの作成を求めることで，生徒の創造力，独創性，批判的思考力，自律性，自信を育てることができる。たとえば，男女が共に楽しめるような男女別のルールを持つボールゲーム作りを考えさせるといった方法がある。

最後に，教師は，生徒が自分に合った運動やスポーツのプログラムを作成できるように支援しなければならない。そのためには，関連する概念（たとえば，筋力）の説明から具体的なトレーニング法（たとえば，脚力を高める方法）までを指導しておく必要がある。

■**(3)期待**

すべての生徒に肯定的な期待を持ち，かつ，過去の成績よりも，現在に注目することが大切である。生徒が適切な目標を設定できるように援助し，生徒が自分で達成していくことを期待しなさい。「生徒にできるだろうか」ではなく，「生徒の達成にどのような支援ができるか」と考えるとよい。

■**(4)フィードバック**

フィードバックは，生徒の関心が自我ではなく課題に向くように与える必要がある。そのためには，過度の，とりわけ公的な賞賛の使用は避けることが望ましい。能力にかかわる賞賛（「とてもいいぞ」など）は，人の関心を課題から自我，すなわち，自分のパフォーマンスをどのように向上させるかから他者の能力との比較へと変化させ，結果的に，能力が低い生徒に不適応的な動機づけパターンを導くことになるからである。

自信のない生徒を特に励ますことが求められる。前述したように，公的に評価するよりも私的

に評価するとよい。その場合にも，生徒が教師の強化を必要としているか（たとえば，生徒ががっかりしていないか）を確認することが望ましい。また，教師の強化を圧力や統制としてではなく，自信を高めるものと認知しているかについても確認する必要がある。

以上のことは，生徒が成功した場合でも教師は一切フィードバックを与えてはいけないということを意味するものではない。生徒が求めていると判断すれば，公的か私的かにかかわらずフィードバックを与えるべきである。しかし，公的に与える場合は，人に対してではなく，特定のパフォーマンスに与えるべきである。さらに，フィードバックが肯定的な場合，「いいぞメリー，その調子！」とか「ジョン，4本全部成功。次は7本ねらえ」といった言葉を加えることが望ましい。つまり，肯定的なフィードバックと強化に加え，新たな目標を設定させるようにするのである。

叱責も同様である。たとえ教師との関係が良好で教師からの叱責を受容できる生徒であっても，生徒の自我に対する直接的な叱責は避けなければならない。叱責は，同時に低い評価を意味しているからである。したがって，「だめ」とか「間違い」とだけ言うのではなく，常に，生徒の修正点を加えておく必要がある。さらに，修正する場合は，ネガティブな方法よりもポジティブな方法を採用すべきである。たとえ評価であっても「だめ」とか「間違い」といった言葉や否定的な身振りは可能な限り避けるほうが望ましい。教師が修正すべき点を指摘することで，しなくてもよい失敗をかえって子どもがしてしまうからである。また，評価の最初の言葉を「だめ！」から始めることは，生徒の自我を脅かす。結果として，生徒は有能さの評価で頭が一杯になり，教師の言うことが耳に届かなくなる。

失敗は学習の一部であり，恐れるものではないことを生徒に認識させることが重要である。上達や進歩に失敗はないこと，いかにして相手に勝つかではなく，どのようにすればうまくなるかに集中させるとよい。たとえ教師がこのことを日常的に指導しているからといって，生徒に否定的な言動をしてもよいということにはならない。普段の授業で教師自身が否定的な言葉遣いや表現をしていないかどうかを，テープで確かめてみる方法もある。さらに，メンタル・リハーサルや肯定的セルフトークの技法を用いることで，肯定的なメッセージだけを伝える方法を学ぶこともできる。なにより，否定的表現を避け，それらの排除に努めることが大切である。

■3.授業の計画と準備

授業の計画と準備のためにファイル，もしくはカタログを作成しておく必要がある。また，学習課題やカリキュラムに関係する問題を確認しておくとよい。

ファイルに含まれる具体的内容は，以下の通りである。

[1] 生徒にふさわしいだけでなく，おもしろくて熱中できる課題。
[2] 運動能力や認知能力が異なる生徒が協同して取り組める課題。
[3] 男女の協同を促進する課題。
[4] 民族や出身の違いを越えて協力できる課題。
[5] 理由や方法に関する多様な発問。
[6] 生徒の能力に合わせて修正や調整が可能な課題。その課題すべてに，目標設定の技法を指示するとよい。
[7] 共通の目的を持つ多様な課題。
[8] 生徒の問題解決能力を向上させる課題。
[9] ペア学習スタイルや自己チェックスタイルで使用する評価規準表。
[10] スライド，録音テープ，ビデオ，CD，マルチメディアといった教具。

また，プログラムの準備段階で確認することは以下の通りである。

[1] いくつの課題で，目標設定プログラムを実行させるか。
[2] それぞれの課題に選択肢が用意できたか。
[3] おもしろくて熱中できる課題をいくつ用意できたか。
[4] 理由と方法を尋ねる発問をいくつ準備できたか。

[5] 性や能力の異なる生徒が協力できる課題をいくつ用意できたか。
[6] ペア学習スタイルで指導する課題があるか。必要な規準表が準備できているか。
[7] 自己チェックスタイルで指導する課題があるか。規準表が準備できているか。
[8] 生徒に新しいことを創造させる課題があるか。
[9] メンタル・リハーサル，集中，失敗に対するコーピングといった心理的スキルを学習させる課題があるか。
[10] 教育機器がそろっているか。

　もちろん，以上の課題は単元計画全般で考慮すべきものであり，個々の授業のすべてに使用する必要はない。しかし，これらのポイントを授業の初めと終りでチェックすることは，教授計画全体を通しての実践に役立つだろう。

■4.授業を始める前

　教師は，授業と関係のないことや個人的問題，不快な感情を授業に持ち込んではならない。思考の善し悪し，問題の大小，感情の如何にかかわらず，それらはすべて授業と無関係であることを認識し，授業に影響しないように努める必要がある。

　マイナス思考を低減させ，リラックスするためにストレス・マネジメント技法を利用することも1つの方法である。

　また，メンタル・リハーサルを実施し，課題の連続性や課題の提示方法・練習の全体的方法について事前に確認しておくことも重要である。さらに，生徒を課題に集中させるために必要な教示を課題ごとに準備しておくことが大切である。ただし，それぞれの教示は，ゆったりと，暖かく，そしておおらかなものであることが望ましい。

Exercise 1

以下の評価基準が授業の動機づけ雰囲気にどのような影響を与えるかについて考えなさい。
[1] 他の生徒との成績の比較
[2] 生徒の進歩
[3] 運動／スポーツ技能テストの得点

Exercise 2

バレーボールでオーバーハンドパスを指導する場合，次の課題はどのような雰囲気を作ると考えられるか。
[1] 2人1組で，20回連続パスができるようにする。
[2] 2人1組で，直上パスをどちらが長く続けられるかを競争する。

Exercise 3

バスケットボールでフリースローの指導をする時，課題関与的雰囲気と自我関与的雰囲気を作りだしやすい課題について考えなさい。

キーポイント

[1] 生徒の動機づけを理解することが重要である。
[2] 課題関与の場合，生徒は自分の進歩や技術の熟達に集中している。
[3] 自我関与の場合，生徒は他者を意識している。
[4] 体力テストの後，課題関与的な生徒は一生懸命努力したと言う。
[5] 子どもが課題関与的になるかそれとも自我関与的になるかは体育教師の影響が大きい。
[6] 授業の雰囲気は，クラスの志向性及び課題とその学習方法で決まる。
[7] 望ましい動機づけは，課題志向的なクラスの授業で生じやすい。

理解度チェック

[1] なぜ体育教師は生徒の動機づけに関する科学的知識を持たなければならないのか。
[2] 体育で「これができるのか」と問う時，生徒は何を考えているのだろうか？
[3] 体育で「これがやりたいのか」と問う時，生徒は何を考えているのだろうか？
[4] 動機づけ雰囲気とは何か？
[5] 授業の課題／熟達雰囲気について説明しなさい。
[6] 授業の雰囲気と動機づけとの関係をまとめなさい。
[7] 体育教師が授業の動機づけ雰囲気を課題志向的

にする方法を5つ挙げなさい。

文献

1) Cury, F., Biddle, S., Famose, J. P., Goudas, M., Sarrazin, P., & Durand, M. (1996). Personal and situational factors influencing intrinsic interest of adolescent girls in school physical education: A structural equation modeling analysis. *Educational Psychology,* 16, 305-315.
2) Duda, J. L. (1992). Motivation in sport settings: A goal perspective approach. In G. C. Roberts (Ed.), *Motivation in sport and exercise* (pp. 57-91). Champaign, IL: Human Kinetics.
3) Goudas, M., & Biddle, S. J. H. (1994). Perceived motivational climate and intrinsic motivation in school physical education classes. *European Journal of Psychology of Education,* 9, 241-250.
4) Goudas, M., Biddle, S. J. H., & Fox, K. R. (1994). Achievement goal orientations and intrinsic motivation in physical fitness testing. *Pediatric Exercise Sciences,* 6, 159-167.
5) Goudas, M., Biddle, S., Fox, K., & Underwood, M. (1995). It ain't what you do, it's the way that you do it! Teaching style affects children's motivation in track and field lessons. *The Sport Psychologist,* 9, 254-264.
6) Lloyd, J., & Fox, K. R. (1992). Achievement goals and motivation to exercise in adolescent girls: A preliminary intervention study. *British Journal of Physical Education Research Supplement,* 11, 12-16.
7) Mosston, M., & Ashworth, S. (1986). *Teaching physical education.* Columbus, OH: Merrill.
8) Nicholls, J. G. (1984). Achievent motivation: Conceptions of ability, subjective experience, task choice, and performance. *Psychological Review,* 91, 328-346.
9) Nicholls, J. G. (1989). *The competitive ethos and democratic education.* Cambridge, MA: Harvard University Press.
10) Papaioannou, A. (1994). The development of a questionnaire to measure achievement orientations in physical education. *Research Quarterly for Exercise and Sport,* 65, 11-20.
11) Papaioannou, A. (1995). Differential perceptual and motivational patterns when different goals are adopted. *Journal of Sport and Exercise Psychology,* 17, 18-34.

第 2 部

体育における心理的成果

Psychological Outcomes of
Physical Education

　　　　　　　　　　　　　　　ヨーロッパのほとんどの国には，学校カリキュラムにおける体育が，パーソナリティにポジティブな効果を与えるものとして，正当化されていた時代があった。そして，体育とスポーツが人格の発達，特に忍耐や勇気などの特性に対して好ましい影響をもたらすと，人々は提言してきた。時には，スポーツの種類に応じて形成される人格の要素が特定されさえもしてきた。たとえば，柔道は自己抑制の学習に特別の価値があるとみなされ，ボクシングは疲労回復力の向上に，はしごからのジャンプは勇気を育てるとされた。

　また，体育が認知機能（cognitive functioning）に及ぼす効果に関しては，学校体育の必要性を説くために，さまざまな「常識的な考え方」が利用されてきた。たとえば，体育は生徒の三次元的な思考力を高め，「正面の」，「反対の」，「背後の」などの前置詞の意味を理解するのに価値があるとされた。

　しかしながら，ヨーロッパの大多数の国々において，このような主張は，もはや体育を正当化するものとして利用されることはない。体育がパーソナリティに与えると仮定されたこれらのポジティブな効果は，研究による裏づけが得られてこなかったのである[1),2)]。研究は，時には，体育・スポーツによるネガティブな効果（たとえば，攻撃，利己心，嫉妬）を示している。

　要するに，体育がポジティブあるいはネガティブな成果を自動的に生み出すのではないのである。体育それ自体が，パーソナリティの永続的変化や基本的な認知機能に対して効果を持たないことは明らかである[1),2)]。

　この第2部では，まず，体育のいかなる効果も，優れた計画，及び熟考された反省的教授と学習（教師と生徒とのダイナミックな相互作用）の結果であるという事実に着目する。続いて焦点をあてるのは，体育と関係の深い心理的変数への効果である。これらの変数には，態度，楽しさ，動機づけ，達成目標，身体能力や有能さに関わる信念，自尊心，集中（concentration）や注意（attention）などが含まれる。

　4章では，ノルウェーのオーモンソンとイスラエルのバエリが，体育の心理的成果を，動機づけ，達成目標，感情，自己知覚（self-perception），向社会的行動，フェアプレイの観点から考察する。これらは，体育だけでなく，体育以外の科目の目標を達成するためにも重要である。たとえば，生徒が体育授業の中でポジティブな成果を得ることができれば，その生徒がスポーツや体育に対する生涯にわたる関心や意欲を発達させる可能性は高まると考えられるからである。この章では，このような心理的成果の促進に対する体育の役割にかかわる理論や研究結果について論議する。ここで強調されるのは，生徒の個人的特性と授業の組織方法や提示方法との相互作用が，成果の大きさを決定しているということである。なかでも，課題志向的な雰囲気（第1部参照）の創造は，内発的動機づけや積極的な態度を強め

■第2部

体育における心理的成果
Psychological Outcomes of
Physical Education

たり，成功の理由に対する統制可能で有効な信念を発達させたりするために，最も建設的な方法であるとされている。さらにこの章では，体育の社会道徳的（social-moral）な成果と自尊心を高めることに対する体育の役割も論じている。

　自尊心の問題は，5章で，フィンランドのリントゥーネンがさらに詳しく検討する。まず章のはじめで，包括的自尊心（global self-esteem）と体育にかかわりが深い自尊心の諸側面との関係について解説し，続いて，児童期と青年期における自己知覚の発達を論議し，自己知覚の重要な側面，たとえば，自己知覚の安定性や性差について分析する。最後に，学校，特に体育での自己知覚を発達させるためのいくつかの方法が紹介される。

　6章では，ギリシアのゼルバスとロシアのストロバノワが，認知機能に及ぼす身体活動の効果について論じている。ここでは，運動が集中や注意，問題解決，反応時間に及ぼす効果が考察されている。この領域における研究の一般的な結論は，運動強度が低度あるいは中程度であれば，運動は認知機能を阻害しないということである。むしろ，軽〜中強度の運動は，認知機能に対して促進効果を持つという研究結果もある。一方，高強度の身体運動や疲労は，ネガティブな効果をもたらす。さらに，高強度の運動が心理的パフォーマンスに及ぼす影響（向上させるか低下させるか）は，運動者の体力レベルに依存することが明らかにされている。すなわち，高レベルの体力は，運動中および運動後における優れた心理的パフォーマンスと関係している。

　この6章は，第2部全体の共通したメッセージを改めて強調している。すなわち，心理的成果がポジティブなものかネガティブなものであるかは，自動的に決まるわけではなく，体育授業がどのように計画され，組織されているかにかかっているのである。

F. C. バッカ—

文献
1) Bakker, F. C., Whiting, H. T. A., & Van der Brug, H. H. (1990). *Sport psychology concepts and applications.* Chichester, UK: John Wiley.
2) Eysenck, H. J., Nias, D. K. B., & Cox, D. N. (1982). Sport and personality. *Advances in Behavior Research and Therapy*, 4, 1-56.

第4章

心理的成果：理論，研究，実践への提言

Psychological Outcomes:
Theories, Research, and Recommendations for Practise

1 はじめに

あなたが体育教師であるならば，自分の指導が生徒に対してどのような心理的影響を与えるのか，またどのようにすればポジティブな成果をもたらすことができるのか，などについて確かな情報を持つ必要がある。このことは，次の2つの理由から重要である。1つは，このような情報が学習指導における適切な意志決定に役立つからである。もう1つは，学校教育の一環として質の高い体育を提供することがどれほど重要であるかを主張する時，これらの知識がその主張の手助けとなるからである。

本章では，以下のことについて論じる。
◎体育の心理的影響を理解するのに役立つ心理学的理論
◎体育における心理的成果に関する科学的知識
◎ポジティブな心理的成果を生み出すための実践的提言

学校カリキュラムに体育を取り入れるために，身体活動やスポーツに内在する教育的価値や社会化への貢献といったものが，伝統的に利用されてきた。そこでは，体育によって，広範囲のさまざまな成果がもたらされるとされてきた。たとえば，スコット[48]は，予想される体育の成果として，「身体活動に対する態度の変容，社会的効率の向上，知覚および反応の向上，幸福感及びポジティブな心理的健康感の発達，リラクセーションの促進，心理身体的な解放，運動スキルの獲得」を挙げている。

2 期待されていた成果と実際の成果

しかしながら，これまで当然とされた成果は，いわば，「期待されていた成果」といえるものである。体育に参加するだけで何かしらの成果が得られることを支持する証拠は，実はまったくない。むしろ，教師，生徒，学習内容，学習環境のダイナミックな相互作用として，教授-学習過程を考える必要がある。心理的成果は，優れた授業計画と反省的な教授の賜である。つまり，心理学的成果は，教授-学習過程における教師の役割と生徒の特性にかかわる確かな知識に基づいた，心理的な営みの中で生み出される。

教師の個人的背景，指導への社会化過程，行動に関わる考え方などのすべてが，カリキュラムの内容や認知・行動に影響し，その結果，教授-学習過程に影響することになる。たとえば，体育の価値志向性に関する研究は，異なる教育価値観を持つ教師はカリキュラム目標や生徒に対する期待感においても異なっていることを示唆している[19]。

生徒の特性もまた，教授-学習過程に影響する。生徒は学習教材に対して異なった意識を持ち，また，その心理的性格もそれぞれ違っている。個人的背景や社会化過程，心理的発達の相違が，認知，知識，経験に個人差を生じさせていることは明らかである。

生徒はさらに，教師からの心理的影響を受けながら，教育内容に対するその生徒自身の知覚の枠

組みを形成する。この枠組みは，生徒が授業に意味づけをしたり，相互作用パターンを確立したりする方法に影響を及ぼす。

ところで，最新の教育心理学やスポーツ心理学は，社会認知的アプローチ（social-cognitive approach）の影響を強く受けている。このアプローチは，体育での経験やその心理的成果が，生徒にとってどんな意味を持つのかを理解し予測するために用いられてきており，体育授業における生徒の知覚や認知，それらに影響を及ぼす文脈的・状況的要因に着目している。**図4.1**には，体育研究に適用されている社会認知的アプローチの概要が示されている。

社会認知的アプローチによれば，体育での指導と心理的成果は直接的には結びつかず，指導が生徒の思考に影響を及ぼすだけである。一方，動機づけや学習に関する社会認知的研究からは，生徒の思考や認知が，彼らの感情や動機づけ，スキル獲得に影響することが明らかになっている[34]。たとえば，生徒は体育での出来事に意味を付与するが，このような意味づけは，困難に直面した時に一層ねばり強く努力しつづけるかどうか，という相互作用の仕方にかかわる生徒の選択に影響を及ぼす。このように，生徒の積極的な努力や参加といったものが，教師の行動と心理的成果とを結びつける役割を果たすのである。このような観点からみると，教師が何をするかよりも，生徒がどう

するかが重要なのである。

もちろん，体育教師は，教授-学習過程の雰囲気を創出するうえで重要な役割を果たし，それは生徒の認知にも影響する（▶**図4.1**）。しかしながら，体育教師の役割は，生徒の学習に直接的に影響を及ぼすことではない。むしろ，教師には，心理的成果が現実に起こりやすいように，生徒の知覚や認知に影響を及ぼす環境をつくり出すことが期待される。

本章のねらいは，体育のさまざまな心理的成果を探求するのに，社会認知的アプローチが優れていることを示すことにあり，心理的成果が生み出される際に，生徒の知覚・認知が文脈・状況的要因とどのように相互作用するのかに焦点はあてられる。以下では，まず，本章で扱う心理的成果の理論的背景についてみていくことにする。

3 心理的成果：焦点をあてる問題

本章では，動機づけ，達成ストラテジー，感情，自己知覚，社会道徳的推論（social-moral reasoning）・行動に対する成果について考察する。これらは，発達心理学の領域で扱われている心理社会的な健康や発達を構成する基本的要素であるが[7]，一方で，体育の目標として主張されてきたものでもある（「はじめに」参照）。さらに，体育がこのような成果をもたらすかに関して，確かな理論がつくられ，実証的証拠が集まってきたこともまた，このような問題に焦点をあてる理由となっている。

動機づけ，達成ストラテジー，感情，自己知覚，社会道徳的推論・行動に焦点をあてることは，少なくとも次の2つの理由から正当化される。第1に，これらがそれ自体，教育的に価値を持つからである。第2に，これらの成果のいくつかは，その他の重要なカリキュラム目標，たとえば，運動技能学習，体力の向上，スポーツ・身体活動に対する生涯にわたる興味・関心の発達などを達成するための前提要因となるからである[16]。

本章ではまず，関連する心理学的理論を概観する。続いて，主張・期待されてきた成果と科学的研究によって明らかにされた成果とを明確に区別

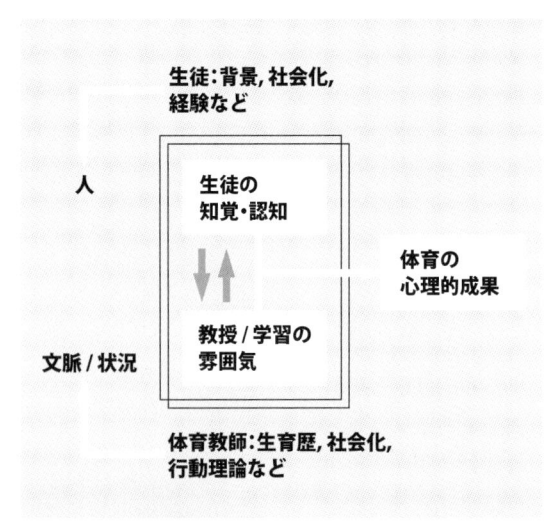

▶**図4.1 社会認知的アプローチによる体育の心理的成果の研究**

する必要があることから，実証的研究の結果について言及する。最後に，生徒の心理的成長や発達を促し，体育のカリキュラム目標を達成するための実践的な提言を行う。

4 動機づけ及び感情に関する成果

体育における望ましい達成動機づけや良好な感情体験は，体育の心理的成果の基本部分と考えられる。これらは，生徒の学習を最適なものにする原動力となり，生涯にわたる，身体運動に対する興味・関心を発達させるのに有効である。体育同様，学業場面における達成動機づけ研究は，近年，達成目標理論から強く影響を受けている[40),44)]。この理論は，目標を実現するために努力することを主観的にどのように捉えているのかに焦点をあてている。

達成目標理論によれば，生徒の達成目標，発達差，動機づけ雰囲気の知覚が，体育場面における生徒の認知的・情緒的な反応や行動の仕方に影響を及ぼす。たとえば，生徒の達成目標の特徴や動機づけ雰囲気の知覚は，その生徒が困難に直面した時に努力をするかどうか，また体育授業に満足するかどうかに影響する。

この理論によれば，同じ体育授業を受けていても，異なる達成目標を持つ生徒は，その授業をまったく違ったものとして捉え，また，同じ生徒でも，授業の動機づけ雰囲気の知覚が異なれば体育授業はまったく違ったように経験されるという。

ニコルス[40)]は，達成目標や授業の雰囲気は，認知，動機づけ，感情体験に直接結びつく先行要因であると論じている。これらの体験や反応は，もっと具体的にいえば，以下のようなものを指している。
◎行動：精一杯努力する，ねばり強い，時間をかけて取り組む，最適な挑戦課題の選択，社会道徳的行動をとる，といったような適応的な達成方略。
◎認知：成功の原因についての帰属や信念。これらの認知には，高い身体／運動能力の知覚を含む自尊心，自己決定感／自律感，前向きな態度，体育参加が人間教育に価値を持つという自覚，建設的な社会道徳的推論などが含まれる。
◎感情：満足感，楽しさ，活力の回復，落ち着きなどの状態。

本章では，これらを，体育が目指すべき重要な心理的成果と位置づけている。このうちいくつか（たとえば，挑戦傾向や満足感）は，質の高い指導により即座に生まれる認知や感情である。一方，自尊心や社会道徳的な行動などは，長期的な変化を示す成果であり，少なくとも2つの点で，これらの成果は重要である。第1に，これらは体育授業における生徒の心理面の経験の質を高めるからである。第2に，これらの成果は，身体活動に対する長期にわたる動機づけや興味・関心を発達させる手段となるからである。

1.達成目標アプローチ

ここでは，まず，達成目標の基本的特性とその発達について述べる。続いて，動機づけ雰囲気の知覚に関係する状況要因について取り上げる。最後に，体育における動機づけと感情に関する成果，及びそれらに対する達成目標と動機づけ雰囲気の知覚の影響を扱った実証的研究を概観する。

なお，自尊心や社会道徳的推論・行動に関係する心理的効果は，達成目標アプローチとは別の視点から考えてみることにする。というのも，これらの効果を強調している他の理論モデルから考察するほうが妥当であると考えられるからである。もちろん，達成目標理論も関連性を持っている理論であることには変わりはない。

(1)達成目標の性質

達成目標理論は，「生徒が達成的な場面に直面する時，彼らの目標は自己の有能さ（competence）を証明することである」という考えを基本としている。しかし，有能さや能力は，個人によって異なって解釈される。規範準拠基準（他者より上手にできる，勝つ，など）によって能力を証明するという目標設定の傾向は，「自我目標」を持っている場合に生じると考えられる。この場合，生徒は自我関与（志向）の状態にあるとされる。反対に，自己準拠基準（進歩・上達する，最大限の努力で課題が完成するなど）によって能力を証明するというものであれば，その生徒は，「課題目標」

を持っているということになる。この場合，生徒は課題関与（志向）の状態にあるといわれる。

達成目標理論によれば，これらの達成目標は互いに独立である。つまり，どちらの目標も高いまたは低い，あるいは一方が高くて他方が低い，という状態が考えられる。また，達成目標は，自己の能力の発達可能性に関する考えの違いにも関係している。課題目標は，能力は獲得しうるスキルとみなすことができる，という向上的な考えとつながっている。一方，自我目標は，能力は持って生まれた才能であり，自分ではコントロールできないもの，という考えと結びついている。達成目標の詳細については，2章を参照するとよい。

■(2)達成目標と能力知覚との相互作用

達成目標理論によれば，動機づけ，感情，学習の観点から見て，体育での生徒は課題関与の状態が望ましいと考えられる。この状態では，自分が習得できたか，成功したかを判断する基準は，個人的にコントロールが可能である。課題目標を持つ生徒は，習熟し進歩することや活動そのものを実行することに目が向き，他者よりも優れることには関心がない。反対に，自我／成績志向が強い生徒は，他者との比較によって能力判定をすることで有能さを証明したいという欲求を持ち続けている。この有能さの証明により，ポジティブな感情や適応的な認知を経験することができ，動機づけ行動を維持することができるのである。しかし，このことは，高い能力を備えていると知覚している生徒に限りあてはまる。自我関与の生徒が自分の能力に疑いを持っている場合は，不適応な行動に陥る可能性が高く，否定的な動機づけや感情を経験することになりやすい。したがって，自我目標を持つ生徒は，自分の能力を低く知覚する傾向を発達させてしまう危険性がある。

また，課題目標を持つ者は能力の概念が未分化であるのに対して，自我目標を持つ者は分化した能力の概念を利用する。能力の概念が十分に発達し分化するまでには，いくつかの異なる発達段階があり，それは，認知的発達と深くかかわっている。したがって，動機づけや感情面への成果について考える場合，能力の概念が十分に発達し分化した発達段階では，達成目標の違いと能力知覚との相互作用が重要となる。そこで次に，この発達段階について考えてみよう。

■(3)達成目標の採用：発達的側面

ニコルス[40]によれば，能力の概念が十分に発達し分化するまでに，子どもは4つの発達段階を通過する。これら各段階の詳細にはここでは触れないが，基本的な特徴について説明しよう。この発達過程は，およそ4歳から12歳にまたがって起こる。初期の発達段階では，すべての子どもは未分化な能力の概念を使用しており，そこでは課題目標が優勢である。つまり，年少の子どもは，努力と能力を同時に変動するものと捉えているのである。別のいい方をすれば，年少の子どもにとって，「能力が高い」とは，最大限の努力を注げることを意味する。したがって，この段階では，子どもは，精一杯努力することを無条件によいことであるとみなしている。一方，自我志向が優勢となるためには，能力の概念が分化するための，より高次の発達段階に達する必要がある。この発達段階に到達すると，生徒は能力を，基準として，また限界のある才能の意味で，解釈できるようになる。たとえば，ある程度の困難な課題を他の生徒よりも効率よく解決できる（すなわち，少ない努力で同等の成果を上げる）と，その生徒は，他の生徒にくらべて高い能力／豊かな才能があると理解する。この発達段階に到達すると，仲間の生徒との社会的比較が次第に重要さを増していく。社会的比較や準拠規範が，この段階の生徒にとっては能力を評価する主要な基準になってくるのである。

さらに進んだ発達段階では，生徒は努力と能力の概念を区別する。能力があるとは他者よりも優れていることを意味しているが，生徒は，最大限の努力をすることで才能はさらに高められると考えている。しかしながら，この段階の生徒は，明らかに才能によって自分の能力には限界があるとみており，才能の不足を努力で補うことはできないと同時に理解している。

つまり，自我目標を取り込むまでには，生徒は，能力についての分化した概念と，十分に成熟した理解力を備えている必要がある。この段階に到達

してからは，最大限の努力を投入することには大きな問題があると理解するようになる。精一杯の努力は，自我関与の状態で成績が低い場合，能力が劣ることを意味する。そのため，研究者は「努力は両刃の剣」と表現している。

自我目標を発達させるには，生徒は，運や偶然と技能や能力，あるいは，技能や能力と課題の困難さが区別できるようになる必要がある。まず，偶然や運の概念が技能・能力の概念と区別されはじめると，その結果が偶然決まるような課題が，練習，努力，能力，年齢などによって影響されるとは，もはや考えなくなる。また，技能や能力の概念と課題の困難さとを区別するためには，何人が成功したかというような情報をもとに，その課題が他の課題よりも難しいかを理解できるようになることが必要となる。この段階では，多くの他の子どもが成功する課題ができないということは，能力が低いことを意味するのである。

達成目標理論によれば，子どもは元来，課題志向的である。そのため，発達初期の段階では，すべての子どもは，達成行動において，失敗しても困難にあっても簡単にあきらめないなど，極めて適応的である。さらに，この段階の子どもは，一般的な習熟の意味を何となくわかっているようで，将来よりよくできるようになるという期待を持っている。ニコルス[40]は，このような子どもの発達過程を調査し，ほとんどの子どもは，およそ12歳になれば，分化もしくは成熟した能力の概念を理解するようになることを見出している。

しかし，これらの発達段階は，必ずしも順序どおりに展開するというものではない。実際には，動機づけ雰囲気などの状況要因が，発達に基づく認知様式と相互作用する。このことは，ポジティブな教授／学習過程の雰囲気をつくり出すために，体育教師の役割がいかに重要であるかということを強調している。たとえば，低学年のクラスにおいても，体育授業が自我／成績志向的雰囲気に傾くと，生徒は自我志向の状態を取りやすくなる。そのため，低学年の生徒であっても，体育から，動機づけや感情面でのネガティブな結果を被ることになる。そこで，次に，動機づけ雰囲気知覚の役割とその心理的効果についてみていくことにする。

■(4)動機づけ雰囲気知覚の役割

達成目標理論によれば，動機づけ雰囲気などの状況要因は，生徒の達成目標の活性化に実質的な役割を果たす[1]と考えられており，個人要因（目標）と状況要因（雰囲気）の両者の役割が強調されている[42]。雰囲気に変化が起こると，動機づけの関与状態（自我志向か課題志向か）に影響が出やすくなるため，生徒が動機づけ雰囲気をどのように知覚するかが重要である。この点については後に詳しく考察しよう。達成目標の場合と同様に，動機づけ雰囲気は，達成の認知，感情状態，あるいは行動が適応的なのか不適応的なのかに影響する。すなわち，動機づけ雰囲気は，2つの仕方で動機づけと感情への成果に影響する。第1に，長期的には，一貫して安定した動機づけ雰囲気は個人の達成目標志向を規定する[14]。このように，動機づけ雰囲気は，長期にわたり一貫していると，生徒の達成目標に影響することで，体育における生徒の動機づけや感情面への成果に間接的に影響を及ぼすことになる。

第2に，体育授業における環境／状況的手がかり，報酬，期待などについての生徒の解釈や知覚が，特定の目標状態を賦活させることもある。すなわち，生徒が状況や手がかりを解釈する仕方は，課題志向もしくは自我志向のどちらの動機づけ雰囲気が顕著であるとみるかに影響する。エイムズ[1]は，社会的比較に対する関心を育てる「競争的目標報酬構造（competitive goal reward structure）」（自我／成績志向的動機づけ雰囲気）と，上達に報酬を与える「個別化構造（individualised structure）」とを区別した。後者では，習熟，進歩，上達，パフォーマンスの安定性の価値が強調される（課題志向的動機づけ雰囲気）。

実際，認知や行動に対する効果についてみれば，動機づけ雰囲気は，生徒個人の達成目標志向をしのぐ強力な影響力を持っている。この側面については後節でさらに詳しく論じたい。ここでは，課題志向的動機づけ雰囲気を例に挙げて，体育における生徒の状況的知覚の特徴を検討する。

■(5)課題志向的動機づけ雰囲気の特徴

課題志向的動機づけ雰囲気のどのような特徴が，ポジティブな感情や動機づけの成果を生み出すのに重要なのだろうか。第1に，課題志向的雰囲気は，生徒が新しい技能を学習し，上達していくことに満足する教師によってつくり出される。第2に，課題志向的雰囲気のもとでは，教師は，失敗も学習全体の一部分であることを強調する（▶図4.2)[1],[4]。第3に，課題志向的動機づけ雰囲気は，能力の異なる生徒の各々に最適な挑戦性を保証する活動や課題を提示することによって，高められる。第4に，指導スタイルが重要である。たとえば，運動にかかわる問題を解決することに生徒の意識を向けさせ，その学習課題に生徒を夢中にさせようとする教師は，課題関与の状態をつくりやすい。この教授アプローチでは，「どうしたらこの課題を解決できるか？」などの発問をすることで，生徒を刺激する。結果として，「他の生徒よりもうまくできること」ではなく，「習得すること」が課題を解決することであり，完成させることである，と生徒は理解するようになる。

課題志向的雰囲気は，教師の支援や，意志決定における生徒の関与の可能性に対する知覚からなり，それは自律性を刺激する。このように，課題志向的動機づけ雰囲気は，認知的評価理論（cognitive evaluation theory[15]）における自律性の概念と密接に関連している。自律性の知覚は内発的動機づけの1つの基本的要素として考えられているので，このことは重要である。

自律性を支援することは，生徒の自己決定感を発達させることになる。特に，選択や自由意志という感覚は，自己決定感と一体であると考えられる。したがって，体育教師は，生徒の自律性を支援し，生徒の感情や意見を認めるなどの教授方略によって，課題志向的雰囲気をつくり上げ，生徒の一層大きな満足感や内在的な関心を引き出すことができる。

ここまでは，達成目標と動機づけ雰囲気の特徴を探ってきたが，体育の心理的成果についての具体的な証拠が必要だろう。そこで次に，達成目標や動機づけ雰囲気の役割を明らかにした研究について概観する。

■2.達成目標にかかわる実証研究

生徒の思考や行動に対する体育授業の成果に関連して，体育授業への生徒の「参加（participation)」が研究されている。たとえば，興味，注意，ポジティブな態度，適応的な学習方略の使用頻度などが，生徒間で有意に異なることが報告されており，生徒の達成目標志向がこれらの違いに影響しているとみなされている。すなわち，課題目標の高い生徒は，自我目標を持つ生徒とくらべて，注意集中，低不安，練習を継続する強い意志，挑戦的な課題の選択，授業への積極的態度などといった，よりポジティブで適応的な思考や行動を示した[50]。

また，体育授業で行われる競技志向の競走などに伴う，運動後の感情状態に対する成果が注目されてきた。たとえば，ラチャポラス，ビドル，フォックス[55]は，競走後の活気の回復や平静さなどのポジティブな感情状態は，課題目標の高い生徒がより経験しやすいことを明らかにした。これらのポジティブな感情状態は，自我目標の高い生徒も経験していたが，それはスポーツに対する高い有能感を持つ生徒に限られた。さらに身体的な疲労感

▶図4.2 失敗は学習全体の一部分である

を訴えたのは，課題目標の低い生徒のみであった。

このように，体育におけるポジティブな感情や認知的成果は，生徒が成功や自己の有能さを自己準拠的な基準によって判断する達成目標を持っている場合に，より経験しやすいのである。体育において，動機づけや感情面への成果は生徒にとって重要である。なぜならそれは，生徒の学習や達成行動に実質的に影響するからである。

すでに述べたように，自我目標を持ちながら体育における自分の能力に自信がない生徒は，望ましくない達成行動やネガティブな動機づけや感情の結果にいたる危険性がある。そこで次に，生徒の能力知覚にかかわらず自我目標は不適応的であるのかどうかを問題とした研究についてみてみよう。

グッダス，ビドル，フォックス[25]は，中学校体育を対象として内発的動機づけに及ぼす体力テストの効果を検証した。その結果，内発的動機づけの変化は，生徒の達成目標の得点，成功感，及び体力テストの成績との特定の組み合わせと関係していた。体力テストが好成績で成功感を経験した生徒は，その対極（テスト結果が悪く，成功感がない生徒）とくらべてより高い内発的動機づけを報告したが，より重要なことは，テストの成績が平均以下の生徒でも，課題志向が高く自我志向が低い生徒は，自我志向が高く課題志向が低い生徒よりも内発的動機づけ得点（楽しさ／関心／努力）が有意に高かったということである。つまり，課題志向が高く自我志向が低い生徒は，体力テストの成績が悪い時でさえ内発的動機づけを高く持続できるのである。

以上の結果は，体育授業における動機づけや感情面への成果が，生徒の達成目標に依存していることを証明したものである。より具体的にいえば，高課題志向・低自我志向の生徒は，体力テストから高い内発的動機づけを得ることができるということを，教師は認識すべきである。したがって，体育教師が，体力テストの成績が悪い生徒に対して，テストの評価に自己準拠基準を利用するように働きかけるならば，その生徒は，内発的動機づけのレベルを下げないでいられるのである。

また，グッダス，ビドル，フォックス[26]は，12歳から14歳の生徒を対象に，サッカー，ネットボール，体操などのスポーツにおいて，認知的要因が内発的動機づけの成果に与える影響を検討した。認知的要因として，達成目標志向，有能感，自律感が取り上げられ，また内発的動機づけは，楽しさと努力量によって測定された。その結果，内発的動機づけには生徒間に有意な差がみられたが，ある生徒では，内発的動機づけが極めて低かった。

これらの生徒の認知的特徴をみると，自我志向が高く，自己の能力を低く評価していた。このように，明らかにこの研究は，体育で自分の能力に自信が持てない生徒の動機づけを高めるためには，課題志向的動機づけ雰囲気をつくり出すような方策が特に重要であるということを，再確認するものであった。

またこの研究は，体育の活動に対する内発的な興味・関心の高さには，自律感，つまり，外的な報酬なしで体育の活動に従事しているという感覚が関係しているということを明らかにした。これは，デシとライアン[15]の認知的評価理論を支持している。この理論は，人が活動している時，その人が感じる自律性の程度が内発的動機の重要な決定要因であると主張する。

さらに，自律感の高さが重要な役割を果たすことは，「有能感が内発的動機づけに及ぼす効果は，自己決定感の水準によって媒介される」という研究結果からも明らかである。すなわち，内発的動機づけを維持するためには，自己決定感は，有能感が高いことと同じくらいに重要なのである。

総括すると，ここで論議してきた結果は，教授学的立場からみて重要である。これらは，体育授業における適応的な学習方略や生徒の内発的な関心，あるいはポジティブな感情を発達させるために，教師が考慮しなければならないいくつかの必要条件を指摘している。具体的にいえば，課題志向的動機づけ雰囲気をつくり出そうとすることが重要である。しかし，課題志向的な動機づけ雰囲気をつくり出そうとしても，生徒が自己準拠による基準を取り込むだけでは十分ではない。教師は，生徒が学習活動を選択し，周囲からの規制を受け

ないで授業に参加していると感じられるようにしなければならない。

本章では，ここまで，体育においてポジティブな動機づけや感情面の成果を上げることにかかわるいくつかの提言をしてきた。特に，課題志向の達成目標を持つことが，肯定的な動機づけと感情に関係していることを強調した。加えて，教師が自分のクラスの雰囲気を課題志向的な雰囲気に向かわせるように働きかけることを推奨した。次節では，動機づけや感情が動機づけ雰囲気の知覚によって本当に影響されるか，あるいは達成目標傾向は変化させることができるのかについて検討していく。

■3.動機づけ雰囲気の知覚にかかわる実証研究

近年，パパイアノウ[45]やグッダスとビドル[24]などは，体育における生徒の内発的動機づけや不安などへの心理的成果が，動機づけ雰囲気の知覚と有能感との相互作用の影響を受けるのかを検討した。その結果は極めて明瞭で，動機づけ雰囲気の知覚が動機づけの差をもたらした。具体的に説明すると，体育における動機づけ雰囲気を課題志向が高いと知覚する時には，生徒の有能感は内発的動機づけにほとんど影響しないが，反対に，動機づけ雰囲気が自我／成績志向的であると知覚する時には，有能感は，自分の運動能力，身体能力を低いと知覚している生徒の内発的動機づけを弱めるようである。

能力知覚の高い生徒の動機づけについても，動機づけ雰囲気の知覚は同様に重要となる。能力知覚の高い生徒は，成績の低い生徒と一緒に遊んだり練習したりする状況では，動機づけ雰囲気を課題志向が低いと知覚して，あまり内発的には動機づけられなかった[45]。このことから，課題志向的動機づけ雰囲気は，能力に自信のない生徒だけでなく，能力知覚の高い生徒に対しても有益であると考えられる。なぜなら，課題志向的動機づけ雰囲気は，これらの生徒のねらいを，学習活動そのものやベストを尽くすこと，能力の低い相手を打ち負かすことではなく，協同して挑戦することに向けさせるからである（15章参照）。

また，不安というネガティブな感情も，雰囲気知覚によって影響される[45]。特に，体育における能力に自信のない生徒は，課題志向的雰囲気が低い体育授業では，成績のよい生徒と一緒に活動すると不安を感じやすくなる。

このように，生徒のポジティブな動機づけを高め，ネガティブな感情を減じたいのであれば，体育教師は，すべての生徒が，授業の動機づけ雰囲気を課題志向的なものとして知覚できるようにすることである。そうすることで，教師は，生徒の体育に対するポジティブな態度を強め，同時に，不安，危険などのネガティブな感情を低減させることができるだろう。

ところで，本章のはじめにも述べたように，体育の心理的成果には，有能感や自尊心などの自己知覚への影響も含まれる。

カリーら[14]は，体育に参加した女子生徒を対象に，達成目標理論を用いて，有能感への成果にかかわる研究を実施した。研究の結果は，有能感に関して最も恩恵を受けた女子生徒は，体育授業の動機づけ雰囲気を課題志向に知覚していた。さらに，課題志向的動機づけ雰囲気の有能感へのポジティブな効果は，内発的動機づけの成果にもポジティブな影響を及ぼしていた。つまり，課題志向的動機づけ雰囲気がなぜ内発的動機づけに影響するのか，という問いの答えは，授業の動機づけ雰囲気を課題志向に知覚する生徒は，自己の能力を発達させる機会をより得やすいからということであるようだ。

マーシュとピアート[36]は，能力知覚の観点から，体育における生徒への成果を検討した。結果は，協同的な体力増進プログラム（課題志向的雰囲気）は生徒の身体能力の知覚を向上させたが，競争志向的なプログラム（自我／成績志向的雰囲気）は生徒の身体能力の知覚を低下させた。

同様の実験計画を用いて，ロイドとフォックス[35]は，異なる動機づけ雰囲気が子どもの達成目標志向と動機づけに与える効果について検証した。女子の対象者は6週間のエアロビクスプログラムに参加し，その際，2種類の雰囲気グループに振り分けられた。結果は，課題志向の雰囲気群では，

楽しさ及びエアロビクスを継続したいという動機づけがともに高かった。また，事前の自我志向得点が高かった生徒は，課題志向群でのプログラム参加後，自我志向得点が低下した。反対に，事前の自我志向得点が低かった生徒は，自我／成績志向群で参加した後に，自我志向得点が高くなった。

　生徒の動機づけや感情への成果は，技能の指導を通して高められるのだろうか。トレジャーとロバーツ[54]は，現場実験研究でこの問題を検証した。生徒は課題志向的雰囲気と自我／成績志向的雰囲気のどちらかの条件下でサッカー技能を学習した。挑戦的な学習活動をより好む，より大きな楽しさ，より少ない退屈感などのポジティブな心理的成果は，自我／成績志向的雰囲気条件での能力知覚の低い子どもにくらべて，課題志向的雰囲気条件での能力知覚の低い子どものほうが大きかった。

　また，グッダス，ビドル，アンダーウッド（グッダスとビドル[25]において報告）は，同じ目的のために，実際の授業での現場実験を実施した。結果は，楽しさを指標とした内発的動機づけの水準は，自分たちの学習ペースや課題困難度の決定に関与できた生徒のほうがより高かった。

　体育教師にとって，これらの実験に基づいた知見は重要な意味を持つ。これまでの非実験的な研究は，動機づけ雰囲気は個人の達成目標志向に影響を及ぼしていることを示していた（すなわち，カリーら[14]）が，ここで述べた実験結果は，この見解を支持している。定義によれば，達成目標志向は個人の傾性的なもので，変容しうるものである。この目標志向性は，その特徴を相殺するような状況の影響を受け，その結果，異なる関与状態へと導かれることがある。したがって，体育教師は，生徒の自我志向性を低減させるようなカリキュラムをつくることが可能である。

　このように，個人の自律性と自己決定の要素を内在している課題志向的動機づけ雰囲気は，内発的動機づけを発達させ，失敗不安を低減し，ねばり強さを強めるというような点で，優れた効果を持つ。この結論は，自己の能力をどのように知覚するかにかかわらず，生徒すべてにあてはまると考えられる。

　課題志向的動機づけ雰囲気は，ポジティブな動機づけの成果の重要な説明要因ではあるが，別のタイプの雰囲気も内発的動機づけに影響するということを心に留めておく必要がある。課題志向の雰囲気と自我／成績志向の雰囲気の組み合わせも，楽しさや努力の重要性，有能感の観点からみると，内発的動機づけを高めるようである[24]。つまり，内発的動機づけは，能力の優秀さが正当に評価されると生徒が感じられる状況をつくり出すことによっても，同じように高められる。

　最後の点について，感情及び動機づけへの成果に関して達成目標志向と動機づけ雰囲気のどちらが相対的に重要であるのか，という質問が出るかもしれない。あまり人気のない運動種目（たとえば，体操）では，動機づけ雰囲気が，内発的な関心や活動への意欲に対して重要であると研究者は論じている。反対に，動機づけられやすい運動種目（たとえば，ボールゲーム）での学習では，生徒の達成目標志向がより強い影響力を持つ[8]。

　以上をまとめると，体育において動機づけと感情に関する成果を上げるためには，指導上の創意工夫によって課題志向的動機づけ雰囲気を高めるべきであることが強く示唆される。この雰囲気は，授業での内発的な動機づけ，ポジティブな態度，体育の価値の理解，生徒の不安低減などを促進する。加えて，課題志向的動機づけ雰囲気は，成功の理由についての統制可能で有効な信念を発達させる。反対に，自我／成績志向的動機づけ雰囲気は，生徒の達成感や内発的な関心の発達を妨げる可能性がある。特に，課題関与を促進する手がかりが明確でない場合には，情意面でのネガティブな結果をもたらすことにもなりかねない。

■4.心理的成果の不平等の回避

　体育分野の多くの研究者は，いわゆる「自己成就的予言（self-fulfilling prophecy）」に関心を持ってきた。すなわち，性別や体型，成績水準などについて，生徒集団に対する初期の教師期待が異なると，結果としてこれらの集団に対する教師の処遇が異なる，ということを仮定してきた。たとえ

ば，教師が期待している生徒にくらべて，期待度の低い生徒には，指導の機会が減り，フィードバックや賞賛，励ましが少なくなる。その結果，生徒の学習や発達の機会に差が生まれることになる。

こうした事態になると，悪循環に陥り，自己成就的な予言が成立してしまう。つまり，体育教師の最初の期待どおりに，差ができることになる。体育教師は，こうした「予言」をしないように努力しなければならない。これを怠れば，教師は，知らずしらずに一部の生徒に対して，自己知覚の発達に対する不平等だけでなく，動機づけや感情，技能の習得，結果の捉え方や将来の成功に対する期待などの面でも，不平等な心理的な結果をもたらすことになる。

いかにして教師は，自己成就的な予言を展開させることを防ぎ，すべての生徒に対して等しい可能性を維持して，ポジティブな心理的成果を保証しうるのか。実証的研究が示唆するように，体育を課題志向的動機づけ雰囲気にすることは有益であろう。たとえば，マルティネクとカーパー[38]やパパイアノウ[45]は，体育での教師-生徒の相互作用行動や，能力の高い生徒と低い生徒の処遇における相違を検証した。その結果，動機づけ雰囲気が自我／成績志向的である場合には，教師の行動は，成績のよい生徒に有利なものとなっていた。反対に，課題志向的動機づけ雰囲気である場合には，成績の低い生徒に対してポジティブな期待をあらわす教師の行動が，より頻繁に観察された。

なぜ，課題志向的動機づけ雰囲気が，一部の生徒に対する心理的成果の不平等を少なくすることにとって重要なのであろうか。これについて，パパイアノウ[45]が興味深い説明をしている。つまり，教師が成績の高低によって生徒を異なって扱うことは，生徒の注意を，その課題習得の方法ではなく，能力の問題に向かわせてしまう。そのため，自我／成績志向的の動機づけ雰囲気と成績に基づく教師の処遇との間には正の関係が存在することになる。自我／成績志向的動機づけ雰囲気が広まれば，授業では，能力が最も価値のあるものとみなされる。この場合，相対的に高い能力を持つ生徒だけが報酬を受ける。一方，課題志向的動機づけ雰囲気が優勢である場合，相対的な能力の問題は重要ではなく，そのため，成績の高低による扱いの違いも生じなくなる。

要するに，体育授業も，教師の差別的な期待によって不平等な状況となる可能性があるといえるが，課題志向的動機づけ雰囲気をつくり出すことによって，このような無意図的な不平等は防止することができると考えられる。課題志向的動機づけ雰囲気は，生徒の内発的動機づけや授業参加に，容易に利益をもたらす。このような雰囲気が広がると，生徒の成績に関係なく，教師のコミュニケーションや関心は，平等なものとなるだろう。

■5.実践への提言

体育における動機づけや感情へのポジティブな成果を高めるために，授業は，課題志向的動機づけ雰囲気の中で営まれるようにすべきである。このことは，社会的比較が強調されるテストや競争を控えめにすることを意味している。こうすることで，生徒たちに自己準拠に基づく能力の概念を発達させ，課題目標を強く抱かせることを可能にする。また，学習課題の難易度やカリキュラムの内容などに関する意志決定に，生徒を参加させるべきである。その結果として，身体能力や運動能力に対する知覚などへの心理的成果が高まる。さらに，生徒は，体育の課題に対する内発的動機づけや適応的な学習方略，原因の評価の仕方などを発達させることができ，体育授業を一層楽しむことができるようになる。

一部の生徒に対して好ましくない心理的成果をもたらさないようにするためには，教師は生徒を差別する期待を持たないこと，そして偏ったコミュニケーションを取らないことである。好ましくない心理的成果には，自己を有能であるとみなさないこと，自己防衛的な学習方略，学習性無力感などがある。教師は，クラスを課題志向的動機づけ雰囲気とすることで，これらが生じる可能性を低くすることができる。教師がどのようにして課題志向的動機づけ雰囲気をつくり出すかについては，3章を参照のこと。

> *E xercise* **1 達成目標**
>
> [1] 生徒の達成目標が，課題志向であるか自我志向であるかを見出すために，何人かの生徒にインタビューしなさい。
> [2] 体育における小学生の行動を観察しなさい。そのふるまいから，達成行動が非適応的である兆候を示している生徒を見つけることができますか？
> [3] 課題志向的動機づけ雰囲気を確立するために，生徒に意志決定の機会を提供するよう努めているかについて，教師にインタビューしなさい。

5　自尊心の向上

　体育の動機づけや感情に関する研究のもう1つの流れは，「自己」に関するものである。特に，「自己価値（self-worth）」あるいは「自尊心」に関する理論は，生徒の自尊心を高めるうえでの体育の役割を扱う研究に影響力を持ってきた。

　自尊心の向上は，重要な教育目標としてしばしば考えられてきた。自尊心は生活における一般的な満足だけでなく，精神的・社会的な適応，主観的な幸福などの指標として受け入れられてきた。さらに，自尊心が高められた結果としてポジティブな感情や動機づけが高まるという理由から[30]，自尊心は教育的に価値のあるものとして考えるべきである。反対に，自尊心が低下すると，人は学習場面を，脅威的でストレスを誘発するものとみなすようになってしまう[4]。

　基本的に体育は，生徒の，魅力，能力，達成にかかわる身体的な自己知覚を高めることによって，自尊心を発達させる潜在力を持っている。以下，近年の自己知覚に関する理論を概観したうえで，実践に向けてのいくつかの提言を示すことにする。

■1.自尊心：用語，理論的アプローチ，モデル

　自己知覚に関する研究では，さまざまな用語や定義がつくられてきた[31]。一般に，自己知覚には，個人の信念や評価，そして自己に対する期待が内包される。用語としては，自己概念（self-concept），自尊心，自己価値などが使われてきた。

伝統的に，自己概念は自己記述とみなされ，一方，自尊心は感情の要素を含んだ自己評価とされてきた。しかし，この区分は多くの議論をもたらした。評価や感情は，通常，自己記述から自然に帰結するものであるから，自己記述と自己評価は簡単に区分できるものではないのである。そのため，より妥当なアプローチは，より一般的な構成概念である自己概念の一部分として自尊心を考えるという方法である。この自己概念には，説明的要素とあわせて，評価的要素も含まれている。

　自尊心は，有能感や自己受容から構成されるが，有能感を高めることは，体育を通して自尊心を発達させるために，特に重要である。したがって，以下では，自尊心の有能感の側面について詳しくみていきたい。

■(1)自尊心の多次元的解釈

　自尊心の多次元モデルは，一般的自尊心（general self-esteem）が階層構造を持つという考えの中で提示されてきた[21]。一般的自尊心は，特定領域における自己知覚と，その自己知覚に対する個人の重要さの認知から生み出される[30]。加えて，ある領域における自尊心の評価は，理想的な自己と現実の自己との不一致から生じ，理想自己は，その個人の要求水準を意味している。

■(2)身体的自尊心（physical self-esteem）

　身体とその機能，容姿，能力への関心は，自尊心の中心的な部分である[13]。ハーター[29]は，学業，社会，身体の下位領域における有能感を測定する有能感尺度を開発した（この尺度の詳細については8章を参照）。フォックス[21]は，身体領域における自己の階層モデルを提案した。そこでは，身体的自尊心は，スポーツ有能感，身体的魅力，身体的強さ，身体的コンディションを統合したものとして考えられている。このモデルの詳細については，5章を参照してほしい。

■(3)自己のダイナミックな側面：いかにして生徒は自尊心を身につけるのか

　生徒は，基本的に，自尊心を高めたいあるいは保持したいと考えている。自尊心は，有能さや成功確率が最も高い（最も低い）と感じる領域において，有能であることを重要である（重要でない）

とみなすことで獲得される。たとえば，身体的有能感が低い生徒は，有能感の高い生徒よりも，身体的に有能であることをあまり重要でないと考えている。また，子どもが一定の期間を経てサッカーに対する有能感を低下させると，サッカーで成功することに対する重要度も同時に低下することが明らかにされている[43]。

ところで，このような自己防衛機制は，長期的にみて有益であると考えるべきであろうか。おそらく有益ではない。なぜなら，このような子どもは，その後の努力を減らしたり，短期的な成果を確保するために，長期的に得られる望ましい成果を獲得する機会を放棄してしまうからである。別のいい方をすれば，最初の段階で自尊心が傷つけられることを防ごうとする。しかし，長期的にみると，特定の事象の価値を低いとみなすことは，体育授業での回避的な行動，スポーツからのドロップアウトにつながる。

実践的にはどのようなことがいえるのか。体育教師は，生徒の自己知覚を高めるように努力すべきである。もし，生徒の有能感を高めることができれば，有能であることを重要とみなさないという傾向は生じない。そして，体育における楽しさや継続的な参加動機づけから生じる心理的影響は，望ましいものとなる。

■(4)身体的自尊心への影響：理論的展望と実践的応用

シンボリック相互作用論（symbolic interactionism）やコンピテンス動機づけ理論（competence motivation theory）によれば，自尊心は社会的相互作用の産物である[39,56]。この考え方では，自尊心の源は，主として賞賛にあるとする。生徒は，自己評価と他者の判断とを結びつけることによって，積極的に自尊心を形成しようとする。ハーター[30]はこの考え方に基づいて，自尊心の発達に関する概念モデルを提案した。このモデルで特に重要なのは，重要な他者を，年少の子どもの自己知覚にかかわる最も重要な影響要因と考えたことである。体育の状況では，教師と仲間が影響力を持つと想像されるが，実際には，親もまた非常に重要であり，体育場面での影響を媒介している。

一方，社会的比較理論（social comparison theory[20]）は，社会的比較が自己知覚の形成の基礎である，という別の考え方を提示している。子どもは，自分の有能さや自尊心のレベルを判断するために，自分と仲間の有能さを比較する。この比較は，6,7歳を過ぎた頃から生じるようになる。

原因帰属，すなわち成功の理由を説明しようとするやり方もまた，自己知覚に影響する。具体的にいえば，成功を自分自身のおかげと考える生徒（内的な帰属）は，外的で統制不可能な帰属をする生徒よりも，高い自尊心を持つ傾向がある。とりわけ，その活動が個人的に重要と思われる場合に，このことがあてはまる。したがって，生徒に成功を自分自身の力によるものと考えるようにさせる指導は，自尊心を育てるうえで重要である。

自己効力感と自尊心を1つのモデルに統合しようという試みもなされている[49]。このモデルによれば，特定の運動課題を習得できるという強い信念（自己効力感）は，有能感を向上させる。それゆえに，体育教師は，特定の課題が習得できるという気持ちを生徒に強く持たせるようにすべきである。なぜなら，体育授業場面では，特定の課題に関する自己効力感が，最も影響されやすいと考えられるからである。

バンデューラの社会的認知理論[4]によれば，ある特定の学習活動に対する自己効力感は，体育授業場面にある種々の情報源から生まれる。情報源には，仲間や教師のモデリング，パフォーマンス達成，言語的説得，情緒的覚醒が含まれる。言語的説得には，課題に取り組むことへの励ましが含まれる。情緒的覚醒には，たとえば，課題達成に伴う誇りの感情がある。反対に，過度の運動負荷が与えられた時には，身体的疲労感の結果として，自己効力感が低減することがある。

自己効力感はまた，能力観（増大するのか［課題志向的］，あるいは変化しないのか［自我志向的］）との関係でも調べられてきた。おおよそのところ，自己効力感は，能力が習得可能なスキルとして解釈されている時に発達しやすいようである[5]。自己効力感の発達を促進するこの方法は，生徒が新

しいスキルの学習を始めた時に，とりわけ重要である。

要約すると，自己知覚の概念は，さまざまな理論に取り入れられていることから，体育授業場面には，仲間との社会的比較，モデリング，達成経験，スキルの学習の速さ・容易さ，自己帰属などといった有能感に作用する多様な資源のあることを示している。また，体育という社会的文脈には，自己効力感や有能さの判断に影響しうる教師−生徒間の相互作用も含まれている。相互作用には，適切なフィードバック，現実的な期待の表明，社会的サポート，励ましなどのさまざまなコミュニケーションがある。

しかしながら，コミュニケーションは必ずしも意図した結果を生み出すものではない。重要なのは，生徒が教師のコミュニケーションをどのように理解しているかである。次にこの点について考えよう。

■(5) 教師のコミュニケーションに対する生徒の解釈

期待やフィードバックのような教師のコミュニケーションスタイル・行動が，生徒の自己知覚の形成に重要だということは広く支持されている。しかし，体育教師は，望ましくない結果を生み出すようなフィードバックを知らずしらずに生徒に与えているかもしれない。たとえば，無条件の賞賛は，条件つきの賞賛よりも自己知覚を低くしてしまうことがある。

ブロフィ[11]は，教師からの賞賛や批判などのメッセージに対する生徒の意味づけの重要さを強調し，これらのメッセージが生徒に与える心理的影響を解説した。たとえば，やさしい課題での成功に対する過剰な賞賛は自己知覚を低めることにつながる。それは，このようなフィードバックは，同時にその生徒に対する期待の低さをも伝えるからである。このように，賞賛の量よりも，賞賛や批判の適切さのほうが重要である（▶図4.3）。生徒の能力に対する自己知覚を高めるためには，体育教師は，生徒が教師のコミュニケーションをどのように解釈し理解しているかを考慮する必要がある。

ところで，体育教師はコミュニケーションをどの程度まで意識しているのであろうか，また，そのコミュニケーションは能力や自尊心の知覚にどのように影響するのであろうか。これまでのところ，この問題に対して明確に答えた研究はみあたらない。教師のコミュニケーションの影響について知るためには，生徒の自己知覚が体育によって実際に高められるのかどうかを調べる必要がある。次節ではこのことについて検討する。

■(6) 生徒の自己知覚は体育によって高められるか？

グルーバー[27]は，小学生の自己知覚の発達に及ぼす遊びや体育プログラムの効果を検証するために実験研究を行った。その結果，体育プログラムは生徒の自己知覚にポジティブに影響しており，その中には，特定領域における有能感と一般的自尊心が含まれていた。この研究の結果を詳しく調べると，自己知覚の向上は，生徒が，通常の授業に加えて特別の運動実習に参加した場合に際立っていた。さらに，教師のアプローチが重要なようである。すなわち，どの活動をするかを決定する際の教師と生徒の相互作用が，生徒の自尊心を高めるのに特に効果的である。

グルーバーの研究の結果は，達成目標アプローチと認知的評価理論を間接的に支持しており，自己決定感が保証されているような課題志向的動機づけ雰囲気が優勢であれば，体育授業における生徒の自己概念は向上することを示している。

▶図4.3 結果に応じて適切にフィードバックを与えよ

また，グルーバー[27]は，フィットネスの向上を目指したプログラムが自己概念を最も高めることを見出した。フィットネス向上を強調すると，課題志向的動機づけ雰囲気がより簡単に得られるのではないかと推測できる。フィットネス向上カリキュラムでは，社会的比較をする状況や，自我／成績志向的動機づけ雰囲気を強める競争が中心的な位置を占めることがないからである。

しかし，だからといって，教師は，カリキュラムから競争志向的ゲームを排除するべきではない。競争的ゲームの指導は，それ自体が生徒の自尊心の発達に障壁となることはない。むしろ，競争的ゲームの指導方法が重要なのである。特に，教師は，ゲームの結果だけを楽しむという考えではなく，スキルの練習や指導に焦点をあてるべきである[45]。前者であれば，自尊心のすでに高い生徒のみに資することになる。

「自己」を多次元的に捉える見方によれば，体育活動への参加は，その活動に最もかかわりが深い自己の側面に影響を与えるはずである。これまでの研究は，この考えを支持している。たとえば，マーシュ，リチャード，バーンズ[37]は，野外活動プログラム参加が生徒の自己概念の諸側面に与える効果を検証し，参加は，身体的な側面に対して有意に影響することを示した。この自己概念の側面は，プログラムの中で最も強調されていた。

以上の研究結果は，質の高い体育プログラムは自尊心などの自己知覚を高めるような心理的成果を生み出すことを指摘している。生徒と効果的なコミュニケーションが取れる体育教師がいることは，身体的な有能感や自尊心を高める体育プログラムに欠かせない条件であるといえる。そして，この効果的なコミュニケーションを実現するためには，何より質の高いフィードバックと現実に即した期待を提供することを可能にする教師の能力が重要である。

■**2.実践への提言**

体育教師は，実際に生徒の自己知覚に影響を及ぼすことができる。しかし，自尊心に対するポジティブな成果を得るためには，教師のコミュニケーションの質がとりわけ重要である。教育的なフィードバックや現実的な期待によって，生徒の自己知覚は高められる。もっといえば，生徒は，達成経験に続いて，ポジティブなフィードバックを受けなければならない。また教師は，生徒の自己効力感を向上させるできるだけ多くの資源を利用すべきである。

しかし一方で，体育教師は，結果に応じて適切に生徒に反応する必要がある。また，コミュニケーションによるネガティブで意図しない影響を避ける必要がある。

教師は，体育での生徒の自己知覚を高めるために多様な活動で構成されるカリキュラムを活用するべきである。こうすることで，活動に固有の自己効力感を高めることができ，多くの生徒が恩恵を受けることが可能となる。さらに，生徒の自尊心を高めるためには，課題志向的動機づけ雰囲気を強める協同的な活動を利用するとよい（15章参照）。

Exercise2 自尊心

[1] 学校での体育授業についてインタビューし，身体的自尊心に関して体育がどのような影響を及ぼしたか,考察しなさい。
[2] 体育での友だちのことを思い出し，身体的自尊心を保とうとして友だちがとった授業中の行動の例を挙げなさい。
[3] 体育授業で，教師が行っている生徒とのコミュニケーション方法を観察し，それが生徒の身体的自尊心にどのように影響しているのかを見つけ出しなさい。

6　社会道徳的な成果

体育の教育的意義には，向社会的な推論，態度，行動を促進する能力の獲得が含まれている[2]。フェアプレイやルールの尊重などの学習目標は，体育のなかで生徒が上位にランクづける重要な目標である。カリキュラムの目標として社会的責任を強調する授業モデルも開発されている。体育教師も，今やカリキュラムが，社会道徳的な成果を強調したものになってきていると述べている。そ

のなかには，他者やルールの尊重，グループ内のポジティブな相互作用，社会的視点／共感（social perspective / empathy），社会道徳的推論，向社会的行動などが含まれている（第4部参照）。

■1.社会道徳的な認知と行動にかかわる理論

　社会道徳的な成果は，体育を通してどのように得られるのだろうか？ これに示唆を与える2つの主要な理論，すなわち，社会認知的学習理論[6]と構造的発達理論（structural-developmental theory）あるいは道徳性相互作用論（theory of interactional morality）[28),33)]がある。社会認知的学習理論は，道徳的発達を「個人の行動が社会的期待や規範に一致する程度」として定義する。一方，構造的発達理論では，「個人が獲得した道徳的推論の水準に一致するように行動しようとする個人の傾向」と定義されている。

　社会認知的学習理論に従えば，モデリングや社会的強化が道徳的発達に影響する。さらにバンデューラ[6]は，道徳的な認知と行動との関係は，道徳的作用に媒介されると論じている。道徳的作用は自己制御メカニズムからなり，これが，社会的拘束，強化，モデリングと結びついて，向社会的行動を発達させるように機能する。

　一方，構造的発達理論は，精神構造体が一連の質的に異なる段階を通過していくという，社会道徳的発達に関心を向けている。社会道徳的な考え方は，より高い段階へと順に進んでいく。それは自己中心的レベルからはじまり，第三者的，相互的レベルへと発達していく。標準的な発達の結果として，他人の立場に立てる能力（すなわち，役割取得能力）を身につけ，思いやりと共感を伴う行動が取れるようになる。

　教育的な側面からみれば，構造的発達理論は，生徒にジレンマや葛藤を経験させること，ジレンマについて論議すること，相互的な合意により葛藤を解決することに焦点をあてている。道徳的発達の各段階については，13章に詳述されている。

　ところで，社会道徳的な成果は，体育を通して高められるのだろうか。また，何が必要条件なのだろうか。これまでの研究についてみていこう。

■2.社会道徳的な成果にかかわる実証研究

　社会認知的学習理論や構造的発達理論に基づくと，体育は生徒の社会道徳的な成果にポジティブな影響を及ぼすと考えられる。この成果には，向社会的な推論や行動，フェアプレイが身につくことなどが含まれる。

　こうした議論に沿って，異なる指導方略の有効性を検証するための現場実験研究が実施されてきた。ここでの指導方略には，適切な道徳的行動を強化すること，また生徒に道徳的ジレンマに対処する実際の機会を与えることが含まれている。ある研究では，5歳〜7歳児からなる3つのグループが1日3時間，週5日で6週間におよぶ多様な体育活動の指導を受けた。社会認知的学習理論に基づき，1つの実験群は，モデリングによって適切な道徳的行動の強化が図られた。もう1つの実験群は，ハーンの道徳性相互作用論に基づき，クラス内でみられる道徳的テーマとその関連行動に関する頻繁の話し合いに参加した。統制群は，教師やゲームのルールに従って，ある行動が正しい，あるいはよくないと単純に告げられただけであった。結果は，道徳的推論能力における有意な向上が2つの実験群で認められたが，統制群では観察されなかった[10)]。

　ロマンス，ワイス，ボッコベン[47)]は，アメリカの小学生を対象に，社会道徳的な成果の向上を意図して計画された体育プログラムの有効性を検証した。実験群と統制群の2クラスは，8週間の同一の運動プログラムに参加した。しかし，実験群は道徳的な成果が高まるように計画された特別な指導を受けた。この群では，生徒は，運動やスポーツに関連する道徳的ジレンマに関する話し合いに参加した。分析結果から，実験群は，スポーツや全般的な道徳的推論について，統制群よりも有意に優れた向上を示した。

　同様の結果が，ブラウン，シャープ，ホーキンス[12)]の研究で報告されている。加えて，彼らは社会道徳的な成果の長期的な安定性を検討した。生徒は，自立的な葛藤の解決，仲間の支援，リーダーシップなどの行動が奨励され，それらに対して賞

賛を受けた。結果から，実験群ではポジティブな傾向が長期に持続することが明らかになった。この傾向は，フェアプレイにかかわる道徳的ジレンマに直面した状況における，生徒の自律的な葛藤解決やリーダーシップと関係していた。

また別の研究[22]は，道徳的判断，推論，意図，向社会的行動などの観点から，体育を検討した。これらの研究結果からみても，特別に計画された教育的プログラムの実施が社会道徳的な発達に対して効果を持つのは明らかである。このことは，体育の道徳的問題に対する道徳的判断や推論，ジレンマに直面した時の行動意図，教師によって報告される向社会的行動の指標によって示されている。

以上のように，社会道徳的な成果を高めるように計画された特別な体育プログラムは，生徒の社会道徳的な認知や行動に対してポジティブに影響することが示されている。さらに，フェアプレイや望ましい行動の変容は，長期に持続するようである。社会道徳的な成果は，体育に参加することで自動的に得られるのではなく，理論に基づくカリキュラムによる，体系的・組織的な働きかけの結果であることは明白である。

■3.望ましくない社会道徳的な成果

もし生徒が，体育を通して道徳的に責任ある行動や思考を身につけられないならば，体育はその教育的価値を失うことになる。子どもや青年の組織スポーツを対象とする研究は，攻撃性，フェアプレイの欠如，反社会的行動が助長されることで，社会的教育が阻害されうることを指摘してきた。たとえば，暴力的行動が重要な他者から社会的に承認されているという認識は，子どものスポーツ特有の道徳的推論に影響する[52]。また，スポーツ特有のジレンマに対する道徳的推論が，日常生活状況と比較して，より自己中心的であることを明らかにした研究もある[9]。また，道徳的推論は，自己報告によるスポーツでの攻撃傾向とも関係がある（12章参照）。

こうした結果に基づいて，ブレッドマイヤーらは，「ゲーム的推論理論（theory of game reasoning）」を提案している。この理論は，運動場面には，子どもに対して社会道徳的な成果に相反する要求や期待が含まれていると論じている。たとえば，競争は，他者の立場に立つことや他者の幸福や利益を支援することと対立するような，自己中心的な考え方を強化する。結果として，運動場面で人は，すべての人の利害に公平に配慮するという道徳的責務から離れて，未熟な道徳的推論を利用するように助長される。

もちろん，組織化されたスポーツを対象とした研究の結果を一般化して，体育場面にあてはめることには注意をする必要がある。しかし，体育教師にとって，これらの結果は重要な教育的意味を持つ。たとえば，体育での競争の使用は，社会道徳的な集団規範を逸脱したり，クラス内をぎこちない雰囲気にしたりする可能性がある。これを防ぐために，課題志向的動機づけ雰囲気を高めるという方策がある。具体例としては，協同的な課題を与えて，ペアで学習する機会を提供することなどが挙げられる。生徒がさまざまな仲間と協同的に学習することで，動機づけ雰囲気は大きく変容するはずである[53]（3，15章参照）。

■4.達成目標の役割

これまでに述べたように，達成目標理論は，個人の保持している達成目標志向に応じて，体育授業における能力の定義や解釈の仕方が異なることを主張する。しかし，より重要なことは，これらの目標志向性が，生徒が体育授業への参加を別の目的の手段とみなすかどうかにも影響するということである。ニコルス[40]は，動機づけ的目標志向性には，教育の目的に対する異なる見方が結びついていると述べている。この理論によれば，自我志向の生徒は課題志向の生徒とくらべて，体育などの達成場面への参加を，賞賛や地位獲得などの別の目的の手段として捉えやすいということになる[17,41]。

このような目的に焦点をあてた生徒は，その目標を達成するために必要なことをしようとする。結果として，もし生徒が，優秀な成績による自身の地位や承認の獲得を第1のねらいとするなら

ば，勝利や高い能力の誇示を願うあまり，公正さや正義などの価値を軽視してしまう。こうしたことは，特に生徒の能力が低い場合に起こりやすい（▶図4.4）。

もっと具体的にいえば，自我／成績志向の達成目標を持つと，まったく別の信念システムがつくり出される。この信念システムとは，特定の目標への到達を目指す時，そのために必要なことは，たとえそれがルール違反や攻撃などの行動であろうと，いかなることでも許されるというものである[40]。

行動についていえば，自我志向は，能力を証明する手段として，洗練された技能ではなく身体的優勢さによる不当な攻撃を導く可能性がある[18]。反対に，課題志向の生徒は，技能の上達や経験の内在的側面に関心が向いている。そのため，ルールの遵守，フェアプレイの重視，他者との協同は，課題を達成するという目標とまったく矛盾しない。

パパイアノウとマクドナルド[46]は，ギリシアの高校生と中学生を対象に，目標志向性が社会道徳的な成果に及ぼす影響を研究した。その結果，ネガティブな社会道徳的な成果は，自我／成績目標を持つことと関係していた。具体的にいえば，自我／成績目標を持つ生徒は，「生徒を攻撃的になるように指導する」，「勝つために必要なことを指導する」，「必要な時にルールを曲げることを指導する」などの社会的に望ましくない目的に対して好意的であった。この結果は，体育授業において自我目標を持つことが，望ましくない社会道徳的な成果を増大させてしまうことを意味している。望ましくない成果には，自己中心的推論や非倫理的なルール違反行動も含まれている。

さらに，このような傾向を支持する結果が，高校バスケット選手を対象とする研究から得られている[18]。課題志向が低くかつ自我志向が高いことは，スポーツマンらしくないプレイ（騙すこと）の是認と関連していた。さらに自我志向の選手は，課題志向の選手よりも，スポーツでの攻撃的な行為を合法的であると受けとめようとしていた。子どものサッカー選手を対象とした研究で，ステ

▶図4.4 自我志向は公正さや正義の価値を低める

ファンとブレッドマイヤー[51]は，「コーチが自我目標を重視している」と認識している選手は，「自分は相手に攻撃を加えることをいとわない」と述べる傾向があることを明らかにした。同様に，ヒューストンとデュダ[32]は，サッカー選手の自我志向と攻撃的で危険な行為の許容との間に，プラスの相関を見出した。

要約すれば，体育授業において課題志向的動機づけ雰囲気をつくり出そうとする指導上の努力は，動機づけや感情面での成果だけでなく，社会道徳的な雰囲気をつくり出すことにとっても有益なのである。こうした雰囲気のなかで，向社会的な推論や行動などといった社会道徳的な成果を向上させる基盤が固められるのである。

■5.実践への提言

体育授業を通した社会道徳の教育は，特別に計画されたカリキュラムによって成しとげられる。このカリキュラムには，生徒のフェアプレイに対しては賞賛し，反社会的行動に対しては明確に承認しないなどの体育教師の教授方略が含まれる。さらに教師は，生徒たちをフェアプレイについての判断を要求する道徳的ジレンマに立ち向かわせ

> **Exercise 3 体育における社会道徳的な成果**
>
> [1] 近所でゲームをしている子どもを観察し，自然に発生する道徳的ジレンマや，それらの状況に対して子どもがどのように対処するのかを確認しなさい。そうしたジレンマ状況は，子どもの社会道徳的な発達にどのように影響すると思うか？
> [2] 体育授業において社会道徳的な推論や行動を発達させるために使用する指導方略について，教師にインタビューしなさい。それらの方略は，本章の内容に照らすと，どれほど効果的であると考えられるか？

ることがある。そこでは，教師は，生徒が責任を持ってルールに従うことができるように働きかける必要がある。ただし，生徒による話し合いを促進し，葛藤の解決を生み出せるのは，自然に発生する道徳的ジレンマに勝るものはない。この経験が，道徳的な成長につながる。さらに，課題志向的動機づけ雰囲気をつくり出すことが，向社会的行動を強化するためにも有効である。授業実践のガイドラインとしては，12，13章を参照されたい。

7　結論

体育における心理的成果を検討するにあたって，本章では，主に社会認知的な枠組みが役立った。このアプローチは，教授-学習過程の状況，生徒の認知，そして体育に参加することでもたらされる心理的成果との複雑な相互作用を理解するうえで有効である。

体育の心理的成果に関する研究では，さらに別の理論的枠組みを適用するとよいかもしれない。たとえば，教育社会学などの他の科学領域からの理論を考慮することで，結果の解釈はより明解になるだろう。以下にその例を示す。本章は，生徒個人の特性の役割を示すことからはじまったが，話をまとめるためには，生徒の自己にかかわる諸側面（たとえば，身体的有能感や自尊心）が，学校での経験や性別や社会文化的要因と複雑に相互関連していることを証明する研究を取り上げるのが適切であろう[3]。つまり，潜在的カリキュラムのような意図しない成果が，心理学的な理由からだけでなく，たとえば社会学的な理由からも引き起こされている可能性を考える必要がある。このことは，社会文化的な差異により，体育授業の教授-学習過程で利益を与えられる機会が，生徒の間で平等ではないことを意味している。

本章の研究領域にはさまざまな問題点も残されているが，ここで展望してきた理論と実証的研究は，すべての生徒に心理的成果をもたらすために，体育教師に対して一層の指導的努力を求めている。本章で述べた授業実践への提言が適切に活用されるならば，体育に参加する生徒への心理的成果を高めることができるだろう。もちろん，体育教師は，個々の場面の特殊な条件や教師自身の個性と専門職としての技量・経験を考慮に入れながら，これらの提言を慎重に適用することが望まれる。

キーポイント

[1] 心理的成果は，優れた計画，熟考された反省的指導，力動的な教授-学習過程に関する知識から生まれる。
[2] 社会認知的アプローチは，生徒が体育での出来事に付与する意味を考慮している。
[3] 生徒の意味づけ／認知は，生徒の感情や行動に影響を及ぼす。
[4] 体育教師は，教授-学習の雰囲気を創出することができる。
[5] 本章の焦点は，動機づけ，達成ストラテジー，感情，自己知覚，社会道徳的推論・行動などに対する成果にあてられている。
[6] 課題関与的であることが望ましい。
[7] 努力は両刃の剣である。というのも，努力は，能力と共変するものと考えるか独立なものと考えるかで，異なる意味を持ってくるからである。
[8] 子どもは，生来，課題志向的である。
[9] 失敗は学習の一部分である。
[10] 自己決定感は，内発的動機づけの基本的な要素である。
[11] 課題目標は，注意集中，低不安，ねばり強さと関連している。
[12] 能力の低い生徒にとっては，課題志向的動機づけ雰囲気が，動機づけには有利である。

[13] 課題志向的動機づけ雰囲気は，生徒を学習活動に集中させ，協同的活動に向かわせる。

[14] 体育が，努力や進歩によって習得や能力を規定する状況にあれば，生徒はよりたやすく自分の有能感を高めることができる。

[15] 動機づけ雰囲気は，個人の目標志向性を形成する効果がある。

[16] 自己決定感は，能力知覚の低い生徒が持つ失敗の恐怖を低減させ，持続性を高める。

[17] 課題志向的動機づけ雰囲気は，能力が異なる生徒に対する処遇が異なることを抑制する。

[18] 自尊心を高めることは，1つの重要な教育目標である。

[19] 自尊心は多面的であり，階層的に構成されている。

[20] 生徒は，自分の自尊心を高めたいあるいは維持したいという欲求を持っている。

[21] 有能さを重要とみなさないことは，動機づけにはマイナスであり，回避行動を導く。

[22] 自尊心は，社会的相互作用および重要な他者による熟慮された承認から生まれたものである。

[23] 自尊心はまた，社会的比較過程や帰属にも影響される。

[24] 自尊心は，特定の活動における自己効力感の影響を受けやすい。

[25] 体育教師は，適切で随伴的なフィードバックを与えるべきである。

[26] 体育プログラムは，生徒の自己知覚を高めることが可能である。

[27] 社会認知的学習理論（バンデューラ）と構造的発達理論（コールバーグ）は，社会道徳的発達を理解する2つの主要な理論である。

[28] モデリングと社会的強化は，社会道徳的発達を促進する。

[29] 社会道徳的な成果は，道徳的ジレンマや葛藤解決に関与することを通して，高めることができる。

[30] 社会道徳的推論の能力を向上させることは可能である。

[31] 自我／成績志向的達成目標を持つことは，公正さや正義に付与される価値を低下させる。

[32] 体育における心理的成果は，認知要因と状況要因との複合的な相互関係に影響される。

理解度チェック

[1] 体育における望まれている成果と実際の成果との違いは何か？

[2] 達成目標理論は，体育における動機づけや感情面への成果を理解するうえで，どのように用いることができるか？

[3] 課題志向的動機づけ雰囲気の主な特徴を述べなさい。

[4] 課題志向的動機づけ雰囲気の主な利点は何か？

[5] 自我／成績志向的雰囲気と生徒の学習機会の不均衡との関係を説明しなさい。

[6] 体育教師として，課題志向的動機づけ雰囲気をつくり出すために，どうすればよいか？

[7] 生徒の自尊心を高めるために，どのような方策を用いることができるか？

[8] 体育授業で生徒とコミュニケーションを取る時，なぜ，それに対する生徒の解釈に気づくことが重要なのか？

[9] 社会道徳的な成果とは，何を意味するのか？

[10] 体育での社会道徳的成果を最大にするために，どうすればよいか？

文献

1) Ames, C. (1992). Classrooms: Goals, structure, and student motivation. *Journal of Educational Psychology*, 84, 261-271.
2) Arnold, P. J. (1988). *Education, movement and the curriculum*. New York: Falmer Press.
3) Bain, L. (1990). A critical analysis of the hidden curriculum in physical education. In D. Kirk & R. Tinning (Eds.), *Physical education, curriculum and culture: Critical issues in contemporary crisis*. London: Falmer Press.
4) Bandura, A. (1986). *Social foundations of thought and action: A social cognitive theory*. Englewood Cliffs, NJ: Prentice-Hall.
5) Bandura, A. (1990). Conclusion: Reflection on nonability determinants of competence. In R. J. Sternberg & J. Kolligan, Jr. (Eds.), *Competence considered*. New Haven: Yale University Press.
6) Bandura, A. (1991). Social cognitive theory of moral thought and action. In W. M. Kurtines & J. L. Gewirtz (Eds.), *Handbook of moral behaviour and development: Vol.1. Theory*. Hillsdale, NJ: Erlbaum.
7) Berk, L. E. (1989). *Child development*. Boston: Allyn & Bacon.
8) Biddle, S., Cury, F., Goudas, M., Sarrazin, P., Famose, J. P., & Durand, M. (1995). Development of scales to measure perceived physical education class climate: A cross national project. *British Journal of Educational Psychology*, 65, 341-358.
9) Bredemeier, B. J., & Shields, D. (1984). Divergence in moral reasoning about sport and life. *Sociology of Sport Journal*, 1, 348-357.
10) Bredemeier, B. J., Weiss, M. R., Shields, D. L., & Shewshuk, R. M. (1986). Promoting moral growth in a summer sport camp: The implementation of theoretically grounded instructional strategies.

Journal of Moral Education, 15, 212-220.
11) Brophy, J. (1981). Teacher praise: A functional analysis. *Review of Education Research*, 51,5-32.
12) Brown, M., Sharpe, T., & Hawkins, A. (1994). Longitudinal cohort analysis of a values development curriculum model. *Research Quarterly for Exercise and Sport*, 65 (Suppl.), A-73.
13) Coopersmith, S. (1967). *The antecedents of self-esteem*. San Francisco: Freeman.
14) Cury, F., Biddle, S., Famose, J. P., Goudas, M., Sarrazin, P., & Durand, M. (1996). Personal and situational factors influencing intrinsic interest of adolescent girls in school physical education: A structural equation modeling analysis. *Educational Psychology*, 16, 305-315.
15) Deci, E. L., & Ryan, R. M. (1985). *Intrinsic motivation and self-determination in human behaviour*. London: Plenum.
16) Dishman, R., Sallis, J., & Orenstein, D. (1985). The determinants of physical activity and exercise. *Public Health Reports*, 100, 158-171.
17) Duda, J. (1989). The relationship between task and ego orientation and the perceived purpose of sport among male and female high school athletes. *Journal of Sport and Exercise Psychology*, 11, 318-335.
18) Duda, J., Olson, L. K., & Templin, T. J. (1991). The relationship of task and ego orientation to sportsmanship attitudes and the perceived legitimacy of injurious acts. *Research Quarterly for Exercise and Sport*, 62, 79-87.
19) Ennis, C. D., Ross, J., & Zhu, W. (1992). The role of value orientations in curricular decision making: A rationale for teachers' goals and expectations. *Research Quarterly for Exercise and Sport*, 63, 38-47.
20) Festinger, L. (1954). A theory of social comparison processes. *Human Relations*, 7, 117-140.
21) Fox, K. (1988). The self-esteem complex and youth fitness. *Quest*, 40, 230-246.
22) Gibbons, S. L., Ebbeck, V., & Weiss, M. R. (1995). Fair play for kids: Effects on the moral development of children in physical education. *Research Quarterly for Exercise and Sport*, 66, 247-255.
23) Goudas, M., & Biddle, S. (1994a). Intrinsic motivation in physical education: Theoretical foundations and contemporary research. *Educational and Child Psychology*, 11, 68-76.
24) Goudas, M., & Biddle, S. (1994b). Perceived motivational climate and intrinsic motivation in school physical education classes. *European Journal of Psychology of Education*, 4, 241-250.
25) Goudas, M., Biddle, S., & Fox, K. (1994a). Achievement goal orientations and intrinsic motivation in physical fitness testing with children. *Pediatric Exercise Science*, 6, 159-167.
26) Goudas, M., Biddle, S., & Fox, K. (1994b). Perceived locus of causality, goal orientations and perceived competence in school physical education classes. *British Journal of Educational Psychology*, 64, 453-463.
27) Gruber, J. J. (1986). Physical activity and self-esteem development in children: A meta-analysis. *American Academy of Physical Education Papers*, 19, 30-48.
28) Haan, N. (1977). *Coping and defending: Processes of self-environment organization*. San Francisco: Academic Press.
29) Harter, S. (1982). The perceived competence scale for children. *Child Development*, 53, 87-97.
30) Harter, S. (1987). The determinants and mediational role of global self-worth in children. In N. Eisenberg (Ed.), *Contemporary topics in developmental psychology*. New York: Wiley.
31) Hattie, J. (1992). *Self-concept*. Hillsdale, NJ: Erlbaum.
32) Huston, L., & Duda, J. (1992). *The relationship of goal orientation and competitive level to the endorsement of aggressive acts in football*. Unpublished manuscript.
33) Kohlberg, L. (1976). Moral stages and moralization: The cognitive-developmental approach. In T. Lickona (Ed.), *Moral education: Interdisciplinary approaches*. New York: Holt, Rinehart & Winston.
34) Lee, A. M., Landin, D. K., & Carter, J. A. (1992). Student thoughts during tennis instruction. *Journal of Teaching in Physical Education*, 11, 256-267.
35) Lloyd, J., & Fox, K. (1992). Achievement goals and motivation to exercise in adolescent girls: A preliminary intervention study. *British Journal of Physical Education*, 11 (Research Suppl), 12-16.
36) Marsh, H. W., & Peart, N. D. (1988). Competitive and co-operative physical fitness training programs for girls: Effects on physical fitness and multidimensional self-concepts. *Journal of Sport and Exercise Psychology*, 10, 390-407.
37) Marsh, H. W., Richard, G., & Barnes, J. (1986). Multidimensional self-concepts: A log-term follow-up of the effect of participation in an Outward-Bound program. *Personality and Social Psychology Bulletin*, 12, 475-492.
38) Martinek, T. J., & Karper, W. (1984). The effects of non-competitive and competitive instructional climates on teacher expectancy effects in elementary physical education classes. *Journal of Sport Psychology*, 6, 408-421.
39) Mead, G. H. (1934). *Mind, self and society*. Chicago: University of Chicago Press.
40) Nicholls, J. (1989). *The competitive ethos and democratic education*. Cambridge: Harvard University Press.
41) Ommundsen, Y., & Roberts, G. C. (1996). Goal orientations and perceived purposes of training among elite athletes. *Perceptual and Motor Skills*, 83, 463-471.
42) Ommundsen, Y., Roberts, G. C., & Kavussanu, M. (1998). The relationship of motivational climates to achievement beliefs, cognitions and strategies in team sport. *Journal of Sport Sciences*, 16, 153-164.
43) Ommundsen, Y., & Vaglum, P. (1997). Competence, perceived importance of competence and drop-out from soccer: A study of young players. *Scand J Med Sci Sports*, 7, 373-383.
44) Papaioannou, A. (1994). The development of a questionnaire to measure achievement orientations in physical education. *Research Quarterly for Exercise and Sport*, 65, 11-20.
45) Papaioannou, A. (1995). Differential perceptual and motivational patterns when different goals are adopted. *Journal of Sport and Exercise Psychology*, 17, 18-34.
46) Papaioannou, A., & Macdonald, A. I. (1993). Goal perspectives and purposes of physical education as perceived by Greek adolescents. *Physical Education Review*, 16, 41-48.
47) Romance, T. J., Weiss, M. R., & Bockoven, J. (1986). A program to promote moral development through elementary school physical education. *Journal of Teaching in Physical Education*, 5, 126-136.
48) Scott, G. L. (1969). The contributions of physical activity to psychological development. In C. A. Bucher & M. Goldman (Eds.), *Dimensions of physical education*. Saint Louis: Mosby.
49) Soenstrom, R. J. & Morgan, W. P. (1989). Exercise and self-esteem. Rationale and model. *Medicine and Science in Sports and Exercise*, 21, 329-337.
50) Solmon, M. A., & Boone, J. (1993). The impact of student goal orientation in physical education classes. *Research Quarterly for Exercise and Sport*, 64, 418-424.
51) Stephens, D. E., & Bredemeier, B. J. L. (1996). Moral atmosphere and judgements about aggression in girls' soccer: Relationships among moral and motivational variables. *Journal of Sport & Exercise Psychology*, 18, 158-173.
52) Stuart, M. E., & Ebbeck, V. (1995). The influence of perceived social approval on moral development in youth sport. *Pediatric Exercise Science*, 7, 270-280.
53) Telama, R., & Laakso, L. (1995). Physical education and sport for children and youth. In G. Patriksson, O. Sletta & B. Tofte (Eds.), *Pedagogikk, idrett og samfunn* [Pedagogy, sport, and society]. Kristiansand S: Norwegian Academic Press.
54) Treasure, D. C., & Roberts, G. C. (1995). Applications of achievement goal theory to physical education: Implications for enhancing motivation. *Quest*, 47, 475-489.
55) Vlachopoulos, S., Biddle, S., & Fox, K. (1996). A social-cognitive investigation into the mechanisms of affect generation in children's physical activity. *Journal of Sport & Exercise Psychology*, 18, 174-193.
56) White, R. (1959). Motivation reconsidered: The concept of competence. *Psychological Review*, 66, 297-333.

第5章

学童期における自己知覚の発達

Development of Self-Perceptions
During the School Years

1 はじめに

はじめて自転車に乗ることができた時の感じを思い出してみよう。「できた」とか「自由だ」と感じただろうか？ 1つの技能を身につけたことで，新しい世界が広がったことであろう。

習熟や学習の経験は，児童後期において最も重要なことである。身体的な有能さを求めることもまた，親，先生，コーチ，仲間といった他の人から評価（賞賛）される時に重要となってくる。賞賛，注目，自尊心への攻撃など，さまざまな出来事によって自己知覚は変化する（▶図5.1）。以下には，体育専攻大学生が子ども時代の運動や体育の経験について感じてきた内容が示されている。おそらく，これらの経験は自己知覚に影響を及ぼしたであろう。

「友だちは，私が取り組んでいるスポーツに対して高い関心を持ち，勇気づけてくれるだけでなく，崇拝さえしていた。」
「私が8歳の時，スポーツをしている姿を父親が見にきてくれた。」
「私は体が弱く内気であった。身体の大きい少年が色々なやり方で私をいじめた。」
「私は身体が小さく太っていた。しかし先生は，私の走りを誉めてくれた。」
「私は最初のゲームで失敗してしまった。しかし，誰もが失敗経験から学習するものだと，コーチは励ましてくれた。」

本章では，以下のことについて議論する。
◎自己知覚とは何か
◎自己知覚の発達について
◎自己知覚を向上させる方法

本章の前半部分では，自己概念に関する最近の見解や，そこで定義づけられている自己知覚について述べる。続いて，学童期における自己知覚の発達についての最近の研究を概観する。自己知覚の発達について学習することは，教育上重要である。すなわち，自己知覚に介入し，それを高めようとする前に，その自然な発達がどのようなものであるのかを知っておく必要がある。最後に，子どもの自己知覚を向上させる方法について，いくつかの例を示す。

2 自己知覚とは何か

自己知覚は人の行動を理解する際に重要となる。多くのパーソナリティ理論や最近の心理療法理論では，「自尊心と有能感は中心的な心理学的

▶図5.1 賞賛，注目，自尊心への攻撃が自己知覚を変える

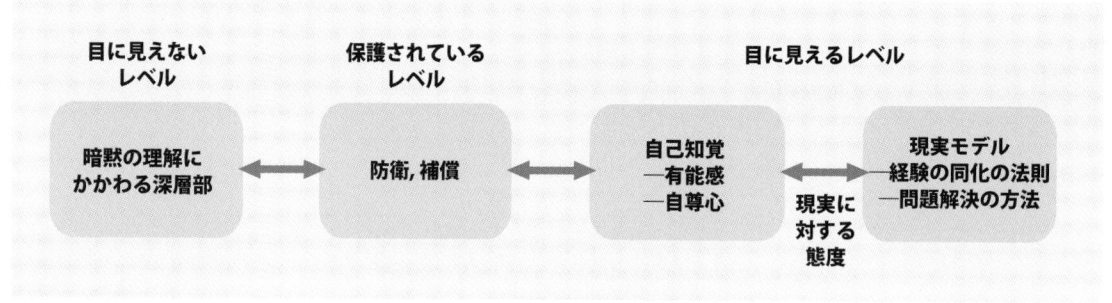

▶図5.2 自己システム

概念であり，適応の指標である」という考えが共有されている。これらは，動機づけや心理的幸福と関係しており，対人行動で重要な役割を果たす。たとえば，自尊心とうつ感情はつながっており，自尊心の低い人がうつ感情を訴えることはよくあることである[11]。自己知覚はまた，学業での達成感や，学校でうまくやっていくことを可能にする対処行動の獲得においても重要である。さらに自己知覚は，結果それ自体としても，結果を説明するための媒介変数としても重要である。

これまでのところ，自己知識（self-knowledge）に関する完全な形の理論はまだつくられていない。しかしながら，自己知覚の機能，構造，内容や自己全体のシステムを理解するために有効な多くの理論が生み出されている。ここでは，認知構造主義理論（cognitive-constructivist theory）を紹介しよう[9,31]。この理論は魅力的である。なぜならば，この理論はさまざまな観点を統合しているからである。この理論においては，自己は1つのシステムとして考えられている。私たちが現実や自分自身をどのように認知し，解釈し，意味づけているのかには，自己システム全体がかかわっている。私たちは，自分の中のシステムのバランスを脅かさないようなやり方で，自分自身や周囲の世界を認識している。自己システムは，自身の継続性や安定性を維持することを目指しているのである。

この理論に従えば，自己システムには，暗黙の理解にかかわる深い構造部がある（これを，活動・経験している「私（I）」，と呼ぶ研究者もいる）。自己システムにはまた，表象にかかわる表層的構造部も含まれている（観察・評価されている「私（me）」）（▶図5.2）。

自己システムの深層部は，一連の法則に従って作用している。このような法則に基づいて，人は，安定かつ継続的なやり方で，自分自身や外界を認識するのである。これらの構造部は早期に発達し，それゆえに，暗黙的，無意識的である。

表層部（表象レベル）は，自己の目に見える明確な部分である。それらは言葉で表現しうる。このレベルは，自己や他者の思考過程に対する意識的な認知から構成されている。有能感や意識されている自尊心は，このレベルに属する。表層部はまた，深層部と外界との関係を調整する。さらに，深層部と表層部との間には防衛部があり，この中には，内的システムのバランスを維持するために役立つさまざまな防衛機制が含まれている。

実証研究の多くでは，表層部が扱われている。深層部やシステムとしての自己はあまり注目されていない。最近の見解では，意識されている自己知覚は，多次元的，階層的であると考えられている。これらの中には，包括的要素（しばしば，自尊心として言及される）や，いくつかの具体的側面や領域特有の有能感（たとえば，運動，学習，社会有能感）が含まれている。階層の頂点にある自尊心は，比較的安定している。各特定領域は下位領域に分割されており，それらはより具体的であり，変化しやすいものである[20]。この考え方にあわせて，フォックス[7]は，大学生の身体的自己知覚の内容と構造に関するモデルを開発した（▶図5.3）。このモデルでは，身体的自己価値が4つの下位領域に分割されている。しかしながら，子どもや青年の身体的自己知覚は，未分化である可能性もある[2,16]。このことは，年少の子どもは，身

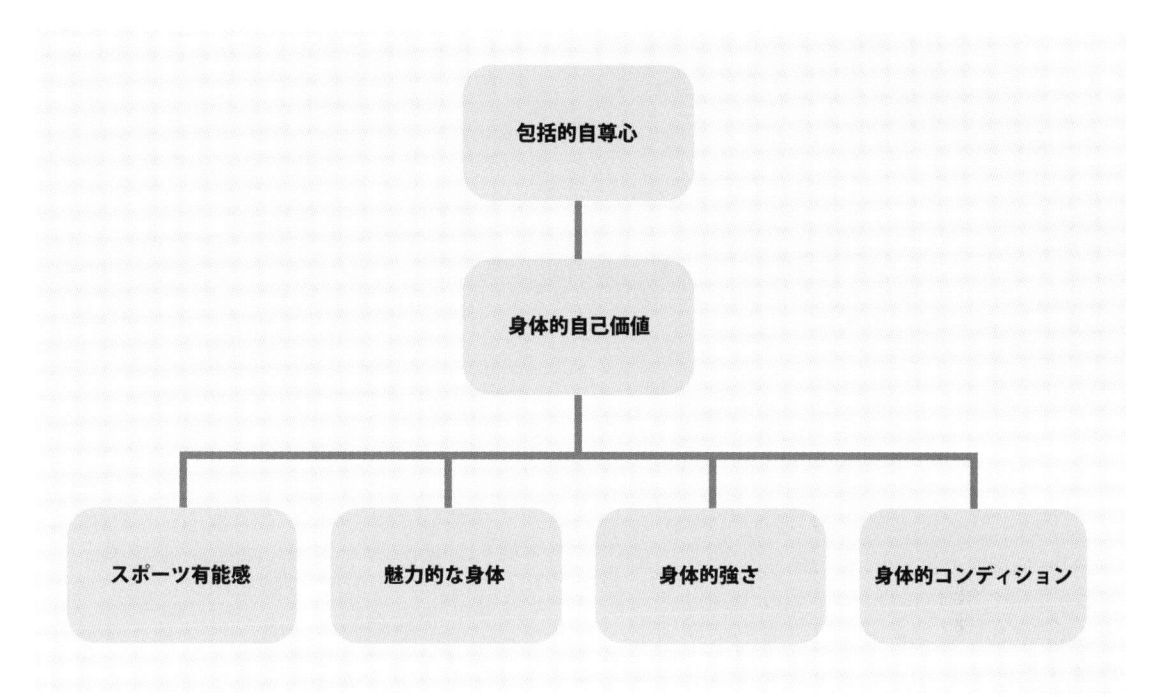

```
        包括的自尊心
             │
        身体的自己価値
             │
   ┌─────┬─────┼─────┬─────┐
スポーツ有能感  魅力的な身体  身体的強さ  身体的コンディション
```

▶図5.3 大学生の身体的自己知覚の内容と構造

体的有能さをより包括的に認識している可能性を意味している。

　自己概念と自己知覚は，しばしば同義語として使用される。これらは，考えられるあらゆる自己知覚を含んでいる。自尊心は，自己の全体的，一般的評価を意味し，自分自身への満足感や自分には価値があるという感覚が含まれる[25]。

　有能感という用語は，能力が環境との相互作用の積み重ねから生じたという個人の感覚を示すために，達成動機づけ研究の中で用いられている[10]。すなわち，有能感は，ある領域や技能に関わる熟達感覚を示すものである。身体的有能感は，身体的な自己に対する認知的な評価を示し，たとえば，「あなたはどのくらい上手にサッカーをすることができますか」といった内容を表している。

　コンピテンス動機づけ理論[10]によれば，高い有能感を持つ人は，現在だけでなく将来においても，その活動を長く継続することが示唆されている。一般に，人の能力に関わる信念は成功の期待をつくり出し，その期待は，行動の選択と継続をもたらすことになる。

　運動領域では，サンストローム[28]が，運動，身体的活動，有能感，自尊心の関係を示すための心理学的モデルを開発した。このモデルによれば，ポジティブな身体的有能感は，身体活動に対してよりポジティブな態度を導き，その態度が，身体活動への高いレベルでの自発的関与へと導いていく。これらは，実証的研究によっても明らかにされている。

Exercise 1

[1] 自信がない時や，何かをしたり学習したりすることができないような感じの時を思い出しなさい。
[2] 他人から役に立つ励ましをもらった時のことを思い出すことができるか？

3　自己知覚の発達

　児童後期（8歳～12歳）では，自己は，身体的及び社会的基準との関係で確立する。子どもは，絶対的というよりも比較的な観点で，自分自身を特徴づける（▶図5.4）。すなわち，子どもは，自分のパフォーマンスや能力について，他人と比較する傾向を持つ[5]。他人（特に，他の子ども）との比較が自己確立において重要となるこの年代で

▶図5.4 児童後期(8歳〜12歳)では,他者との比較が自己確立の重要な要因となる

は,身体的有能感はとりわけ中心的な存在である。そのような中で,子どもの生活圏は,家の外にまで広がっていく。たとえば,指導スポーツや組織スポーツは,多くの子どもの発達に影響を与えはじめる。仲間,親,教師,コーチに受け入れられたいと考える際には,身体的特徴は非常に重要な要素となる。「誰が最初にあの木に触ることができるか?」「誰のお父さんが,一番背が高いのか?」といったように,子どもはすべてのことを競争にしてしまう。

しかしながら,この段階では,子どもは,能力や努力,練習のすべてが結果に影響を及ぼしていることを理解することができない。12,13歳頃になってはじめて,この点について大人と同様に考えることができるようになる[21]。したがって,教師やコーチは,子どもに対して,競争を強調しすぎたり,組織化しすぎてはいけない。というのも,子どもは,大人と同じようには比較や競争を理解できないからである。さらに,12,13歳を過ぎると,子どもは非常に傷つきやすくなる。この年代では,競争の結果には多くのことが影響していることを理解できるが,自分は不完全であるという感覚に過敏に反応するようにもなっている。

研究では,8歳ぐらいから,学習,社会,運動領域における有能さの区別ができるようになることが示されている。発達に伴い,自己は次第に分化していく。青年期では,他者との相互作用を規定するような自己の特徴を通して,自己理解が図られる。社会的なアピールや相互作用に影響を及ぼす身体的特質は,特に同年齢同士において,重要な自己確立の要因となっていく[5]。

■1.自己知覚の一般的変化

自己知覚に関する多くの発達的研究は,集団平均レベルでの変化を扱っており,しばしば,質問紙が用いられている。たとえば,同年齢や同性の他人と比較して,自分の位置がどのあたりであるのかを回答させる。その反応が得点化され,いくつかの項目での得点が合計されて,尺度得点が導き出される。

マーシュ[19]は,児童・青年期では,年齢と自己知覚との間にU字関係がみられることを指摘している(▶図5.5)。この傾向は,性別に関係なくみられ,また,自己知覚のさまざまな側面においても一貫して確認されている。

自己知覚は,青年初期において最も低くなる。おそらく,この時期に生じる大きな身体的及び心理的変化が自己知覚に影響しているのだろう。13歳〜14歳頃になると,自尊心や有能感は向上しはじめる[18]。しかしながら,いくつかの研究では,新入学や季節変化のために自尊心の低下がみられた例も報告されている。

フィンランドでは,7歳ぐらいからみられる自己知覚の低下は,学校が原因ではないかと議論されてきた。しかしながら,これは間違っているようである。なぜなら,同様の傾向が,異なる学校システムを持つ多くの国で確認されているから

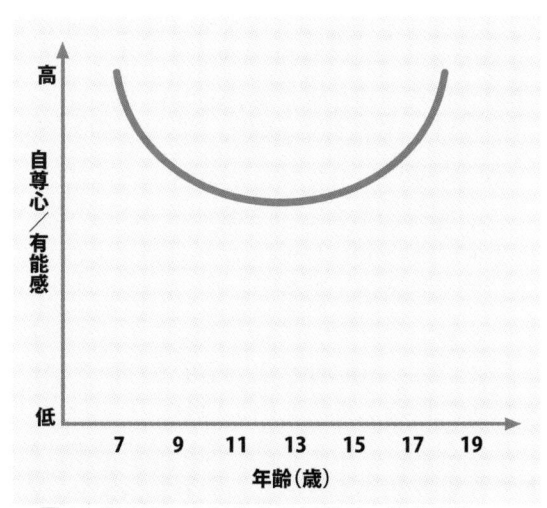

▶図5.5 学童期における自己知覚の一般的変化

である。この低下は，自己知覚のポジティブな発達をサポートするために計画された介入においても観察されてきた。おそらく，この低下は，一般的な発達の特徴なのであろう。もちろん，学校は自己知覚の健全な発達をサポートすべきであり，7歳～12歳の間にみられる低下局面においては，特に重要となる。

■2.錯覚された自己知覚

　学童期の自己知覚は，低下していくにもかかわらず，概してポジティブである[18]。もちろん，自分自身に対していつもネガティブな見方をしている者もいる。しかしながら，大部分の学童期の子どもは，ポジティブな自尊心に加えて，学業面，競技面，社会面におけるポジティブな有能感を持っている。

　多くの理論家は，正確な自己知覚はメンタルヘルスにとって不可欠であると論じてきた。しかしながら，過度にポジティブな自己知覚，誇張された統制感や熟達感，非現実的な楽観主義というものは，人間の思考の特徴であることが示唆されている[30]。このようなポジティブな錯覚は，ネガティブなフィードバックを受けたり，脅威を感じたりした時に有効であり，適応的であるかもしれない。これらの研究では，主として大人が調査対象となっているが，この種の少々望ましい方向にゆがめられた自己概念が，子どもや青年の間でも共通してみられることが指摘されている[18]。

　学校は，時どき，現実的な自己認識を教育目標として掲げることがある。しかしながら，子どもの自己知覚を「より現実的なもの」にしようとする際には，注意が必要である。なぜなら，いくらか非現実的な自己評価も，それがポジティブであれば，適応性や活動性，統制感へとつながっていくからである。自己知覚をポジティブにすることもまた，確かに教育目標の1つであるということを，心にとどめておく必要があるだろう。

　しかしながら，自尊心は，優越感や完全主義感を意味するものではない[25]。成功や才能を誇張することや，相応の達成なしに特別であると認識されることを期待することは，自己陶酔型パーソナリティ（narcissistic personality）の特徴である[15]。自己陶酔的な人は，特に，自分が評価される時や失敗の恐れがある時に，自己知覚を高めようとする傾向を示すだろう。

■3.自己知覚の安定性

　自尊心を対象とした縦断的な研究では，青年期における自尊心の高い安定性が示されている。リントゥーネンら[17]は，11歳～15歳の男子が体力，容姿，自尊心の知覚について高い安定性を示していることを報告している。この研究において，初期の自己知覚は，4年の追跡調査の間，その高さが維持されていた。一方で，女子においては，男子よりも自己知覚は変動し，容姿に対する知覚が最も大きく変化した。自尊心や体力知覚の安定性は高かったが，それでも，男子よりは低い安定性であった。

　青年期における自己知覚の高い安定性は，確立された自己概念の初期出現を意味するのかもしれない。自己価値観や有能感は，青年期以前にすでに確立されている可能性もある。したがって，仲間集団にかかわる部分の変化だけが生じるのだろう。しかしながら，これまでは，階層構造の頂点にある自己知覚の安定性だけが研究されている。課題固有で低階層にある自己知覚は，おそらく安定性は低く，教育内容によってたやすく影響されるだろう。このことが意味しているのは，青年期における一般的な身体的有能感は，ほぼ確立し，安定しているために，体育によってそれらに影響を与えることは難しいと考えられるが，「どれくらい上手に私はボールを打つことができるのか」といったようなより具体的な知覚には，体育は影響を及ぼすことができるかもしれないということである。豊富なポジティブ経験の積み重ねが，一般的な身体的有能感に影響を与えることも考えられる。しかしながら，教師は，学生の一般的な自己知覚が高められるとしても，そのためには多くの時間や継続的な支援が必要であることを理解しておかなければならない。

　このような安定性は，自己知覚が一貫して低い時に問題となる。その時は，ポジティブな経験や

フィードバックでさえも，自己概念を向上させない可能性がある。これは，結果として，問題行動を引き起こしてしまう。典型的な例としては，学校での成績不良，悲観的な目標設定，セルフ・ハンディキャッピング，課題無関連行動，自分自身の影響力がないという信念などがある。研究者は，この種の認知スタイルを，「失敗回避方略（failure-trap strategy）」と呼んでいる[22]。たとえば体育では，このような生徒は，過度に低い目標を設定し，挑戦することやめ，授業を避け，教師やクラスの仲間を悩ませたり怒らせたりする。

■4.身体的障害を持った生徒の自己知覚

身体的障害や運動不振の生徒にとって，自己知覚を向上させたり維持したりすることは，チャレンジ精神を促進させることになるが，多くの研究では，これらの生徒は，一般健常者と比較して身体的有能感が低いことが示されている[3,12]。低い身体的有能感は，スポーツ不参加を助長する。このような生徒は，自身が活動することだけでなく，他人が活動しているのを見ることさえも，簡単にやめてしまいがちである。体育授業では，身体的障害を持った生徒は，健常生徒と比較して，身体活動へのかかわりが弱い傾向にあることが観察されている。また，身体的障害を持った生徒は，体育の授業中に，多くの困難を感じていることも報告されている[14]。課題を好まない理由として，競争性，テスト性，できないこと，パートナーとして望まれていないこと，作業をうまく体系化できないこと，そして遂行中の身体的不快感や痛みが挙げられている。しかしながら，身体的障害を持った生徒が健常生徒と何ら変わらない場合もある[17]。たとえば，身体的障害を持った青年競技者は，ある健常者グループと同水準の身体的有能感を持っていることが示されている[27]。

適切で効果的な体育プログラムを提供するために役立つ方法の1つに，障害者体育コンサルテーションモデル（adapted physical education consultation model）がある[13]。このモデルは，体育授業において，特別な配慮を要する生徒に対して教師が支援できるようにするために考案された。このモデルにはまた，コンサルタントとして活動する体育教師が，通常の授業に，上記のような生徒を参加させることを可能にする方法が含まれている。モデルを検証した事例研究によると，コンサルタントの責任の1つには，目標達成を促す授業計画を発展させ，カリキュラム修正を促進することがあった。授業プログラムは個人の要求に応じて計画され，そこでの長期目標には，さまざまな活動で成功するための運動・社会的スキルを向上させることや，身体的有能感を向上させることが含まれていた。このような研究は，コンサルタントの支援のもとで通常の体育授業に身体的障害を持った生徒を含めることが，このような生徒に対する効果的なサポートとして機能することを指摘している[13]。

■5.自己知覚の性差

性的ステレオタイプに基づくような性差が，自己概念の各側面にみられている。たとえば，身体的有能感の認知は，女子よりも男子のほうがポジティブな傾向にある。一方で，社会的有能感は，女子のほうが男子よりも高い。

また，西洋社会において女子が重要視する有能感の要素に「容姿」があるが，その容姿に関しては，女子は男子よりも満足していないようである。自分の容姿に対する満足は，男子よりも女子の幸福にとっておそらく重要であるのだろう。女子は男子よりも社会志向的であるが，これは身体的容姿への関心にも影響を与える。「身体的に魅力的であることは，人を喜ばせたり人の役に立ったりすることと結びついており，他者の愛や評価を得やすくする」と，女子は教えられている[23,29]。そのため，たとえ女子が着飾ったり髪を整えたりすることに多くの時間をかけているとしても，男子の場合ほど，喜んでやっているわけではないといったところがある[6]。

ところで，多くの研究において，男子は女子よりも身体的有能感が高いことが示されてきた。しかしながら，身体的に活動的な子どもにおいては，男女による相違は存在していないのである。身体的活動量が，身体的有能感の重要な決定因である

のかもしれない。身体的に活動的な子どもは，そうでない子どもと比較して，通常，より望ましい身体的知覚を示す[1),24)]。平均的に，女子は男子よりも身体的な活動量が少なく，そのために，身体的有能感が低くなると考えることができるだろう。

また，研究結果から，自尊心については，男子がいくらか高いことが示唆されている[25)]。自尊心は，情緒的健康や幸福感の指標として，おそらく最も幅広く受け入れられている概念であろう。自尊心にみられる性差は，男女の社会化の違いに関連していると考えられている。社会や文化を通して，女性は男性より劣るというメッセージが，発達段階の青年に徐々に伝えられている。社会における女子の地位評価に影響を与える要因は，自尊心にも影響を及ぼすと考えられる。このような発見は，社会的制約や圧力が，女子の多くの心理的混乱を生み出していることを指摘するものである。

しかしながら，男性が極端に安定した高い自尊心を持つようになる理由の1つには，男性が自己知覚に対して自慢的もしくは自己陶酔的傾向を示すことが挙げられる[4)]。女子は自慢げな知覚を持っていても報いられることはなく，社会は自慢的であることを女性的でないとみなしているのである。

Exercise2
容姿に対する社会の過度な強調に対抗し，美しいとされるものの真の内容を広めるための方法を考えなさい。

4　学校での自己知覚の促進

学校が生徒の自己知覚に及ぼす効果を，他のさまざまな要因による影響から分離することは難しいが，このような効果は，ポジティブあるいはネガティブな経験が積み重なった時に，大きくなると思われる。フォックス[7)]は，子どもの自己知覚の発達の機会を最大限にする要因として，有能感，重要度，ソーシャルサポートの3つを挙げている。

■1.有能感にかかわる情報の提供

成功経験は重要である。これは，他人より優れているという感覚（自我志向）や個人的な向上・熟達の感覚（課題志向）を通して達成されるものである。課題志向や個人的熟達に焦点をあてることは，自尊心を向上させるための基礎を与える。教師は，有能感の向上に結びつく経験よりも，「よい経験」を提供すべきである。すなわち，身体活動が本来持っている楽しさを維持し，促進すべきである[8)]。

学生の自己知覚は，部分的には，他者のパフォーマンスとの比較によって形成される。それゆえに，教師は，適応，個性化，協同学習経験，仲間指導，協同的チームティーチングなどに重点をおいた応用・修正カリキュラムを提供することによって，この他者比較傾向とバランスを取るようにすべきである[13),26)]。

■2.重要度にかかわる情報の提供

人は，自己知覚のさまざまな側面の相対的な重要性を変えることにより，自己知覚の構造や内容を調整している。重要だと思われる自己の側面だけが，自尊心に重要な影響を及ぼす。もし有能さを感じられないならば，その人は，高い自尊心を維持するために，その領域の重要性を低くみるかもしれない。逆に，自分が有能さを感じる領域には，高い重要性が与えられる。

教師は，感じられる有能さの種類や内容を増やすことができるだろう。たとえば，身体的自己についてみると，フィットネスにもさまざまな側面があるので，それぞれの側面で成功や有能さを感じる機会を与えることができる。体育教師はまた，社会が過度に強調していることを緩和する役割を持つことも可能である。たとえば，容姿に対する重要性感を低下させ，何を美しいと見るかについての考えを広げていくことなどが考えられる。

■3.ソーシャルサポートの提供

子どもは，自分が不器用，太っている，弱いなどと知覚しがちであるために，子どもの自尊心は

常に脅かされている。したがって，子どもの教育を行う者は，このような問題に矯正的に支援する責任がある。介入をしないと，これらの子どもは，身体領域における能力の重要性を低く見積もるようになり，以後の身体活動を避けがちになる。公衆衛生や倫理的観点からも，このような結果は受け入れがたい。このような子どもには，人生を通して活動的でいられるようになるための方策を選択する機会が与えられるべきである[7]。

相互作用のやり方も重要である。すべての子どもは，能力や性格にかかわらず，唯一の価値を持った人間として認識されるべきである。教師教育には，カウンセリング，コミュニケーションスキル，カリキュラム開発にかかわるコースがもっと含まれるべきである。教師は特に，身体的有能感や自尊心といった感情的側面に重点をおいた目標に到達するための計画の立て方を知っておくべきである。

Exercise 3

以下の各文章は，体育大学生が子どもの時に経験したコメントである。類似の状況をもっとたくさん思い出してみなさい。このような状況で，教師であるあなたは，有能感や重要度に関する情報あるいはソーシャルサポートをどのように提供することができるか？
◎ 私は，やせた足が恥ずかしく，ショートパンツは履きたくなかった。それで，私はいつも，長ズボンを履いていた。
◎ 重い物を持ち上げる女子には，葛藤的な考えが浮かぶようです。男子の中にいる時は特に。
◎ 達成できた，でもまだまだ優れている人がたくさんいる。
さらに，体育授業において，発達の程度の差異による生徒の身長，体重，容姿などの違いを考慮する方法について考えなさい。

5 結論

子どもの自己知覚の健全な発達がどのようにして促進されうるのかについての研究は，驚くほどわずかしかない。しかしながら，課題志向的動機づけ雰囲気をつくることは，生徒自身や生徒の自己知覚にとって，明らかに有効である。相互作用のスタイルもまた重要である。さらに，教師は，すべての子どもを，能力や性格にかかわらず，唯一の価値を持った人間であることを認識する必要がある。

キーポイント

[1] 自己は総合的システムである。私たちが現実世界や自分自身をどのように認知し，解釈し，意味づけるかは，この総合的システムに依存している。

[2] 自己は，深層部及び表層部で構成されている。

[3] 自尊心は，自分自身への満足感や自分が価値のある人間であるといった感覚を意味する。

[4] 有能感は，ある領域やスキルでの熟達の感覚を指している。

[5] 能力に関する信念は，成功への期待をつくり出し，その期待が，行動の選択や持続へとつながっていく。

[6] 自己知覚は，重要な心理的資源である。それらは，動機づけ，心理的幸福感，対人行動などと結びついている。

[7] 児童後期（8歳〜12歳）では，他人との比較が，自己確立の重要な一要因となる。

[8] 青年期では，同年代の人との社会的相互作用が重要となる。

[9] 自己知覚は，青年初期（12歳〜14歳）において最も低くなる。

[10] 自己知覚は，概して，ポジティブで楽観的である。

[11] ポジティブな錯覚は，否定的なフィードバックを受けたり，脅威を感じる際には有効であり，適応的である。

[12] 青年期には，安定した高い自己知覚がみられる。

[13] 失敗回避方略の典型的な特徴は，成績不良，悲観的な目標設定，課題無関連行動，自分の影響力に対する低い信念などである。

[14] 身体的障害を有する生徒は，ポジティブな身体的自己知覚を向上させたり維持したりすることに，健常者よりも積極的である場合もある。

[15] コンサルタントの支援のもとで通常の体育授業に障害を持った子どもを含めることは，効果的であることが明らかになってきた。

[16] 自己概念の具体的な側面には，性的ステレオタイプに基づく性差がみられる。

[17] 「身体的に魅力的であることは他人を喜ばせることと密接に関係しており，他人の愛情や評価を確実なものにする」ということを，女子は教えられている。

[18] 身体的に活動的な人は，そうでない人と比較して，より望ましい身体的有能感を持っている。

[19] 自己知覚を向上させる機会を最大限にしたいと思っている教師が目指すべきことには，有能感についての有用な情報，重要性についての情報，そしてソーシャルサポートを与えることがある。

理解度チェック

[1] 人間の行動を理解するうえで，自己知覚はどのように重要であるのか？

[2] 「自己知覚は階層構造をなしている」とはどういうことか？

[3] 自己知覚が最も低くなるのは何歳ぐらいか，またそれはなぜか？

[4] 男子と女子の自己知覚には，どのような違いがあるのか？

[5] 学童期において，教師は自己知覚をどのように高めることができるのか？

文献

1) Biddle, S., & Amstrong, N. (1992). Children's physical activity: An explorative study of psychological correlates. *Social Science and Medicine*, 34, 325-331.

2) Biddle, S., Page, A., Ashford, B., Jennings, D., Brooke, R., & Fox, K. (1993). Assessment of children's physical self-perceptions. *International Journal of Adolescence and Youth*, 4, 93-109.

3) Cantell, M. H., Smyth, M. M., & Ahonen, T. (1994). Clumsiness in adolescence: Educational, motor, and social outcomes of motor delay detected at 5 years. *Adapted Physical Activity Quarterly*, 11, 115-129.

4) Corbin, C. B., Landers, D. M., Feltz, D. L., & Senior, K. (1983). Sex differences in performance estimates: Female lack of confidence vs. male boastfulness. *Research Quarterly for Exercise and Sport*, 54, 407-410.

5) Damon, W., & Hart, D. (1988). *Self-understanding in childhood and adolescence*. Cambridge, NY: Cambridge University Press.

6) Duckett, E., Rafaelli, M., & Richards, M. H. (1989). 'Taking care': Maintaining the self and the home in early adolescence. *Journal of Youth and Adolescence*, 18, 549-565.

7) Fox, K.R. (1988). The self-esteem complex and youth fitness. *Quest*, 40, 230-246.

8) Fox, K. R., & Biddle, S. (1988). The child's perspective in physical education. Part 2: Children's participation motives. *British Journal of Physical Education*, 19, 79-82.

9) Guidano, V. F., & Liotti, G. (1983). *Cognitive processes and emotional disorders: A structural approach to phychotherapy*. New York: Guilford Press.

10) Harter, S. (1978). Effectance motivation reconsidered: Toward a developmental model. *Human Development*, 21, 34-64.

11) Harter, S. (1996). Historical roots of contemporary issues involving self-concept. In B. A. Bracken (Ed.), *Handbook of self-concept: Developmental, social, and clinical considerations* (pp. 1-37). New York: Wiley.

12) Heikinaro-Johansson, P., Lintunen, T., & Sherrill, C. (1995). *Perceived physical fitness and body build of students with physical disabilities*. Manuscript submitted for publication.

13) Heikinaro-Johansson, P., Sherrill, C., French, R., & Huuhka, H. (1995). Adapted physical education consultant service model to facilitate integration. *Adapted Physical Activity Quarerly*, 12, 12-33.

14) Heikinaro-Johansson, P., & Telama, R. (1990). Downstream or upstream with mainstreaming? Handicapped students at Finnish secondary schools. In Doll-Tapper, G., Dahms, C., Doll, B., & von Selzam, H. (Eds.), *Adapted physical activity: An interdisciplinary approach* (pp. 159-165). Berlin Heidelberg, Germany: Springer-Verlag.

15) John, O. P., & Robins, R. W. (1994). Accuracy and bias in self-perception: Individual differences in self-enhancement and the role of narcissism. *Journal of Personality and Social Psychology*, 66, 206-219.

16) Lintunen, T. (1995). *Self-perceptions, fitness, and exercise in early adolescence: A four-year follow-up study*. Studies in Sport, Physical Education and Health (Report No. 41). Jyväskylä, Finland: Jyväskylä University Printing House.

17) Lintunen, T., Heikinaro-Johansson, P., & Sherrill, C. (1995). Use of the perceived physical competence scale with adolescents with disabilities. *Perceptual and Motor Skills*, 80, 571-577.

18) Lintunen, T., Leskinen, E., Oinonen, M., Salinto, M., & Rahkila, P. (1995). Change, reliability, and stability in self-perceptions in early adolescence—A four-year follow-up study. *International Journal of Behavioral Development*, 18, 351-364.

19) Marsh, H. W. (1989). Age and sex effects in multiple dimensions of self-concept: Preadolescence to early adulthood. *Journal of Educational Psychology*, 81, 417-430.

20) Marsh, H. W., & Hattie, J. (1996). Theoretical perspectives on the structure of self-concept. In B. A. Bracken (Ed.), *Handbook of self-concept. Developmental, social, and clinical considerations* (pp. 38-90). New York: Wiley.

21) Nicholls, J. G. (1990). What is ability and why are we mindful of it? A developmental perspective. In Sternberg, R. J. & Kolligian, J. (Eds.), *Competence considered* (pp. 11-40). New Haven, CT: Yale University Press.

22) Nurmi, J-E., Salmela-Aro, K., & Ruotsalainen, H. (1994). Cognitive and attributional strategies among unemployed young adults. A case of the failure-trap strategy *European Journal of Personality*, 8, 135-148.

23) Richards, M. H., & Larson, R. (1989). The life space and socialization of the self: Sex differences in the young adolescent. *Journal of Youth and Adolescence*, 18, 617-626.

24) Roberts, G. C., Kleiber, D. A., & Duda, J. L. (1981). An analysis of motivation in children's sport: The role of perceived competence in participation. *Journal of Sport Psychology*, 3, 206-216.

25) Rosenberg, M. (1985). Self-concept and psychological well-being in adolescence. In R. L. Leahy (Ed.), *The development of the self* (pp. 205-246). Orlando, FL: Academic Press.

26) Sherrill, C., Heikinoro-Johansson, P., & Slininger, D. (1994). Equal-status relationships in the gym: Reciprocal modeling, tutoring, and caring. *Journal of Physical Education, Recreation and Dance*, 65, 27-31, 56.

27) Sherrill, C., Hinson, M., Glench, B., Kennedy, S. O., & Low, L. (1990). Self-concepts of disabled youth athletes. *Perceptual and Motor Skill*, 70, 1093-1098.

28) Sonstroem R. J. (1978). Physical estimation and attraction scales: Rationale and research. *Medicine and Science in Sports*, 10, 97-102.

29) Striegel-Moore, R. H., Silberstein, L. R., & Rodin, J. (1986). Toward an understanding of risk factors for bulimia. *American Psychologist*, 41, 246-263.

30) Taylor, S. E., & Brown, J. D. (1988). Illusion and well-being: A social psychological perspective on mental health. *Psychological Bulletin*, 103, 193-210.

31) Toskala, A. (1991). Kognitiivisen psykoterapian teoreettisia perusteita ja sovelluksia [Cognitive psychotherapy–theory and applications]. Jyväskylä, Finland: Jyväskylän koulutuskeskus.

第6章

身体活動と認知機能

Physical Activity and Cognitive Functioning

1 はじめに

　学校の経営者，教師，そして親が，子どもたちが膝を伸ばしたり，筋肉を鍛えたり，ボールを蹴ったりすることだけを見て体育をつまらない授業とみなしていることに，体育教師はよく不満をもらしている。多くの学校では，学校の集会や博物館への遠足に，体育の授業時間をあてている。一部の教師は，身体運動が認知機能にマイナスに影響すると信じている。また一部の親は，放課後子どもがスポーツ活動や運動活動に参加することを禁止し，座って本を読むことを望んでいる。このことは，子どもの生活に対する身体活動の役割を軽視していることを意味している。このような場合，体育教師は，体育の恩恵に関して説得力のある論拠を提示できることが必要である。

　本章では，身体活動と認知過程の関係について調べ，運動と認知機能に関して過去40年間に得られた科学的な知見をまとめる。

　特に，以下のことについて明らかにする。
◎認知機能に対する身体活動の一過性効果
◎運動パフォーマンスや運動学習に対する身体活動の一過性効果
◎認知機能へのポジティブな効果を得るために，身体負荷をどのように設定すべきなのかという実践的な提案

　本章では，これらの目的を達成するために，理論的，実証的，実践的な点に焦点があてられる。

2 理論的検討

　認知機能と身体活動の因果関係を理解するためには，疲労の概念と認知過程を定義する必要がある。疲労は「有機体の過剰な動きを防止するための警告を出す仕組みあるいは役割」[2]と定義されている。

　疲労には主観的なもの（わずかな疲労感から完全な疲労状態まで），あるいは客観的なもの（仕事量で決められる）がある。主観的な感覚を血中乳酸の蓄積量のような客観的な基準に関係づけようとしている研究者もいる。しかしながら，このような関係は，長期的な激しい身体運動では認められるが，軽度あるいは中強度の運動条件では，必ずしもみられない[2]。

　認知過程は，脳がどのように情報を取り入れるのか，そして行動パターンを生み出すためにいかに情報を理解し，記憶し，利用するのかを説明している。認知過程は，運動学習を含んだ多くのタイプの学習で，重要な役割を果たす。

　情報処理モデル (information-processing model) は，身体の覚醒状態と心理的パフォーマンスとの関係を説明するための補助的な役割を果たしている。このモデルは，情報がシステムに入ってからシステムが反応を起こすまでのいくつかの段階と過程によって構成されている（▶図6.1）。「知覚」は情報を組織化し，この情報を「意志決定」に渡す。「記憶」はこの情報を貯蔵する。「意志決定」は特定の状況に最適なプランを選び出す。そ

して「効果器」が，末梢機構（筋肉）に送られてきた命令を組織化するために，この動作プランを利用する[18]。

ウェルフォード[30]は，情報処理システムの入出力段階におけるメカニズムを研究し，ある一定時間内で情報を処理する能力には限界があると述べている。身体運動の水準を高めることによって脳細胞は活性化されるが，覚醒水準が低いあるいは高いと，情報処理システムの活性状態は低すぎるかあるいは高すぎることになり，結果として，いずれの場合も悪いパフォーマンスとなる。このように，最適な身体運動は，最適な心理的パフォーマンスを生み出す。これは，後に逆U字仮説（inverted-U hypothesis[7]）として広まったヤーキーズ＝ドッドソンの法則と一致している。すなわち，パフォーマンスは，身体活動が増すにつれて高まり，その後，低下するのである。

さらに，手がかり利用説（cue utilization theory[9]）もまた，身体運動と心理的パフォーマンスとの関係を説明する。この理論は，低水準の身体運動では，注意の範囲内には関連のある手がかりと関連のない手がかりが混在するため，パフォーマンスは低いものとなることを示している。一方，高い覚醒水準では，パフォーマンスは再び低いものとなる。なぜなら，注意の範囲が極端に狭く，誤った手がかりを用いることになってしまうためである。このように，最適なパフォーマンスが生じる可能性が最も高いのは，身体の覚醒が中程度の水準の時である。手がかり利用説は，逆U字仮説と類似したパフォーマンス・パターンを示しているように思われる。

■1.認知機能への影響

集中する，知覚する，思考する，問題を解決する，正確ですばやい決定をする，すばやく反応する，などといった能力は，日常生活だけでなく，身体運動・スポーツ活動場面においても，効率的に機能するために不可欠である。本章では，運動実践者の認知機能に対する，集中と注意，問題解決，反応時間，そして体力の役割を扱っているこれまでの研究について，簡単に述べる。

■(1)集中と注意

集中力は，多くの中から特定の課題に焦点を当て続ける能力であり，注意力は，常に変化する環

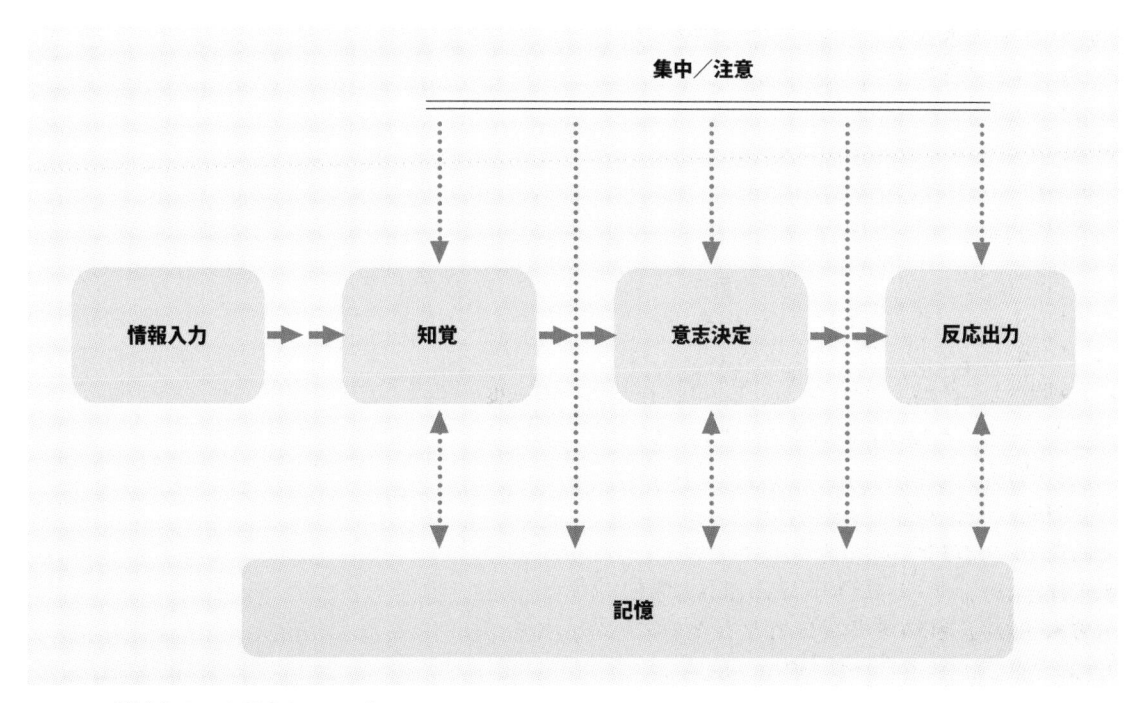

▶図6.1 単純化された情報処理モデル
情報は，感覚器官から反応メカニズムに至るまで，いくつかの段階を経て変換されていく

境に気づく能力である。集中力と注意力は，学習過程における重要な要素である。「スポーツ技能の学習や遂行において，手近にある課題に注意を向けることよりも重要なことがあると想像するのは難しい」とアバネシー[1]は述べている。注意過程は，認知課題，運動課題を学習することや，情報処理がパフォーマンスにどのように影響しているのかを説明するために利用されている。

研究結果は，集中力や注意力に対する身体運動の影響は，主として運動強度と継続時間に依存していることを示している。たとえば，デイビー[6]は，身体運動と注意力との関係を調べている。被験者は，自転車エルゴメーターをこいだ後に，心理テストを受けた。その結果，中強度の身体運動は注意力を向上させ，高強度の運動は注意力を低下させる傾向を示し，その中間程度の身体運動では個人により異なる結果が引き起こされると結論づけた。これらの結果は，身体運動の水準と注意力との間に逆U字の関係が存在していることを示している。

マクノートンとガバード[21]はまた，男女60名ずつの小学6年生を対象として，継続時間が異なる身体運動の集中力への影響を調べた。実験の目的が集中力の検証であり，算数の計算能力を調べるわけではないことから，3年生の算数が用いられた。被験者は，中程度の強度（心拍数が120～145回／分）で一定時間（20, 30, 40分）歩いた。この研究では，30～40分の中強度の身体活動は集中力に影響しないと結論づけている。性差はみられなかった。

しかしながら，激しい身体運動中には，集中力と注意力は低下すると考えられている[20]。この低下は，疲労状況下よりも大きいように思われる。ウリスバーグとハーバート[32]は，たとえ運動をよくしている人であっても，適切に注意が向けられなくなり，パフォーマンスの低下が生じることを示唆した。ワインバーグとグールド[28]もまた，「身体が疲れている時，活動時間が延長されると，気持ちを維持することは困難であろう」と指摘している。

■**(2)問題解決**

「問題解決」という言葉は，さまざまな情報処理段階で引き合いに出される。それは，問題を理解し，解決法を見つける計画を立て，それを実行することである。問題解決は，実行のスピードと正確さを基準として評価される。

運動と問題解決との関係を調べるために，グティンとディジェナーロ[14]は，足し算ができなくなるまでトレッドミルを走らせるという実験を行った。72名の男子大学生が被験者となった。心理的課題は，4分間，10個の1桁の数字を加算することであり，課題の困難さを増すために，0を4に，1を5に，2を6に，3を8に，それぞれ置き換えさせた。その結果，運動は計算のスピードには影響しないが，激しい運動後には，わずかではあるが計算の正確さが低下することが示された。

フリン[12]は，9歳～11歳の30名の男子を，自転車エルゴメーターテスト（Åstrandの6分テスト）で測定された有酸素能力をもとに3つのグループに分けた。各被験者には，1回の休憩（6分間）と4回の自転車こぎ（4水準の運動負荷で，それぞれ6分間こぐ）が課された。この身体運動に続いてただちに，3分間の計算課題（連続する比較的単純な足し算と引き算）が実施された。結果は，計算のパフォーマンスは，低い疲労水準では低下することはないが，高い（最大運動に近い）疲労水準でも向上することはないことを示した。しかしながらその一方で，最大運動（およそ200回／分の心拍数）近くにおいても，低い運動水準で実行した時と同程度の計算の正確さやスピードを達成していることは，注目すべきである。

ストックフェルト[26]もまた，問題解決に対する高強度の運動の影響を調査した。12歳の男子40名に学術テストを実施し，その成績をもとに，3つのグループに分けた。また，3種類の心理テストが行われた。1つは算数であり，それは短期記憶のよさと課題への注意力を測るような内容であった。残りの2つは，視覚および手先の器用さを測定するものであった。最大強度の0％から100％までの範囲でさまざまな運動負荷がセットされた自転車エルゴメーターをこぐ間に，最初の

2つのテストが行われた。運動終了後すぐに，手先の器用さのテストが実施された。実験の結果から，激しい運動は，強度が増すにつれて心理的能力を低下させるが，運動に対する準備と練習をしておくことによって，運動による影響への抵抗力を高めることができると，ストックフェルトは結論づけた。

■(3)反応時間

反応時間と動作時間は，応答能力を構成する主要な要素である。反応時間は，刺激（たとえば，光や色）の提示と，明白な反応（たとえば，ボタンを押すこと）の開始との間の時間と定義される。単純反応時間は，1つの単一刺激に対する反応時間であり，選択反応時間は，いくつかの異なった刺激のうちの1つへの反応時間である。動作時間は，反応開始から動作終了まで（たとえば，100メートル走のスタートからゴールまで）の経過時間と定義される。反応時間と動作時間の合計が，応答時間となる。情報処理の観点から考察してみると，反応時間は，情報処理システムのすべての段階を通過するために必要とされる時間であり，動作時間は，中枢処理と筋関与の時間により決定されている[25]。

初期の研究では，低～中強度の運動が，反応時間も動作時間も促進させる可能性があることを指摘している[17]。特に，逆U字関係が，身体活性度と選択反応時間との間に生じるが，その一方で，身体運動の上昇とともに動作時間が改善されることが報告されている。

サルメラとエンドイェ[24]は，選択反応時間に与える運動の影響を調べる研究を行った。被験者は，運動負荷が徐々に増える中で自転車エルゴメーターをこぎ，その間に，視覚にかかわる選択反応時間課題に答えた。その結果，選択反応時間と誤反応についてみると，低強度段階（心拍数＝115回／分）においてはパフォーマンスの向上がみられたが，より高い運動強度（心拍数＝165～180／分）になると，周辺刺激に対する反応は，徐々に遅くなっていった。この研究結果は，イースターブルック[9]が示唆している注意とパフォーマンスとの関係を支持しているものである。

比較的最近の研究では，運動と単純反応時間との間に関係がないことが明らかにされている[20]。この研究では，休息時，中強度の運動時（最大運動負荷の70％），最大運動時の3つの異なった条件下で，若いレクリエーション競技者の単純反応時間を調べた。その結果，休息時と最大負荷の70％時の間には，有意な違いはみられなかったが，最大運動中の反応時間は，低強度水準の時よりも，はるかに遅くなった。この結果は，中枢神経系の処理手続きをわずかしか必要としない単純な課題でさえ，激しい運動に影響されうることを示唆したものである。

弁別課題におけるスピードと正確さを調べた研究もある。弁別力とは，2つあるいはそれ以上の感覚刺激の違いを正確に区別する能力である。マッグリン，ラフリンとロウ[19]は，15名の女子大学生を被験者とし，事前テスト，4段階の運動，及び事後テストを通して，正確さは必ずしも運動の影響を受けるわけではないことを見出した。この研究では，事後テストでの平均心拍数は事前テストよりも31％高かったが，スピードとパフォーマンスについては，両テスト間に有意な違いは認められなかった。

ゼルバス，ダニスとクリソーラス[33]は，高負荷の身体運動が心理的パフォーマンスに及ぼす影響について調べた。この研究では，正しい反応数，正しい反応の決定時間，そして弁別課題に対する誤った反応数が計測された。被験者は11歳～14歳の男子24名で，実験群と統制群に分けられた。実験群の被験者は，心理的課題からなる事前テストを行い，トレッドミルで25分間の高強度の身体運動を実施し，運動終了の15分後に事後テストを行った。統制群は，事前テストを行い，60分間休憩した後，事後テストを実施した。事後テストの得点が，身体運動の効果を評価するために比較された。その結果，2つの群に有意な違いは生じなかった。しかしながら，運動実施群の正反応数と反応決定時間において，事前テストと事後テストの間に有意な違いがみられた。すなわち，25分間の激しい身体運動を経験した人は，休憩していた人よりも，パフォーマンスの有意な向上

を示していた。

　要約すると，これまでの研究では，認知機能に対する身体運動の効果が検証されてきた。そこでは，主に運動強度や継続時間を用いて，さまざまな結果を示してきた。今までのところ，運動強度が低いか中程度である限りにおいては，運動が集中，問題解決，反応時間，弁別力を妨害することを示している研究はない。それどころか，低強度あるいは中強度の運動が問題解決を促進する可能性を示した研究すらある。しかしながら，高強度の身体運動や疲労がネガティブな影響を与えている可能性は否定できないようである。

(4)体力と認知機能

　身体活動が心理的パフォーマンスにポジティブな影響をもたらすかあるいはネガティブな影響を生み出すかには，体力水準が重要になってくると思われる[28]。ここでは，体力と認知機能に関する研究についてみてみよう。

　ゴルブノフ[13]は，125名の水泳選手（17歳〜19歳）を対象として，水泳による身体負荷に続く回復期の記憶機能について調べた。この研究より，ゴルブノフは，身体負荷の後，記憶機能が向上するか低下するかは個々人の能力に依存していること，また，記憶容量が，身体運動後に生じる疲労に最も影響される機能であることを指摘した。

▶ **図6.2 体力は，運動中及び運動後の優れた心理的パフォーマンスと結びついている**

　グティンとディジェナーロ[14]は，計算問題を解く際のスピードと正確さが体力と関係していると指摘した。低体力グループは，中あるいは高体力グループと比較して，いくらかのネガティブな影響を受けたが，これは特に，運動直後の最初の数分間に生じていた。

　ワインガーテン[29]は，身体的ストレスがかかる状況下で，体力と心理的課題の遂行能力との関係を検討した。30名が実験群と統制群に分けられ，実験群は，7週間にわたり，1日に2〜3.5kmのランニングを行う運動プログラムを実施した。強い身体的ストレスがかかっている最中，及びその直後に，心理検査（レーヴンマトリックス検査：ある図形の欠如部に合致する図形を選択する課題）が実施された。その結果，トレーニング期間を通して有酸素能力が高まったことにより，実験群が，運動後の心理検査において有意に高い得点を示した。さらにこの研究では，心理検査の困難度が増すにつれて，実験群のパフォーマンスは，統制群と比較して，よりよくなっていくことも示された。ヘックラーとクロース[15]は，身体的コンディションがよい女性とそうでない女性を対象として研究を行った。最大に近い条件，かつさまざまな設定時間で運動を行わせ，運動終了直後，終了5分後，及び20分後に行われた足し算と引き算におけるスピードと正確さの違いを検証した。結果は，20分間の運動に続く計算では，身体的コンディションに関係なく，計算スピードは増した。しかし，40分間の運動の後では，身体的コンディションがよいグループにおいてのみ，計算スピードが増しており，このパフォーマンスは，運動後のテスト期間中，維持されていた。正確さについては，20分間，40分間の運動のいずれの運動の後でも，身体的コンディションがよいグループとそうでないグループ間には，有意な違いはみられなかった。このように，計算スピードは促進される一方で，正確さが低下することはないことが明らかにされた。

　要約すると，研究結果は，高強度の運動後の心理的パフォーマンスの促進あるいは低下が，体力に影響されていることを示している。すなわち，

高水準の身体発達は，運動中および運動後の優れた心理的パフォーマンスと結びついているようである（▶図6.2）。

■2.学習とパフォーマンスへの影響

「学習」は，練習や過去の経験から生じる，行動あるいは心理的過程の比較的永続的な変化として定義される。「パフォーマンス」は活動の実行を意味しており，個人要因や状況要因に応じて変化しうるものである。以下では，疲労のタイプ（局所疲労か全身疲労か），疲労の時間（運動中か運動後か），運動の強度，及び学習されるスキルのタイプの影響に関する研究を取り上げる。

初期の研究は，運動にはウォーミングアップ機能がある，だから学習を促進させる効果があることを示している[4),23]。特に，リチャード[23]は，ウォーミングアップ活動と学習およびパフォーマンス（垂直ジャンプ）との逆U字の関係を見出した。すなわち，16歳の女子高校生80名が参加した実験において，ウォーミングアップの初めの数分間ではパフォーマンスが向上したが，運動強度を高めると，パフォーマンスの低下が生じた。

ウイリアムスとシンガー[31]は，実行中に生じた軽度から中程度までの身体的疲労が，パフォーマンスあるいは外受容器にかかわる知覚運動スキル学習（身体外部からの刺激に反応する課題—たとえば，トラッキング課題—における学習）のいずれをも低下させないことを示した。この研究では，48名の女子体育大学生が，ハンドエルゴメーターを実施した後，回転盤追跡課題を学習した。その結果，強い疲労を伴うとパフォーマンスは下がるが，軽度な運動は，課題を学習，実行するのに最適であることが示された。

ライリーとスミス[22]は，10名の男子学生を調べ，類似の結果を報告している。すなわち，トラッキング（回転盤追跡）のパフォーマンスは，軽度の負荷では向上するが，運動強度が最大酸素摂取量の約40％水準を上回ると，低下することを見出した。以上の研究結果は，運動と学習あるいはパフォーマンスとの間の逆U字関係を支持している。一方，コクラン[5]は，内受容性課題（平衡維持課題）に対する身体運動の影響を検討した。一方の群は，自転車エルゴメーターで負荷のかかった身体運動を実施した後すぐに課題学習に取り組み，もう一方は，身体運動を行うことなく課題を学習した。その結果，高強度の運動後に学習した群は，統制群よりも，5つのテスト中4つにおいて有意に高いパフォーマンスを示した。

運動学習に対する身体疲労の影響は，課題の内容にも依存しているようである。ベンソン[3]は，身体的疲労がジャンプ課題及びジャグリング課題の学習に影響するかどうかを検討した。ジャンプ課題は，指定された足型の上に足を置くことを試みながら跳ぶことであり，ジャグリング課題は，両手で3つのボールをかわるがわる投げ上げてはキャッチすることであった。結果は，疲労が運動スキル学習にさまざまな影響を与えることを明らかにした。特に，ジャンプのスピードにおいては，統制群（疲労なし）が実験群（疲労あり）よりもはるかに優れていた。しかし，ジャンプの正確さでは，実験群が統制群よりも正確なパフォーマンスを示した。一方，ジャグリングの学習は，疲労条件において促進した。このような結果より，この研究は，身体的に疲労した時の練習は運動スキルの学習に影響を与えるが，その影響の仕方は，学習される課題の性質に依存していると結論づけている。

ドワイヤー[8]の研究は，学習のかなり早期の激しい身体的疲労は，運動学習を低下させることを示した。ここでの疲労課題は，踏み台昇降であった。この課題は，同じ筋群を使用しているという点で，同研究で用いられた学習課題（バックマンのはしご登り）と類似のものである。他方，キャロン[4]は，疲労を生み出すために別の運動器具（自転車エルゴメーター）を使用し，高い身体疲労は，学習と大筋運動パフォーマンスのいずれにも有害な影響を及ぼすことを見出した。この実験では，各人の循環器系の反応に応じて，疲労を生み出す運動の強度を変化させた。その結果，身体運動と運動課題の学習及びパフォーマンスとの間に，逆U字の関係が存在することが報告された。キャロンによると，ネガティブな影響は，「激しい疲労

を誘発する身体運動中の生化学反応から生まれる副産物の蓄積」によるものと考えられる。また別の興味深い研究結果は，激しい運動を行った筋群が，運動をしなかった他の筋群の代謝に明らかに影響を及ぼしている，というものである。このように，筋のパフォーマンス能力は，疲労した他の筋群からもたらされた血中乳酸や血中水素イオンによって引き起こされる内的変化のために，低下する[16]。

最後に，回復時間について調べた研究を示す。この研究では，運動以前の生理的状態に戻るために必要とされる時間について検討している。この時間は，若者では比較的短い。子どもは，中強度の運動条件のみならず，高強度の身体運動の後でも，非常に早く回復する。これは，子どもが，すばやく認知的課題を実行する準備状態に入ることができることを意味している。

以上をまとめると，身体運動とパフォーマンスあるいは運動学習との関係は，身体運動のタイプや強度，学習される運動スキルのタイプをもとに検討されてきた。「低強度から中強度の運動はウォーミングアップになる，だから，学習とパフォーマンスのいずれをも促進し，効果があるとみなされる」ことを，多くの研究結果が示してきた。ある研究では，運動と学習及びパフォーマンスとの逆U字の関係を見出した。これは，非常に低い強度の身体運動は，運動学習とパフォーマンスに対しわずかしかあるいはまったく影響がないことを意味している。一方で，高強度の身体運動は，疲労と同様に，ネガティブな影響を与える可能性がある。激しい運動中に，体内に蓄えられた生理的な副産物によって，このような影響が生まれているのかもしれない。

3 結論

本章の目的は，認知機能に対する身体活動の効果を明らかにすることであった。認知機能，あるいは運動学習やパフォーマンスに対する一過性の運動効果については，さまざまなところで言及されている。ここでは，いくつかの研究では有益な効果が示され，またいくつかの研究では効果がないか，ネガティブな効果を明らかにしていることを示してきた。トムポロウスキーとエリス[27]は，27の研究を調べたが，運動が認知に影響するという結論には至らなかった。しかし，運動の強度を考慮に入れると，中強度の運動を使用した大多数の研究が，身体の覚醒を高めることが認知機能を促進させるという主張を支持する傾向にあることが明らかになった。最近のメタ分析は，.25という全体的効果サイズを算出し，認知機能に対する身体活動の，弱いがポジティブな効果を示唆している[11]。この効果は有意に0ではないが，実験の厳密さが下がるほど，効果サイズが上昇するというようなものであった。このことから，エトニアら[11]は，この領域の研究は，高い実験の厳密さを保つことが必要であると結論づけた。

運動強度が低～中程度の場合，運動が認知機能を妨害したという研究はみられなかった。それどころか，これらの運動が認知機能を促進させることを示している研究もいくつかあった。

多くの研究では，一連の激しい運動は，特に低体力者に対して，有害な影響を引き起こすと結論づけている。すなわち，心理的パフォーマンスの促進あるいは悪化は，運動実践者の体力の水準に依存しているようである。しかし，よく訓練している人でさえ，適切に課題にかかわることができなくなることもある。このような場合は，心理的パフォーマンスも低下する。

学習あるいはパフォーマンスと身体運動との関係は，逆U字型で表されることを示した研究もある。これは，低水準の身体運動の影響は，わずかかあるいはまったくないことを意味している。対照的に，高強度の身体運動や疲労は，ネガティブな影響をもたらす可能性がある。

運動疲労からの迅速な回復は，体育授業のみならず，他の授業を受けている生徒にとっても非常に興味深いものである。少なくとも，その日の早い時間の体育授業による疲労によって，他の授業が影響されることはないことを意味している。それどころか，低強度あるいは中強度の身体活動は，残りの学校活動に有益に作用するかもしれない。

理論的な見地からいえば，低強度ないしは中強

度の身体運動は，情報処理システムへの促進的効果を持っていると考えられる。対照的に，激しく長時間にわたる身体運動には，情報処理システムへの阻害効果があり，これによって，認知機能がネガティブに影響される可能性がある。エトニアとランダース[10]は，さまざまな方法で，運動と認知機能とのポジティブな関係を説明し，以下のように結論づけた。

「運動は脳に直接影響を与え，これにより，脳の『機能』に対する影響が生じているようである。特に，運動は，脳血流，神経伝達物質，脳構造，神経系の効率に影響を与え，これらの変化が，精神的健康や認知機能の改善に結びついていることが立証されている。」

本章のはじめの部分で，体育が認知機能に関してネガティブな影響を持つと考えている人がいたと述べた。しかし，初期の研究と最近の研究の結果は，いくらか異なっているように思われる。少なくとも，最近の研究結果は，「体育授業は心理的パフォーマンスに有害に影響する」という一般的な通念に対抗する議論を深めるための基盤を提供していると思われる。

Exercise 1

[1] あなたは，これらの知識を，学生，親，あるいは他の領域の教師と，どのように分かち合うか？
[2] 運動と認知過程の関係について議論するために，他の領域の教師とのミーティングを計画しなさい。

---

4 実践への提言

生徒の認知過程，及び心理的作業能力へのポジティブな効果を引き起こすために，体育授業中の身体運動をどのように計画すればよいのか？ このように，生徒の認知機能に利益をもたらすためには，体育授業の内容，教育方法，及び技術は，当然のことながら体系づけられなければならない。

事実，体系づけられた活動が子どもの能力の範囲内であるかぎり，学校での体育は，心理的あるいは身体的な課題の学習とパフォーマンスへ有益な効果をもたらすものと期待できる。通常，体育館で行われる身体運動の強度は，軽度から中程度の水準である。その一方で，学校の体育プログラムの主な目的の1つが心臓血管系にかかわる持久力を促進することであることから，この目的のためには，生徒はある程度の時間，回数，強度で運動をしなければならない。

しかし，いずれにしろ，生徒は，中・高強度の運動後でも急速に回復することから，心理的パフォーマンスへのネガティブな影響の可能性は，無視してよいだろう。しかも，ウォーミングアップ運動で授業をはじめ，身体負荷を次第に増加させ，授業の終わりには徐々に負荷を減少させていくならば，体育プログラムは，後に続く学校活動に有害とはならないようである。このようなことが理解されれば，体育授業は，さまざまな授業の前や間に組み込まれることになるかもしれない。

Exercise 2

あなたは，生徒の認知過程や知的活動能力へのポジティブな効果を高めるために，授業中の身体負荷をどのように設定すべきか？

最後に，身体負荷は，各個人に適切であるかぎり，男女間で影響力に違いはみられない。これは，それぞれの生徒が，男女問わず，個々の体力の状態にあわせて運動すべきだということを意味している。

本章では，身体運動が認知機能へ与える効果について報告したが，まだ多くの点が，議論されないままとなっている。

ここで示された結果は，少なくとも体育についての一般的な理解に役立つだろう。それらはまた，あなたが授業の質を高めたり，体育教師と他の学科の教師との協力を促進したりするのに役立つかもしれない。しかし，ここでの知識が真価を発揮するのは，体育とスポーツ活動を体系づけ教育することに責任を持っている「あなた」に理解された時である。

最後の問題は，この知識を使おうとする動機づけに関するものである。「私はなぜこれをすべきか？」と自問してみよう。教師は教育のすべての効果に責任があり，生徒の発達にかかわるあらゆる側面を管理するスキルは，教師の専門性の重要な基準である。その一方で，幅広い感覚で，いいかえれば，身体的だけでなく心理的な成長に関しても，自己改善の過程にある生徒を援助することができるならば，教師は，その仕事から非常に多くの満足を得ることができるだろう。

キーポイント

[1] 運動強度が非常に低い，あるいは非常に高い水準では，情報処理システムは活性化されないかあるいは過剰に活性化されることになる。したがって，最適な覚醒水準が，最善のパフォーマンスを生み出す。

[2] 集中力と注意力に対する身体運動の効果は，運動強度や継続時間により，有意に異なっている。

[3] よく訓練された人でさえも，課題へ適切に注意を向けることができず，パフォーマンスの低下が生じることがある。

[4] 高強度の身体運動は，その強度が増すにつれて，心理的な能力を低下させる。

[5] 低強度から中強度の身体運動は，反応時間や動作時間を促進させうる。

[6] わずかな中枢神経系処理しか必要としない単純な課題でさえ，高負荷の運動からネガティブな影響を受けることがある。

[7] 記憶能力は，身体運動後に生じる疲労の影響を最も受けやすい機能である。

[8] 運動は，学習のウォーミングアップ効果，すなわち，学習を促進させる効果を持っている。

[9] 軽度の運動は，学習やパフォーマンスには理想的であるが，大きな疲労を伴うとパフォーマンスは低下する。

[10] 中強度の運動条件だけでなく，高強度の身体運動においても，子どもは非常に早く回復する。これは，子どもが，認知課題を実行するために，迅速に準備できることを意味している。

[11] 軽度あるいは中程度の運動強度で，運動が認知機能を妨げることを示した研究はない。むしろ，低・中強度の運動が認知機能を促進させることを示した研究がある。

[12] いくつかの研究では，学習やパフォーマンスに対する身体運動の影響が逆U字型で描かれることを示している。これは，低強度の身体運動がわずかしか，あるいはまったく影響力を持たないことを意味している。一方で，高強度の身体運動は，疲労と同様に，ネガティブな影響を生み出す可能性がある。

[13] 低強度から中強度の身体運動は，情報処理システムを活性化する効果を持ちうる。一方で，高強度で長期の身体運動は，情報処理システム機能を低下させ，これにより，認知機能にネガティブな影響が及ぶ可能性が増大する。

[14] 運動内容，教育方法，あるいは指導技術が適切に系統立てられるかぎりにおいては，体育は，生徒の認知機能の向上に有効であると考えられる。

[15] 授業をウォーミングアップではじめ，身体負荷を次第に増加させ，授業の終わりに徐々に負荷を減少させれば，体育プログラムは，後に続く学校活動に有害とはならないようである。そのため，体育授業は，さまざまな授業の前や間に置くことが可能である。

[16] 本章の知識の真価は，体育やスポーツ活動を系統立てて指導することに責任を持っている人に理解されることで，発揮されることになる。

理解度チェック

[1] 身体運動と認知機能との逆U字関係を説明しなさい。

[2] 身体運動が生徒の認知機能に及ぼす効果に影響を与える主な要因は何か？

[3] 身体運動によって生じる，集中・注意，問題解決，反応時間の変化について述べなさい。

[4] 高強度で長時間の運動後における，体力がある者とない者，あるいは体力がいくらか劣る者の間にみられる心理的パフォーマンスの違いを述べなさい。

[5] 運動パフォーマンスおよび運動学習に対する疲労の影響について述べなさい。

文献

1) Åbernethy, B. (1993). Attention. Singer, R. N., Murphey, M., & Tennant, L. T. (Eds.), *Handbook of research on sport psychology* (pp.127-170). New York: Macmillan.
2) Åstrand, P-O., & Rodahl, K. (1986). *Textbook of work physiology*. New York: McGraw-Hill.
3) Benson, D. W. (1968). Influence of imposed fatigue on learning a jumping task and a juggling task. *Research Quarterly*, 39, 251-257.
4) Carron, A. V. (1972). Motor performance and learning under physical fatigue. *Medicine and Science in Sports*, 4, 101-106.
5) Cochran, B. J. (1975). Effect of physical fatigue on learning to perform a novel motor task. *Research Quarterly*, 46, 243-249.
6) Davey, C. P. (1973). Physical exertion and mental performance. *Ergonomics*, 16, 595-599.
7) Duffy, E. (1957). The psychological significance of the concept of 'arousal' or 'activation'. *The Psychological Review*, 64, 265-275.
8) Dwyer, J. (1984). Influence of physical fatigue on motor performance and learning. *Physical Educator*, 41, 130-136.
9) Easterbrook, J. A. (1959). The effect of emotion on cue utilisation and the organization of behaviour. *Psychological Review*, 66, 183-201.
10) Etnier, J. L., & Landers, D. M. (1995). Brain function and exercise: Current perspectives. *Sports Medicine*, 19, 81-85.
11) Etnier, J. L., Salazar, W., Landers, D. M., Petruzello, S. J., Han, M., & Nowell, P. (1997). The influence of physical fitness and exercise upon cognitive functioning: A meta-analysis. *Journal of Sport & Exercise Psychology*, 19, 249-277.
12) Flynn, R. B. (1972). Numerical performance as a function of prior exercise and aerobic capacity for elementary schoolboys. *Research Quarterly*, 43, 17-22.
13) Gorbunov, G. D. (1967). *Vliianie fisicheskih nagruzok na psihicheskie processy* [Influence of physical loads upon mental processes]. Unpublished doctoral thesis, Leningrad State University.
14) Gutin, B., & DiGennaro, J. (1968). Effect of a treadmill run to exhaustion on performance of long addition. *Research Quarterly*, 39, 958-964.
15) Heckler, B., & Croce, R. (1992). Effects of time of posttest after two durations of exercise on speed and accuracy of addition and subtraction by fit and less-fit women. *Perceptual and Motor Skills*, 75, 1059-1065.
16) Karlsson, J., Bonde-Petersen, F., Henriksson, J., & Knuttgen, H. G. (1975). Effects of previous exercise with arms or legs on metabolism and performance in exhaustive exercise. *Journal of Applied Physiology*, 38, 763-767.
17) Levitt, S., & Gutin, B. (1971). Multiple-choice reaction time and movement time during physical exertion. *Research Quarterly*, 42, 405-411.
18) Marteniuk, R. G. (1976). *Information processing in motor skills*. New York: Holt, Rinehart and Winston.
19) McGlynn, G. H., Laughlin, N. T., & Rowe, V. (1979). The effect of increasing levels of exercise on mental performance. *Ergonomics*, 22, 407-414.
20) McMorris, T., & Keen, P. (1994). Effect of exercise on simple reaction times of recreational athletes. *Perceptual and Motor Skill*, 78, 123-130.
21) McNaughten, D., & Gabbard, C. (1993). Physical exertion and immediate mental performance of sixth-grade children. *Perceptual and Motor Skills*, 77, 1155-1159.
22) Reilly, T., & Smith, D. (1986). Effect of work intensity on performance in a psychomotor task during exercise. *Ergonomics*, 29, 601-606.
23) Richards, D. K. (1968). A two-factor theory of the warm-up effect in jumping performance. *Research Quarterly*, 39, 668-673.
24) Salmela, J. H., & Ndoye, O. D. (1986). Cognitive distortions during progressive exercise. *Perceptual and Motor Skills*, 63, 1067-1072.
25) Singer, R. N. (1980). *Motor learning and human performance*. New York: Macmillan.
26) Stockfelt, T. (1972). *Relations between physiological exertion and mental performance* (IAN Report No. 73. Stockholm: University of Stockholm, Institute of Education.
27) Tomporowski, P. D., & Ellis, N. R. (1986). Effects of exercise on cognitive processes: A review. *Psychological Bulletin*, 99, 338-346.
28) Weinberg, R. S., & Gould, D. (1995). *Foundations of sport and exercise psychology*. Champaign, IL: Human Kinetics.
29) Weingarten, G. (1973). Mental performance during physical exertion, the benefit of being physically fit. *International Journal of Sport Psychology*, 4, 16-26.
30) Welford, A. T. (1968). *Fundamentals of skill*. London: Methuen.
31) Williams, J. & Singer, R. N. (1975). Muscular fatigue and the learning and performance of a motor control task. *Journal of Motor Behavior*, 7, 265-269.
32) Weisberg, C. A., & Herbert, W. G. (1976). Fatigue effects on the timing performance of well-practiced subjects. *Research Quarterly*, 47, 839-844.
33) Zervas, Y., Danis, A., & Klissouras, V. (1991). Influence of physical exertion on mental performance with reference to training. *Perceptual and Motor Skills*, 72, 1215-1221.

第3部

運動スキルの獲得と運動能力

Motor Skill Acquisition and
Motor Competence

運動スキルについて考えることは，体育にとって重要なことである。運動スキルは，一般的に言ってどんな運動やスポーツを行うにしても絶対に必要なものである。歩く，走るといった，既に十分学習されている運動スキルもあるが，インラインスケートやマウンテンバイクといった新しいスポーツが次から次へと現れ，新しい運動スキルがいつまでも求められる。加えて，運動スキルが以前に間違った形で学習されてしまい，パフォーマンスの向上を妨げているということもよくある。また，高齢者，体力が衰えている人たちや障害者の自立を促すことを考えると，基本的な運動スキルを適宜変えていくことも重要な課題となってくる。

体育教師の仕事は，新しいスキルを習得させ，間違った形で自動化されてしまったスキルを修正し，習得したスキルを安定させることである。体育教師は運動スキルについてもっと知る必要がある。

第3部では，スキル習得について力学的な視点だけで捉えることを避け，学習者を中心に据えて考える。

体育授業の運動行動を見ると，次のようなことに容易に気づく。

◎どの年齢でも，どんなパフォーマンスレベルでも，スキルを習得している者とそうでない者とでは明らかに違っている。
◎特に運動経験が乏しい場合，動作の安定性が低く，同じ動作をしても毎回やり方が違ってしまう。
◎「できるだけ高くジャンプする」「鉄棒でけあがりをする」といった運動課題を与えた場合，その運動のこなし方，すなわち課題を達成するための運動行動は非常にさまざまである。
◎体育教師などから指導を受けたり矯正されたりする際に，その指導や修正に非常によく反応できる学習者もいればそうでない者もいる。

これらのことから，運動スキルが未熟な段階では，不安定で固まらず，多くの要因に左右されることが分かる。

第3部では，学習の状況と学習者自身がそれをどう捉えているかという主観的知覚，学習者がその動き方の解法を見つけようとしているのか，そして，体育教師がこれをどうやってサポートすることができるのかということに注目する。

7章では，運動能力とは何かを考える。運動能力は，すべての運動スキルに絶対欠かせないものであると言う人もいるかもしれない。しかし，一般的な運動能力というものがあると仮定するのは，いい考えではないことが分かる。7章では，異なる課題は異なる能力を必要とすること，そして，特定の条件下だけでなく，時間的な制限や要求される正確性が変わっても協応が見られなければならないことを指

■第3部

運動スキルの獲得と運動能力
Motor Skill Acquisition and Motor Competence

摘している。
　子どもが自分の運動能力をどのようにして評価しているかは，運動スキルの上達にも大きな影響を及ぼす。8章では，準拠集団の重要性や年齢に伴う変化，授業で測定できる測定項目について述べる。
　課題の難易度は，体育教師が直接操作可能なものである。9章では，生徒本人が感じる課題の主観的な難易度が，その課題に向けられる（努力）資源の量を，ひいては達成される運動パフォーマンスを決定すること，生徒が感じている目標の主観的な重要性や難易度は個人的な変数に依存していること，そして体育教師は課題の難易度を調整して努力や学習を促すことができるということ，スキル習得と動機づけが密接に関係していることを示している。
　10章では，スキル習得を，運動の問題解決と捉え，スキル習得にどのように取り組み，どのようにスキル習得を促すのかについて述べている。
　付加的情報やフィードバックを提供することは，生徒の運動学習を助ける伝統的な方法である。11章では，付加的情報と種々の課題との関係，情報の量や種類が注意のストラテジーやイメージにどんな影響を与えるかということを示している。

ローランド・ザイラー

第7章

協応能力

Co-Ordinative Abilities

1 はじめに

スポーツの試合を見ていると，運動スキルがいとも簡単に行われていること，なめらかな動きや，よくコントロールされ調和のとれたエレガントな動きに驚く。パラリンピックの試合を見れば，身体的な障害やハイテク補助具があっても同様に，やはりこうした熟練した動きを見ることができる。これらは，最高レベルの運動協応の例である。平均的な運動協応は，日常生活の動作やスポーツ課題に見られる。幼児のつたない協応から，怪我や病気，障害によるアンバランスな協応まで，その幅は広い。調整された協応動作は，私たちの在り方の一部であると言える。

どのように運動の協応（調和のとれた動き）を安定させ，修復し，改善するかという問題は，体育教師や理学療法士，スポーツ指導者にとって非常に興味のある問題である。

本章の目的は，協応能力の高め方について新しい考え方を示すことである。

4つの節では，以下のことについて論ずる。
◎1 協応能力の定義と概念化
◎2 協応能力の概念的妥当性を示す実証的証拠
◎3 指導現場での協応能力のトレーニング
◎4 協応能力の測定と評価

2 協応能力とは何か

まず最初に協応能力という概念を紹介する。協応と能力を定義し，それぞれがどのように定義されているのかを明確にする。そして，協応能力という概念を具体的に示し，この概念を持つことによって実践の場でさまざまな決定をする際に役に立つことがあるかどうかを論ずる。

1.協応能力の概念

(1)協応

行動学的なアプローチでは，一般的に協応性は，「複雑な運動パターンに関与する体の各部をコントロールするために，感覚系，神経系，骨格筋系を統合する能力[15]」と定義されている（▶図7.1）。

協応能力は，非常に複雑でダイナミックなシステムと見なされている。特定の原理に基づいて分析的に協応を捉えるとすると，行動に表われる特性，運動学的な特性，力動的な特性に注目するか，あるいは，行動の基になっている感覚と骨格筋の

▶ 図7.1 とび箱で開脚跳び越しをしようとしても，協応性がないと……。

神経生理学的プロセスに注目するかのいずれかである。こうした視点からの研究は，限られた範囲の理論に役に立つだけである。1つのまとまりである行動が実際どうなるのかを予測するのは難しい。個別の研究結果を統合し，動機づけや方向づけ，知覚の認知的側面，決定，そして最終的なアクション（実施）という要素間の複雑な関係を表す方法を示してくれる概念が，行動を基準とした協応能力の概念である（▶図7.2）。

Exercise 1

簡単な課題を行ってみて，運動協応がおどろくほど単純でありかつ複雑であることを知ろう。
[1] 足を肩幅に開いて楽な姿勢で立つ。
[2] 右手を右方向に伸ばして，床と平行に保持する。伸ばしたまま，大きく上下に動かす。これは非常に簡単な課題だろう。
[3] 最初の体勢に戻る。左足片足で立ち，つま先で砂の上に円を描くように右足を大きく回す。これも簡単な課題だと思う。
[4] そして，この2つの簡単な課題を組み合わせて，2つを同時にやってみよう。
◎ どうして1つの課題は簡単にできるのか。
◎ どうしたら複合課題がうまくできるのか。
◎ 単独の課題と複合課題を長い間練習したとしたら，動作の協応はどうなるだろうか。調和のとれた動きができるようになるだろうか。

■(2)能力

能力は，さまざまなスキルの構成要素となっているもので，人がさまざまなスキルや課題を遂行し熟練するのを助ける全般的総合的な特性である[14]。能力という言葉は常に，何かを積極的に行う力を意味する。

能力は，個人差について述べる時に，最も重要なテーマとなるだろう。能力はしばしば，素質や適性という用語と同義に使われる。研究論文を分析してみると，能力には，次のような3つの異なる概念がある。

◎1 能力は，制限要因になる。パフォーマンスを制限するもの，たとえば，身長や体重といった体格（身体計測的変数）を能力とみなす者もいる。能力を制限する要因としては，興奮しやすさや不安といった，比較的安定した情

▶図7.2 運動の複雑性

緒的特性や性格特性が挙げられる。

◎2 能力は，一般的な構成概念である。多数の課題や活動のパフォーマンスの基礎となっている，仮説的構成概念として捉えられている。この捉え方では，能力は，比較的安定した傾向あるいは特性とみなされ，遺伝的に決定されているか，あるいは成長や成熟によって発達し，練習や経験では容易には変わらないものとみなされている。

◎3 能力とスキルは互いに影響を及ぼす。スキルと能力を結び付けて，個人の全般的な特性あるいは潜在能力とみなす者もいる。つまり，能力は，特定の刺激のセットに対応している特定の反応群と定義することができる。この反応群の強さが能力のレベルを示す[3]。この概念では，能力の向上は，特定のスキル習得やスキルの実施に影響を及ぼし，スキルの総合的なできばえを支えていると仮定している。反対に，特定のスキルの向上は，その基礎となっている能力の向上に貢献する。

能力の安定性（概念1）や遺伝による決定（概念2）という考えは，今では変わってきている。今では能力は未確定だと言われている。しかしながら，能力の特定性については，さまざまな運動スキルに対応した能力や，これらのスキルと密接に関係している知覚運動要求に対応した能力があることは支持されている（概念3）。能力を「個人が利用することができる，……未分化の資源のプール」[1]だとする考えもある。このことからも分かるように，協応能力の概念は，特殊性と一般性の間，練

習や学習による変動性と不変性の間で今もまだ揺れ動いている。

> ### Exercise 2
> [1] 能力は制限要因になることがあると言われているが，どんな感情特性あるいは性格特性が運動の協応に影響を及ぼすか考えてみよう。
> [2] 生徒の運動学習プログラムを作成・実施する際に，こうした感情あるいは性格特性をどのように考慮したらいいだろうか。
> [3] 長い間努力して練習していた運動課題ができた時のことを思い出してみよう。未分化の資源あるいは能力のうちどれが，この課題解決に貢献したのだろうか。

■2.概念について研究から分かること

協応が一般性を持つことが支持されている理由は，総合的にパフォーマンスを予測するような単一の測定可能で実証的なパラメータがないことや，複数のパラメータを組み合わせて測定するとしてもその組み合わせを特定することができないからである。ほとんどのパラメータやパフォーマンスは，単一の因果関係を持っていない。聴くこと，観察すること，保持すること，比較すること，推理すること，決定すること，行為することといった機能的なパラメータも，能力に組み込まれ，いくつかの能力は，さらに高次の能力に組み込まれる[19]。課題は，資源（リソース）に依存する課題と，資源に依存しない課題に分けられる[1]。前者の課題では，主に資源を使って処理をコントロールしているので，能力が高ければパフォーマンスも高くなるというように，能力とパフォーマンスの相関関係は安定しているということになる。後者の課題では，資源を使わない自動処理が増えるので，相関関係は変化するかもしれない。

協応能力は，パフォーマンスを完全に予測することはできないが，パフォーマンスに影響を及ぼす重要な変数であると言える。協応能力は，練習の各段階では，少なくとも一時的に安定していて，フライシュマン[9]が指摘していたほどは，課題に応じて変動しない。協応能力は，個別の基本的なパラメータを観察したり測定したりすることで説明されるようなものではない。

■3.概念について実践から分かること

運動行動の教科書のほとんどで運動能力と協応について述べる時は，どんな課題でもうまくやるような子どもたちの例を挙げている。そこで最も頻繁に問われるのは，いわゆるオールラウンドな競技者は，もともと能力があって巧みな運動ができるのか，ある特定の能力を持っているのか，あるいは，複数の能力を組み合わせているのかということである。もっと重要な問題について考えてみよう。運動能力に恵まれていない子どもたちは，彼らの運動学習を容易にしてくれる特定の能力が何であるかを体育教師が知っていたら，その恩恵をどの程度受けられるだろうか。基本的な協応能力を向上させ，課題に関係する協応能力の相互作用を高めさせることによってトップアスリートの特定のパフォーマンスを向上させようしたら，コーチやトレーナーはどうすればいいのか。

たとえて言えば，体育教師は，特定のスキルに到達するまっすぐな8車線の道を作るのではなくて，複雑だがなくてはならないジャンクションや交差点，脇道を作るべきだろう。そのためには，時にコントロールが不完全だったり，どうコントロールしたらいいのか分からなくなるとしても，協応能力をさまざまに（状況や，時間，空間，力に応じて）適切にうまく働かせ，順応性のある柔軟なスキルの習得につなげるようにすることだ。

コーチや体育教師，トレーナー，親などの実践

> ### Exercise 3
> [1] 複数のスポーツの素質があり運動能力の高い子どもの知覚―感覚能力や運動能力とはどのようになっていると思うか。
> [2] 知覚―感覚能力や運動能力の低い，子どもの協応性が低いのは，どういう理由からだと思うか。
> [3] パフォーマンスレベルの高い競技者が，スキル面で停滞してしまう理由は何だと思うか。
> [4] それぞれの状況にある人を支援する方法を考えなさい。

家がかかえている運動学習に関する課題や教育上の課題に対して，さまざまな研究アプローチは正確に答えることができていない。これが，協応能力の概念をさまざまな視点で捉える必要はないと見なされた理由であり，今も状況は変わっていない。

協応能力を向上させトレーニングするための実践に重きを置いた概念は，確立されていないということである。

3 実証可能な証拠はあるか

■1.研究結果と推論

能力は，パフォーマンスにとって非常に重要なものと見なされているが，パフォーマンスを正確に予測するとは言えない。シュミット[25]は，こうした状況になっている理由を3つ挙げている。1つは，パフォーマンスの基盤となっている能力について，系統的な研究がなされておらず，十分に分かっていないからである。第2に，そうした能力の数はおそらく非常に多く，パフォーマンスを予測するには多くの能力を推定しなければならない。第3に，能力のパターンは，練習や経験によって変化し，熟練したパフォーマンスの予測を難しくしている。こうした発言は，実際の状況を部分的にしか反映していないようである。

オゼレッキー[18]，カンビー[8]，アダムス[3]，そしてフライシュマン[9]に続いて，ヨーロッパ，特にドイツでは，協応能力に関して多くの実証的研究が行われている[6),11),22]。アッカーマン[2]，バレット，コールドウェル，アレクサンダー[4]，フライシュマンとクウェインタンス[10]も，能力に重きを置き運動行動にも関連した研究に寄与している。

能力の数が多いという問題に対しては，要因や次元を抽出して記述することによって，パフォーマンスの基底にある能力と課題とを混同しないように，さらには課題に内在する機能的なプロセスとの混同を避ける科学的努力がなされている。能力のパターンが練習や経験によって変わり，そのことが熟練したパフォーマンスの予測を難しくしているということについては，未だに議論されている。しかしながら，協応能力はパフォーマンスを左右する変数か，協応能力は学習を左右する変数か，という2つの問題に対する答えは，協応能力に関する研究結果から得られるだろう。

■(1)パフォーマンス

ボースとメヒリング[6]は，運動パフォーマンスの変動がどの程度までコンディション能力と協応能力で説明できるのかをつきとめようとした。コンディション能力には，全身持久力と静的筋力が含まれた。6分間走で全身持久力を，因子分析によって単一の因子構造が確かめられている7項目からなるテストで最大筋力を測った。運動協応は，ラッシュ[20]の確率モデルを使って単一次元性が確認された20項目からなるテストで示された。全身持久力と最大静的筋力と協応の次元の間の相互分散説明率は，5.6%を超えなかった。これは，運動協応が他の能力とは独立した測度であることを示している（▶図7.3）。

これらのテストを使って，ボースとメヒリングは，複合的なパフォーマンスを予測した。基準変数には，いくつかの複合体力テストのパフォーマンスと，走，跳，投のパフォーマンスが含まれていた。持久力と筋力と協応性のテストで複合的なパフォーマンスを説明するために，正準相関と共通性の分析を行ったところ，共分散の40.1%が説

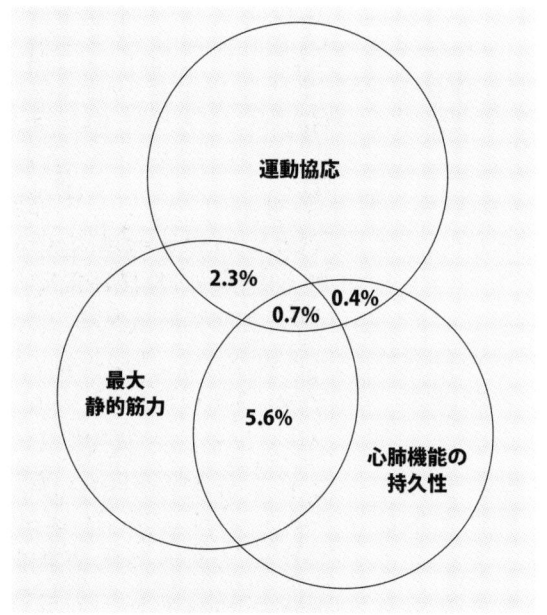

▶図7.3 3つの運動能力の重相関[6]

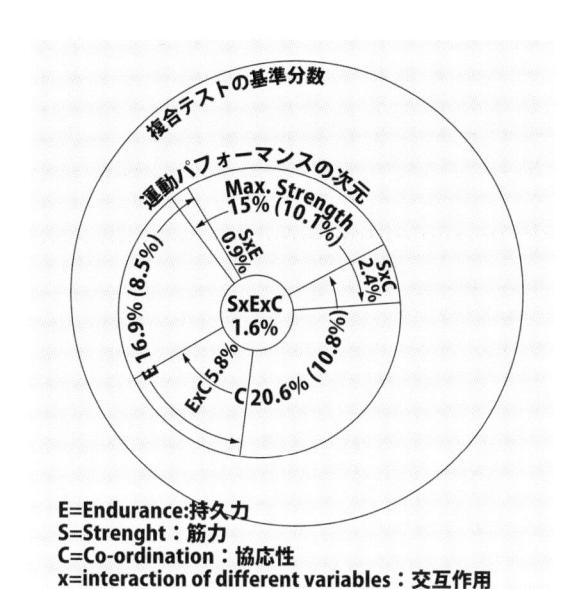

E=Endurance：持久力
S=Strenght：筋力
C=Co-ordination：協応性
x=interaction of different variables：交互作用

▶図7.4 基準変数の共通性の分析

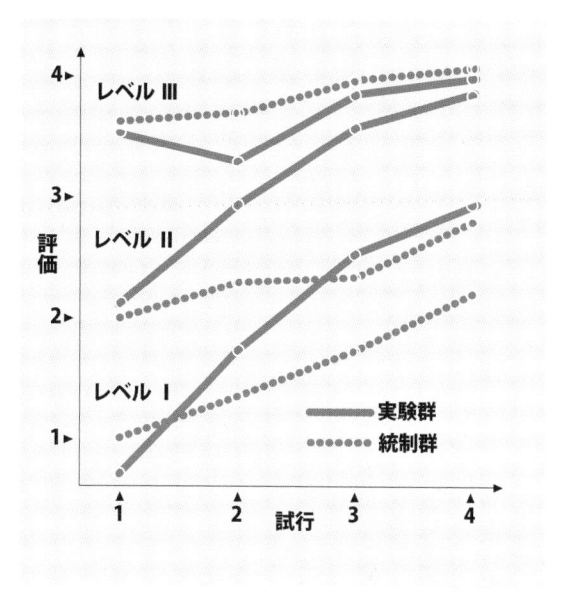

▶図7.5 3つの運動能力の共通性の分析[6]

明された。運動協応は，基準分散全体の20.6%を説明し，10.8%は，純粋に協応によるものであった。これらの結果は，10年後と15年後に同じ被験者で行われた追跡研究でも再現された。この結果は，複合的な運動パフォーマンスが，かなりの程度協応能力で説明できるということ，そして，これらの能力がかなり安定していることを示している。

■(2)学習

ヒルツら[11]による現場での実験では，パフォーマンスレベルの異なる3つのグループが，それぞれ統制群と実験群に分けられた。実験群は，6ヶ月間体系的な協応のトレーニングを受けた。統制群は，普通の体育授業を受けた。その後，実験群と統制群が，体操の課題を学習したところ，**図7.5**に示されているように，レベルⅠとレベルⅡの実験群はともに統制群よりも習得が速く，一段階上のパフォーマンスレベルに達した。最もパフォーマンスレベルが高かったレベルⅢについては，実験群がわずかながら統制群よりもパフォーマンスを下げたが，最終的にはもち直して統制群のパフォーマンスレベルにまで達することができた。

この実験は，協応能力が学習にも影響を与える変数でもあることを示している。既に高いスキルを持った被験者の場合，一般的な協応能力のトレーニングは，期待したような早急な伸びにはつながらないことも明らかになった。

■2.実践現場の考えと照合する

協応能力についての理論を構築しようとしてまず最初に取りあげられたのは，敏捷性あるいは器用さといった，単一だが複雑な要因だった。しかしすぐに，それでは体育やトレーニングの理論的実践的な要求にこたえられなくなった。多くの研究が行われているにもかかわらず，初期の頃のこの考え方は変わっていないようである。一般的協応能力を構成概念として体系化することによって，演繹的なプロセス志向の知識と帰納的経験的な知識とを結びつけることができる。そうすることによって，その構成概念を確証し，実践に重きを置いた概念を把握することが大切である。

■(1)帰納的研究アプローチ

ブルーム[5]は，スポーツや体育授業での練習を観察し，学習者が，それぞれのスポーツに関する知識に基づいてさまざまなスポーツをする時に，何を必要とするかを分析した結果，7つの協応能力を導き出した。[1] 方向づけ，[2] 体幹—四肢の協応，[3] 識別能（自己受容），[4] バランス，[5] リズム感，[6] 反応，[7] 知覚—運動の適合である。フライシュマン[9]は，多くの因子分析的研究に基

づいて，以下の11の知覚運動能力を挙げている。[1] コントロールの正確性, [2] 四肢の協応, [3] 反応の方向づけ, [4] 反応時間, [5] 腕の動きのスピード, [6] 速度のコントロール, [7] 手先の器用さ, [8] 指先の器用さ, [9] 腕―手の安定性（固定）, [10] 手首―指のスピード, [11] 照準である。ブルームとフライシュマンによって示された協応の能力と要因は，スポーツの練習やトレーニングに関わっている誰にとっても妥当に思えるものである。

問題が生じるのは，特定の能力や要因を正確に区別しようとする場合だ。それらは，容易に分かるようには分離しておらず，その能力のある一面が強調されているだけなのである。したがって，神経生理学，心理学，スポーツ科学の運動協応に関する理論を用いて，協応についてより理論を重視したアプローチを考えることが必要なのである。

(2)演繹的アプローチ

神経生理学の理論と実験結果はともに，異なる種類の運動のコントロールは，異なる皮質の領域が支配していることを示している[25]。主に小脳が弾道運動をプログラムし，大脳基底核が連続的な運動をプログラムしている。小脳と大脳基底核はともに，既に始動している運動を修正したりコントロールしたりする。

短時間の運動動作と長時間の運動動作は，異なる様式によってコントロールされている，というのが研究者の一致した見解である。所要時間が200msec以内の速い弾道的な動作は，あらかじめ設定されているプログラムと事前の誤差算出によってコントロールされる。

連続的あるいは階層的な運動の表象は，中枢神経系にあるとみなされている。比較的時間がかかる運動動作では，段階的に表象と比較対照することで，ゆっくりした戦略的な動作をコントロールする。注意が振り向けられるのは，エラーが生じた時に限られる。

4　協応能力を向上させるには

ここでは，協応性や運動能力に関する研究結果を，概念的なモデルに組み込む。また帰納的に立証された複数の協応能力の間の関係や，さまざまなスポーツの練習と協応能力の関係を明らかにする。そして協応を改善する方法やトレーニング方法を示し，課題の分析に基づいてトレーニングを変えるためのモデルを提案する。

1.実践のための概念化

図7.6に示されている，時間的な制限がある時の協応能力と，正確性が要求される時の協応の能力の区別は，演繹的にも実証的にも支持されている。

運動行動の研究だけでなく生態心理学の研究でも実証されているのは，環境の影響である。この観点から，図7.6では，安定した状況での協応（運動コントロール）と変則的な状況の協応（知覚と運動の適合）が区別されている。そして時間と正確性の要因に基づいて4つの基本的構成要素に分れている。これらを，現場で練習やトレーニングを考える基本的な構成要素として用いるべきである。

Exercise 4

[1] 日常生活で行う運動課題を思い浮かべて，図7.6に示された4つの協応能力のカテゴリーのどれに当てはまるか考えてみよう。
[2] 図7.6でスポーツレベルの行に挙げられているスポーツの他に，あてはまるスポーツを挙げてみよう。
[3] 4つの協応能力それぞれに対応する単一の練習あるいは練習の組み合わせを考えてみよう。

2.能力の向上とトレーニング

協応能力を向上させトレーニングするには，2つの方法がある。1つは，まず協応性の基本的構成要素を区別しないで，実際の生活の中の複雑な状況において，これらの要素をまとめて総合的にトレーニングすることである。時には，（たとえば，水上自転車やロールボードのように）特別に開発された用具を用いるのもいいだろう。この方法は，就学前から小学校低学年にかけて発達の初期の段階で用いられ障害者体育にも用いられ

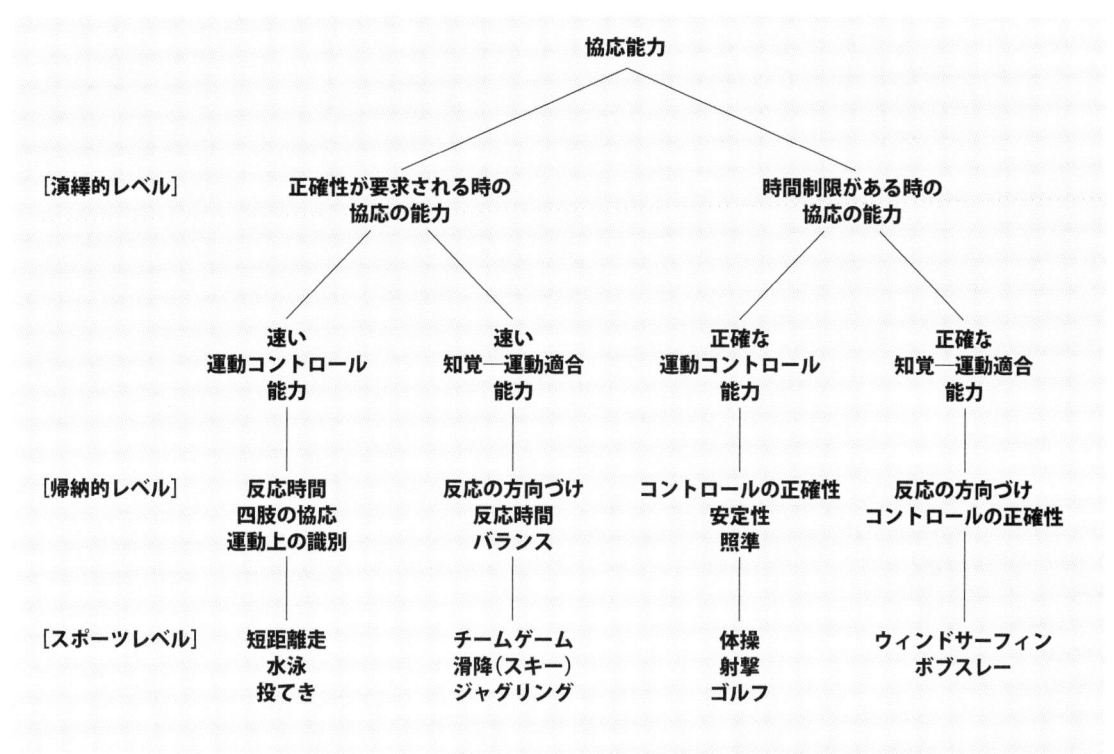

```
                              協応能力
                     ┌───────────┴───────────┐
  [演繹的レベル]    正確性が要求される時の      時間制限がある時の
                       協応の能力              協応の能力
                   ┌─────┴─────┐         ┌─────┴─────┐
                   速い        速い        正確な       正確な
                 運動コントロール 知覚─運動適合 運動コントロール 知覚─運動適合
                   能力        能力        能力         能力

  [帰納的レベル]   反応時間    反応の方向づけ コントロールの正確性 反応の方向づけ
                  四肢の協応    反応時間      安定性      コントロールの正確性
                 運動上の識別  バランス       照準

  [スポーツレベル] 短距離走    チームゲーム    体操      ウィンドサーフィン
                   水泳      滑降（スキー）  射撃        ボブスレー
                  投てき    ジャグリング    ゴルフ
```

▶図7.6 基礎的研究，課題の応用解析，スポーツ課題に基づく協応能力の構造と，能力間の関係[2]

る，一般的なムーブメント教育やムーブメント・トレーニングを基にしている。

　もう1つは，特定の構成要素やその基底となっているプロセスに対応した高い競技パフォーマンスを上げるための協応能力のトレーニングである。したがって，優先されることは，すべての協応能力を向上させることではなく，高いレベルでスキルを実行するための特定の協応，能力，プロセスの向上である。

■(1)練習を体系的に変える方法

　協応能力を向上させるには，目的を持って練習方法を変えていくことである。一般的なムーブメント教育やムーブメント・トレーニングでは，歩く，走る，跳ねる，ジャンプする，転がるといった，既に非常に熟練していて自動化されている単純な運動を選択する。そして，被験者は，運動のやり方か，あるいは運動を行っている環境条件のいずれかを変える。図7.7に，練習を変える方法を体系的に示した。

　練習方法は，バランスをとる，跳ねる，ジャンプする，登る，投げる，ターゲットに飛びつくといった単一の課題から，サーキットトレーニングや障害物コース，ランニングゲームといった，より複雑な状況で行うものまで，さまざまに変化させることができる。練習は自由にやり方を変えられるようにして，単調にならないようにする。また，練習を楽しいものにすることが大事だ。協応能力の練習方法の例は，ヒルツら[11]やコーゼル[13]の著書にも掲載されている。

*E*xercise 5

[1] あなたがいつも同じようにやっている課題，あるいは生徒たちにいつも同じようにやらせている運動課題を思い出そう。いつも決まりきったやり方で行っていたら，協応能力のプロセスはどうなるでしょう。
[2] その運動課題のやり方を変える方法を思いつくかぎり挙げてみよう。
[3] その運動を行う環境を変えるとして，環境の変え方を思いつくかぎり挙げてみよう。

■(2)課題が要求する協応を基に練習方法を考える

　スポーツ特有の協応能力トレーニングの場合，

スポーツのスキルすなわち特定の能力プロフィールと，もっと密接に関連したトレーニングでなければならない。

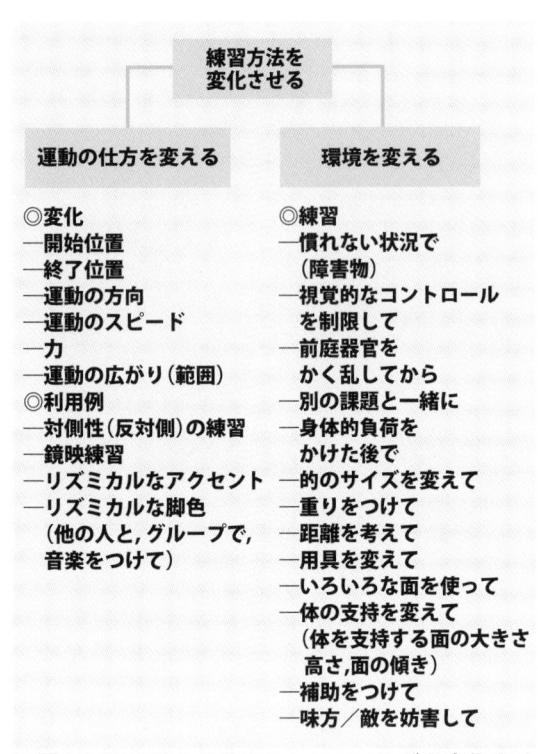

▶図7.7 協応能力の練習やトレーニングを変化させる方法　許可を得て，P.Hirtz et al.,[11]の体育における協応能力から翻案したもの

```
                    練習方法を
                    変化させる
            ┌───────────┴───────────┐
       運動の仕方を変える          環境を変える

◎変化                          ◎練習
 ─開始位置                       ─慣れない状況で
 ─終了位置                        （障害物）
 ─運動の方向                     ─視覚的なコントロール
 ─運動のスピード                   を制限して
 ─力                            ─前庭器官を
 ─運動の広がり(範囲)                かく乱してから
◎利用例                          ─別の課題と一緒に
 ─対側性(反対側)の練習            ─身体的負荷を
 ─鏡映練習                        かけた後で
 ─リズミカルなアクセント          ─的のサイズを変えて
 ─リズミカルな脚色               ─重りをつけて
  (他の人と，グループで，         ─距離を考えて
   音楽をつけて)                 ─用具を変えて
                               ─いろいろな面を使って
                               ─体の支持を変えて
                                （体を支持する面の大きさ
                                 高さ，面の傾き）
                               ─補助をつけて
                               ─味方／敵を妨害して
```

ノイマイアーとメヒリング[17]は，スポーツ特有の協応能力トレーニングを決定するための方法を提言した（▶図7.8）。

彼らは，課題が要求する基本的要因と，スキルが依存している感覚特性とを結び付けた。運動行動の研究結果に基づき，課題の基本的要因は，動作時間，正確性，難易度，ターゲットの大きさとなっている。

スキルが依存している感覚の影響は，感覚情報源の優先度の違いによって示されている[6]。スキルの運動遂行の次元か認知的次元のいずれかが優先されており[25]，感覚情報源の優先度は，自動化の程度によって異なる。つまり，運動感覚コントロールを要するものか，より意志決定が必要とされしたがって注意が要求されて視覚が重視されるものかという違いである。このような優先度や重要性の違いによって，協応能力のトレーニング方法も変わるということである。

図7.9と図7.10によると，課題によって異なるこれらの変数の値は，高─低を両極とする連続線上で定性的に評価することができる。トレーニングの目的に応じて，1つでも，いくつでも変数の値を変えてよい。

図7.9に挙げられている例は，比較的閉鎖的な

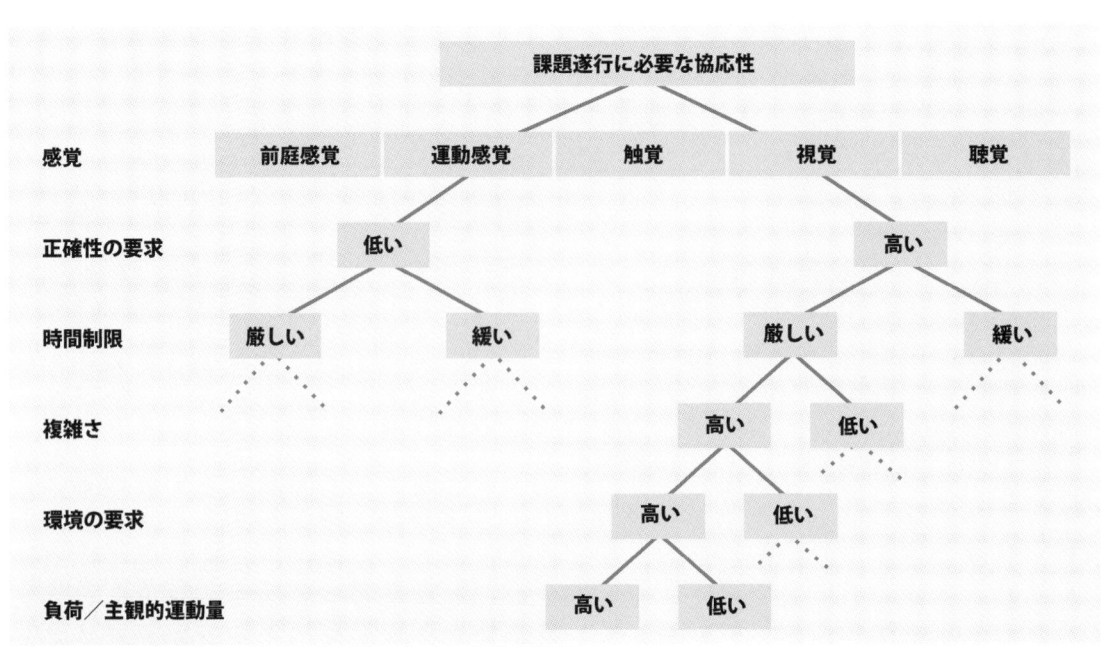

▶図7.8 課題が要求する協応を分析するための全体構造[17]

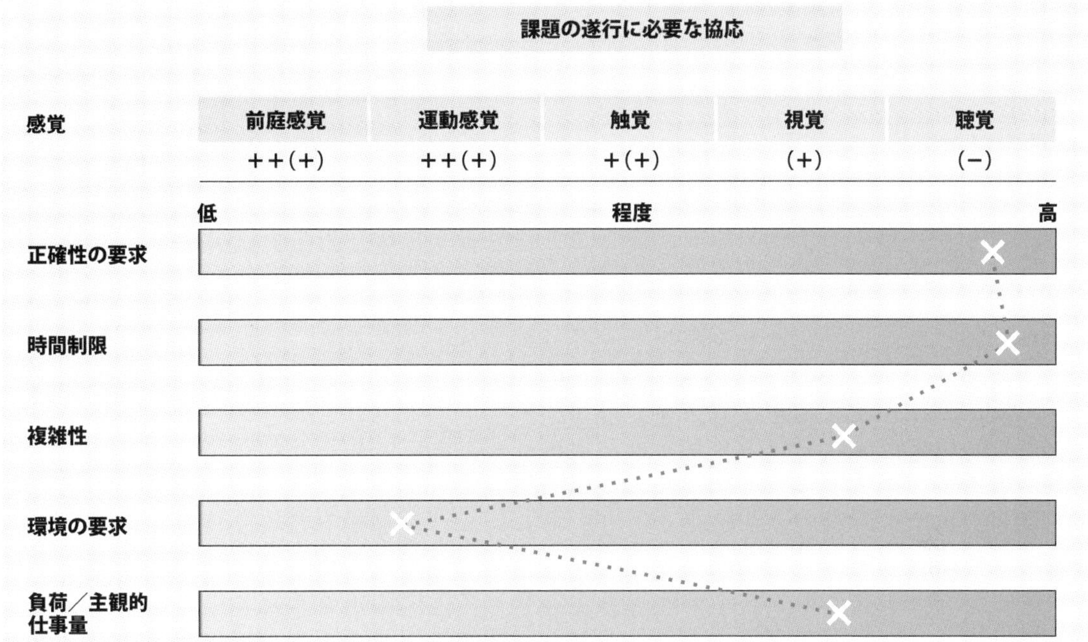

▶ 図7.9　砲丸投げで要求される協応性の分析(競技のテクニック,リリース場面)Neumaier&Mechling[17]から抜粋

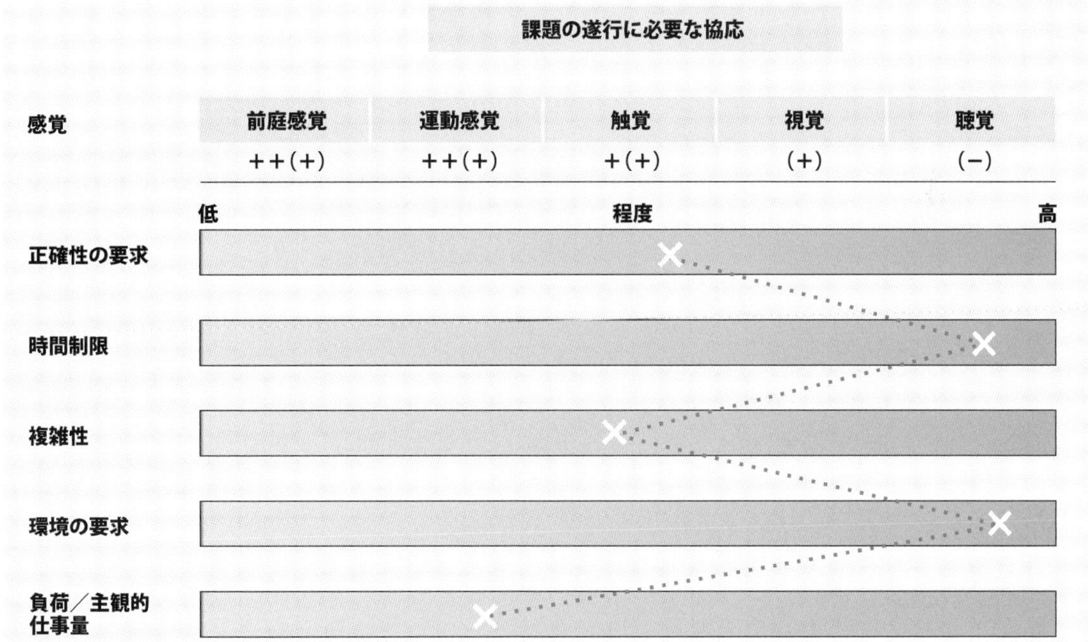

▶ 図7.10　バスケットボールのジャンプシュートで要求される協応性の分析(競技のテクニック,リリース場面)Neumaier&Mechling[17]から抜粋

スキルであり，**図7.10**の例はより開放的なスキルである。情報源の＋－は，それぞれの情報源の優先度を示している。情報源の優先度は，トレーニング中に目的に応じて感覚入力を補強したり排除することによって，変化させることができる。たとえば，外からの信号を遮断したり視覚的コントロールができないようにすることによって，変えることができる。

Exercise 6

[1] 自分の好きなスポーツのトレーニングのことを思い出してみよう。どうやってスキルのトレーニングをしているか。
[2] そのスキルを，図7.8の一般的なモデル，図7.9や図7.10の例と比較してみよう。目的に応じて単一の感覚情報を強めたりあるいは除外したりすることができるか考えて，その方法を列挙してみよう。
[3] そのスキルを，図7.8の一般的モデルや図7.9や図7.10の例と比較してみよう。正確性や時間制減，複雑性，環境や負荷といった，協応性の要求を変動させる方法を考えて，列挙してみよう。

5 測定と評価

協応能力を測定する目的は4つある。1つには，個人の協応能力の長所短所を診断して査定するため，第2に協応性のトレーニングプログラムを評価するため，第3に将来のパフォーマンスを予測するため，第4に協応能力や協応性の次元それ自体を評価する必要があるからである。

分析や診断は，ほとんど場合，運動行動のテストに基づいて行われる。

1.運動行動のテスト

古典的な方法では，3種類のテストが用いられている。単一テスト，総合テスト（特定の次元／要因に対応した個別テストで構成されているもの），障害走のような複合テストである。

(1)単一テスト

1つの要因に最も高い負荷をかけているテスト項目，あるいは「コントロールの正確性，四肢の協応，…」[9]といった個々の次元に対応したテストとして選択されたものである。これらは，基準となるパフォーマンスの分散を最も多く説明する単一の課題テストで，単一の次元について調べるために用いられる。

(2)総合テスト

単一テスト項目を集めて，実際的な運動課題をテストするのに妥当と思われる総合テストを作ることがある。こうした総合テストは，テストプロフィールや総合点としてまとめる。プロフィールは，その人の長所短所を示すのに役に立ち，総合点は，全般的な協応能力の状態を示す[6]。問題点としてしばしば指摘されているのは，多次元的な総合テストから単一のテスト得点を得ていることである[6]。

ヒルツら[11]は，総合テストを使って，広範囲の協応能力や協応を要求する課題を調べている。

こうした総合テストで評価される能力や課題は，視覚・聴覚反応時間，タイミング，空間知覚，運動識別，ターゲットに向かって投げる・跳躍する，リズムの変化，運動の頻度，バランスである。障害走や混成総合テストを用いた複合テストもある。障害走には，ボックスブーメラン走[27]やウィーン協応性コース[28]がある。混成総合テストというと，時間制限を設けた上で正確性を要求するテストを指すことも多い。たとえば，身体協応テスト（KTK）[23]，ハイデルベルグスキルテスト[16]，MOT4-6[29]がある。キパート[12]のトランポリン協応テストのような質的基準で査定される複合テストもある。

(3)複合統一次元テスト

理論を重視した視点から，新たなテストが開発されている。複数のテスト項目で，統一次元の基準あるいは構成概念を測るものである。この種のテストの場合，要因の構造をあらかじめ理論的に立証し，反証のためのテストをしておかなければならない[6]。

ロート[21]は，次のようなテストで，時間制限のある状況での協応性と正確さを要求される協応性をそれぞれ次元として示した。第一の次元である時間制限のある状況での協応性のテストは，規定時間内（たとえば，20秒間）にできるだけ多く反復すること，あるいは，特定の反復を決まった数だけ行った時の所要時間で測る（たとえば，10cmの線上を片足で跳ねた時の所要時間）。第2の次元である正確さを要求する協応性は，目標の正確性や一連の動作の正確性を測るテストで測られる（たとえば，ターゲットに向って正確に跳ぶ立ち幅跳び，ターゲットに向って投げるなど）。

要約すると，協応能力の分析や診断の方法はさ

まざまであることがわかる。どのテストアプローチを用いるかは，どんな協応能力トレーニングプログラムを評価しようとしているのか，カリキュラムの目的，診断目標によって，異なってくる。標準化されたテストを使用することを薦める。

6 結論

運動学習については多くの研究結果が出されている。しかしながら，まだ十分理論的に体系化されているとは言えない。現場の実践者は研究結果を応用することを願っているが，主観的な知覚理論と客観的な（神経）運動理論とを調和させるにはどうしたらいいのかということは，まだはっきりしていない。協応能力の概念がその解答になるとはまだ言えないが，期待の持てる方向性を示していると言える。

■1.トレーニングのプラスの効果

協応能力のトレーニングは，トレーニングの後半の段階では，複雑なスキルの学習を促進する。トレーニングの初期の段階では，未成熟だったり力不足だったりという理由でまだ習得できていないスキルの基盤を整備する役割を果す。協応能力のトレーニングは，筋力，パワー，持久力のトレーニングと，ウォーミングアップの助けとなる。怪我を防ぐのにも貢献する。

トップレベルの競技者にとって，協応能力のトレーニングは，極限条件での行動の安定性をもたらすことが期待される（たとえば，効果的な問題解決，怪我の予防）。協応能力は，動機づけにも効果的である。運動記憶を強化し，競技の際に自動的に用いられるスキルの各部に対して，注意や意識を向けることにも貢献する。

■2.練習とトレーニングについて

協応能力のトレーニングには，基本的な運動か，あるいは高度に自動化され安定した運動のいずれかが用いられる。習得したばかりで安定していないスキルは，協応能力のトレーニングに組み込むべきではない。このことは，より一般的な運動からより特殊な運動へ，そしてさらに競技に対応した特殊な運動へというように熟練していくという原則を示している。

パフォーマンスが高いからといって，必ずしもすべての協応能力が高いレベルにあるというわけではない。それぞれの協応能力がパフォーマンスの向上にどのように関わっているのかを考慮すべきである。

階層的構造モデルの最も高い階層では，協応能力の基本的なトレーニング内容は4つのカテゴリーに分類されている。速い運動コントロール能力，速い知覚−運動適合能力，正確な運動コントロール能力，正確な知覚−運動適合能力である。

■3.総括

協応能力は，幼少期から伸ばすべきである。協応能力の練習を始めるのに早すぎるということはない。

協応能力は，スポーツパフォーマンスやスキル習得を説明するのに役に立つ。協応能力のトレーニングは，高いパフォーマンスを達成するのに役立つ方法である。

キーポイント

[1] 運動の複雑性は行動の所産である。その行動を成り立たせている過程について考えると，協応能力という概念を想定すべきであるということが分かる。

[2] 能力は，何かを積極的に行うためのものである。したがって，能力は，異なる反応群と見なされる。そのための資源は，反応群に対応しているが，区別することができない。

[3] 素質に恵まれていない子どもたちにとっては特に，協応能力という概念は有益だろう。

[4] スポーツ固有の協応能力を識別して，トップレベルの競技者のトレーニングに生かすことができる。

[5] 協応能力は，パフォーマンスを説明するのに役に立つ。

[6] 協応能力は，学習を説明するのに役に立つ。

[7] 時間制限がある状況での協応と正確性を要求する協応の区別は，実践上の認識と合っている。

[8] 協応能力の概念に基づいてスポーツ特有のトレーニングを考えるためには，その運動課題が何を要求しているのかをよく考慮しなければならない。

[9] 協応能力の診断は，個人の長所短所や，協応能力に基づいたトレーニングプログラムを査定するのに必要である。

[10] 診断の手段として現場で簡単に応用できるのは，妥当性が立証されている協応能力テストである。

理解度チェック

[1] なぜ，運動の協応は非常に複雑なのか。

[2] 能力とスキルの大きな違いは何か。

[3] 協応能力をパフォーマンスや学習の変数と見なすことは，十分支持されているか。

[4] 協応能力を高める練習を考える時に，考慮すべき要因は何か。

[5] 図7.10に示されたモデルによると，協応能力の練習やトレーニングで変動させることのできる変数にはどんなものがあるか。

[6] 協応能力のトレーニングを，トップレベルの競技者にどうやって役立てることができるのか。

文献

1) Ackerman, P. L. (1987). Individual differences in skill learning: An integration of psychometric and information processing perspectives. *Psychological Bulletin*, 102, 3-27.
2) Ackerman, P. L. (1990). A correlational analysis of skill specificity: Learning, abilities, and individual differences. *Journal of Experimental Psychology: Learning, Memory, and Cognition*, 16, 883-901.
3) Adams, J. (1957). The relationship between certain measures of ability and the acquisition of psychomotor criterion response. *The Journal of General Psychology*, 56, 121-134.
4) Barrett, G. V., Caldwell, M. S., & Alexander, R. A. (1989). A predictive stability of ability requirements for task performance: A critical reanalysis. *Human Performance*, 2, 167-181.
5) Blume, D.D. (1978). Zu einigen wesentlichen theoretischen Grundpositionen für die Untersuchung der koordinativen Fähigkeiten [A contribution to some basic theoretical considerations for the analysis of co-ordinative abilities]. *Theorie und Praxis der Körperkultur*, 27, 29-36.
6) Bös, K., & Mechling, H. (1983). *Dimensionen sportmotorischer Leistungen* [Dimensions of sport motor performances]. Schorndorf, Germany: Hofmann.
7) Christina, R. W. (1989). Whatever happened to applied research in motor learning? In Skinner, J. S., Corbin, J. S., Landers, D. M., Martin, P. E. & Wells, C. L. (Eds.), *Future directions in exercise and sport science research* (pp. 411-422). Champaign, IL: Human Kinetics.
8) Cumbee, J. D. (1954). A factor analysis of motor co-ordination. *Research Quarterly*, 25, 412-420.
9) Fleishman, E. A. (1975). Toward a taxonomy of human performance. *American Psychologist*, 30, 1127-1149.
10) Fleishman, E. A., & Quaintance, M. K. (1984). *Taxonomies of human performance*. Orland, FL: Academic Press.
11) Hirtz, P., Arnd, H. J., Holtz, D., Jung, R., Ludwig, G., Schielke, E., Wellnitz, I., Willert, H. J., & Vilkner, H. J. (1985). *Koordinative Fähigkeiten im Schulsport* [Co-ordinative abilities in physical education]. Berlin: Volk und Wissen.
12) Kiphard, E. J. (1980). *Motopädagogik* [Motopedagogics]. Dortmund, Germany: Modernes Lernen.
13) Kosel, A. (1992). *Schulung der Bewegungskoordination* [Training of movement co-ordination]. Schorndorf, Germany: Hofmann.
14) Magill, R. A. (1980). *Motor learning*. Dubuque, Iowa: Brown.
15) Mechling, H. (1992). Koordinative Fähigkeiten [Coordinative abilities]. In Rothig, P., Becker, H., Carl, K., Kayser, D., & Prohl, R. (Eds.), *Sportwissenschaftliches Lexikon* [Encyclopaedia of sport sciences] (pp. 251-254). Schorndorf, Germany: Hofmann.
16) Mechling, H., & Rieder, H. (1977). Ein Testverfahren zur Erfassungder großmotorischen Bewegungsgeschicklichkeit im Sport bei 9-13 jährigen Kindern [A test for the measurement of general skillfulness of 9-13-year-old children in sport]. *Psychomotorik*, 2, 95-102.
17) Neumaier, A., & Mechling, H. (1995). Allgemeines oder sportartspezifisches Koordinationstraining? [Training of co-ordinative abilities general or sport specific?]. *Leistungssport*, 25, 14-18.
18) Oseretzky, N. J. (1929). Zur Methodik der Untersuchung der motorischen Komponenten [Methods for the analysis of motor components]. *Zeitscheift fur Angewandte psychologie*, 32, 257-293.
19) Powell, A., Katzko, M., & Royce, J. R. (1978). A multi-factor systems theory of the structure and dynamics of motor functions. *Journal of Motor Behavior*, 10, 191-210.
20) Rasch, G. (1960). *Probabilistic models for some intelligence and attainment tests*. Copenhagen: University Press.
21) Roth, K. (1982). *Strukturanalyse koordinativer Fähigkeiten* [Structural analysis of coordinative abilities]. Bad Homburg, Germany: Limpert.
22) Roth, K. (1989). Wie verbessert man koordinative Fahigkeiten? [How to improve co-ordinative abilities]. In Bielefelder Sportpädagogen (Eds.), *Methoden im Sportunterricht* [Methods on physical education] (pp. 76-87). Schorndorf, Germany: Hofmann.
23) Schilling, F. (1974). *Körperkoordinationstest* (KTK) fur Kinder [Body coordination test for children]. Weinheim, Germany: Beltz.
24) Schmidt, R. A. (1989). Toward a better understanding of the acquisition of skill: Theoretical and practical contributions of the task approach. In Skinner, J. S., Corbin, J. S., Landers, D. M., Martin, P. E. & Wells, C. L. (Eds.), *Future directions in exercise and sport science research* (pp. 395-410). Champaign, IL: Human Kinetics.
25) Schmidt, R. A. (1991). *Motor learning and performance*. Champaign, IL: Human Kinetics.
26) Stelmach, G. E. (1989). The importance of process oriented research: A commentary. In Skinner, J. S., Corbin, J. S., Landers, D. M., Martin, P. E. & Wells, C. L. (Eds.), *Future directions in exercise and sport science research* (pp. 423-432). Champaign, IL: Human Kinetics.
27) Töpel, D. (1972). Der Kasten-Bumerang-Lauf—ein Test der motorischen Leisungsfähigkeit [The box boomerang run—a test of motor performance]. *Theorie und Praxis der Körperkultur*, 21, 736-742.
28) Warwitz, S. (1982). Normentafeln zum 'Wiener Koordinationsparcour (WKP)' [Norm date for the Vienna Coordination Course]. *Lehrhilfen fur den Sportunterricht*, 4, 59-64.
29) Zimmer, R., & Volkamer, M. (1984). *Motoriktest für vier-bis sechsjährige Kinder* (MT 4-6) [Motor test for 4-6-year-old children]. Weinheim, Germany: Beltz.

第8章

運動に対する有能感：
体育における自己参照思考

Perceived Motor Competence:
Self-Referent Thinking in Physical Education

1 はじめに

　初めて水泳で級をもらった時のことを覚えているだろうか。自分自身も両親もどんなに誇らしかったことか。級をもらうのは簡単なことではなかっただろう。水が冷たかったり，ぼんやりしていてインストラクターに何度も怒られたり。それでも，両親は続けるようにと説得した。夏には，湖や海で友だちと，家族キャンプやクラスメートとの旅行でも，一緒に泳ぐことができる。あなたは，レッスンを続けて，次の級にも挑戦したかもしれない。

　水泳の級を取るのは，確かに運動スキルの習得ではあるが，その時に感じた達成感や誇りといった個人の感覚は，単にスキルを習得したということ以上の喜びだっただろう。親の手助けなしで自転車をこげた時，スケートである程度の距離を初めて滑れることができた時のことを思い出してみよう。野球の試合の重要な場面で，バットの芯でボールを捉えた時，そして家族やライバルも見守る観衆の目前で，安定した体操の演技ができた時のことを思い出してみよう。たいていの場合，この輝かしい成功の瞬間以前には，直向きな努力と厳しい練習がなされている。こうした誇りの感情が，運動スキルを習得するまでの，厳しい道のりの辛さを薄れさせているのかもしれない。

　運動学習や運動スキル習得に関するテキストでは，従来，学習者の視点（注意，記憶，運動制御）や，学習環境の視点（結果の知識，学習の転移，練習セッションの構成）に多くの注意を払ってきた。本章では，運動の結果や成果，運動を実施する過程や技術的側面に重点を置くのではなく，学習者の動機づけと結びつけて論じる。また，運動課題を実施した時の，試行ごとのプラスの結果とマイナスの結果に対する情動及び情報処理についても論じる。本章では，個々人が能力についてどう考えているかということが，スキル習得に大きく関わっているということを示す。体育教師は，運動行動の結果や技術的出来栄えとして現れる実際的身体的な運動の有能感のみを考慮するのではなく，個々人が運動有能感をどのように捉えているのかを考慮すべきである。この運動に対する有能感の概念を取り入れることによって，指導の際に個人差に注目することができ，効果的な指導がしやすくなる。本章はスキル習得に焦点を当てているが，有能感の概念のさまざまな側面についてもっと深い理解を得るには，本書の4章と5章を参考にしてほしい。

　人は，自分自身について，そして自身の行動について考える。人は，成功した活動について，そしてより頻繁に失敗した活動について，いろいろなことを考える。自分自身の能力や技能がどうであるか，そして，自分の習慣や能力，行動の可変性はどうかということについて意見を持っている。世界や現象をどのように感じ，説明し，それらに働きかけるかは，人それぞれ違っている。本章では，自分に照らして考える自己参照思考が運動スキルの習得（または運動学習）にとって重要

であり，役に立つということを中心に論じたい。本章では，主にハーターの理論とその枠組みの中で行われた子どもを対象とした実証的研究を取り上げる。また，体育分野の中心的課題である身体運動領域，すなわち，運動スキルの習得と遂行に関してのみ論じることとする。

> *E*xercise 1
>
> [1] 運動に関して有能感を感じた時のことを思い出してみよう。どんな時，どんな状況だったか。その気持ちがあなたにどんな影響を与えただろうか。
> [2] 体育やスポーツをしていて，上手くいった時，失敗した時，体育の先生が何と言ったか覚えていますか。先生の言葉はあなたにどんな影響を与えただろうか。
> [3] スポーツをしている時や体育の授業，外で遊んでいる時に，友だちがあなたのパフォーマンスについて何か言ったことがありましたか。友だちの批評はあなたにどんな影響を与えただろうか。
> [4] 子どもの時に自分の運動能力についてあなたがどのように感じていたかをふりかえって，あなたは今の体育の先生にはどんなアドバイスをするだろうか。

本章では，初めに有能感の概念について紹介し，有能感の測定にふれる。次に，実証的な研究を概観し，これまでに得られた知見を要約する。これを理論的な背景として，運動スキル習得プロセスの枠組みの中で有能感の概念がどのような位置づけにあるのかを論ずる。最後に結論を述べ，体育領域の実践者に向けて，有能感の重要性を示す。

本章で学習するのは，
◎運動有能感とは何か。
◎運動・スポーツスキルを習得する際に，運動有能感はどんな役割を果たし，新しい運動スキルの習得にどんな影響を及ぼすのか。
◎実際のパフォーマンスと運動有能感との関係について。
◎自分の技能レベルについて非現実的な認知を持っている子どもたちがいるということ（自分のスキルレベルを低く見積もる子どもたちは，とりわけ体育教師からの手助けを必要とする）。
◎子どもたちが自分の実際のパフォーマンスを現実的にとらえられるようにするために，体育教師はどうすればいいのか。
◎子どもたちが自分の運動スキルのパフォーマンスを現実的に認知するということは，発達上どのような価値を持っているのか。

2 有能感の概念

ここでは，有能感の概念を簡潔に記述するだけに留める（有能感の発生経路あるいは個人の有能感の変遷については，本書5章を参照のこと。）

『運動発達の理解 第3版』[3]では，子ども時代の自己概念について1章を割いている。そこでは，一般的に各自の個人史が現在の行動を決定すると想定している。したがって，行動は以前の体験を背景にして評価されるはずである。ある領域で過去に起こった良い体験，楽しい体験，成功体験，いいとは言えない体験，楽しくはない体験，成功ではない体験も，現在の行動や将来の行動に対して，しばしば直接的，間接的な影響を及ぼすのである。

有能感は，人が課題に取り組む時の個人的な感情あるいは態度であり，「課題を達成するのに必要とされる要求を満たせる可能性に対する気持ち」[3]である。一般的に有能感は，ある種の課題をうまくこなす能力を自分はどの程度持っているのだろうかという自分自身についての印象に過ぎないと思われている。それゆえ，競技面では自信があると感じているかもしれないが，学問的な知識や仲間との社会的な付き合いの面ではまったく逆，ということもあるかもしれない。有能感を感じている人は，前にやったことのある課題とほんの少しだけ違うことに挑戦するのを恐れない。反対に，能力がないと感じている人は，その分野に関係する課題にはいっさい手をつけようとしない（「私は，ボールゲームはまったくだめだ」）。

実は有能感の概念は，一般的に考えられている以上に，一般的な自己に関する概念の一部分であると言える（5章参照）。『児童心理学ハンドブック』[6]の中で，ハーターは，自己の発達的心理学的側

面について論じている。長い間，心理学者は，自己を分割できない総体とみなしてきたが，近年になって，自己は明確に識別可能な要素を持ったシステムとみなすべきだと言われるようになった。この画期的な変容は，ハーターの実証的研究結果から派生している。この理由から，筆者は，ハーターの視点，理論化，実証的研究と，それらが日々の体育の実践に与える示唆を強調するのである。

ハーターは，自己に内包されるいくつかの領域は区分されるべきであることを，研究の中ではっきりと述べている。自己は，分化しており，発達に伴って分化し続ける。幼少期には比較的未分化の自己が存在するが，後年には，非常に多彩な自己が識別できるようになる（5章参照）。たとえば，一般的に8歳未満の子どもは，認知面での有能感と身体運動面の有能感を区別することができないが，8歳以上の児童や小学校高学年の子どもたちはこれらを区別することができる（▶図8.1）。思春期後期には，スポーツを積極的に行っている子どもたちがスポーツに関連したいくつもの領域にかかわる有能感を持っていたとしても，不思議なことではない。

重要なのは，人が自分自身をどんな見方で見ているかということである。自分にはどんなチャンスがありどんな能力を持っているかという，自分についての印象は，後の行動に大きな影響を与え

▶図8.1 有能感の知覚は，認知的，社会的，そして身体的または運動的能力についての知覚によって異なる

る（4章参照）。身体運動課題に関する有能感もその1つである。ここで人が査定するのは，自分の性格，資質，運動スキルに大きく依存している課題を学習し実施する能力である。運動有能感は，運動課題に取り組む中で自分自身が得た自信である。野外でのゲーム，レクリエーション活動，スポーツ活動，そしてダンスやバレエのような活動も，子どもたちが運動課題に対して自信が持てる課題である。

3 有能感の測定

年齢が上がるにつれて，自己に関する側面の内的な分化や，複数の側面に渡る多様化が進むというハーターの知見は，自己の領域についての子どもたちの意見を測定する尺度を用いて検証された。個人的なことについて意見を聞く質問の場合，社会的に望ましい回答を引き出してしまうという問題がある。ハーターは，質問項目とその回答方法を次のように工夫することによって，この問題を解決した。子ども用自己知覚プロフィール（Self-Perception Profile for Children：SPPC）では，回答者の子どもは，2つの記述のうちどちらか1つを選択しなければならない。1つはある活動が得意な子どもについての記述（たとえば，「時間があると外で遊ぶほうです」）であり，もう1つはその活動がそれほど得意ではない子どもの記述（「時間があるとテレビを見るほうです」）である（▶図8.2）。いずれかの記述を選択したら，次に，それが自分にどのくらいあてはまるかを答える。つまり，「よくあてはまる」「まあまああてはまる」のいずれかを選択する。こうして，子どもは自分自身の有能感について評価する。ハーター[7]は，この質問形式が効果的であると述べているが，彼らの研究グループからはこの主張を支持する実証的結果は出されていない。オランダ人の被験者に適用した研究結果では[21]，社会的望ましさがSPPC尺度のいずれの得点にも関連していないということが示されている。

この尺度を適用する対象者はこれまで，高学年の子どもたちに限定されていた[5,7]が，その後次第に，低学年の子どもたち，思春期の子どもたち，

よくあてはまる	まあまあてはまる		どちらかといえば		まあまあてはまる	よくあてはまる
☐	☐	時間があると外で遊ぶほうです	どちらかといえば	時間があるとテレビを見るほうです	☐	☐
☐	☐	宿題をするのは得意です	どちらかといえば	宿題がうまくできるかどうか心配です	☐	☐
☐	☐	友だちをつくることはむずかしいと思います	どちらかといえば	友だちをつくることはかんたんです	☐	☐
☐	☐	どんなスポーツでも,うまくできる自信があります	どちらかといえば	スポーツは,あまり得意ではありません	☐	☐

▶図8.2 SPPC[7]から抜粋した質問項目例（外遊び）と認知的有能感（学業）,社会的有能感（友人）,そして運動有能感（スポーツ）尺度の項目

大学生へと対象が広がった。本章では，小学校高学年の子どもたち（8歳から12歳の年齢）に焦点を当てている。SPPCは6つの領域に関する質問で構成されているが，運動領域のみ簡潔な記述を示す。スポーツや戸外での運動遊びに関連した以下の項目で競技的有能感が測定できる。「スポーツが上手である」「スポーツが得意である」「戸外での活動が得意だ」「他の人たちよりもスポーツが得意だ」「見ているよりも活動する方である」そして「野外での新しい運動遊びが得意だ」という項目である。オランダ版[21]には，以下の項目が追加された。「ボールを捕るゲームが上手である」「走るのが得意である」「幅跳びが得意である」「ボールを投げるゲームが得意である」「ボールをドリブルするゲームが得意である」「体育の授業が嫌ではない」そして，「身体がやわらかい，あるいは強い」である。ハーターが競技的有能感という用語を用いているので，本章では，項目の内容に基づいて，運動有能感の尺度とした。

低学年児童を対象として，ハーターとパイク[8]は，絵を用いて表した年少児用有能感及び社会的受容の尺度を作成している。幼稚園児から就学前向け（5〜6歳），及び小学1年生と2年生向け（7〜8歳）の2つの尺度が作成された。ハーターが身体的有能感尺度と名付けた中に含まれていた運動課題は，「ブランコをこぐ」「ジャングルジムを登る」「スキップをする」「走る」であった。就学前/幼稚園児用には，「靴の紐を結ぶ」や「ケンケンする」が含まれた。それらは，1年生/2年生用では，「縄跳び」や「ボールをつく」に代わった。

一番良いのはハーターの尺度を実施することではあるが，ハーターの尺度を用いない場合，覚えておくべきことは，有能感について直接的な質問をすると社会的に望ましい回答を容易に引き出してしまうので，このことを考慮しなければならないということである。

Exercise 2

ハーター尺度を実施することができない場合,体育教師は,生徒の運動有能感を知るためにどうすればいいか,その方法を考えなさい。

4 実証的結果

ハーター[7]の研究結果と同様，オランダで行われたさまざまな研究[17),21),22)]においても，身体運動領域の有能感とその他の領域の有能感との間に有意な関係は認められなかった。

主に米国の研究に言えることだが，運動有能感の一般的な概念は，スポーツや体育で実施されるいくつかの運動と関連づけられてきた。近年の研究の動向については，ワイスのレビュー[26]を参考にできるだろう。このレビューでは，スポーツ動機づけの統合モデルを提案しているが，ここでもハーターのモデルは中心的な位置を占めている。詳しくは4章，5章を参照されたい。

本章では身体運動領域の有能感について中心的に論じているが，性差や運動有能感がスポーツ

参加に及ぼす影響，そして有能感と実際の運動能力との関係についても述べておかなければならない。

性差に関して言えば，運動有能感尺度においては女子に比べ，男子の方が一貫して，明らかに高い平均値を示すことがSPPCマニュアル[7]により報告されている。このことはオランダの研究[17),21),22)]でも確認されている。こうした性差が生じることについては，一般的に，女子は男子の運動達成を参照して自分の運動達成を捉えているからではないかと説明されている。

SPPCを用いた北米の研究は，運動有能感とスポーツへの参加の間には正の関係があることを繰り返し報告している。高い有能感を持つ者は，スポーツに頻繁に参加し，スポーツからドロップアウトすることが少ないというように，共変関係にある[27)]。有能感は運動行動を予測する有力で重要な変数であるという一般的な概念[24),25)]を支持する結果であると解釈されている。

SPPCをオランダ人の被験者に適用し，その妥当性について検討する一方で，ファン・ロッスムとフェルメール[20)]は運動有能感と実際の運動能力との関係について検討するために，小学生459名の全国的なサンプル（運動遅滞の徴候がない5歳から12歳までの児童）に対して，有能感尺度と運動スキルテストの両方を実施した[18)]。この研究の結果から，実際に，高学年の児童（8歳から12歳の年齢；質問紙版；r= -0.19）だけでなく低学年の児童（5歳から8歳の年齢；絵画版の実施；r= -0.09）においても，身体運動領域における有能感と実際の能力との間の関係はまったくないことが示された。ハーター尺度をドイツ人被験者に適応した研究でも，類似した結果が示された。アーゼンドルフとファン・アーゲン[1)]の研究で報告された運動有能感と運動スキルテスト間の相関は，低いものであった（低学年の児童はr= 0.36，高学年の児童はr=0.29）。

一般的な結論として，運動有能感の自己評価では実際の運動スキルレベルは分からないということである。それゆえ，運動スキル習得の過程において，実際の運動パフォーマンスレベルと運動パフォーマンスの自己評価とは，区別されるべきである。子ども自身による有能感の評価が実際の運動能力を推し量る情報にはなりえないとすれば，それは体育教師にとって重要で価値のある情報ではないということになるかもしれない。しかしながら，一方で，実際の能力と有能感との間に矛盾があるとすれば，運動有能感は実際の能力に対して別の意味で魅力的な影響をもたらす変数として考慮することもできるかもしれない。本章の次のパートでは，この点について議論する。

5　子どもの自己知覚の現実性

ハーター尺度のフォーマット（▶図8.2）を見てみよう。SPPCに回答する際に，子どもたちは，それぞれの項目に示された2つのタイプの子どものうち「どちらの子どもがあなたに似ているか」を答えるように言われる。それゆえ，SPPC（及び，ハーターのフォーマットに準拠したいくつかの尺度）で得られる得点は，相対的な得点であり，すなわち，質問紙に答える子どもたちの準拠集団に大きく依存する。このことは，SPPCマニュアルにもはっきりと明示されている。

子どもたちの評定が，子どもたちが関わっている特定の社会的な準拠集団の影響を直接受けていることは我々の研究結果でも実証されている。個々の研究結果から言えば，普通学級にいる遅滞児は，そうでない精神遅滞児と自分自身の能力を比較し，学習障害を持つ子どもたちは，普通のクラスの子どもたちをも自分たちの比較対照群にしていたりする。生まれつき知能の高い子どもたちの自己評価も，自分と同じく生まれつき知能の高い生徒と自分を比較しているのか，あるいは普通のクラスの仲間と比較しているのかによって違ってくる[7)]。

したがって，同じクラスにいる子どもたちでも，特定の有能感領域を評価するために違った準拠集団を用いているということを，体育教師はよく覚えておかなければならない（特に男女共習の場合）。

このことは，SPPC尺度得点では2人の子どもや2つのグループ，2つの測定時点を比較することが難しいことを示唆している。根拠のある比較

▶図8.3 自分自身の能力の見積もりは，外的および内的要因の両方による

を行うためには，比較対象としている2つの群がほとんど同じ準拠集団に依拠していることを明確にする必要がある。グループ間の差は，実際の差，つまり，同じ基準やものさしで測った時の差であるかもしれない（男子と女子の差異についての説明を参照）。しかしながら，異なったものさしを用いていることを反映している可能性もある。たとえば，技能の高い競技者と，同じクラスにいる普通のクラスメート，また障害のない子どもたちと障害を有している子どもたちでは，おそらく異なった準拠集団を用いるであろう（▶図8.3）。

オランダで行われた研究結果に基づいて考えると，対象者の有能感と実際の能力との相関の裏には，被験者のサブグループ間の違いが隠されていると言えるかもしれない。実践者にとっては，有能感と実際の能力との一般的な関係よりも，一人一人の子どもが感じている有能感とその個人の実際の（身体的運動）能力との関係がどうであるのかということの方が，より重要だろう。実際には高い能力を持っているのに，それに比して有能感が低い子どもは，過小評価者とみなせるだろう。実際の能力は低く，それに比して高い有能感を持つ子どもは，過大評価者であると言える。

学力や学術的領域における有能感を扱ったフィリップス[12]の研究の対象となった小学5年生117名は，実際の能力測定で高い能力を示した子どもたちであった。ハーターの認知的有能感尺度（SPPC）の得点によって，被験者の児童は，正確な評価者と不正確な評価者に区別することができた。特に興味深い結果は，自分自身のスキルレベルを不正確に知覚して有能感が低い児童（過小評価者）は，自分自身に対する要求が低く（すなわち，自身の達成に容易に満足する），そして，困難な課題に直面した時には根気が弱いと，教師に指摘されていた。こうした行動は，自分には能力がないと錯覚しているためと考えられる。

体育教師は，2つのタイプの非現実的な子どもたちに対して，かなり異なった指導を採用しているだろう。怪我を予防するためには，過大評価者には用心しなければならない。過小評価者を見つけるのは簡単なことではないが，彼らは実は教師の補助を多く必要としている。過大評価者は，体育教師の注意を早くから引きつけ，即座に補助されているが，過小評価者は，長い間気にとめられることなく時間が過ぎ，それゆえ彼らは，教師による特別な注意や補助を必要とするようには見えないだろう。結論として言えることは，子どもの実際の運動能力にのみ注目している体育教師は，コインの一側面しか見ることができないということである。

Exercise3

これまでに教えた体育の授業での生徒のことを思い出してみよう。
[1] 今にして思えば，どの生徒が過大評価者で，どの生徒が過小評価者だったと思うか。
[2] 振り返ってみて，こうした生徒の状況に対するあなたの対応の仕方は，適切だったと思うか。
[3] 今もっている知識と経験を活かして，違ったやり方をするとしたら，あなたはどんな理由で，何を変えるか。

重要なポイントは，子どもたちは，自分たちの行動が成功や失敗につながったのはなぜかを分かっていなければならないということである。もしも，子どもが自分の行動の結果がそのようになったことの原因を，自分がコントロールできるものに帰属するのであれば，必然的に有能感が生じる。子どもは，自分のことを誇らしく感じるようになるだろうし，さらには，難しいけれども何とかできそうな行動を取るようになるだろう。現実的と言われる子どもは，困難でも達成できそう

な目標がどんなものかを知っている。自分の能力を過大評価している子どもは，一般的に高すぎる目標を設定する。反対に，能力を過小評価している子どもの目標は一般的に低すぎる。低すぎる目標を設定すれば，簡単な課題に留まって，上達しないだろう。一方，高すぎる目標を設定する子どもは，おそらく最終的には，明らかに難し過ぎると分かって課題に取り組むのを避けるようになるだろう。したがって，過大評価者も過小評価者も，最終的に自分を失敗させるような活動に一生懸命になると考えられる。自分からハンディキャップを背負おうとする子どもたちには，試験前夜の睡眠不足，レッスンや練習の回避，仮病を使うこと等，いくつもの選択肢が開かれている。

6 運動有能感と実際の運動能力を説明するモデル

前節において述べたように，フィリップス[12]の研究においては，運動有能感と実際の運動能力との関係は複雑でおそらく円形の関係であることが示されている。**図8.4**は，身体的・運動領域における有能感の概念を，競技パフォーマンスの車輪として示している。

この車輪は，成功，有能感，（近い）将来の成功予期，そして成功をなし遂げるための人の努力が相互に関連していること，個人が追求している目標とその目標の価値が，特に重要であるということ，現在の成功は将来の成功の予期を生み，そのプロセスが進行している間に有能感は増加していくということを示唆している。成功，有能感，予期，努力の循環プロセスが回り続けるのは，目標が達成され，それがその個人にとって重要なことであればこそである。

図8.4の車輪は，スキル習得過程のプラス面を明確に示している。しかしながら，その車輪のマイナス面も安易に認識される。すなわち，失敗の経験は，否定的な有能感を持つことにつながり，将来の失敗の予期，努力の減少というサイクルをもたらす。このようなネガティブな螺旋は，たとえば身体運動領域のような特定の領域に対する学習性無力感の定着という結果に終わるかもしれない。学習性無力感を感じている人が，達成可能な

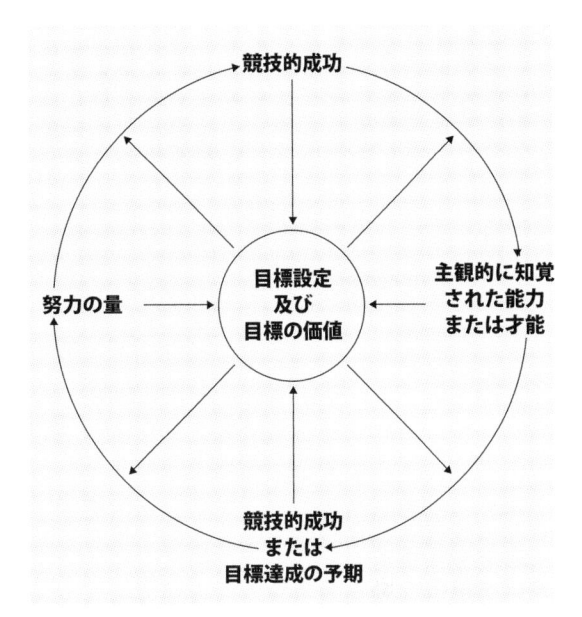

▶ **図8.4** 目標, 有能感, 予期, 努力の相互関係を示す, 競技的パフォーマンスの車輪 (S.E.Iso-Ahola & B.Hatfieldから引用)

目標を設定することは期待できない。自分が学習性無力感を感じている領域の目標を，重要なものでないと思うようになる。したがって，特定の領域の重要性を子どもがどのように感じ体験しているかは，有能感を解釈するのに重要な変数である。

領域の重要性が有能感と関連することは，理論的には疑いのないことである。しかし，有能感に関する米国の主要な研究（有能感を測定するためにSPPC尺度が使用されているもの）では，重要性についての子どもの主観的評価が報告されていない。領域の重要性についての主観的評価は，集団得点の平均値からみれば，有能感を決定する要因ではないかもしれないが（特に，体育やスポーツに高い価値があるとされるような文化的な場面で研究を行った場合），個人のレベルで有能感得点を正確に解釈するためには必要と思われる。全国規模の研究では[18]，運動スキルテスト得点と有能感得点との相関係数は，前述のように，ほとんどゼロに近かった（低学年児童がr=-0.09, 高学年児童がr=-0.19である）。運動領域の重要性の評価を考慮した偏相関係数でも，結局ほとんど同じであった（低学年児童がr=-0.13であり，高学年児童がr=-0.21）。

図8.5は，個々人のレベルでの重要性変数の重要性を示している。この図は，体育の文脈での自己概念に関する議論を基にして作成されたものである。この図は，有能感と，有能感を感じている領域の重要性が，個人の自尊心に影響を及ぼす可能性があることを示している。直感的に分かるように，重要性が低いと子ども本人が感じている領域は，その子どもの自尊心には影響しない。

子どもの運動有能感についての情報は，子どもの実際の運動能力とその運動領域に子どもが付与している重要性に依存しているように思われる。教育や学習の領域において，子どもがどのようにその領域の重要性を評価するかは，教師や両親に大きく左右されると研究では報告されている。両親の影響力については，子どもたちの有能感の知覚が，両親が身体的な活動を勧めることによって大きく影響されるという結果にも示されている。子どもの自己評価が重要な他者による評価と不一致であるかどうかを調べることも，同様に有益であると思われる。

要約すると，体育教師は，生徒の実際の身体運動能力だけに注目していたのではいけないということである。スキル習得過程を把握するためには，生徒の運動有能感だけでなく，身体運動領域で成功することを生徒がどのくらい重要視しているのかということも理解すべきである。さらに，この領域に対する重要な他者の態度が関連すると思われる。車輪の図に示されたように，体育教師の課題は複雑であるが，主要な仕事は，上に向かって螺旋的に車輪を回すことである。そうするためには，個人に対応した運動課題を設定すべきである。体育教師は，クラス全員をひとくくりにして教えるべきではない。その代わりに，教師は，生徒が何とかやりとげられる動作や運動課題のレベルに基づいて，生徒たちをいくつかのサブグループに分けて指導すべきである。

7 結論と実践的示唆

個人の有能感得点を適切に解釈するためには，体育教師は，その生徒にとって身体運動領域がどのくらい重要かということ，そして子どもの実際の運動能力についても知る必要がある。ハーターの尺度を用いて得られる有能感得点それ自体ではなく，その相対的な価値を考慮すべきである。また，学習領域の有能感に関する実証的な研究から，競技場面での現実を子どもが過大評価しているか，過小評価しているかを判断することはとても重要であることが分かった。

有能感の測定については，2つの点について考慮すべきである。第1に，自己報告の形式で測定すべきであるということ。第2に，ハーターの尺度では，子ども自身の評価の相対性が強調されているということである。現在子どもが所属している準拠集団を考慮しただけで有能感の情報を解釈しても当てにならない。たとえば，得られた素データで男子と女子，身体的障害を伴う子ども集団と伴わない子ども集団の間に差があったとしても，別の基準に照らして調整して比較してみるとその差は小さくなるだろう。さらに，有能感得点だけをみても，子どもの自己評価が現実的なものかどうかは分からない。運動有能感についていえば，運動スキルのレベルについての情報（できれば運動スキルテストによって測られたもの）があれば，自分の能力を過大評価する子どもと過小評価する子どもを，現実的な評価をする子どもと区別することができる。最後に，子どもの運動有能感の重要性は，有能感を感じている特定の領域に対して子どもがどれだけ価値を置いているかに依存していると思われる。実際に，この価値観は，子ども

	有能感	重要性	自尊心
バスケットボール	L	L	O
フィットネス	L	H	L
ジム	H	L	O
ダンス	H	H	H

L＝低評価　H＝高評価　O＝ほとんど影響なし

▶図8.5 自尊心に対する有能感と重要性の影響
"体育における子どもの視点:第5部, 自尊感情の複雑性" British Journal of Physical Education 19(6):247-252. K.Fox, 1998の承認により転用

の社会的環境における重要な他者から取り入れられるかもしれない。要するに，多面的自己概念の中で，有能感を感じている領域はどこに位置づけられているのかを，注意深く考慮すべきである。これらの変数すべてを考慮することによって，有能感は正しい視点で捉えることができるだろう。SPPC尺度による測定が文脈に依存していることは，次のような，実践者向けの最近のテキストからの引用を見てもよく分かる。

「能力とは，与えられた課題をどのくらい適切に遂行できるかということである。有能感は，他者や自分の以前の経験と比較してみた時の自分の能力に対する自己評価である。自分の個人的目標が達成された時や上達した時に有能感は増加するが，これは，その状況に対応した特定の有能感ということである。たとえば，野球やバスケットボールで有能感を感じるかもしれないが，水泳や体操では能力がないと感じるかもしれない。加えて，有能感は，その人が当てはめる準拠枠によって変わる。たとえば，あるリトルリーグの野球選手は，両親やコーチ，チームメート，そしてリーグに在籍するその他の選手を準拠枠にすると，自分は「オールスター」選手だと感じるかもしれない。しかしながら，彼は自分の能力が，リトルリーグのワールドシリーズの選手，地方の高校の選手，プロ野球選手を超えるものだと思っているわけではない。そうではなくて，彼は，自分の世界の文脈の中で，自分自身が有能であると思っているのである[2]。」

競技パフォーマンスの車輪によると（▶図8.4），運動有能感の概念は，運動スキル習得過程に組み込まれている。この車輪における基本的な示唆の1つは，ただ練習するだけでは成果はあがらない，行っている練習を子どもが認知的に評価しているかが，決定的な要因である，ということである。認知的過程が重要であることは，たとえば，成功した時，成功しなかった時の説明のように，原因帰属過程（4章参照）の観点から言っても明らかである。体育教師は子どもに，自身の能力を自己評価し，運動の遂行とその結果とを結び付けられる機会を十分に与えなければならない。ここでの

体育教師の課題は，基本的には，子どもの認知的枠組みが分かるようにしておくこと，そして有害な解釈から逃れるように導くことである。これは，自分の能力を適切に評価することができにくい低学年児童にとっては，特に難しいことかもしれない。彼らは，またポジティブな自己評価を高める傾向がある。おそらく，これは，自分の抱いている願望と一致するような判断を下す傾向があるからだろう。低学年の児童は，たいした重きは置いていないにしろ幾分は社会的比較に基づいて自己評価をしているようである。彼らは，自身の個人的な基準を満たしたかというような目的的な情報を用いて判断することはほとんどない。

子どもたちの自己評価の正確性という観点で話を続けると，子どもたちの自己概念の安定性に関する問題に行き当たる。実証的研究の結果によると，認知的領域に対して子どもたちが感じていた有能感の正確性は持続しない。5年生で正確に自己評価できていた子どもたちは，結局9年生で不正確になった。ファン・ロッスムとフェルメール[21]によるオランダ版ハーター尺度を用いた研究では，運動有能感得点が安定しているのは非常に短い間だけということが示唆されている。小学生39名のサンプルに対して，6ヶ月間隔でのテスト―再テスト法を行った結果，相関係数は0.67であった。加えて，子どもたち80名の児童を対象に，8ヶ月間隔で行ったところ，相関係数は0.57となった。したがって，体育教師は，過去に集めた情報を頼りにするべきではない。その代わりに，指導者は，身体運動領域の主観的重要性と同様に，有能感及び実際の能力を継続的に少なくとも1年に1度は測定すべきである。

もしも子どもたちが，身体運動領域（の目標）を重要でないと考えている場合は，有能感が高いのか平均的か低いか，そして自身の自己知覚が現実的であるかどうかも，重要なことではなくなるだろう。この状況においては，子どもは自分の実際の能力を変化させること，または実際の能力と有能感との関係性を変化させるために努力するようには動機づけられていないだろう。体育教師が最初に行うべきことは，有能感や実際の能力を測

定する前に，身体的運動領域の重要性についてその子どもに知らせることだろう。この点に関しては親による評価が重要であることを考えると，子どもの両親の協力を得ることも賢明だろう。

自分自身の運動能力を低く評価することは，おそらく体育への参加とその取り組みに影響するであろう。さらに，このことでその子どもが運動スキルを習得する機会は減るだろう。絶対的な基準を高く設定する体育教師は，多かれ少なかれ生徒たちに自分のパフォーマンスとクラス中で最もパフォーマンスの高い男子（ほとんどの場合男子だろう）の達成パフォーマンスを比較させ，女子は不利になる。自身の運動有能感を評価するための準拠集団をいやおうなしに作られることで，低い有能感を感じるようになる。特に男女共習の体育授業においては，通常，女子が卓越している活動（たとえば，ダンスとリズム体操）を特に強調すべきである。しかしながら，体育教師にとって最も適切な選択肢は，生徒に，有能感と実際の能力とがどのように関連しているかを教え，そして比較のために選ばれた準拠集団を生徒に意識させることである。これはクラス内の個人の差異を引き起こす結果となるであろう。つまり，各自で課題や課題の難易度を選択するかもしれない。このような個別化された状況において，体育教師は，過小評価者と，身体運動領域を評価していない生徒に注目すべきである。

学問の領域に関しては，科学的な文献の中で十分に示されているように，「子ども本人が感じている有能感は，教室などにうまく適応するために重要であると広く示唆されているが…，能力に関する自己知覚と学習成績との間の正確な因果関係は限定的である[13]」。本書は，循環的でダイナミックな運動スキル習得プロセスの中でのこの因果関係を概観してきた。この観点は，身体運動領域でのスキル習得について利用可能なモデルにおいても明らかに採用されている[4),11),25),26)]。これらのモデルは，動機づけの認知的側面を強調している。習うより慣れろと言っていたのは，昔のことである。今は，学習者による情報処理の心理的側面が重視されている。体育教師が運動スキル習得プロセスを効果的に指導するためには，外側から見た生徒の行動に目を止めるだけではなく，学習プロセス内の様相に目を向けるべきである。そうするのであれば，体育教師は明らかに，何よりも運動有能感を考慮することになるだろう。

キーポイント

[1] 自分の能力をどのように認知しているかということは，新しいスキル習得に影響を及ぼす主要な決定要因である。肯定的な認知は，新しい課題を習得するように促し，否定的な認知は，新しい課題を習得しようという意欲を失わせる。

[2] 有能感の概念は，特定の課題を成功裡に実行するための自分の能力を本人がどう感じているかということである。

[3] 有能感は，認知的有能感，社会的有能感，身体的有能感あるいは運動有能感というように分かれる。

[4] 子どもや青少年の有能感を測定するために，いくつかの科学的測定尺度が開発されている

[5] 研究者は，運動有能感が高ければ，体育やスポーツにより強い興味を持つと考えている。

[6] 本人が感じている運動有能感は，実際の運動スキルレベルを知るための情報としては信頼できないものであることを研究は示している。

[7] 自分自身の能力の推定は，たとえば，仲間の判断や子ども自身の帰属スタイル等，外的，内的要因の両方に依存している。

[8] 身体運動領域におけるパフォーマンスを過大評価する者もいれば，過小評価する者もいる。

[9] 体育では，子どもたちが自分の運動スキルレベルを非現実的に認知しているという問題にも取り組まなければならない。

[10] 自分の能力を非現実的に認知することによって，子どもたちは，自分にとって低すぎる目標を立てたり，高過ぎる目標を立ててしまう。いずれにしても，周囲の環境との相互作用がうまくいかなくなったり，非効率的になってしまう。最終的には，新しい課題に挑戦する意欲を失わせ，否定的な自己知覚に帰属させてしまうことになる。

[11] 子どもの発達に対して体育が果す役割は，子どもたちに新しい運動スキルを学ばせるだけではなく，新しい運動スキルを習得することによって，子どもたちが肯定的な有能感を感じられるようにすることである。言い換えれば，子どもの自尊心の発達にプラスの影響を与えることである。

[12] 体育教師の課題は，子どもたちに自分自身のパフォーマンスを評価する機会を与え，実際の運動の遂行とその結果どうなるかという予期とを結びつけられるように子どもたちを援助することである。

理解度チェック

[1] 子どもたちの運動スキル発達における運動有能感の役割を述べなさい。

[2] 運動有能感はどのようにして形成されるのか。

[3] 運動有能感の認知的発達に内的あるいは外的な影響を及ぼす要因の例を少なくとも2つ挙げなさい。

[4] 体育教師はなぜ子どもたちの運動有能感の発達に注意を向けなければならないのか。

[5] 運動有能感の発達にプラスの影響を与えるために，体育教師はどのようなことができるか。

文献

1) Asendorpf, J. B., & Van Aken, M. A. G. (1993). Deutsche Versionen der Selbstkonzeptskalen von Harter [German versions of Harter's self concept scales]. *Zeitschrift für Entwicklungspsychologie und Pädagogische Psychologie*, 25, 64-86.

2) Gallahue, D. L. (1996). *Developmental physical education for today's children* (3 rd ed.). Madison, WI: Brown & Benchmark.

3) Gallahue, D. L., & Ozmun, J. C. (1995). *Understanding motor development: Infants, children, adolescents, adults* (3 rd ed.). Madison, WI: WCB, Brown & Benchmark.

4) Griffin, N. S., & Keogh, J. F. (1982). A model for movement confidence. In J. A. S. Kelso and J. Clark (Eds.), *The development of movement control and coordination* (pp. 213-236). New York: Wiley.

5) Harter, S. (1982). The perceived competence scale for children. *Child Development*, 53, 87-97.

6) Harter, S. (1983). Developmental perspectives on the self-esteem. In P. H. Mussen (Series Ed.) and E. M. Hetherington (Vol. Ed.), *Handbook of child psychology: Vol. 4. Socialization, personality and social development* (pp. 275-386). New York: Wiley.

7) Harter, S. (1985). *Manual for the self-perception profile for children*. Denver: University of Denver.

8) Harter, S., & Pike, R. (1984). The pictorial scale of perceived competence and social acceptance for young children. *Child Development*, 55, 1969-1982.

9) Iso-Ahola, S. E., & Hatfield, B. (1986). *Psychology of sport: A psychological approach*. Madison, WI: Wm. C. Brown.

10) Lamon, A., Samaey, C., Andries, C., & Fernandez, B. (1995). Motorische ontwikkeling en motorische competentie [Motor development and motor competence]. *Tijdschrift voor Lichamelijke Opvoeding*, 160 (6), 13-17.

11) McAuley, E. (1992). Self-referent thought in sport and physical activity. In T. S. Horn (Ed.), *Advances in sport psychology* (pp. 101-118). Champaign, IL: Human Kinetics.

12) Phillips, D. A. (1984). The illusion of incompetence among academically competent children. *Child Development*, 55, 2000-2016.

13) Phillips, D. A. (1987). Socialization of perceived academic competence among highly competent children. *Child Development*, 58, 1308-1320.

14) Simons, J., & Deuxbouts, N. (1992). Onderzoek naar de competentiebeleving van leergestoorde kinderen [A study on perceived competence in learning disabled children]. *Fysische Therapie*, 1, 31-35.

15) Swennenhuis, P. B., & Veerman, J. W. (1995). *Nederlandstalige Harterschalen: Een inventarisatie* [Dutch Harter scales: A stocktaking]. Duivendrecht, The Netherlands: Paedologisch Instituut.

16) Swennenhuis, P. B., Vermeer, A., & Van den Berg, G. (1995). Zelfwaargenomen motorische competentie bij verstandelijk gehandicapten: De ontwikkeling van een meetinstrument [Perceived motor competence in persons with mental retardation: The development of a measuring instrument]. *Bewegen and Hulpverlening*, 12, 242-252.

17) Van Dongen-Melman, J. E. W. M., Koot, H. M., & Verhulst, F. C. (1993). Cross-cultural validation of Harter's self-perception profile for children in a Dutch sample. *Educational and Psychological Measurement*, 53, 739-753.

18) Van Rossum, J. H. A. (1992). Motorische competentie en gedrag: Het ei van Columbus of een lege dop? [Motor competence and behaviour: Just the thing or an empty shell?] *Bewegen & Hulpverlening*, 9 (3), 266-272.

19) Van Rossum, J. H. A. & Vermeer, A. (1992a). Het meten van waargenomen competentie bij basisschool kinderen door middle van een platentest [The measurement of perceived competence in elementary school children by means of a pictorial test]. *Bewegen & Hulpverlening*, 9, 198-212.

20) Van Rossum, J. H. A., & Vermmer, A. (1992b). MOT'87, a motor skill test for children from 4 to 12 years of age: The reliability of the test. In T. Williams, L. Almond, & A. Sparkes, (Eds.), *Sport and physical activity: Moving toward excellence* (pp. 237-242) London: E & FN Spon.

21) Van Rossum, J. H. A., & Vermeer, A. (1994). Harter's vragenlijst naar waargenomen competentie: Een Nederlandstalige versie [Harter's questionnaire of perceived competence: A Dutch version]. *Pedagogisch Tijdschrift*, 19 (1), 9-30.

22) Veerman, J. W. (1989). Competentiebelevingsschaal voor kinderen: Theoretische uitgangspunten en enkele onderzoeksgegevens [Perceived competence scale for children: Theoretical starting points and some empirical data]. *Tijdschrift voor Orthopedagogiek*, 28, 286-301.

23) Vermeer, A., Lanen, W., Hendriksen, J., Speth, L., & Mulderij, K. (1994). Measuring perceived competence in children with cerebral palsy. In J. H. A. van Rossum & J. I. Laszlo, (Eds.), *Motor development: Aspects of normal and delayed development* (pp. 133-144). Amsterdam: VU Uitgeverij.

24) Weiss, M. R. (1986). A theoretical overview of competence motivation. In M. R. Weiss & D. Gould, (Eds.), *Sport for children and youths* (pp.75-80). Champaign, IL: Human Kinetics.

25) Weiss, M. R. (1987). Self-esteem and achievement in children's sport and physical activity. In D. Gould & M. R. Weiss, (Eds.), *Advances in pediatric sport sciences: Vol. 2. Behavioral issues* (pp. 87-119). Champaign, IL: Human Kinetics.

26) Weiss, M. R. (1995). Children in sport: An educational model. In S. M. Murphy (Ed.), *Sport psychology interventions* (pp. 39-69). Champaign, IL: Human Kinetics.

27) Weiss, M. R., McAuley, E., Ebbeck, V., & Wiese, D. M. (1990). Self-esteem and causal attributions for children's physical and social competence in sport. *Journal of Sport & Exercise Psychology*, 12, 21-36.

■第9章■
主観的難易度, 努力の投資, 運動パフォーマンス

Perceived Difficulty, Resources
Investment, and Motor Performance

1 はじめに

　運動課題を生徒に指導する時に,体育教師はいくつか問題を抱えることがある。たとえば,自分には「運動の才能がない」からといって学習しようとしない生徒や,「課題が難しすぎる」からという理由でやる気をなくす生徒がいる。反対に,意欲をかきたてられる難しい課題に直面すると,今まで以上の力を出せるように思える者もいる。本章のねらいは,課題とその性質,課題の難易度を生徒がどう捉えているかという主観的難易度が,努力することやパフォーマンスにどのように影響するかを明らかにすることである。

2 定量的アプローチ —課題はどのくらい難しいのか—

　主観的難易度は,課題の要求内容に対する主観的な評価と定義できる。主観的難易度と主観的運動強度は,課題の性質によって使い分けられる。主観的難易度は主に情報の制約を受ける課題に用いられ,主観的運動強度は身体的努力が伴う課題に主に用いられる。

■1.「この課題は難しい！」とはどういう意味なのか

　課題の難易度評価に関する研究は,人は満足できる結果を得なくても容易な課題であると評価し,逆に良いパフォーマンスにもかかわらず難しい課題と評価するというように,主観的難易度と結果の関係は独立していることを示している[12]。

　ストレスの多い状況で反応時間を測定した実験では,パフォーマンスの良かった者がパフォーマンスの悪かった者より課題の難易度の評価が高かったことが示されている[10]。反対に,被験者が課題を学習するにしたがって,パフォーマンスが良くなり課題を簡単と評価するようになったという報告もみられる[5]。

　これらの結果は,主観的難易度は課題の客観的難易度やパフォーマンスと直接的な係わりがなく,個人が課題につぎ込んだ資源量,つまり努力量を反映することを示唆している。したがって,生徒が「この課題は難しい」という場合,主として意味するのは,その課題を達成するために一所懸命がんばった,あるいは一所懸命がんばるつもりでいるということである。

　目標の難易度は,ある難易度に対する成果の規準と定義できる。課題の難易度は,状況の客観的特性,取り得る行為を制限する一連の制約に関係している。課題の難易度が同じ場合,目標の難易度が高い方がパフォーマンスが高く,目標の難易度が同じ場合は,課題の難易度が高いとパフォーマンスは低くなった[6]。そして,主観的難易度は,課題の難易度の評価というよりも目標難易度の評価であることが示された。つまり,主観的難易度は,課題の直接的な経験というより,パフォーマンス達成に向けての決意によって決定されるといえる。

　これらから,主観的難易度,動機づけ,努力,パフォーマンスの関係についての新たな考察が導

き出されるであろう。そして，主観的難易度と目標設定という2つのテーマを結ぶことができる。

■2.主観的難易度と運動パフォーマンス

工場や会社という環境における目標設定に関する多くの研究は，目標が難しければ難しいほどパフォーマンスは高くなることを明らかにしている。困難な目標を与えられると，人々は目標に達するまで努力するため，より大きな努力を傾け，より粘り強く取り組むことが示されている[22]。

ククラ[21]は，ある課題に対して，人々は求められる結果に達するために必要な最小の努力レベルを選択すると報告している。ある人が課題を易しいと推定するなら，目標に到達するのにほとんど努力する必要はないと考え，難易度が高いと推定すると努力の投入は増加する。つまり，努力の投入とパフォーマンスは主観的難易度と比例することが指摘できる。

目標の難易度がパフォーマンスに正方向に影響することは，体育授業において重要な意味を持つだろう。教師は生徒の意欲をそがないように高い目標を設定しないことが多いが，生徒が真剣に努力を傾けるよう仕向けるために，また体育授業で本物の学習ができるようにするために，大きなチャレンジを与えることが必要である。とはいえ，難易度の高いチャレンジ目標を生徒に与えるためには，その種目についての専門知識を要するという問題が出てくる。多くの体育教師は，体操やサッカーの専門家というように，それぞれが1種目か2種目のスポーツの専門家である。そのため，それ以外の種目で大きなチャレンジを生徒に与えることは容易ではないであろう。

ロックとレーサム[23]は，目標難易度とパフォーマンスの関係は，与えられた目標が現実的な場合にのみ有効であることを示した。ククラ[21]も，どれ程努力しようとすべての試みは失敗するに決まっていると感じれば，人は課題に背を向け努力の投入はゼロになると指摘している。

この目標の現実性についての仮説は，スポーツ心理学の分野で頻繁に取り上げられてきた[4]。そして，各人の発揮できる資源にあわせて，指導者

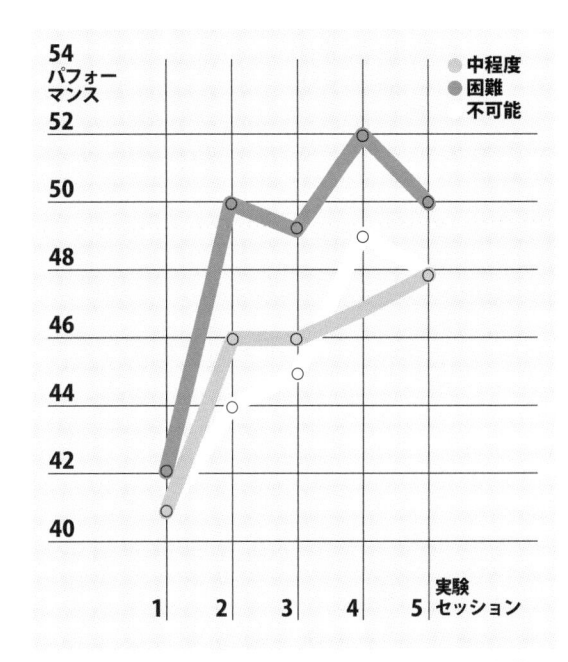

▶図9.1 5回の腹筋運動練習セッションでの目標難易度とパフォーマンスの関係[29]

が目標難易度を個別に設定する必要があることが示されてきた。しかし，体育授業で教師が，一人一人の生徒に，その能力に応じた個別の目標を与えることは実際には簡単なことではない。

そこで，身体活動分野の研究で，個人の能力を超えた非現実的目標が，必ずしも意欲減退や努力低下につながらなかったという結果が示されていることに注目したい。これらの結果は，握力課題，バスケットボールのシュート課題などを用いた一連の実験で証明された[29]（▶図9.1）。これらの結果には，スポーツ活動が本質的にやる気を起こさせ易いものであることが関係している。人は自分自身の目標によって動機づけられるため，非現実的目標を与えられた被験者は，おそらくより受け入れやすい目標を選択し，そうすることで自分の動機づけを維持し，パフォーマンスを向上させた可能性がある。

したがって，体育教師は生徒に高い目標を提示することを恐れる必要はないと思われる。生徒は課題が達成可能と推定すれば，与えられた目標に到達しようと努力する。目標が非現実的と判断すれば，おそらくもっと自分の能力に合う目標を代わりに設定すると考えられる。教師は，易しすぎ

る目標を生徒に与えることで，生徒の進歩を制限してしまう危険性がある。しかし，生徒に不可能な目標を与えようとしてはならない。生徒に参加意欲を起させるには，たとえ困難であっても，がんばれば達成可能と考えられる目標でなければならない。

■3.難易度と強度の認知

客観的難易度と主観的難易度の関係を調べた研究は，両者の関係は正の加速曲線となることを明らかにした（▶図9.2）。たとえば，単純な知覚的運動課題では指数0.4がこの関係を説明する関数であった[12]。

この正の加速曲線は，課題の難易度が上がるにつれて難しさに対する感度が増すことを示している。つまり，実際に課題が難しい場合は，そこからほんの少しでも課題が難しくなっただけでも，主観的には課題がかなり難しくなったと感じ，課題が簡単な場合は，さらに課題が難しくなっても主観的にはそれ程難しくなったとは感じない。そのため，生徒がすでに難しいと判断した課題の難易度を変えるには注意が必要である。

たとえば，自分の受け持つ生徒にロッククライミングの課題を与えると仮定し，ある時点でハンドグリップ位置を修正して，難易度を少しずつ上げるよう指示するとする。最初の課題難易度をほどほどと判断した生徒は，新しいチャレンジを問題なく受け入れるが，逆に最初の課題難易度を難しいと判断した生徒は，客観的難易度が上がることでやる気をなくす可能性がある。このように，同じ課題であっても，人によって感じる難易度レベルは異なる。教師は，こうした個人差を考慮に入れ，指導しなければならない。

いくつかの実験では，難易度評価に高い類似性が示された。「客観的難易度-主観的難易度」の指数は，どの課題でも共通性を持つようである[13]。つまり，この指数は被験者の特徴であって，課題の性質とは無関係だと思われる（▶図9.3）。実際，課題の客観的難易度を上げると，この上昇をほどほどと感じる生徒もいれば大幅に上昇したと感じる者もいる。非常に敏感な者では難易度を過大評価し，逆にそれほど敏感ではない者は過小評価するようである。

これらの個人差の先行要因を把握しようとした研究がいくつかある。ドルニックとビルバウマー[16]は，正常な被験者と神経症者を対象に時間的プレッシャーの下で行う課題での，主観的難易度を研究した。主観的難易度は，正常な被験者の場合，持ち時間の一次関数となったが，神経症者で

▶図9.3 人によって主観的難易度の感度に違いがある

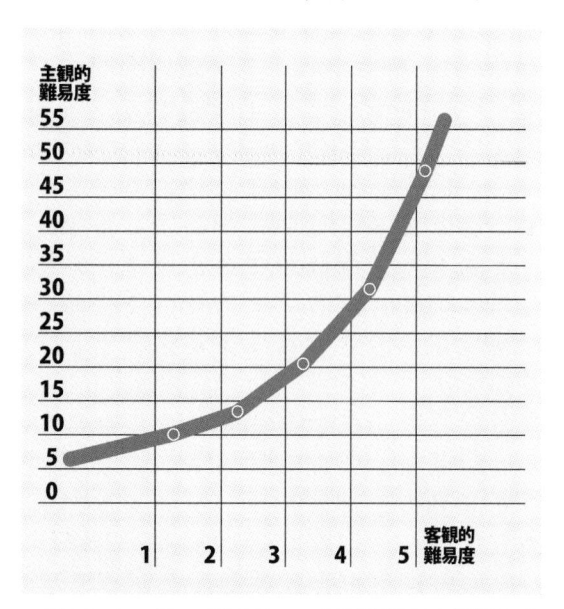

▶図9.2 タッピング課題での客観的難易度指数と主観的難易度指数との関係[12]

は持ち時間の加速的関数となった。また，デリニエール[8]は，ロッククライミングの熟練者と非熟練者を対象に，タッピング課題の難易度評価を比較した。熟練者の平均指数は非熟練者より有意に低かった（▶図9.4）。これらの結果から，パーソナリティ変数や熟練が，難易度の感度の重要な先行要因である可能性が示唆される。

　研究者たちは，主観的運動強度への性差の影響という問題にも取り組んできた。一般に，努力が「男性的価値」に通じるため，客観的運動強度が同じなら，女性たちが感じる主観的強度は男性よりも高いとされている。たとえば，ディルらは最大酸素摂取量の80％強度のランニング課題において，主観的運動強度は男性の方が有意に低いことを示した[24]。しかし，多くの場合，結果はさまざまであった。たとえば，ワインバーグら[30]はベテランランナーグループを対象に，トレッドミルでのランニング課題における努力評価を調べ，女性群より男性群の方が評価の点数が高いことを示した。デリニエールとファモーズ[11]は，ウォーキング課題を用いて生徒と教師の評価を調べ，女子が男子よりも高い評価であり，女性教師が男性教師よりも低い評価をしたことを示している。

　また，スポーツの熟練度が主観的運動強度に影響することが強調されている。たとえば，シルバら[28]は，トップレベルの男女競技者間には差がなく，運動経験の少ない者では，男女間で主観的運動強度に差がみられたことを報告している。

　性役割の影響を調べたいくつかの実験では，結果が一貫していた。ホックシュテトラーら[19]は女性グループを対象に主観的運動強度を研究した。対象者を性役割尺度に基づいて女性的，中性的，男性的の3群に分けた。女性的な者は中性的及び男性的な者よりも主観的運動強度が高かった。同様の結果は男性被験者でもみられた。また，女性競技者は運動経験の少ない女性よりも，男性的な特性が多いことが示されている[27]。

　これらの結果は，体育教育に重要な意味を持つ。すなわち，教師は，女子生徒が難易度を過大評価する危険性があることを心に留めておかねばならない。また，体育教師は男女を問わず，一般的に

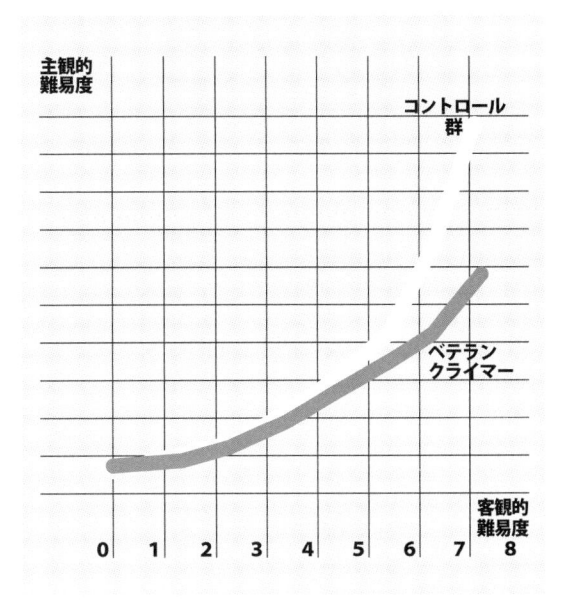

▶図9.4 タッピング課題での客観的難易度と主観的難易度の関係[8]

男性的傾向を有しているため，教師の推定する難易度と生徒，特に女子生徒の推定難易度との間に差が生じる可能性がある。

■4.主観的難易度を評価するための実用ツール

　教師は，生徒が自覚する難易度を把握する必要があるだろう。そのため，現場での使用を目的とした簡易評価ツールが作成されている。ボルグ[3]は，主観的運動強度評価スケールを提案した（図9.5a）。このスケールは6から20の番号を付された15ポイントから成り，1ポイントおきに「非常に楽」から「非常にきつい」まで言語表示されている。近年，デリニエールら[10]が，DP-15（▶図9.5b）という主観的難易度を測るためのスケールを作成し，その妥当性を検証している。このスケールは，簡単な知覚運動課題における客観的難易度と主観的難易度の間の関係を調べるものであった。

　これらのスケールは，実用性が高いだろう。たとえば，運動強度を規定することに関して，ボルグのRPEスケールの有効性がさまざまな研究で実証されている[18]。そのため，両スケールを授業で用いることも有効だと思われる。生徒に課したいと思う課題の難易度を教師が評価し，生徒にも

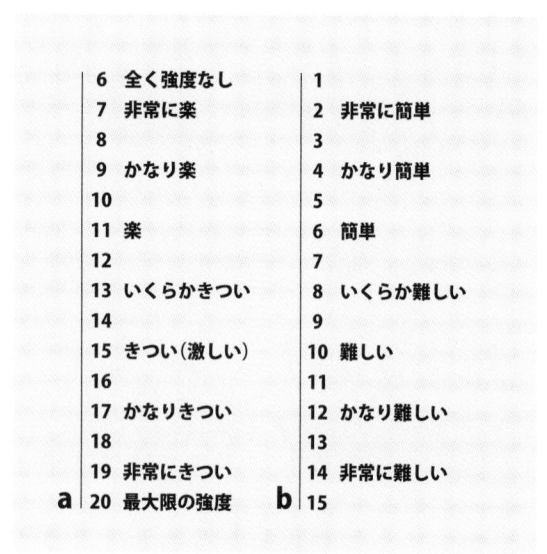

a		b	
6	全く強度なし	1	
7	非常に楽	2	非常に簡単
8		3	
9	かなり楽	4	かなり簡単
10		5	
11	楽	6	簡単
12		7	
13	いくらかきつい	8	いくらか難しい
14		9	
15	きつい(激しい)	10	難しい
16		11	
17	かなりきつい	12	かなり難しい
18		13	
19	非常にきつい	14	非常に難しい
20	最大限の強度	15	

▶図9.5 [a]ボルグの主観的運動強度スケール, [b]DP-15 主観的難易度評価スケール[14]

評価させる。このことで，教師は自分自身の評価を把握でき，生徒による評点との不一致を知ることができ，また生徒間の相違を知ることができる。

3 質的観点―課題の性質とは？―

これまでは，課題の主観的な認知に焦点をあててきたが，課題の性質及び目標の種類という別の観点から検討することも重要である。

1.素質 VS 努力

研究者が与えた課題の要求内容，あるいは個人が自発的に用いた課題の要求内容が，運動パフォーマンスや運動学習に影響を与えることが，いくつかの実験で明らかにされている。そこでは，被験者がパフォーマンスはスキルと学習によって決定されると思う時，パフォーマンスが素質や生来の能力に関連していると思う時よりも努力して高い成果を得ることが示されている。

たとえば，ジュールデンら[20]は，回転盤追跡課題を用いて検討した。最初のグループには，課題は個人の安定した能力を評価するものであると伝え，二番目のグループへはパフォーマンスに対する学習と努力の役割の重要性を強調した。その結果，二番目のグループでは，課題に対する興味，高いレベルのパフォーマンス，結果に対する前向

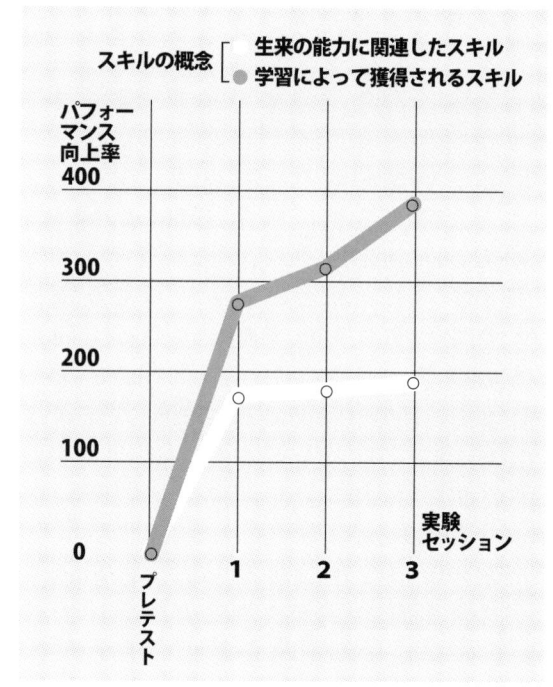

▶図9.6 実験者が示した課題の要求内容による，3セッションの回転追跡課題におけるパフォーマンスの向上率

きな反応，有能感の高まりなどが示された（▶図9.6）。

つまり，パフォーマンスに影響を与える要因が自分のコントロール下にあるという確信を持つ必要がある。もし，失敗はスキル不足や努力不足にあると判断するなら，これらはコントロール可能で改善できる要因であるので，目標達成への努力を貫くだろう。逆に失敗が安定因子（素質や形態的特徴），外的要因，統御不能要因（チャンス，審判の判断，対戦相手の強さ）などに関連していると感じれば，人々はその課題に背を向ける傾向がある[26]。

多くの生徒が，スポーツにおける成功は先天的な素質によって決定されると信じている。教師はこの素質重視の考えに対して，努力と学習を奨励すべきである。自分や同僚が生徒にどのような課題を提示してきたかを振り返ってみよう。努力の役割を本当に強調してきただろうか。課題に熱心に取り組み努力を続けることにより，進歩する可能性があることを真剣に主張することが重要なのである。

■2.熟達目標 VS 競争目標

目標理論は，能力を高めたいという個人の欲求によって達成動機を説明している。何らかの達成を目標とする状況にある人は，有能さを示そうとしたり，能力不足を見せることを避けようとしたりする。この時，能力の概念を2つに区別することができる。第1の概念は，能力は他者のパフォーマンスと比較され，自分が他者より勝るパフォーマンスを実現させた場合に，自分に能力があるとみなす。すなわち能力は，社会的比較過程によって決定される。第2の概念は，能力は熟達及びパフォーマンス向上についての個人の基準で決定される。人は他者のパフォーマンスとは関係なく，目標のパフォーマンスに到達しようと努める。これらの概念は，競争（自我）志向と熟達（課題）志向の2つの基本的な動機の志向性を決定するものである[25]。

達成目標は，パフォーマンスに対するスキルと努力の役割に関わる概念の違いに関連している。スポーツ分野では，熟達志向の者は，成功は努力と粘り強さによるものだと考えることが示されている[17]。この場合，スキルと努力はパフォーマンス向上のために必要な2つの要素であると考えられる。逆に，競争志向の者は，成功は主に優れた能力を反映するものであり，不確実な投資を意味するものである。彼らにとって大きな努力を払って得た成功は最小限の評価を受けるものであり，大きな努力にもかかわらず生じた失敗を正当化するのはより難しいものとなる。

ロバーツ[25]によると，競争目標を志向する者は，失敗した後はまったく努力しようとしない。失敗後は，期待レベル，粘り強さ，パフォーマンスが低下する。逆に，熟達志向の者は，失敗をスキル習得における必要不可欠な要素として見なす傾向があり，失敗から学ぶことができるので努力を継続させる。熟達志向は，努力の投入及び学習を誘導するうえで，より有効であると結論される。

達成目標が部分的には個人の特性で決定されるとしても，教師は重要な役割を担うことができる。熟達目標を選ぶような教室内の動機づけ雰囲気によって，生徒が刺激を受けることが示されている[1]。動機づけ雰囲気は，生徒に課した目標の性質，評価と報酬の過程，教室内で生じた生徒間の関係性のあり方に関連がある。授業を構成するにあたり，教師は，個人間の比較は避けるよう努めるべきである。その代わりに，教師は各生徒に個別の目標とパフォーマンス基準を提供するよう努めるべきである。

そのための前段階として，教師は自分の目標志向性を確認することが大切である。自分は競争志向だろうかそれとも熟達志向だろうか，成功を他者に勝ることを成功とみなしているか，自分の目標を達成することを成功とみなしているか。これらを知ることで，自分の教え方をより深く自覚することになり，次第に熟達的要素をより多く入れられるようになる。

4 結論

課題の主観的評価は，解決しなければならない問題についての個人の認知を意味する。本章では，難易度評価と課題で要求される内容の性質についての認識という課題の主観的評価の2つの側面に焦点をあてた。運動パフォーマンスは，客観的課題に対する個人の資源システムの投資によって自動的に決定されるものではない。課題難易度のレベルや課題の性質の主観的評価が，感情，動機づけ，努力の重要な橋渡しとなる。体育教師は主観的難易度のいくつかの特徴に留意しなければならない。

- ◎ **主観的難易度は努力投入に密接に関連している。努力と学習を奨励するため，教師は生徒に重要なチャレンジとなる課題を提供しなければならない。**
- ◎ **難易度に対する感度は人によって異なっている。この感度は，本人が課題で要求される内容のレベルや，その変化を認識する方法を決定するものである。**
- ◎ **難易度に対する感度は性役割などの影響を受ける。教師は，自身の感度と生徒の感度との間にギャップがあり得ることに留意しなければならない。**
- ◎ **より質的な観点からすると，難易度の認知とは目標の性質や必要な資源の性質に関する個人の捉え**

方をいう。教師は，明確に目標を述べ，教室内に熟達を志向するような雰囲気を作ることによって生徒が最適な志向性を持つよう仕向けることができる。

キーポイント

[1] 主観的難易度と主観的運動強度は，区別することが可能である。
[2] 主観的運動強度は，一定のパフォーマンスレベルに達するために個人が投入した努力の量を反映する。
[3] 主観的難易度は，課題難易度の評価というよりむしろ目標難易度の評価である。
[4] 目標が難しければ難しいほど，パフォーマンスは高くなる。
[5] 目標は難しくなければならないが，現実的であることも必要である。
[6] 非現実的な目標が必ずしもパフォーマンスの低下につながるとは限らない。
[7] 客観的難易度が上がれば，難易度に対する感度も上がる。
[8] 各人は難易度に対する個々の感度を持っている。
[9] 難易度に対する感度は，性格や熟練度などの個々の変数に関連している。
[10] 性役割は難易度に対する感度に影響を与える。
[11] 主観的難易度の実際的評価が可能な特定スケールがいくつかある。
[12] 必要な資源の性質についての被験者の概念は学習及びパフォーマンスに大きく影響する。
[13] 達成志向は能力の概念に関連している。
[14] 教師は，熟達を志向する雰囲気を促進しなければならない。

理解度チェック

[1] 課題の難易度と目標の難易度の違いは何か。
[2] 目標の難易度と努力の関係について説明せよ。
[3] 難易度と主観的難易度の関係について説明せよ。
[4] 性及び性役割は，主観的運動強度にどのように影響するか。
[5] 競争志向と熟達志向の違いは何か。

文献

1) Ames, C., & Ames, R. (1984). Systems of student and teacher motivation: Toward qualitative definition. *Journal of Educational Psychology*, 76, 535-556.
2) Borg, G. A. V. (1962). *Physical performance and perceived exertion*. Lund, Sweden: Gleerup.
3) Borg, G. A. V. (1970). Perceived exertion as an indicator of somatic stress. *Scandinavian Journal of Rehabilitation Medicine*, 2, 92-98.
4) Botterill, C. (1979) Goal setting with athletes. *Sport Science Periodical on Research and Technology in Sport*, 1, 1-8.
5) Bratfisch, O., Dornic, S., & Borg, G. (1970). *Perceived difficulty of a motor-skill task as a function of training* (Reports from the Institute of Applied Psychology No. 11). Stockholm: University of Stockholm.
6) Campbell, D. J., & Ilgen, D. R. (1976). Additive effects of task difficulty and goal setting on subsequent task performance. *Journal of Applied Psychology*, 61, 319-324.
7) Davisse, A., & Louveau, C. (1991). *Sports, école, société: La part des femmes* [Sport, school, and society: Women's part]. Joinville-le-Pont, France: Actio.
8) Dèlignieres, D. (1993). *Approche psychophysique de la perception de la difficulté dans les tâches perceptivo-motrices* [Psychophysical approach of the perception of difficulty in perceptual-motor task]. Unpublished doctoral thesis, Université Paris V.
9) Delignières, D., & Brisswalter, J. (1996). The perception of difficulty: What can be known about perceptive continua through individual psychophysical exponents? *Journal of Human Movement Studies*, 30, 23-239.
10) Delignières, D., Brisswalter, J., & Legros, P. (1994). Influence of physical exercise on choice reaction time in sport experts: The mediating role of resource allocation. *Journal of Human Movemnet Studies*, 27, 173-188.
11) Delignieres, D., & Famose, J. P. (1991). Estimation des exigencies bioénergétiques des tâches motrices. Influence de l'âge et du sexe [Estimation of the energetical requirements of motor tasks. Age and sex effects]. *S. T. A. P. S.*, 12. 63-72.
12) Delignières, D., & Famose, J. P. (1992). Perception de la difficulté, entropie et performance [Perception of difficulty, entropy and performance]. *Science & Sports*, 7, 245-252.
13) Delignières, D., & Famose, J. P. (1994). Perception de la difficulté et nature de la tâche [Perception of difficulty and nature of the task]. *Science et Motricité*, 23, 39-47.
14) Delignieres, D., Famose, J. P., & Genty, J. (1994). Validation d'une échelle de catégories pour la perception de la difficulté [Validation of a category scale for the perception of difficulty]. *S. T. A. P. S.*, 34, 77-88.
15) Delignières, D., Famose, J. P., Thépaut-Mathieu, C., & Fleurance, P. (1993). A psychophysical study on difficulty ratings in rock climbing. *International Journal of Sport Psychology*, 24, 404-416.
16) Dornic, S., & Birbaumer, N. (1974). *Information overload and perceived difficulty in "neurotics"* (Reports from the Institute of Applied Psychology No.49). Stockholm: University of Stockholm.
17) Duda, J. L., Fox, K. R., Biddle, S. J. H., & Armstrong, N. (1992). Children's achievement goals and beliefs about success in sport. *British Journal of Educational Psychology*, 62, 309-319.
18) Dunbar, C. C., Goris, C., Michielli, D. W., & Kalinski, M. I. (1994). Accuracy and reproducibility of an exercise prescription based on ratings of perceived exertion for tredmill and cycle ergometer exercise. *Perceptual and Motor Skills*, 78, 1335-1344.
19) Hochstetler, S. A., Rejeski, W. J., & Best, D. (1985). The influence of sex-role orientation on ratings of perceived exertion. *Sex-roles*, 12, 825-835.
20) Jourden, F. J., Bandura, A., & Banfield, J. T. (1991). The impact of conception of ability on self-regulatory factors and motor skill acquisition. *Journal of Sport and Exercise Psychology*, 8, 213-226.
21) Kukla, A. (1972). Foundations of an attributional theory of performance. *Psychological Review*, 79, 454-470.
22) Latham, G. P., & Locke, E. A. (1975). Increasing productivity with decreasing time limits; a field replication of Parkinson's Law. *Journal of Applied Psychology*, 60, 524-526.
23) Locke, E. A., & Latham, G. P. (1985). The application of goal setting to sports. *Journal of Sport Psychology*, 7, 205-222.
24) Rejeski, W. J. (1981). The perception of exertion: A social psychophysiological integration. *Journal of Sport Psychology*, 4, 305-320.
25) Roberts, C. G. (1984). Toward a new theory of motivation in sport: The role of perceived ability. In J. M. Silva & R. S. Weinberg (Eds.),

Psychological foundations in sport (pp. 214-228). Champaign, IL: Human Kinetics.

26) Rudisill, M. E. (1990). The influence of various achievement goal orientations on children's perceived competence, expectations persistence and performance for three motor tasks. *Journal of Human Movement Studies,* 19, 231-249.

27) Salisbury, J., & Passer, M. W. (1982). Gender-role attitudes and participation in competitive activities of varying stereotypic femininity. *Personality and Social Psychology,* 6, 197-207.

28) Sylva, M., Byrd, R., & Mangun, M. (1990). Effects of social influence and sex on ratings of perceived exertion in exercising elite athletes. *Perceptual and Motor Skills,* 70, 591-594.

29) Weinberg, R., Fowler, C., Jackson, A., Bagnall, J., & Bruya, L. (1991). Effect of goal difficulty on motor performance: A replication across tasks and subjects. *Journal of Sport & Exercise Psychology,* 13, 160-173.

30) Wrisberg, C. A., Franks, B. D., Birdwell, M. W., & High, D. M. (1988). Physiological and psychological responses to exercise with an induced attentional focus. *Perceptual and Motor Skills,* 66, 603-616.

第10章

複雑な運動スキルの獲得

Complex Motor Skill Acquisition

1 はじめに

　体育教師の関心は，生徒が運動行動を身につけ，変化させ，最適化するのを手伝うことである。これらの変化には，多くの要因が影響している。本書は，動機づけ，フィードバック，有能感，教授スタイルなどの要因を詳細に扱っている。本章では，以下4つの複雑な技能の行動パターンと学習中の変化を中心に扱う。複雑な運動スキルの特徴は何か。自分の身体を多くのさまざまな方法で組織化するとはどういうことか。今のレパートリーを広げて，新しい技能を獲得するメカニズムはどんなものか。複雑な運動スキルに関する知識は体育教師にどう役立つのか。

　本章で扱われている原理や指針の多くが運動発達にも適用できるのだが，発達はそれ独自の側面や問題を抱えている。運動発達に関心のある読者は，7章を参照して欲しい。

　心理学にはいくつかの運動学習の理論がある。特にアダムスの運動学習の閉回路理論[1]とシュミットの個別的な運動学習のスキーマ理論[24]は，運動学習研究の財産を鼓舞し方向づけた。両理論は中枢実行理論と呼ばれているもので，運動制御は中枢神経系の情報処理であるとしている。この理論的前提は，体育教師ができることをいくつかの面で制限するものである。

　第1に，見えない神経系において運動制御が行われるなら，目に見える行動を扱う体育教師は，なすすべがない。さらに，これらの理論では今ある協応パターンを改善することと，それをどのように測定するかは分かるが，どうやって新しいフォームが獲得されるのかは教えてくれない。新しい運動パターンを身につけることへの体育領域の関与を制限するものでもある。最後に，これらの理論は主に遅い運動，単一関節運動，安定した条件下での定位課題には当てはまる。しかしながら，現実世界の運動は，高度に複雑で，常に変化する条件で実行されている。つまり単純な運動の合計ではないものと，それに相互作用する多くの身体要素を含んでいる。

　幸いなことに，過去10年間に運動科学は，幅広く非線形と複雑系のすべてにわたって，システムを研究するための，実証的な方法と分析手法を開発してきた。これらの手法は，ダイナミックシステム理論と呼ばれ，物理学と数学領域が起源である。この理論は今世紀の始めから進歩してきたが，実は，ダイナミックシステムとしての運動の概念化は，ベルンシュタインの先駆的な仕事にさかのぼることができる。

　本章は3つの部分からなっている。最初に，複雑なスキル獲得の問題を扱うのに最も適していると思われる運動協応と制御に対するアプローチ，すなわちダイナミックシステム理論について説明する。次に，複雑なスキルが獲得される一般的な道筋を示す。第三部では，体育との関わりを論じる。

2 複雑運動の組織化理論

　ここでは，複雑な運動を研究する運動科学の歴

史の中で最初の科学者の1人であるロシアの心理学者，ベルンシュタイン（1896—1966）の先駆的な研究を簡単に振り返り，彼のアイデアの結合と現代科学の数学の進歩がどのように現在の複雑な運動体のダイナミック理論を導いたかを示す。

■1.ベルンシュタインの複雑運動の測定

1930年代の初め，労働効率を向上させてソビエト経済を発展させようと考えたソビエト政府は，その年代の終わりまでに，人間の運動を体系的に研究することをベルンシュタインに命じた。ベルンシュタインは毎日の状況で動く人々，たとえば，金槌，のこぎり，やすりを使う熟練した工場労働者と未熟な労働者，さらに文字を書いたり，走ったりする子どもと大人を撮影した[5]。

ベルンシュタインの正確な測定は，運動がまったく同じ軌跡で2回は繰り返されないことを示した。これは運動が行われる状況や，達成者の技能レベル，性別や成熟の程度に関係なかった[6]。

■2.運動のダイナミックス

機械では，動く部分は，たとえば上下，前後，円など主に決められた範囲の軌道を通る。生態システムでは，関節が動く範囲は変わり続け，運動の空間は多次元的である。このことから，ベルンシュタインは運動システムに存在する組織化は機械と同じではないと主張した。

組織化された運動は，課題によって違うだけでなく，同じ課題内であっても実施するごとに変化することが分かった。たとえば，ピアノを弾く課題では，腕の動きは，運動速度が増すにつれて，固定した動きから，振子運動が合成された動きにまで変化した[7]。

■(1)自由度

たとえば，腕をさまざまな位置に置き，そこからさまざまな軌跡で動かすことができることで，コーヒーカップに手を伸ばす動作が可能になる。道を渡る時にも，歩く，跳ぶ，走る，のいずれかを選択することができる。こうして私たちは，その課題を行うのに適切な動作を多くの方法の中から選択できる。余分な自由のあることで，利用の可能性が広がる。

しかしながら，動きの多様性を利用できるようになるには，まず多様な動きや幅広い自由度を協応させねばならない。4つのタイヤそれぞれが別々に動く車を運転することを想像して欲しい。4人でそれぞれのタイヤを操作し，4つの動きを協応させて車を回転させようとすると，そのやり方でうまく運転できるようになるには相当苦労することが分かるだろう。

> *Exercise* 1 自由度
>
> あなたの腕の自由度の大きさを確かめてみよう。いろいろな方法で，手を伸ばしてコーヒーカップなどを掴んでみよう。いろいろな位置から，いろいろな軌跡で，この課題をこなせることがわかるだろう。

■(2)動きの抑制

動きの抑制は，修正のメカニズムに関係ない自由度の総数を削減すると定義されている。四輪駆動の車のデザイナーは，4つのタイヤの移動方向に制限を加えることによって，運転の難しさを克服した。デザイナーは2つの後輪を車の進行方向に常に動くように固定した。2つの前輪は常に同じ方向に動くようにつなげられた。この設計は4つの自由を持つ車輪を1つの自由だけに上手く減少させている。運転者の行動は残された自由を制御することで，車の方向がそれで決められる。

可動性を抑制すれば不利なこともある。すべてのタイヤが90度回転できる車なら，車より数インチ大きいだけの駐車場に入れることができるはずだ。自由度を削減したことによって，問題を解決する選択肢の数も減る。したがって，課題や環境が変化したせいで動きを完成させる選択ができない時は，動きの可能性を増やすために削減した自由度を再び回復することが必要である。

これは人間と機械システムの特別な違いを示す。機械では，組織は決められた通りにつなげられているが，人間の身体では，運動を組織する神経システムが柔軟であるため，複数の自由度を一時的に組織することができる。課題，意図，環境が変化すれば，この柔らかい組織的なつながりが

▶図10.1 特定の課題を行う時,身体要素が柔軟に一時的に組織化することを共働作用と呼ぶ

解けて,身体の自由度は新たに再構築される。ベルンシュタインはこれらの柔軟な組織の集合した単位を「共働作用（シナジー）」と名づけた（▶図10.1）。

ベルンシュタインは,スキルを開発し学習するプロセスを,自由度の抑制と解放の一種であると定義した。つまり,人間が共働作用を作り出したり無効にしたりするのだ。さらに自由度を抑制したり,解放するさまざまなバランスのコントロールを獲得することで,学習したり,学習を改善することができることも示された（▶図10.2）。

ベルンシュタインの死去一年後の1967年に,この運動協応についての重要な論文の英訳がついに出された[5]。ベルンシュタインが運動の理解に計り知れない貢献をしたことを西側諸国の科学集団が悟るのにはさらに10年を要した。ターベイ,カグラー,ケルゾら[16],[18],[27]のアプローチは,人間の身体の過剰な自由度すべてを中枢が制御することは不可能であるというベルンシュタインの洞察に基づいている。反力と最初の条件が運動を生み出す能動的な筋肉の力と結合する。これは,遠心性の信号と運動そのものの間に直線的で単一の関係が存在するという考えを否定するものである。彼らはこれを,運動行動の一般原理は有機体の特性よりもむしろ有機体と環境の関係の中にあるという認知と行動の相互依存というギブソンの仮定と結びつけた[10],[11]。

このアプローチは,最初に,概念的に中枢実行理論にとって代わるものとして示された。複雑なシステムの安定と変化の物理学,つまりダイナミックなシステム物理学の数学的手法を適応することによって実証的な力も得て,共働作用のダイナミックスについてのベルンシュタインの初期の洞察は公式なものになった。

(3)ダイナミックシステム理論

ダイナミックシステム理論は,非線形で相互作用する多くの要素を持つと定義される複雑系の行動を研究し,記述する一般理論である。重要な貢献の1つは,エネルギーの影響下でシステムの要素間の交互作用が,自発的な集合効果を生じさせるという認識である。これらの集合効果は,行動の目に見えるレベルでの自己組織化パターンとして現れる。このマクロ組織とその制御はたった1つまたは2,3の変数によって特徴づけることができる。中枢制御の優位性はないので,この運動の組織化の根拠も,個人が行動に影響する余地を多く残している。つまり,運動の組織化を生み出す同じ原理を,行動を変容させるために用いることができる。

現在の生物学と心理学の文献では,目に見える様相の特徴を示すのに最も広く用いられている変数は,さまざまな部分の相対的タイミング（相対的な相）である（ケルゾ[17];パターンダイナミックスについての面白い入門書はエカ&ケルゾ[14]参照）。たとえば,馬のさまざまな足並み（すなわち,並足,速足,ギャロップ）のパターンは,4足の異なるタイミング関係であらわすことができる。乳幼児のハイハイは,手足のタイミングが極端に変動するが,四肢で這う時には,そのタイミングは馬の並足に良く似た完全な交互の運びになる[2]。

目に見える変化は,制御変数と呼ばれるものによって引き起こされるらしい[12]。制御変数は行動に影響するが,前もって規定するのではない。つまり,ある運動パターンに特有の変数というのではない。たとえば,さまざまな馬の足並みの変わり目は,移動のスピードによって始まるので,スピードが制御変数になる。

目に見える様相は,ある程度の安定という特徴を持っており,外的な妨害に抵抗することが示されている。たとえば,生まれてからの2年間の（支

持された状態での）移動は，極端にこわれやすく安定していない。小さな障害物にさえ幼児は簡単につまずく。幼児期の後半から大人まで歩行は非常に安定している。何かを運びながらでも苦もなく歩くことができるし，友達と話しながら平らでない地形を横切ることも難しくはない。年をとると，高齢者の転倒率が高いことからも分かるように，移動は安定性を欠くものになる。

要約すると，本章の第1部は，運動制御は必ずしも中枢の仕事ではないというベルンシュタインの考えを説明した。身体は，（自ら）運動を組織する源を多く持っている。この組織化は，行動の抑制として解釈でき，身体の周辺，課題，環境から生じる。人間行動のもう1つの特徴は，運動組織の柔軟さである。つまり，協応性は柔軟に組み立てられている。協応は，課題や環境の支配的な特性に対応している。最後に，ここではダイナミックス理論がどのように複雑行動の特性すべてを網羅しているかを記述した。

3　運動スキルの獲得の練習

ここでは，作業する時の自由度が大きい場合の利点と不利な点を明らかにする。特に，自由度の減少がスキルの獲得にどのように影響するかを示し，巧みな行動を引き起こす一般的な道筋を記述する。

■1.巧みな行動への道筋

自由度は2つの側面を持つ。自由度が大きくなればなるほど，パフォーマンスの柔軟性が増す。他方，自由度が大きくなりすぎるとパフォーマンスが難しくなり，制限しなければならなくなる。巧みな運動は，柔軟性と制限のバランスがうまくとれているということだろう。そこで，スキル獲得は，第一にこのバランスを作り出す自由度の協応を身につけることであると言える。これは，自由度を削減したり回復したりする連続的なプロセスで行われねばならない（▶図10.3，10.4）。ベルンシュタイン[5]は，巧みな行動への道筋として，新しいスキル獲得のための3つの質的に異なる協応段階を示した。次にこれらの段階を説明する。

■(1)段階1：自由度の抑制

新しい運動課題に取り組むということは，運動問題を解決する方法を探すことである。しかしながら，新しい動き方に挑戦する時，我々はバランスを保とうとしたり，反力をコントロールすることに一生懸命になる。コントロールを失うと訳もわからずに落下をしたり，ケガをしやすくなる。協応させることが可能なくらいに自由度の量を減らすと，上手く処理できる。四輪駆動の車の例と同様に，2つの方法で自由度を削減することができる。第1の方法は，個々の自由度の一部を「しっかりと，下手に固定する」ことで[5]，制御の問題から逃れさせる（車の後輪のように）。第2の方法は，多数の自由度を一時，固定的に結合することである。この方法では，独立している自由度の制御を減らして単一の自由度をコントロールするのである（ハンドルが，前輪タイヤを方向づけ，車全体もその方向に向く）。

▶図10.2 新しい技能の学習には，自由度の制限と開放がある。それが共働作用の形成と変容を導く

▶図10.3, 10.4 上手な運動の特徴は，多過ぎる自由度と少なすぎる自由度の間でうまくバランスがとれていることである

　ベルンシュタインの考えに基づくいくつかの研究は，これらのプロセスを支持した。たとえば，射撃の上手な射手と下手な射手を比較したアルチューニャン，ガーファンクル，ミルスキー[3,4]は，初心者は腕のバイオメカニクス的な結合をきつく固定していることを見出した。反対に，熟練者は固定しないが，腕に相互補償的な動きが見られ，その結合によってピストルの動きの変動を最小にしていた。書字[22]とダーツ投げ[19]の研究でも同様のことが示された。両課題とも，利き腕に比較して非利き腕の方が，末端の結合が高い相関を示した。つまり，訓練されていない腕では，関節間の連動性が高いということである。言い換えると，初心者は自由度を柔軟には制御できず，固定的に制御しているのである。

　著者らの研究でも，スキル獲得の初期段階の2つの自由度削減の方略を支持するものであったことが分かった[29]。スキーの回転をマスターしようとする時，初心者はかかと，膝，腰関節をしっかり固定して運動を制御しようとする。他方，これらの関節の高い相関は，さらに制御問題を軽減するための連動を示している。

　まとめると，新しい課題に直面した時，固定と残された自由度間のしっかりした連動の導入によって，システムの制御が可能になる。しかし，長い目で見ればこの解決は十分なものではない。

スキー課題でのフェアアイケンら[28]の追跡研究によると，初心者の体勢は，（指先で鉛筆のバランスをとっているように）反対に重心を移動してバランスをとる振り子に似ている。この体勢は，非常に不安定でスキーの力動性に抵抗するよう作用する。パフォーマンスを改善するためには，学習者は柔軟さと抑制をうまく両立できるような別の解決方法を選ぶようにしなければならない。

■(2)段階2：自由度の探求

　柔軟性を増し，より課題の要求に応えられるように上達するには，自由度を増やしてパフォーマンスに取り入れることが必要になる。たとえば，スキーでは，足関節の角運動が増加し，これらの関節間の連動が減少することからも分かるように，自由度制限は次第に解除される[29]。引き続き制御を確実にするためには，これらの解放された自由度はより大きな機能単位，つまり共働作用に統合されねばならない。

　残念なことに，アルチューニャンら[3,4]の熟練射手の例にもかかわらず，複雑な共働作用の研究例はほとんどまれである。フェアアイケンら[28]の研究では，モデルとしてスキーを再び用い，逆に揺れてバランスをとる振り子のようだった初心者の体勢が，練習によって，単純な吊り下げ振り子（時計の振り子に似ている）の様態に変化することを示した。この身体要素の組織化は十分に安定しており，より大きくて速いスキーの動きを可能にした。しかしながら，最高のパフォーマンスは生じなかった。なぜなら被験者は反力を消すためにエネルギーをまだ浪費していたからである。

■(3)段階3：自由度の利用

　熟練者は受身（反力，摩擦，慣性など）の力に抵抗したり，それらを消滅させようとするのではなく，これらの力を自由にするという賢い使い方をしている。ベルンシュタインが主張したように，これは自由度の協応としては最高の段階であり，活動する筋力を最小にすることができる。著者らは，スキー課題を用いてこの第3の学習段階を明らかにした[30]。揺れる振り子のような初心者は，自分の立っている台を，反転点の近くで反対側へ押そうとしていた。吊り下げ振り子のような熟練

者は，板に加えられたバネの牽引力を有効に使っていた。熟練者は必要な時だけ筋力を補いながら，バネに蓄えられたエネルギーを活用した。最後の協応段階は，このように柔軟さと拘束の適切な交換によって特徴づけられる。最終段階で形成される運動の共働作用は，複雑に留められた振り子モデルと言える。つまり，留められた動きに必要とされる特別な自由度を動きの組織に組み入れることによって，熟練者は柔軟さと拘束のうまいバランスにたどり着いたのである。

ワーグナーとファンエメリック[31]は，自由度の追加の有効な効果を示した。腕をケガしている人にトレッドミルを歩かせ，健康なほうの腕で輪を回すように教示した。振動の増加によって，歩幅と歩数は改善した。

こうした自由度の排除，探求，利用の3段階は，巧みな行動への一般的な道筋を形成する（▶図10.5）。もちろん，最高の協応の程度に到達するまでに必要とされる練習の量と選択する特別な道筋には，ともに個人差がみられる。必ずしもすべての段階を通る必要はないし，前の段階への一時的な逆戻りもありうる。また，すべての人が協応の最高のレベルまで到達するというわけでもない。

学習者の個人差を無視しても，課題による差が生じる。失敗が起こりやすい課題は，リスクが大きいので凍結状態を生み出しやすい。初めてのスケートや綱渡りがそのよい例である。危険が少ない課題では，もっとリラックスしたパフォーマンスができる。初めてドラムを叩くとか，ボールを蹴るといった課題がそうである。こうした課題であっても，その動きを注意深く細かく観察すると，動きの問題を小さく簡単に扱おうとして，運動の可能性を最初に少し排除していることが分かる。

> **E**xercise2 巧みな行動への道筋
>
> なじみのある課題を思い浮かべ，図10.5に示された段階は，その課題ではどうなるか考えてみよう。学習者が自由度を排除したり，探求したり，利用する時，パフォーマンスはどのようになるだろうか。

まとめると，ここでは巧みな行動への一般的な道筋について論じた。新しい協応動作を初めて試みる時，制御の問題を簡単にするために自由度を排除することがわかる。上手になるにつれ，自由度をもっと制御できるようになり，その効果を探求し，自分のパフォーマンスに統合できるようになる。ベルンシュタインが協応の自由度と呼んだ最高の段階に達すると身体要求と環境の変化に柔軟に対処できるばかりでなく，重力，慣性，反力などの力をうまく取り扱えるようになる。それによって必要な筋力は減り，少ない努力で多くを達成するということが可能になるのである。

4 体育での理論の活用

ここでは体育領域に関連するスキル獲得の側面に焦点を当てる。

■1.制限の性質

不必要な自由度に対処するには，それらを何とか減らすべきである。特にパフォーマンスの安定がないことによって苦しむようなスキルを習得している場合はそうである。しかしながら，自由度の削減は熟練段階に達しているパフォーマンスの特徴であることも強調しておかなければならない。ただし，ここでの自由度の削減は柔軟なものである。私たちはいろいろな方法で運動課題を達

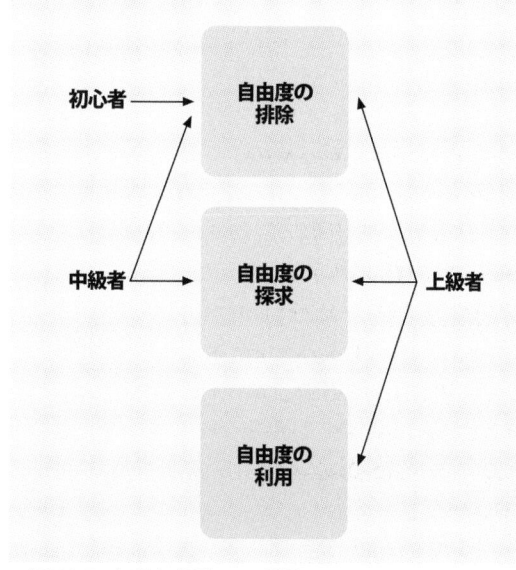

▶図10.5 上手な行動への道筋
（初心者→自由度の排除／中級者→自由度の探求／上級者→自由度の利用）

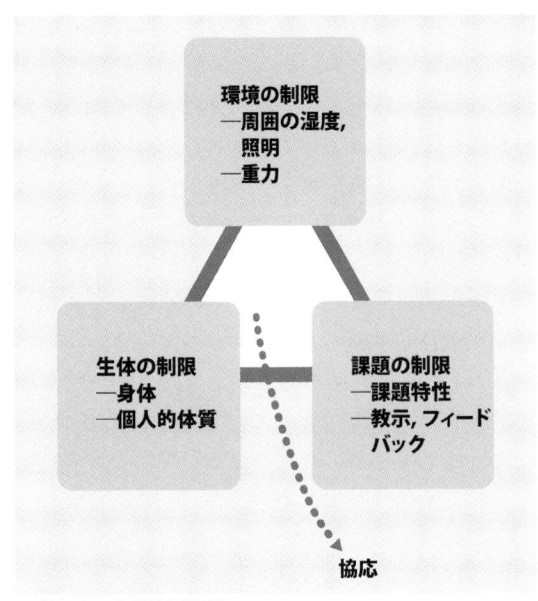

▶ 図10.6 制限の性質

成できる。つまり、ある瞬間に存在する可能性の中から選択しなければならない。選択することは、可能性を減ずることであり、行動を制限することである。

1986年にニューウェルは制限の分類を明確にし、制限は身体、課題、環境の3つから生じると主張した。制限の3分類の相互作用（▶図10.6）は、可能な協応のパターンと最適な協応のパターンの両方を決定する[21]。

ギブソン[10),11)]によれば、最も強い制限は私たちの知覚と行動の相互作用から生じるという。知覚が我々の行動の選択を導き、その行動はさらに我々の知覚を構成する。ギブソンはさらに、私たちは、知覚するために動かなければならないし、動くために知覚しなければならないと主張した。この前提は体育に重要な影響を与える。第1に、学習は、知覚と行動のより良い同調と定義される。さらにこの前提は、上手になることは、環境から関連する情報を発見することを学ぶことと、自分の行動を導くためにそれを用いることだと主張している。たとえば、多くのゲームで熟練するにつれて、相手の動きを情報として利用して、相手の次の行動はどうなるか、相手がどこにボールを置くのか、どこで自分をやっつけようとしているのか、などを知ることができるようになる。もちろ

ん、相手もこのスキルレベルに到達しているので、自分の未定の行動について相手に間違った情報（フェイントと名づけられている）を与えることもできるようになる。

いくつかの制限がからみあっていても、ある運動課題に1つ以上の解決法があるなら、最後の選択をするためにもう1つの制限が必要となる。この制限は、意図、動機づけなど、周りの世界に対する個人的傾向から生じると考えられる。それらは行為者によって実際に作り出され、一時的に今の認知的要求と運動パフォーマンスを一致させるように導入されるだろう。これらの認知的要求は解決の選択の場だけではなく、行為者が解決したい問題または解決すべき問題を選択する時にも重要な役割を果たすだろう。

E xercise 3 制限の性質

図10.6を見て、自分のよく知っている課題で考えると、どんな制限があるのか例を挙げなさい。それぞれの制限は、課題そのものから生じる制限、運動システムから生じる制限、環境から生じる制限のうち、どの分類に当てはまるか。

---

2. 解決の性質

これまで、共働作用する自由度をどのように協応させればいいのかということについて論じてきた。これらの共働作用は、個別の自由度よりも簡単に扱うことができる。しかしながら、どの変数が共働作用を制御し、どの変数が最適化される必要があるのかについては、まだ議論されている。

(1)制御される変数は課題に特有である

スキルを発揮する時に、行為者は何を制御しているだろうか。たとえば、バランス、直立、歩行のバイオメカニクスによる分析では、制御されていた変数は重心であった[33]。フェルドマンのラムダモデルでは、被制御変数は伸長反射の閾値で、筋肉の平衡点制御に影響を及ぼしている[9]。歩行とスキーの数学モデルでは、被制御変数は振り子の位置変化である[26),28)]。

特定の研究で適切と思われる被制御変数がさま

ざまであるということは、これらの変数が課題に特有な解決であることを示している。それらは1つの文脈では正しいが、他では重要な役割を果さないのである。

ダイナミックシステム理論では、共働作用を制御する変数は制御パラメータと呼ばれている（スキル獲得の例にはシェナー、ザノーネ、&ケルゾ[25]参照）。特定状況で何が制御パラメータであるかは、課題、行為者、環境に依存する。したがって、制御パラメータは課題ごとに新たに確立されねばならない。

■(2)最適化される変数は課題に特有である

行為者は、最適化の方略に基づいていくつかの選択肢の中からある課題のため1つの解決を選ぶと、バイオメカニクスの研究者は主張している。一般的な論点は、最適化がパフォーマンスのコストを最小にする形をとるかというものである。しかしながら、どの変数が最小化、つまり最適化される必要があるかについては、一致した見解に至っていない。ある研究者たちはエネルギー消費そのものが[20]、他の研究者たちはコストと効率機能のバランス、つまり機械的作業と新陳代謝エネルギーの消費の比率が、最適になされるべきだと主張している。負荷分割問題と呼ばれる研究では、生理学者は筋疲労の最小化、最大緊張の最小化、関節負荷の最小化といった変数を示した[8),15),23)]。ホーガンとフラッシュらは、律動つまり加速の変化が最小になると主張している[13)]。

残された問題は、課題や文脈の違いを超えて最適化される変数はあるのかということである。多様な最適化が実証されていることから、被制御変数のように、最適化される変数の選択も、課題と状況に依存しているようだ。

しかしながら、行為者の選んだ運動問題の解決を見ると、詳細な挑戦―評価―改善の手続きではなく、すばやく荒っぽい検索で見られるような解決によく似ている（▶図10.7）。日常では私たちはその仕事の雑な解決法をすばやく見つけることに熟練していて、最小のエネルギーを費やすとか他の変数を最適にするというような最適な解決方法を見つけるのが下手である。例外は、最適化つまり最小化そのものが課題の目的であるようなマラソンや走り高跳びのような解決方法であろう。

■3.体育への影響

■(1)探求の重要性

複雑な動きは柔軟である。固定され積み上げられたブロックで構成されているのではない。同様に、新しいスキルの獲得も、単純なブロックを積み上げて一緒にすることを学習することで可能になるのではない。協応した動きのパターンを漸進的に習得し、関連している自由度全体を取り込んでいくことである。つまり学習は、運動課題をより良く解決するための連続的な探求であり、そこでは同じ動きを繰り返さないが、かわりに臨機応変と言われる方法で運動課題を解決しようとする[5),32)]。

最終的には、学習者が探求し、さらに関連する自由度を発展させることを許すような方法で学習状況を構造化することが必要である。つまり、制限するなら、学習者ではなく環境を制限すべきである。たとえば、子どもに自転車の乗り方を教える時には、最初はバランス、それから操縦、最後に乗るというように課題を分断しない。むしろ、子どもは課題全体をまるごと経験すべきである。これを可能にするには、たとえば自転車に補助輪

▶図10.7 行為者が変数を最適化するなら、それは課題に特有な変数になるだろう

をつけることによって環境を制御することができる。

■**(2)補足**

学習のどの段階においても，パフォーマンスを改善するために集中すべき自由度は何かについてトレーナーとコーチは素晴らしい感覚を持っている。たとえば，スキーの滑降では「谷側に体を傾けなさい」とか，「ストロークのあとにはテニスラケットを追いかけなさい」とか，「バイクを回す時は，行こうとする方向を見なさい」などのアドバイスをしている。複雑な運動のダイナミック理論は，これらの自由度がどのように協応し，その協応がどのように学習過程を変えるか，さらになぜ特別な教示とフィードバックを学習者のスキルの向上に伴って変化せねばならないのかを説明してくれる。

多様なスキルを改善する方法について，多くのコーチは暗黙の知識を多少なりとも持っている。それに対して理論家は，「練習」の狭い領域に限定してはいるが，学習中の運動パターンの変化の理解やパフォーマンスの構造認識のための手段を発展させている。両方の知識を結びつければ，複雑なスキル獲得を完全に理解することが可能になるであろう。

5 結論

本章ではまず，伝統的な学習理論は複雑な運動群にとっては適切ではないと主張し，それにかわるダイナミックシステム理論の導入を提唱した。

第2に，スキルの高いパフォーマンスへの道筋を実践的な例を示しながら，提示した。道筋は新しいスキル獲得のまったくの初心者，新しい運動のパターンの発達から始まる。これは制御の問題を軽減すること，つまり自由度を排除することによって達成される。この段階の学習者には，環境を制限するだけではなく，環境を構造化したり，関連する情報源を指摘することが手助けになる。

学習者は，スキルを獲得するにつれ自由度を制御するようになり，これによって運動パターンを変化させることができるようになる。特にこの段階の学習者には，広い空間と時間が保証された探求が有益となるが，環境を構造化するのは学習者しだいである。しかしながら，学習者が自分のパフォーマンスを調整するために後で使うことができる洗練された情報源を示してやることはできるだろう。

最終的に，学習者は，運動パターンを最適にする段階に到達するだろう。学習者は外からの助けなしに効率的な動き方を磨くが，教師は最後の一押しを手伝うことができる。この段階では，敵に誤解させるようなフェイント情報を与えることもできる。最後に，制御のさまざまなカテゴリーと解決が課題に応じて特殊であることを論じて本章を締めくった。

キーポイント

[1] 運動学習の実行理論は，中枢神経系の情報処理による運動制御に関する理論である。

[2] ダイナミックシステム理論は日常生活の運動の複雑性を扱うことができる。

[3] 運動を繰り返しても，まったく同じ軌道を二度と通らない。

[4] 自由度は，身体運動の可能性と定義される。

[5] 自由度の数の減少は，制限と言われている。

[6] 共働作用は，ある課題に特殊な身体要素を柔軟に，一時的に組織化することである。

[7] 新しいスキルの学習は，自由度の制限と解放を含み，それによって共働作用の形成と転移が導かれる。

[8] 運動行動の一般的な原理は，身体と環境の関係の中から見出されるものであり，身体の中だけにあるものではない。

[9] ダイナミックシステム理論は，複雑なシステムでのパターンの出現，安定性，変化を記述する

[10] 制御パラメータは，新しいフォームを示さなくても，共働作用に変化を生み出す。

[11] 上手な動きの特徴は，多すぎる自由度と少なすぎる自由度の間でうまくバランスがとれていることである。

[12] 反力を処理するために，初心者は自由度を削減し，固定的な共働作用の形をつくる。

[13] 経験を積むと，自由度が増え，柔軟な共働作用

にそれらを統合できるようになる。

[14] 熟練者は受身の力を活用しようとし，そのことによって，活動する筋力を最小にする。

[15] 未熟な行動が熟練した行動になる一般的な道筋は，自由度の排除，探求，利用のプロセスを通る。

[16] 制限は，身体に起因する制限，課題に起因する制限，環境に起因する制限に分類できる。

[17] 被制御変数は，運動課題の課題に特殊な解決法である。

[18] 課題や文脈が変わっても同じように最適化のために用いられている共通の変数はない。行為者が最適化する変数は，課題に特殊な変数である。

[19] 体育と運動科学両方からの知識が，複雑なスキルの獲得についての完全な理解につながる。

理解度チェック

[1] 運動制御の実行理論によれば，体育教師の役割は重要でなくなる。それはなぜか。

[2] あなたの得意種目で，自由度が制限されたり削減された場合，どんな利点や不利点があるか。

[3] ベルンシュタインによれば，すべての自由度を中枢制御するのは不可能である。それはなぜか。

[4] ダイナミックシステム理論研究のテーマは何か。

[5] 巧みな行動への道筋である3つの学習段階を記述しなさい。

[6] 自由度を凍結することは，運動課題の長期的な解決策としては適切といえるか説明しなさい。

[7] ある運動課題の熟練者は，ベルンシュタインによればどんな特徴を持っているか。

[8] ニューウェルは制限をどのように分類したか。

[9] ギブソンの認知―行動の結合についての仮説を体育領域に当てはめるとどうなるか説明しなさい。

[10] 被制御変数と最適化変数は，ダイナミックシステムの観点からどう捉えられるか。

[11] 学習者が新しいスキルを学ぶ時なぜ探求が重要なのか。

[12] 実践者と理論家はそれぞれの知識からどのように利益を与え合うことができるかを書き出そう。

文献

1) Adams, J. A. (1971). A closed-loop theory of motor learning. *Journal of Motor Behaviour*, 3, 111-150.
2) Adolph, K. E., Vereijken, B., & Denny, M. A. (1998). Experience related changes in child development. Manuscript accepted for publication.
3) Arutyunyan, G. H., Gurfinkel, V. S., & Mirskii, M. L. (1968). Investigation of aiming at a target. *Biophysics*, 13, 536-538.
4) Arutyunyan, G. H., Gurfinkel, V. S., & Mirskii, M. L. (1969). Organization of movements on execution by man of an exact postural task. *Biophysics*, 14, 1162-1167.
5) Bernstein, N. (1967). *The co-ordination and regulation of movement*. London: Pergamon Press.
6) Bernstein, N. A. (1988). *Bewegungsphysiologie* [The physiology of movement] (2 nd ed.). Leipzig, Germany: Johann Ambrosius Barth.
7) Bernstein, N. A., Popova, T. (1929). Untersuchung über die Biodynamik des Klavieranschlags [Study of the biodynamics of piano playing]. *Arbeitsphysiologie*, 1, 396-432.
8) Dul, J., Johnson, G. E., Shiavi, R., & Townsend, M. A. (1984). Muscular synergism II: A minimum-fatigue criterion for load sharing between synergistic muscles. *Journal of Biomechanics*, 17, 675-684.
9) Feldman, A. G. (1986). Once more on the equilibrium-point hypothesis (λ model) for motor control. *Journal of Motor Behaviour*, 18, 17-54.
10) Gibson, J. J. (1966). *The senses considered as perceptual systems*. Boston: Houghton-Mifflin.
11) Gibson, J. J. (1979). *The ecological approach to visual perception*. Boston: Houghton-Mifflin.
12) Haken, H. (1977). *Synergetics: An introduction*. Heidelberg, Germany: Springer-Verlag.
13) Hogan, N. (1984). An organizing principle for a class of voluntary movements. *Journal of Neuroscience*, 11, 2745-2754.
14) Jeka, J. J., & Kelso, J. A. S. (1989). The dynamic pattern approach to coordinated behaviour: A tutorial review. In S. A. Wallace (Ed.), *Perspectives on the coordination of movement* (pp. 3-45). Amsterdam: North-Holland.
15) Kaufman, K. R., An, K. N., Litchy, W. J., & Chao, E. Y. S. (1991). Physiological prediction of muscle forces II: Application to isokinetic exercise. *Neuroscience*, 40, 793-804.
16) Kelso, J. A. S. (1982). *Human motor behaviour: An introduction*. Hillsdale, NJ: Erlbaum.
17) Kelso, J. A. S. (1990). Phase transitions: Foundations of behaviour. In H. Haken & M. Stadler (Eds.), *Synergetics of cognition* (pp. 249-268). Berlin: Springer.
18) Kugler, P. N., Kelso, J. A. S., & Turvey, M. T. (1980). On the concept of coordinative structures as dissipative structures: I. Theoretical lines of convergence. In G. E. Stelmach & J. Requin (Eds.), *Tutorials in motor behaviour* (pp. 3-47). Amsterdam: North-Holland.
19) McDonald, P. V., van Emmerik, R. E. A., & Newell, K. M. (1989). The effects of practice on limb kinematics in a throwing task. *Journal of Motor Behaviour*, 21, 245-264.
20) Nelson, W. L. (1983). Physical principles for economies of skilled movemnts. *Biological Cybernetics*, 46, 135-147.
21) Newell, K. M. (1986). Constraints on the development of coordination. In M. G. Wade & H. T. A. Whiting (Eds.), *Motor development in children: Aspects of coordination and control* (pp. 341-360). Dordrecht, The Netherlands: Nijhoff.
22) Newell, K. M., & van Emmerik, R. E. A. (1989). The acquisition of coordination: Preliminary analysis of learning to write. *Human Movement Science*, 8, 17-32.
23) Pedotti, A., Krishan, V. V., & Stark, L. (1978). Optimization of muscle-force sequencing in human locomotion. *Mathematical Biosciences*, 38, 57-76.
24) Schmidt, R. A. (1975). A schema theory of discrete motor skill learning. *Psychological Review*, 82, 225-260.
25) Schoner, G., Zanone, P. G., & Kelso, J. A. S. (1992). Learning as change of coordination dynamics: Theory and experiment. *Journal of Motor Behaviour*, 24, 29-48.
26) Townsend, M. A. (1981). Dynamics and coordination of torso motions in human locomotion. *Journal of Biomechanics*, 14, 727-738.
27) Turvey, M. T., Shaw, R. E., & Mace, W. (1978). Issues in a theory of action: Degrees of freedom, coordinative structures and coalitions. In J. Requin (Ed.), *Attention and performance* VII (p. 557-595). Hillsdale, NJ: Erlbaum.
28) Vereijken, B., van Emmerik, R. E. A., Bongaardt, R., Beek, W. J., & Newell, K. M. (1997). Changing coordinative structures in skill

acquisition. *Human Movement Science,* 16, 823-844.
29) Vereijken, B., van Emmerik, R. E. A., Whiting, H. T. A., & Newell, K. M. (1992). Free(z)ing degrees of freedom in skill acquisition. *Journal of Motor Behaviour,* 24, 133-142.
30) Vereijken, B., Whiting, H. T. A., & Beek, W. J. (1992). A dynamical systems approach towards skill acquisition. *Quarterly journal of Experimental Psychology,* 45A, 323-344.
31) Wagenaar, R. C., & van Emmerik, R. E. A. (1994). Dynamics of pathological gait. *Human Movement Science,* 13, 441-471.
32) Whiting, H. T. A., Vogt, S., & Vereijken, B. (1992). Human skill and motor control: Some aspects of the motor control-motor learning relation. In J. J. Summers (Ed.), *Approaches to the study of motor control and learning* (pp. 81-111). Amsterdam: North-Holland.
33) Winter, D. A. (1990). *Biomechanics and motor control of human movement* (2 nd ed.). New York: Wiley.

第11章
運動スキルの獲得における付加的情報
Augmented Information in Motor Skill Acquisition

1 はじめに

体操の技を練習している生徒が繰り返し同じ失敗をしているのを見ながら，指導者であるあなたは，何が間違っているのかについてのフィードバックを与えたいと思うかもしれない。あるいは正しい運動の方法について指導をしたいと考えるかもしれない。教師は，常に，学習状況に応じて正しい情報を選び，その情報を学習者がたやすく手に入れ，うまく処理できるように提示する必要がある。ここ20年ほど，研究者たちは，スポーツにおける運動学習が，情報によって，どの程度そしてどのように制御されるのかといった問題に取り組んでいる。

たとえば，ビデオで模範演技を見ている時，生徒は，それぞれまったく別々のところに注意を向けているかもしれない。この傾向は，ビデオ映像がスローモーションか，普通のスピードかで異なってくるだろう。ある学習状況では，どちらの提示方法が望ましいのだろうか。本章では，このような実践的問題の解決法について論じる。基本的には，筆者らの見解は，情報理論的な見方[5]に基づいているが，特定の理論やモデルにあまり限定してしまわずに，実践的に応用できる知見に焦点を当てることにした。本章では，以下の4つの問題について論じる。

◎外在的情報と学習との関係
◎外在的情報を提示する方法
◎学習過程において情報と練習を組織化する方法
◎学習者のメンタル面や認知方略の役割

2 学習課題の違いに応じた付加的情報の与え方

1.運動学習における情報の概念

スポーツ指導の重要な目的の1つは，事前に決められた学習目標に対して，実際のパフォーマンスを体系的に近づけていくことである。学習者の実際のパフォーマンスは，個々の技術が不完全である場合もあるし，一連の運動がうまく協応していないこともある。力の出し方が非経済的だったり，タイミングが悪い場合もある。あるいは，選択された実行方法が法則に則っていなかったり，その競技者の個人的特徴に十分適合していないということも考えられる。このような状況で明らかにされなければならないのは，望ましい学習が達成されるためには，どのような情報が，いつ，どのような形で，どの程度の頻度で与えられることが有効であるのか，ということである。

しかし，そこには，課題特有の違いがかなりある。たとえば，サッカーにおいて，「ショートパスをする」といった課題は，さまざまなやり方（タイミングや蹴り方）で行うことができ，選手は，そのやり方を自分自身で自由に選択すればよい。一方，運動の空間的―時間的連鎖があらかじめ決まっているような課題もある。たとえば，ペアスケートでは，スケーターは，腕の動きや一連のステップを，時間的に同調させ，空間的に協応させる必要がある。このような運動の特徴を明確に伝

▶図11.1 モデリング課題では,運動の空間的—時間的連鎖が,モデルにより決められている

えようとする場合は,サッカーのショートパスと比べて,かなり多くの情報が必要になると考えられる。

■2.運動学習課題の分類

運動学習課題は,運動を把握するのに必要とされる情報の量によって,モデリング(観察学習),運動トポロジーの獲得,及びパラメータ学習の3つに区分される。

■(1)モデリング

モデリング[17]を説明するために,学習すべき運動の空間的—時間的連鎖が,モデルによって完全に決められているような課題を考えてみよう(▶図11.1)。ここでいうモデルとは,運動を示範して見せる人のことである。学習者は,普通,このモデルの動きを,できるだけ正確に模倣する。一般に,この場合は,非常に多くの情報が必要となる[19]。ほとんどの場合,これらの情報は,言葉にするのは難しい。モデリングが利用される場面には,ダンス,モダンリズム体操,空手の形などがあり,学校スポーツの多くも,これに含まれている。

■(2)運動トポロジーの獲得

運動トポロジーの獲得(運動パターンの学習)とは,複合的な運動スキルの運動単位,及びそれらの協応の学習を意味している。初心者は,スポーツ活動ができるようになるために,このような一連の運動連鎖を身につけることが必要である。

モデリングでは,無条件に,モデルの細かい部分までをも模倣しようとすることになるが,運動トポロジーの獲得のためには,学習者は,特に関係のない情報を,多少とも積極的に無視しなければならないだろう。運動トポロジーの獲得は,それゆえに,補助的な視覚情報によって補うことが可能である(本章後半部を参照)。しかしながら,運動トポロジーの獲得は,その機能の点で,モデリングとは明確に区別されるべきである。

■(3)パラメータ学習

パラメータ学習は,おおかた習得された運動の特定の側面を,最適な効果を生み出すようなパラメータ値(状態)に近づけることが,その目的となっている。例としては,砲丸投げで最適と算定されている肩の角度を選択すること,スカッシュにおいてストップボールを打つのに必要な力のモーメントを生み出すこと,などがある。この学習過程では,処理されなければならない情報の量は,比較的少量である。

最適な学習を達成するためには,学習課題が情報の必要性の点で異なっているその程度に応じて,さまざまな介入方法が必要となる。そこで,以下の2つのセクションでは,学習課題のカテゴリーの違いに応じて,どのような情報が学習者の役に立つのかという問題を扱う。

E xercise 1

あなたが関わっているスポーツにおける典型的な運動学習課題のリストを作り,それらをこのセクションで挙げた3つの主要カテゴリーに分類しなさい。

■3.外在的情報のタイプ

スポーツにおいて,指導者が学習者に与える情

報は，定められた基準あるいはフィードバックのいずれかと関係しており，これを踏まえて，情報は，以下の4つのタイプに分類される。基準情報は，これから学習する運動をいかに実行するかについての情報である。現実情報は，実際にどのように運動を行ったかについての情報である。差異情報は，実際の試行（現実）が，意図している正しいフォーム（基準）とどれくらい異なっているのかについての情報である。補正情報は，生じてしまった正しいフォームとの差異を次の試行で減少させるために，学習者が何をすべきかについての情報である。

基準情報と補正情報は，指導的に機能する（▶図11.2）。一方，現実情報と差異情報は，フィードバックとして特徴づけられる。概して，指導を行うことは，フィードバックを与えることとともに，特に学習過程の初期の段階で，基準と現実のずれを減少させるのに役立つ。

■4.異なるタイプの付加的情報の必要性

2つ前のセクションで，運動学習課題を，3つのカテゴリーに分類した。では，4つの異なるタイプの付加的情報は，これらのどのカテゴリーの課題に最もよく適用できるのだろうか。多くの関連研究における知見は，以下のように要約できる。

まず，典型的な観察学習課題では，通常，加工されていない視覚情報が用いられる。これには，指導者による示範や，スローモーションによるビデオ提示が含まれる。マギルとシェーンフェルダー-ゾーディ[14]によると，このような提示の仕方は，身体の動きについての情報を与えるのに適している。なかでも特に重要なのは，空間での身体の向き，手足の位置や運動軌跡，運動の流れ，相対的なタイミング，そして（通常速度での示範では）運動の継続時間である。

しかしながら，学習者が取り入れ，選択的に処理しなければならない視覚基準情報は，量が非常に多いために，それ自体で効果を抑制している。それゆえに，モデリングでは，観察のための示範が繰り返される必要があり，特に，学習初期の段階ではそうである。単なるビデオフィードバック（現実情報）の効果は，比較的低い。差異情報も，あまり重要ではない。また，現実情報が多量にある場合は，学習者だけでは，基準と現実の差異を見出すことはできないと考えられる[4]。

一方，補正情報の追加は，モデリングを補いうる。たとえば，カノードルとカールトン[12]は，ビデオを用いた投運動の学習において，言語的な補正指導（「投げる時，上腕とひじの後ろにボールが来るように，手の動きを遅らせよ」）を付加することによって，優れた結果を生み出すことができた。

運動トポロジーの獲得には，基準情報に加えて，簡潔な補正情報が必要である（▶図11.3）。これは，一方では，運動の歪みを除去することも目指している。典型的な例は，水泳でクロールを学習している時に，息つぎをするために頭を後ろに投げ出しているような場合であり，ここでは，わきの下で息つぎをするようアドバイスするのが有効である。

パラメータ学習は，かなりの程度，フィードバック情報に依存する。同時に，基準情報は，あまり必要とされない。すなわち，この課題カテゴリーでは，付加的な現実情報あるいは差異情報が，重要な役割を演じることになる。この課題カテゴリーに対して，補正情報は，結果を単に参照する

▶図11.2 基準情報と補正情報は，主として，指導的機能を有する

▶ 図11.3 あらゆる種類の情報は，基準運動と現実運動のずれを減少させるのに役立つ

（たとえば「ボールを強く打て」）というのでなく，正確さについての判断基準がその情報に含まれている時（「ラケットを頭の後ろまで引いて，スイングを長くせよ」）に，効果的である。

　要約しよう。モデリング，運動トポロジーの獲得，及びパラメータ学習は，運動学習課題の主要なカテゴリーであり，これらは，必要とする情報量が大きく異なっている。したがって，異なるタイプの付加的情報は，これら3つのカテゴリーのいずれか（あるいは，いくつか）とよりよく適合している。付加的情報は，学習の目標についての情報（基準情報），実際のパフォーマンスについての情報（現実情報），意図されたフォームからの隔たりについての情報（差異情報），次の試行でいかにして正しいフォームを生み出すかについての情報（補正情報），の4タイプに分けられる。基準情報と補正情報は，モデリングや運動トポロジーの獲得の際に重要である。パラメータ学習では，現実情報と差異情報が，学習過程に強い影響力を持っている。

3　付加的情報の提示

　前述したような異なるタイプの情報は，もちろん，学習者に理解できる方法で提示されなければならない。この節では，学習者に伝わるようにするために，それぞれの場面で，情報をどのように提示するのがよいのかをみてみよう。

■1.モデリングにおける提示要件

　モデリングにおいて適切な情報を収集するためには，普通の速さで繰り返し観察すること（3〜5回），あるいは，こちらのほうが幾分よいのだが，十分速度を落として（ただし，遅くても4分の1の速さ）スローモーションで観察することが必要である。しかし，絶対的な時間が運動の重要なポイントとなっている場合は，通常のスピードでの提示が必要となる。また，適度の抽象化は，すばやい連続運動を扱う際に有効である。さらに，指導映像において，半抽象的な線画を用いることは，実際の人間による提示や，線のみで描かれた人の形の動画の利用よりも，よい結果をもたらす。

　スローモーションによる提示は，運動の相対的な時間が学習目標として取り上げられている時に勧められる。相対的な時間とは，技術全体に対する，各部の運動の時間的割合のことである。これには，たとえば，最初のステップが1拍，2番目のステップが2拍を要するようなダンスステップを学習しなければならないような時が当てはまる。しかしながら，同じ一連のステップを，音楽に合わせて行うのであれば，絶対的な時間が教えられなければならない。この場合，スローモーションによる提示は，あまり適切ではない。というのも，スローモーションでは，一連の運動に含まれるさまざまな部分の絶対的な時間の長さが，わからないからである。このように，スローモーションによる提示は，ダンスステップのコンビネーションを初めて習得する際には効果的であるかもしれないが，一連の運動を音楽に合わせていくの

には，ふさわしくない。

■2.運動トポロジーの獲得における提示要件

一般的には，短く正確な言語教示が，運動トポロジーの獲得に最も適しているが，市販あるいは自作の指導用補助教材（チョークを使って手で描いた図や，学習カードシステムなど）もこの種の学習に役立つ。このような指導教材をデザインするために，筆者らは，理論的，実験的に裏づけられた，情報の量，符号化，組織化に関するいくつかの提言をすることができる。

■(1)情報量

最も重要なのは，一度に収集し処理できる文字や絵図の情報の量である。これは，人間の短期記憶の容量に規定される[5]。短期記憶は，情報の読み取りの速さと，取り入れられた情報が記憶の中に保持される時間の長さを制限している。ここで，情報の細部は，より大きな意味を持った単位，いわゆるチャンクを形作るためにグループ化されるが，通常，人間は，一度に5から7つのチャンク（視覚的特徴，言葉，概念などを含む）しか保持できない。これまでの研究により[2]，言語的教示は，約20語（30～40音節）を越えるべきではないこと，視覚的に提示されたもの（文字，絵図）は10秒以内で理解できるものでなくてはならないこと，絵図の場合，中程度の抽象性（線画でよい，過剰な詳細はいらない）が，最もよい学習結果を生みだすこと（▶図11.4），が示唆されている。

■(2)情報の符号化

記憶の構成要素には，記憶されている様式（モダリティ）に応じて，言語を基礎にした概念的な記憶，絵図やイメージを基礎にしているもの，運動行動に関わるものなどがある[2]。このように様式の異なる記憶機能がたくさんあればあるほど，人は，記憶の内容を，よりよく再現することができる。言葉は，運動指導の重要なところを表現す

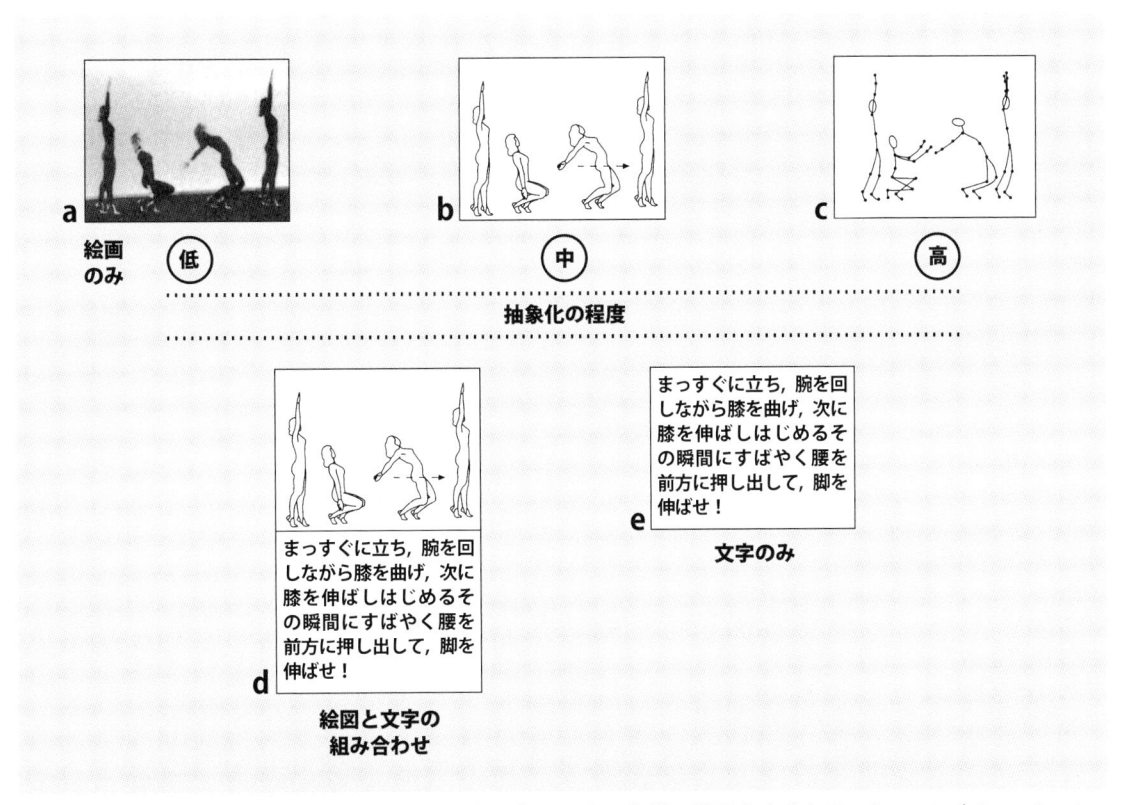

▶ 図11.4 体操における基本運動パターン(トポロジー)の学習指導。絵図と文字を用いた5つのバリエーションが示されている。[a][b][c]は，異なる水準で抽象化されている。[d]は，半抽象化された連続絵図と文字を組み合わせた，最も望ましいバリエーションを表している。[e]は，文字のみのもの。ダウグスら（1989）より，許可を得て掲載

るのに2，3語で十分であるが，このような言葉は非常に抽象的であり，数多くの個々の断片情報を，意味のあるチャンクに凝縮している。一方，絵図は，かなり具体的である。絵図では，一目見るだけで，運動の詳細内容が大量に伝わる。このような詳細を数語で表現するのは，大変難しい（言葉と絵図の意味的差異）。通常，運動の流れは，言語によって表されるが，空間的特徴は，絵図による表現に基盤をおくことが多い。このような考察から，以下のような経験的結論が導き出されている。

◎可能であるならば，意味的差異のある絵図と文字を組み合わせたものを，指導教材として用いるべきである。

◎9歳〜14歳の子どもでは，文字だけや，絵図だけよりも，文字と絵図の組み合わせを用いるのが効果的である。

◎大人では，このようなポジティブな効果は，課題の難しさが増した時にのみ現れる。

◎言語的教示は，短く正確であらねばならない。また，教師が使う用語を，生徒が知っていることを確認する必要がある。

■(3)情報の組織化

継時的につながっている一連の絵図の効果的な配置は，文章を読む方向に影響される。ヨーロッパ人は，静的な視覚表示を，上から下へ走査する傾向がある。しかし，絵図では，常に，最初に目がいったところに引きつけられる。そこから，目は通常,下方あるいは右側へ移動する。それゆえ，たとえば，さっと見る時は，絵図の上方にある文字は，しばしば気づかれないままとなる。この効果は，子どもにおいて非常に強く見受けられる[2]。このため，大多数の西洋の国々では，連続絵図は，左から右に配置される。絵図と文字を組み合わせる時は，絵図は，それに伴う文字の上方（あるいは左側）に配置されるべきである。

■3.パラメータ学習では差異情報が重要

パラメータ学習では，バイオメカニクス的分析の提示や，フィードバックシステムが重要視されている。差異情報は，数字や図表によって表される。体育では，メジャーやストップウォッチもまた，基準情報と現実情報の差異をはっきりさせるために用いられている。バイオメカニクス的パラメータの最適化に関する研究から，情報提示に関する多くの法則が導き出されている[23]。

まず，一度に1つのパフォーマンスパラメータにのみ言及すべきである。また，差異情報は，可能であれば，量的な値で提示されるべきである。その精度は，それほど重要ではない。両足垂直跳び課題を用いたいくつかの研究では，付加的情報フィードバックとして，離地時の速度や加速度，高さなどの具体的測定量が用いられた。

情報として，身体の各部位の運動軌跡が利用されることもあるが，このような場合，部位の連続曲線（基準情報及び現実情報）は，視覚的に重ね合わせて示されるべきである。この方法は，言語的なコメントを用いたり，それぞれを単独で図示したりするよりも，高い学習効果をもたらす[20]。

要約しよう。情報を学習者に伝えるためには，特にモデリングにおいては，付加的情報は繰り返されるか，あるいはスローモーションで提示され

Exercise 2

ある運動技能を教える際に，どのような外在的情報が,体育教師によって最もよく用いられているかを，あなたの経験に基づいて評価しなさい。そして,それがこのセクションでなされた提言と一致しているかどうかをチェックしなさい。

Exercise 3

[1] Exercise1で作ったリストから,少なくとも2つの学習課題を選びなさい。

[2] 選んだ学習課題のそれぞれについて,4タイプの外在的情報の中の1つ（あるいは,いくつか）が必要となるような問題状況を設定しなさい。

[3] あなた自身の経験またはこのセクションでの提言を踏まえて，それらの情報を，どのようにして伝えればよいかを考えなさい。そして，それが，第2,3節でなされた提言と一致しているかどうかをチェックしなさい。

るべきである。絵図情報は，モデリングにおいても，運動パターンを学習する場合（運動トポロジーの獲得）においても，中程度に抽象的であるべきである。運動トポロジーの獲得のためには，人間の知覚行動や記憶システムが考慮されなければならない。ここでは，付加的情報の量，記憶様式，組織化が重要な要因である。パラメータ学習では，1度に1つのパフォーマンスパラメータに限定して，量的差異情報を提供することが非常に重要である。

4 学習手続きにおける付加的情報の組織化

前節までに示されてきた原則に従って選択され準備された外在的情報は，どのようにして，学習過程に組み込んでいくべきなのだろうか。ここでは，フィードバックを与えるための手続きと，モデリングにおけるその手続きの意義に焦点を当てる。

■1.スキル獲得の認知的及び運動的側面

運動学習は，ほとんどの場合，自己組織化の過程であり，感覚—運動システムは，もっぱら，内在的情報を基盤として生成されている。このようなスキルは，手続き記憶の中に保存される[28]。一方，外在的な情報は，それが基準情報，現実情報，差異情報，補正情報のどれであるかに関係なく，常に付加的情報である。これは，普通，宣言的記憶という認知的機能と関係している。それでは，外在的情報は，どのようにして，運動スキルの獲得を補助しているのだろうか。

指導を通じた学習においては，その答えは簡単である。スポーツにおいて，観察学習は，なんといっても認知的学習である。学習者は，パフォーマンスを誘導する運動概念を発展させていく。この内的表象は，階層化され，組織化されていくのだが[2),5]，その組織化は，宣言的記憶の法則に従っているため，誰かが学習者に，何をすべきかを示し，言わなければならないのである。この点で，スポーツ教育は，いわゆる認知的教育問題と違わない。このような，アルゴリズムに従って進行するように組織化された指導は，スポーツの学習において効果があるものとして認められている。

反復練習についてみるとすれば，学習者は，身体活動を通して，筋システムと中枢神経組織の相互作用を最適化していく。また，練習によって自由度を広げることは，熟練段階において自由度が利用できるようになるための，必須条件であるようである。付加的情報は，それゆえに，練習に代わるものではない。しかしながら，内的な比較が行われるようになることもまた，練習の成功を意味しているので，情報フィードバックは，習得過程を先導し，促進しうると考えられる。

■2.情報フィードバック

ファーフェルは，1960年代に敏速フィードバックに関する関連理論をまとめている[7]。そこでは，運動に関わるバイオメカニクス的パラメータについての客観的情報が，内的知覚の認知的不適切さを補うように役立てられると考えられており，実際，旧ソビエト連邦では，そのための応用法が，多数開発されていた。これらのアプローチにおいては，重要なポイントとして，付加的フィードバック情報は，客観的に記録され，提示されるべきであるということ，及び，情報の記録・提示は，すばやく行われるべきであるということが挙げられている。

これらが妥当であることは，以下の提言からも理解されよう。客観的な付加的情報は，運動の主観的知覚と客観的フィードバックとの比較が可能な制限時間内に与えられるべきである。運動の感覚は，非常に早く消滅する。一般に，知覚が脳の感覚バッファに蓄えられるのは，100分の数秒から数秒の間である。関連刺激の選択や比較の過程で，それらの情報を積極的に使うには，短期記憶への移行が必要となるが，その短期記憶においても，記憶の長さは，数秒から数分に延びるだけである[5]。

英米でも，ほぼ同時期に，この問題が考察されはじめているが，概して，実験室志向あるいは理論志向であった。さまざまな研究者が，一連の研究の結果や，そこから導き出された実践的な提言をまとめている[13),24]。しかしながら，これらの研

究は，実際の指導における活用の可能性という点で，主に，方法論的な批判を受けている[20],[30]。さらに，マクラーフ[17]は，スポーツにおいて，KR（結果の知識）の与え方がモデリングに及ぼす影響は，なお未解決の研究問題であると述べている。

3.学習過程の組織化

付加的情報を用いて運動を学習させようと決めたら，指導者は，今度は，情報と実践試行との時間的間隔（時間的位置）を決定しなければならない。続いて，情報提示と試行を，1つの指導単位の中でどのように行うか（配分）を決めなければならず，最後に，忘却を防ぐために，長期間の繰り返し学習手続き（過剰学習）を，いつまで行うべきかを知っておかなければならない。

(1)時間的位置

練習の中で付加的情報を与えようという場合，1つの指導単位の枠組みの中には，2つの重要な時期がある。情報前インタバルは，運動実施と，その後の情報提示との間を指す。情報後インタバルとは，情報を受け取ってから，次の試行までの間のことである。これらのインタバルは，基準と現実の比較（外在的情報の処理），及び運動知覚の評価（内在的情報の処理）が最適に行われるように，決定されなければならない。自己受容器への内在的情報は，急速に消失するので，特に情報前インタバルは，短くなければならない。

情報前及び情報後インタバルの影響についての研究の結果は，以下の提言としてまとめられる。まず，パラメータ学習における情報前インタバルは，15秒を超えるべきではない。一方，モデリングでは，インタバルは45秒まで許容される。また，短すぎる情報前インタバル（5秒以下）は学習を阻害するが，特に問題なのは，KRを即座に提供することである[30]。情報後インタバルは，パラメータ学習では20秒まで，モデリングでは2分までとすることができる。

(2)配分

練習単位の中で，付加的情報は，どのように配分すべきだろうか。ここでは，付加的情報を与える練習試行の全練習試行に対する割合，すなわち相対頻度と，付加的情報の配置，いわゆる頻度配分が問題となる。たとえば，次のようなやり方が考えられる。情報の相対頻度を一定にするならば，付加的情報のある試行とない試行を交互に実施する。相対頻度を変化させる場合は，付加的情報を，初期には頻繁に与え，その後，徐々に減少させる。さらに，失敗が，ある許容範囲を超えた時にのみ，フィードバック情報を与えるという方法や，いくつかの試行の後，まとめてフィードバック情報を提供するという方法もある。

相対頻度と頻度配分は，近年，特に英米のKR研究において，注目されており，低頻度の情報提示でも効果的であることが示唆されている。これらの研究結果は，通常，KRのガイダンス仮説[26]によって説明されている。この仮説では，連続的あるいは高頻度のKRは，よりよい運動パフォーマンスを早々に導き出すが，同時に，学習者の注意を，重要な内在的情報に向けさせないようにしており，結果として，内的エラー認識メカニズムが十分に形成されないと考えられている。この仮説に従えば，KRの相対頻度が低いほうが，常にKRを利用した場合に比べて，より継続的な達成（学習）がもたらされるはずである。

しかしながら，実際には，あまり複合的でない運動を用いた研究の結果は一貫しておらず，概して，ガイダンス仮説の妥当性は証明されていない[30]。ガイダンス仮説は，さまざまな課題カテゴリーに対しても，実験的に検証されているが，そのつど否定されている[16]。

それゆえに，筆者らは，付加的情報の低相対頻度がスポーツ学習向上効果を持っているとは，必ずしも信じていない。これまでに得られた知見は，付加的情報を絶え間なく与えることは必ずしも必要ではない，ということを示唆しているに過ぎないと考えている。付加的情報がすべての試行で与えられるというような練習を，25％の相対頻度（すなわち，4回に1回の割合で，付加的情報が伴う）に変えても，マイナスの影響はなく学習を達成させることができる，ということである。

(3)過剰学習と保持の安定性

学習とは，「比較的永続的な行動の変化の発生」

を意味しているが，この永続するとは，どういうことだろうか。本章で引用されている研究の多くは，学習効果を，約10分後とか1,2日後といった比較的短い保持期間の後に確かめている。しかし，実践的な観点で言えば，これは，あまり満足できるものではない。スポーツ指導での主たる関心事の1つは，学習された運動スキルを，長い期間にわたって，高いレベルで，自由に使うことができることである。これは，過剰学習を通して可能になる。過剰学習とは，事前に決められた基準（学習目標）が，すでに達成されているような状況，あるいは，もはやパフォーマンスの向上が認められないような状況においてさえも，継続的に実施される練習のことである。このような過剰学習において，保持の安定性に重要であると考えられる要因は，課題のタイプである。

運動パラメータ（たとえば，力のモーメントの大きさ）は，忘却されやすい。ある研究では，限られた量の練習（KRありで15〜20回）で，その後の介入がない場合，パフォーマンスは，14日後にかなり低下した。一方，情報が付加された過剰学習は，同じ期間で，保持の安定性を有意に高めた[32]。さらに，パラメータ学習では，数週間，数ヶ月間にわたって，フィードバックのある学習手続きを繰り返し適用することで，パフォーマンスは，間断なく改善されていくようである。

モデリングに関して，ブリスクら[4]の研究では，付加的情報ありで20試行を経た後，14日間の保持期間を過ぎても，パフォーマンスの有意な低下は生じなかった。この際，過剰学習は，保持の安定性を高めたわけでもなく，パフォーマンスを向上させたわけでもなかったが，最初の学習得点が平均以下であった被験者群においては，繰り返し行われた情報付加によって，1週間後に，有意なパフォーマンスの向上を示していた。

要約すると，運動学習は，運動概念の発達に関係している認知過程であるとともに，環境，筋システム，中枢神経組織の相互作用によってもたらされた，身体学習としても特徴づけられる。このように，付加的情報と練習は，常に，最適に結びつけられるべきである。それゆえに，指導者は，時間的位置（情報前及び情報後インタバル）や，付加的情報提供のスケジュール（相対頻度と頻度分布）を決定しなければならない。また，忘却を避けるために，適切な過剰学習ルーチンを選択しなければならない。

> **Exercise4**
> Exercise3で挙げた学習課題に対し，あなた自身の教育経験を踏まえて，適切な付加的情報の提示スケジュール（時間的位置，配分，過剰学習）を考えなさい。そして，その答えと第4節での記載内容を照らし合わせなさい。

5 運動学習における認知方略

ここまでは，主として，運動スキルの学習が外在的な情報を通じていかに促進されるのかを考察してきた。もちろん，提示された情報の収集や処理は，自動的には生じない。このような情報収集・処理は，学習者の心理的な状態に依存し，適切な認知方略によって向上する。ここでは，このような要因の中から，注意の貢献とメンタルイメージの活用の2つを取り上げることにする。

1.注意の焦点

本章のはじめのほうでも述べたように，情報密度が高い場合には，パフォーマンスに関連した情報を選択的に取り入れていかなければならない。このように，ビデオやモデルを観察する時，学習者は，常に，視覚的選択過程を経ている。学習者の視覚的注意は，通常，多かれ少なかれ自動的に，強い視覚的コントラストのあるもの，すなわち，大きくゆっくり動く提示物に向けられる。しかし，このような事物は，学習にとって，しばしば，あまり重要ではない。それゆえに，視覚的に提示されたものの中から，学習に関連する部分を選択するには，注意の焦点化に関わる外在的な方略を用いた補助が必要になる。視覚的手がかり及び言語的手がかりが，これに当てはまる。

(1)視覚的手がかり

付加的情報がビデオで提示される場合，情報の

走査は，情報密度が高かったり，高速の連続運動が生じているようなところでも，グラフィック効果（飛点，フレーミングなど）によって，適切に行うようにすることができる。しかしながら，このような強調は，十分に目に留まるものでなければならない。モデリングでは，この種の注意の焦点化は，運動学習効果を有意に向上させる。これは,学習過程の初期において特に重要である[21]。

■**(2)言語的手がかり**

付加される言語的手がかりは，視覚的手がかりを強調する。モデルの提示を見ている時，言語的な注意の焦点化（「手の動きに注意しなさい」）は，学習が非常に進んだ段階や，高いレベルの熟練段階においてさえも，学習関連情報の選択を効果的に補助する。この言語的な注意の焦点化は，実施するのが困難な運動，あるいは不正確であった運動に対してなされるべきである。一方，視覚的な現実情報の提示（ビデオフィードバック）では，言語的手がかりの効果は，あまりみられない[12),19)]。

■**2.運動イメージ想起**

ある状況下では，付加的情報と心理的過程を適切に関連づけることによって，運動スキルを向上させることが可能である。以下では,この例,及び，これらの効果が，特に表象仮説によって，いかに説明できるのかについて概観しよう。さらに，自己評価の効果に関して，よく知られているが，問題を含んでいる見解の修正を試みたい。

■**(1)イメージ想起と運動学習**

スポーツにおける運動スキルの獲得や改善は，学習者のメンタルイメージによって効果的に補われる[29)]。運動イメージは，通常，画像的であるが，このような視覚的グラフィックイメージはできるだけ筋運動感覚と結びつけられるべきである。しかし，初心者では，実際の運動を行わないで，イメージ練習の中だけで，このような感覚を作り出すことは難しい。とはいえ，運動感覚をメンタルイメージとして再現することは，運動学習において不可欠のようである。

指導におけるメンタルイメージの利用法には，どのようなものがあるのだろうか。普通は，言語的な情報やモデルの提示に続いて，運動を正確に行っている自分の様子をイメージし，その後，実際に運動を実施する。このサイクルが，1つの指導単位の中で，数回繰り返される。

イメージ想起はまた，単独でも，付加的情報の提示と交互に行っても，有意義に利用されうる。メンタルトレーニングは，必ずしも，運動の実施と，時間的に近接していなければならないということはない。たとえば，自宅でも実施することができる。メンタルトレーニングはまた,ある程度,身体的練習量を減らすことに役立ちさえもする。

運動学習では，多くの人々が,自発的に，イメージ想起を取り入れている。しかし，そのパフォーマンス向上効果は，わずか4〜6試行の後には，低下しはじめる。あまり訓練されていない学習者の自発的なイメージは，多くの場合，かなり未発達であり，運動感覚とうまく結びつくことはまれである。また，熟練して高い技術レベルに達してきた段階で，イメージ想起が再び効果的に用いられるようになることが，しばしば報告されているが，必ずしもそうとは限らない。重要なのは，学習者が，メンタルイメージを十分に制御できるようになっているかどうかである。

多くの競技者は，イメージのコントロール技術を，知らず知らずに習得している。しかし，この

▶図11.5 運動イメージ想起は,学習を促進する

ような技術は，特別に計画されたトレーニングによって，体系的に学習されうる。競技者は，運動学習のあらゆる段階で，メンタルイメージを用いることができる[19]。イメージ技術が十分に練習されていれば，視覚的な付加的情報を伴うイメージ想起は，外在的情報を注意深く考察することよりも，有意によい運動学習効果をもたらす。

ここでもまた，正確さの基準（モデル提示）が重要であり，現実情報（ビデオフィードバック）は，あまり重要ではない。その一方で，メンタルイメージは，前述したような注意の焦点化のための手がかりと結びついた時に，特に効果的である（▶図11.5）。この組み合わせによって，学習の後期や，高い熟練レベルにおいても，有意なプラスの効果を生み出すことができる。

■(2)運動表象

このようなイメージ想起の効果は，付加的情報の提示と関連づけて，どのように説明することができるのだろうか。心理学やスポーツ科学では，メンタルトレーニングは，主に，運動課題の認知的側面の最適化と関連づけられており[9]，状況の予期として理解されている。一方，ジャンヌロー[10]は，運動イメージと中枢神経系の運動準備との機能的同等性を唱えている。すなわち，運動イメージ想起と実際の運動準備とで，類似の神経系反応が見られ，生理学的変数（脳の血流量，心拍数，呼吸，血圧など）も類似していることが示されている。これらのことから，運動イメージは，運動表象であると見なすことができる。このように，運動イメージには，「活動中の身体」の表象と，「活動中の身体と相互作用する目標」の表象が含まれている[10]。

ジャンヌローがレビューした実験的研究によると，この表象は，努力感のように中枢で発生した感情と，筋感覚的及び視覚的記憶を組み合わせたものを意味していると考えられている。これらの感情は，普通，言語化するのが難しい。しかしながら，ある程度の練習によって，それらは，確かに，心理的に操作できる（▶図11.6）。

ジャンヌローに従えば，メンタルトレーニングの効果は，活動が表象化される際に生じた中枢運動経路の神経伝達によるものと考えられる[10]。それゆえに，運動イメージの効果は，中枢神経系上における運動指令が反復し，増加することによって見られるようになるだろう。このような考え方によって，イメージのトレーニングがなぜプラスの効果を生み出すのかを理解できる。

▶図11.6 運動のイメージは，実際に動くことなく現れる，メンタル面における運動感覚である

■(3)自己評価

これまでのメンタルトレーニングについての考察は，予測的な運動イメージ，すなわち，実行しようと意図している運動に関するものであった。それでは，思い出すようなイメージ，すなわち，過去の実行に焦点を当てたイメージとは，どのようなものだろうか。この種のイメージは，自己評価過程の基礎となる。明瞭な自己評価手続きは，付加的情報フィードバックと結びつくことで，しばしば，運動スキルの学習にプラスの効果を持つことが確かめられている[13]。

この問題は，運動学習制御理論の枠組みの中で議論されており，学習者の自己評価は，客観的な差異情報と運動練習とを結びつける中で，エラー認識メカニズムの発達を促すと考えられている[25]。このようなメカニズムの発達により，KR情報がなくても運動修正をすることができるようになると推測されている。

しかしながら，本章で示した，モデリング，運

動トポロジーの獲得，パラメータ学習についての実験的知見は，この仮説を支持していない。18の関連研究を綿密に分析した結果，自己評価手続きの優位性を，説得力を持って実証した研究は，1つもないことが明らかになった。たいていは，統制群（自己評価はしないが，付加的情報あり）も，同等のよい結果を生み出していた。効果が示された場合もわずかにあるが，結果に影響する他の要因が統制できていなかった。自己評価が，実践的で有意な学習向上効果を持っているかどうかは，なお未解決の問題であると見なされなければならないだろう[31]。指導上の提言として唯一言えることは，自己評価は，一般的に，害はないということである。

　要約しよう。運動学習の認知的側面から見れば，注意もメンタルイメージの利用も，学習効果を向上させる。視覚的及び言語的手がかりは，提示された情報から関連部分を選択するのを助ける。メンタルイメージを作り出す技術（イメージ想起）は，あらゆる習得段階において，運動概念や運動表象の形成に，プラスの効果を与える。しかしながら，自己評価の意義に関する問題は，なお未解決であると見なされなければならない。

Exercise 5

あなたが関わっているスポーツでのスキルの習得において，どのようにメンタルプラクティスを導入すればよいか，あなたの意見を述べなさい。そして，それが，第5節でなされた提言と一致しているかどうかをチェックしなさい。

キーポイント

[1] 運動学習に対して，裏付けのある科学的援助を行うためには，さまざまな理論的アプローチが必要である。
[2] 外在的情報を与えるタイミング，方法，頻度は，学習を成立させるために重要である。
[3] モデリング課題では，運動の空間的—時間的連鎖が，モデルによりあらかじめ決められている。
[4] 運動トポロジーの獲得は，情報の負荷から見ると，モデリングとパラメータ学習の間に位置づけられる。
[5] 運動の構造を特定のパラメータ値に近づけることが，パラメータ学習である。
[6] あらゆる種類の情報は（指導においても，フィードバックにおいても），基準運動と現実運動のずれを減少させることに役立つ。
[7] 異なる種類の運動課題は，それぞれ異なるタイプの付加的情報と結びついている。
[8] 繰り返し観察すること，十分なスローモーション，半抽象化された線画は，モデリングを補助する。
[9] 運動トポロジーの獲得を補助するためには，短い言語的指導，意味的差異のある絵図と文字の組み合わせ，左から右に並んでいる連続絵図を用いるのがよい。
[10] 1つのパフォーマンスパラメータにだけ言及することが，パラメータ学習を最もよく補助する。
[11] 指導は運動概念を発達させるのに役立ち，フィードバックはスキル獲得過程を先導する。
[12] 情報フィードバックは，主観的な運動知覚と客観的な運動データの比較を可能にする。
[13] モデリングでは，45秒までの情報前インタバルが許容される。
[14] 付加的フィードバック情報の絶対頻度と頻度分布は，運動学習とはあまり関係していない。
[15] 過剰学習は，運動パラメータの保持を改善するが，モデリングにはあまり関係ない。
[16] 心理的方略は，運動学習において，付加的情報の効果を促進する。
[17] 視覚的及び言語的手がかりは，視覚的に提示された情報から関連する部分を選択する際の手助けとなる。
[18] イメージ想起トレーニングは，十分に練習されれば，あらゆる段階で，学習効果を高める。
[19] 運動イメージ想起は，実際に動くことなく現れる，メンタル面における運動感覚である。
[20] 自己評価が運動学習にプラスの効果を持つという主張は，実証的証拠に乏しい。

理解度チェック

[1] 第2節で述べた運動学習課題の3つのカテゴリーとは何か。それらは、情報の必要性という点で、どのように異なっているのか。

[2] 本章で論述した4つのタイプの付加的情報は、それぞれ、具体的に、学習者にどのような情報を与えるのか。

[3] 付加的情報は、なぜ、運動学習課題の3つのカテゴリーで、重要度が異なっているのか。

[4] 運動学習課題の3つのカテゴリーのそれぞれにおいて、最も重要な提示要件は何か。

[5] 10歳の子どもに対する運動活動パターン（運動トポロジー）の指導援助は、どのようになされるべきか。

[6] 運動学習では、なぜ、絵図と文字の組み合わせが効果的なのか。

[7] モデリング、あるいはフィードバックを用いるパラメータ学習では、情報前及び情報後インタバルは、それぞれ、どのくらいの長さであるべきか。

[8] 運動学習における付加的情報の与え方に関する実証的研究から、どのような一般的結論が導かれているか。

[9] 過剰学習は、どのような場合に、運動技能を教える合理的な方法と考えられているのか。

[10] 運動学習において、注意の手がかりは、情報収集をどのように補助するのか。

[11] イメージ想起は、どのような条件のもとで、運動学習に役立つのか。

[12] 運動学習の領域において、自己評価のプラスの効果を主張する理論には、どのようなものがあるか。

文献

1) Bernstein, N. A. (1975). Einige haranreifende Probleme der Regulation der Bewegungsakte. [Some emergent problems of the regulation of motor acts.] In N. A. Bernstein (Ed.), *Bewegungsphysiologie* (pp. 141-162). Leipzig, Germany: Barth.

2) Blischke, K. (1988). *Bewegungslernen mit Bildern und Texten* [Learning movements with pictures and texts]. Koln, Germany: bps.

3) Blischke, K. (1993). Zur Validität von Blickverhaltensmaßen im Sport [On the validity of eye movement measures in sports]. In R. Daugs & K. Blischke (Eds.), *Aspekte der Motorikforschung* (pp. 65-100). St. Augustin, Germany: Academia.

4) Blischke, K., Müller, H., & Daugs, R. (1996). Experimental studies on observational learning in sports. In J. Chytráckoá & M. Kohoutek (Eds.), *Sport Kinetics '95—The proceedings of 4th International Scientific Conference Sport Kinetics '95* (pp. 95-102). Prag, Czech Republic: Charles University.

5) Daugs, R., & Blischke, K. (1984). Sensomotorisches Lernen [Sensorimotor lerning]. In K. Carl, D. Kayser, H. Mechling & W. Preysing (Eds.), *Handbuch Sport, Bd. I* (pp. 381-420). Düsseldorf, Germany: Schwann.

6) Daugs, R., Blischke, K., Olivier, N., & Marschall, F. (1989). *Beiträge zum visuomotorischen Lernen im Sport* [Contributions to visuo-motor lerning in sports]. Schorndorf, Germany: Hofmann.

7) Farfel, V. S. (1977). *Bewegungssteuerung im Sport* [Motor control in sports]. Berlin, Germany: Sportverlag.

8) Fehres, K. (1992). *Videogestutztes Techniktraining im Sport* [Video-assisted technique training in sports]. Köln, Germany: Strauß.

9) Heuer, H. (1989). A multiple-representations' approach to mental practice of motor skills. In B. Kirkcaldy (Ed.), *Normalities and abnormalities in human movement.* (pp. 36-77). Basel, Switzerland: Karger.

10) Jeannerod, M. (1994). The representing brain: Neural correlates of motor intention and imagery. *Behavioral and Brain Sciences,* 17 (2), 187-245.

11) Kay, H. (1957). Information theory in the understanding of skills. *Occupational psychology,* 31, 218-224.

12) Kernodle, M. W., & Carlton, L. G. (1992). Information feedback and the learning of multiple-degree-of- freedom activities. *Journal of Motor Behavior,* 24, 187-196.

13) Magill, R. A. (1993). Augmented feedback in skill acquisition. In R. N. Singer, M. Murphey, & L. K. Tennant (Eds.), *Handbook of research on sport psychology* (pp. 193-212). New York: Macmillan.

14) Magill, R., & Schoenfelder-Zohdi, B. (1996). A visual model and knowledge of performance as sources of information for learning a rhythmic gymnastics skill. *International Journal of Sport Psychology,* 27, 7-22.

15) Marschall, F. (1992). *Informationsfrequenz und motorisches Lernen. Zum Einfluß von Häufigkeit und Verteilung biomechanischer Feedbackvermehrung auf sportmotorisches Techniktraining* [Information frequency and motor learning. On the effect of frequency and distribution of biomechanical feedback augmentation on technique training in sports]. Frankfurt / M., Germany: Lang.

16) Marschall, F., Blischke, K., & Müller, H. (1997). Mit weniger externer Information besser lernen? Zum Problem der Beschreibung und Erklärung eines Phänomens [Learning better with less extrinsic information? On the problem of description and explanation of a phenomenon]. In P. Hirtz & F. Nuske (Eds.), *Bewegungskoordination und sportliche Leistung—integrativ betrachtet* (2. Bernstein-Konferenz). Hamburg, Germany: Czwalina.

17) McCullagh, P. (1993). Modelling: Learning, developmental, and social psychological considerations. In R. N. Singer, M. Murphey, & L. K. Tennant (Eds.), *Handbook of research on sport psychology* (pp. 106-126). New York: Macmillan.

18) Meischner, I. (1988). Problems and experience in applying mental training with different motor demands under field conditions. In Wiss. Rat beim Staatssekretariat f. Körperkultur u. Sport d. Deutschen Demokratischen Republik (Eds.), *Proceedings VIIth Congress of the European Federation of Sports Psychology (FEPSAC),* Vol. 3 (pp. 971-980). Leipzig, Germany: DHfK.

19) Müller, H. (1995). *Kognition und motorisches Lernen. Zur änteilsmaßigen Bedeutung kognitiv-konzeptblidender und motorisch-adaptiver Teilprozesse in frühen und spät(er)en Abschnitten sportmotorischen Modellernens* [Cognition and motor learning. On the respective contribution of cognitive-conceptual and motor-adaptive processes in early and late(r) stages of observational learning in sports]. Bonn, Germany: Holos.

20) Newell, K. M. (1991). Augmented information and the acquisition of skill. In R. Daugs, H. Mechling, K. Blischke, & N. Olivier (Eds.), *Sportmotorisches Lernen und Techniktraining, Bd.1* (pp. 96-116). Schorndorf, Germany: Hofmann.

21) Olivier, N., Blischke, K., Daugs, R., & Muller, H. (1994). Visuelle Selektion beim sportmotorischen Videotraining [Visual selection processes in video-assisted technique training in sports]. *Psychologie und Sport,* 1 (4), 140-148.

22) Prinz, W. (1993). Nachahmung: Theorien und Experimente [Imitation: Theories and experiments]. In R. Daugs & K. Blischke (Eds.), *Aspekte der Motorikforschung* (pp.103-117). St. Augustin, Germany: Academia.

23) Rockmann-Rüger, U. (1991). *Zur Gestaltung von Übungsprozessen beim Erlernen von Bewegungstechniken* [Practise scheduling in the acquisition of movement techniques]. Frankfurt / M., Germany: Deutsch.

24) Salmoni, A. W., Schmidt, R. A., & Walter, C. B. (1984). Knowledge of results and motor learning: A review and critical reappraisal. *Psychological Bulletin,* 95, 355-386.

25) Schmidt, R. A. (1988). Motor control and learning: A behavioral emphasis, Champaign, IL: Human Kinetics.

26) Schmidt R. A. (1991). Frequent augmented feedback can degrade learning: Evidence and interpretation. In G. E. Stelmach & J. Requin (Eds.), *Tutorials in motor neuroscience* (pp.59-75). Dordrecht, The Netherlands: Kluwer.

27) Schneider, K. (1989). *Koordination und Lernen von Bewegungen. Eine experimentelle Bestätigung von Bernsteins Koordinationshypothese* [Co-ordination and learning of movements. Experimental evidence for Bernstein's hypothesis of co-ordination]. Frankfurt / M., Germany: Deutsch.

28) Squire, L. R., & Knowlton, B. J. (1995). Memory, hippocampus, and brain systems. In M. S. Gazzaniga (Ed.), *The cognitive neurosciences* (pp. 825-837). Cambridge, M A: MIT Press.

29) Suinn, R. (1993). Imagery. In R. N. Singer, M. Murphey, & L. K. Tennant (Eds.), *Handbook of research on sport psychology* (pp. 492-510). New York: Macmillan.

30) Swinnen, S. P. (1996). Information feedback for motor skill learning: A review. In H. N. Zelaznik (Ed.), *Advances in motor learning and control* (pp. 37-66). Champaign, IL: Human Kinetics.

31) Wiemeyer, J. (1996). "Je mehr ich denke, desto schlechter werde ich!" Bewuβtsein—"Motor" oder "Bremse" des Bewegungslernens? ['The more I think, the worse I do perform!' Consciousness— 'engine' or 'brake' in motor learning?] *Psychologie und Sport,* 3 (3), 92-108.

32) Wittkowski, E. (1987). *Zum Einfluβ von "Überlernen" auf die Behaltensstabilität des kinästhetischen Gedächtnisses* [On the effect of 'overlerning' on retention stability of kinaesthetic memory]. Unpublished doctoral dissertation, Freie Universität Berlin, Berlin.

第4部

体育の社会心理学

Social Psychology
of Physical Education

体育の基本的カリキュラムの目標は社会的スキルの発達である。それは現代の社会が，他者と上手な関係をつくり，集団で効果的に仕事ができ，対人関係の葛藤と緊張を処理することができるという市民の能力を評価するからである。学校は，このような日常生活に必要なスキルを学ぶ手助けをするという責任を負っている。生徒の互いのサポートと信頼からなる集団発達を促す学級は，建設的な仲間のフィードバックや受容されたという感情を持つ機会となる[1),7)]。これは大人になって社会的な明るさを発揮できることにつながる。反対に学校での乏しい関係は，社会性の欠如を生む[6)]。

カリキュラム目標としての社会的スキル発達の第2の役割は，一部の重要な社会的プロセスが他のカリキュラム目標を促進したり，禁止する役割も果たすことである。自己概念，スキルの獲得，体力の発達がこれに該当する。生徒の自己概念は教師と学級仲間からのフィードバック（賞賛または非難）によって形成されるし，スキルを学んだり，望ましい体力レベルを維持したり発達させることへの意欲は，学級仲間によってさらに発達する。つまり学級は単なる個人の集まりではない。学級は広い環境（学校，学区，地域社会）の生きた社会システムであるばかりでなく，学級自体の小さなシステムでもある。体育課題は良好な人間関係から利益を得る。人間関係に注意を払わないですめば，多くのエネルギーを体育教育に注ぐことができる：それが体力改善とスキルの発達である[2),3),4),5)]。

第4部は5章からなり，ベルギー，ドイツ，フランス，フィンランドの専門家が執筆している。最初に個人の社会的発達とモラール発達，次に学級の主要な集団過程を論じ，最後に体育授業の体系的な性質と課題集団としての体育授業の発達をまとめた。

私たちそれぞれは，特殊な社会的影響を体験し，それらに個別に反応するが，成熟としてはすべてが同じ段階を通る。12章と13章では，マーコーン（ベルギー）とテラマ（フィンランド）が，社会的発達とモラール発達を扱う。子どもは強力な環境（家族，仲間集団，学校）の中で心理的に成長しつづける。そこで発達的課題に立ち向かい，パーソナリティの発達が形成される。

教師の反応と生徒の個人的な親和，影響，達成への欲求との連携や，仲間集団と教師の相互作用は，体育授業の集団過程の中核を形成する。アルファーマン（ドイツ）は14章で生徒集団内の教師と生徒の社会的相互作用とコミュニケーションを扱った。ラフォンとウィニカーモン（フランス）の15章は特に社会に関わる集団相互作用の2つの様式−協同と競争の相互作用に焦点を置いている。体育教師の指導目標と方法に適合するこれらの議論は，教育風土，生徒の学習，教師の行動に大きな影響を与えるだろう。

体育授業は典型的な集団特性を持つ課題集団である。しかし，単なる個人の集合だけではない。授業

体育の社会心理学
Social Psychology of Physical Education

は社会システムであり，内包する目標，役割，手続き，対人関係が重要な議論となる課題集団である。これらの議論を理解することで，教師は体育授業をもっと上手に運営できるようになり，社会的なスキルの発達の良い手段にすることができる。ホヴォリンクとヴァンデン - オウェール（ベルギー）が16章でこの話題を論じている。

ヴァンデン-オウェール

文献

1) Gallagher, J. (1994). Teaching and learning: New models. *Annual Review of Psychology*, 45, 171-195.
2) Schmuck, R., & Schmuck, P. (1992). *Group processes in the classroom*. Dubuque, IA: Brown.
3) Stebbins, R. (1975). *Teachers and meaning: Definitions of classroom situations*. Leiden, The Netherlands: Bril.
4) Tuckman, B. (1992). *Educational psychology: From theory to application*. Fort Worth, TX: Harcourt.
5) Underwood, G. (1988). *Teaching and lerning in physical education: A social psychological perspective*. London: Falmer.
6) Vettenburg, M. (1988). *Schoolervaringen, delinkwentie en maatschappelijke kwets baarheid* [School experiences, delinquency and social vulnerability]. Leuven, Belgium: Report of the K. U. Leuven Research Group on Youth Criminology.
7) Weinstein, C. (1991). The classroom as a social context for learning *Annual Review of Psychology*, 42, 493-526.

第12章

社会性の発達
Social Development

1 はじめに

体育授業は，身体活動，ゲーム，スポーツで社会的相互作用スキルや情動行動を学ぶ仲間集団環境を生み出す。感情移入に優れた教師のもとでクラス仲間と一緒に行う活動は，他者の考えを推測し，他者の情動を経験し（感情移入），攻撃を禁止し，他者に対して利他的になれるスキルを含んでいる。このスキルは集団プロセスと相互作用を促進する一方，集団機能の経験からも発達する。本章は体育における社会的発達の重要な4つのテーマ，社会的認知，社会的役割獲得と共感，利他性，攻撃性を紹介する。

2 社会的認知

他者との相互作用では，パートナーが何を考えて感じるかを知り，どのように行動したいかを推測できなければならない。しかし，生まれたばかりの子どもはこれらのスキルを持たず，ゆっくり年月をかけて発達する。子どもが他者の印象を形成する方法は，小学校から青年初期の間で大きく変化する。

1.対人認知の発達

対人認知の研究は，就学以前の子どもと小学校1年生の子どもが他者を物質的に描写することを示している。良いとか悪いという一般的な言い方もするが，表面的な言い方で内容に踏み込んではいない。就学前の子どもは友人を比較しないで描写する。バレンボイン[3),4)]は，小学生の他者描写の発達を3段階に分けている。行動比較段階（6歳から8歳）では，友人や仲間を具体的行動で比較する。心理的構成段階（8歳から10歳）では，仲間の行動に規則性を見つけ，パーソナリティ特性という心理学的構成概念を使い始める。対人描写の心理的形容は，14歳くらいがピークである。11歳から12歳の子どもたちは心理的比較段階と呼ばれ，知人を心理的次元に基づいて比較する。14歳から16歳までに青年は友人でも状況によっては予測できない行動をすることを知る。彼らの他者についての描写は，修飾語，説明，パーソナリティ変化を含み，バレンボインはそれらを「組織化された関係」と呼んだ。

2.認知的説明

印象形成の段階では，社会的認知スキルは認知的発達と関連している。児童期と青年期の対人認知の発達はピアジェの認知発達の4段階のうち，前操作期，具体的操作期，形式的操作期の3つと並行している（▶表12.1）。他者の認知と描写が，

Exercise 1 対人描写

体育教師は，教室や遊び場で，生徒が教師，両親，同級生，友人を描写するのを聞く。どんな種類の言葉を使っているだろうか？ お互いを比較しているか？ 一週間観察し，聞いたことを記録すれば，色々な年齢の子どもの対人描写の典型的な言葉を発見できる。

►表12.1 ピアジェによる認知的発達の段階

年齢	段階	説明
0-2歳	感覚運動的段階	乳児は感覚と運動活動を用いて,世界を探索する。感覚経験と運動行動は知性と認知的発達の基盤である。幼児は物体の永続性を発達させる,つまり物体が自分の視野の外にあってもまだ存在していることの理解である。しかしながら,この段階の子どもたちは言語や記号を用いることはできない。
2-7歳	前操作的段階	この段階の初めに記号機能が出現する。子どもたちは何かを表現するためにある物を用いる。物やできごとを頭の中の絵,イメージ,言葉で表現する能力を獲得する。言語は子どもが現実の現時点を越えることを可能にする。さらに子どもたちは行動を観察し,しばらく後に模倣することができる。象徴遊びはこの段階に典型的な活動である。言語の使用は子どもたちの認知的発達を驚くほど広げるが,彼らの思考は大人の基準から見るとひどく不完全である。たとえば,連続的に並べたり,分類したり,保存することはできない。物の見かけにだまされ,同時にいくつかの次元に耳を傾けることなく,物事を判定しがちである。就学前の子どもの思考は,変更できない自己中心的なものである。
7-11歳	具体的操作段階	この段階の子どもたちは頭の中で可逆的に操作ができる。具体的な物体,できごと,経験について論理的に,体系的に考えることができる。保存性,連続性,分類は,ここで可能になる。しかし,この段階の子どもたちはまだ抽象概念を扱うことができず,仮定的な状況について考えることができない。
11/12歳以降	形式的操作段階	以前の段階の限界を克服する青年期が始まる。彼らは仮定的問題と理論的命題について推論する能力を発達させる。意見について考え,科学者の仮説,演繹的な推論を理解することができる。

D.R.シャファー,1994, Social and personality development. (Pacific Grove, CA:Brooks/Cole)より

心理的構成比較から心理的比較へと進歩していく様子は,認知的発達で説明される[4]。

社会的認知スキルの発達は帰属理論でも説明できる。人間は,世界についての筋の通ったイメージや環境の制御を見つけようとする能動的な情報処理装置である[15]。人は行為を内的要因（行為者の特性）や外的要因（行為者の環境や状況）のせいにする（帰属）。行為は意思によって生じ,人は予測可能な安定した行動傾向を示す[27]。「なぜならば」という語を用いて,小さな子どもは人が物事を引き起こす存在であるという因果関係への気づきを表明する。3歳児は自分や他者が物事を引き起こすことに気づいているが,意図的行為と非意図的行動は区別できない。人間がある目的を目指して意図的に行動することを,就学前の子どもたちは知っている。ほとんどの社会的行為は意図的であるというふりをしているものの,5歳から7歳以前の子どもたちは偶然の行動と熟考された行動を区別できない。学童期の子どもたちはもっと区別できるようになる。さらに年令の大きな子どもたちは,他人の意図を推測することが上手になるし,言語と非言語的行動が一致しないことも知る。

子どもは9歳までには個人の特質を理解する。それ以前の年令でできないのは,経験の欠如や認知不足のせいらしい。もっと小さい子どもの思考は固定的で自己中心なので,「安定した特性や気質に規則性と普遍性があることを認識するのを妨げている」[27]。

3 社会的役割獲得と共感

子どもの社会的認知能力の発達は,役割獲得スキルの成長とも関連している。仲間の見方と自分の見方を区別したり,視点を理解したりする能力が,社会での自己と他者の理解を可能にする。他者の考え,感情,動機,意図を理解し,他者の見方を推測する能力は,役割獲得と呼ばれている。この重要な役割獲得スキルを得た子どもは,仲間を内的な帰属で表現する。

1.社会的役割獲得の段階

セルマン[24),25)]は,社会的状況とモラール状況の理由づけを調べる対人ジレンマストーリーを用

いて，子どもと青年の社会的役割獲得スキルの発達を研究した（**例1**参照）。子どものジレンマへの意見の分析では，社会的見方の発達段階が見出された。就学前児（3歳から6歳）は他者の見方に気がつかず，自己中心的である。小学生では社会的役割獲得スキルが徐々に改善する。低学年の子ども（6歳から8歳）は他者が自分とは異なる見方を持つことを理解するが，まだその人たちが異なる情報を持つ時だけに起こると考えている。セルマンはこのような見方の獲得を，社会的情報役割獲得と名づけた。もう少し大きな子どもは（8歳から10歳），自己反映的な役割獲得の段階に到達し，自分を他者の立場に置くことができる。そして自分と他者の視点が葛藤を引き起こすかもしれないという可能性に気づくが，自分の見方と他者の見方を同時に両立させることができない。10歳から12歳の子どもは自分の見方と他者の見方を同時に考えることができるようになり，他者が同じようにできることに気がつく（相互役割獲得）。この段階の子どもたちは第3者の見方を推測できる。最後は，社会因習的役割獲得段階である。この段階では身近な仲間の見方を理解するばかりでなく，自分の見方を社会集団の大半の他者がとる見方と比較する。以下のものがセルマンのジレンマストーリーの例で，R.L.セルマン[24]より引用した。

■**例1: 物語**

ホーリーは木登りが好きな8歳の少女で，近所中で一番木登りが上手だ。ある日，高い木から下りる途中で落ちたが，ケガはなかった。彼女の父親は落下を見てうろたえ，ホーリーに木登りをしないという約束をさせた。その後，ホーリーと友人はショウンに出会った。ショウンの子猫が木に登り下りられなくなっていた。ホーリーは木登りをして子猫を下ろしたが，父親との約束を覚えていた。（許可を得て引用, Robert L. Selman,1976, "Social-cognitive understanding: A guide to educational and clinical practice." In Moral development and behavior: Theory, research and social issues, edited by Thomas Lickona.〔NY: Holt, Rinehart & Winston〕, 302-307.）

[**質問内容**]

ホーリー，父親，ショウンの考えや感情，それぞれの見方を理解したかを判定するために，セルマンは以下の質問をした。

◎ホーリーはショウンが子猫をどのように感じているかわかるか？
◎父親はホーリーが木に登るのを見たらどのように思うか？
◎ホーリーが木に登るのを見つけたら，父親はどうするだろうとホーリーは考えるか？
◎あなたはどのように思うか？

[**答えの例**]

自己中心的または分化していない見方

問：ホーリーの父親がホーリーが木に登るのを見たらどのように思うか？
答：うれしい。父親は子猫が好き。

社会的情報役割獲得

問：ホーリーの父親がホーリーが木に登るのを見たらどのように思うか？
答：父親がなぜホーリーが木に登ったかを知らないなら，怒るだろう。しかし，ホーリーがその理由を話せば，正当な理由だと理解するだろう。

自己反映役割獲得

問：ホーリーの父親は彼女を罰するだろうか？
答：しない
問：なぜ？
答：父親が彼女の木登りをした理由を理解し，彼女を罰したくないと思うから。

相互役割獲得

問：ホーリーの父親は彼女を罰するだろうか？
答：ホーリーは子猫が好きなので助けたかったが，木登り禁止を知っていた。父親はホーリーが木登り禁止であることを知っていたが，子猫のことは知らなかった。父親はルールを強制するために彼女を罰する。

社会因習的役割獲得

問：ホーリーの父親は彼女を罰するだろうか？
答：ホーリーの父親は怒って彼女を罰するだろう。父親はたいてい命令に従わない子どもを罰する。

■**2.情動的役割獲得，初期の共感の生起**

他者の見方を推定し，自分の考え，感情，行動

を理解する能力は学校期を通じてゆっくり成長する。新生児でも共感的覚醒を経験し、乳児は他の乳児が泣くと自分も泣き出す。12ヶ月から18ヶ月くらいの小さな子どもも、他者の嘆きや不幸を見て自分も泣くが、他者を理解して同情的に反応しているのではなく、慰めて他者を心地よくさせようとするかのようだ。この最初の共感様式は自己中心的である。就学前から小学校期を通して、子どもはしだいに他者に対する感情を広い範囲で認識し、非自己中心的に反応しはじめる。児童期後半や青年期では、子どもは他者の感情に共感するばかりでなく、自分の（悲しい）人生にも共感するようになる[16),17)]。

子どもが社会的役割獲得スキルを得ると、共感的覚醒は友好、援助、慰めなどの同情的な反応を引き出す。社会的役割獲得スキルが十分に発達すると共感は利他主義の発達を促す。

> **E**xercise2 社会的役割取得の段階
>
> 体育のクラスや遊び場での次のような出来事に、どう対応するか？
> ◎ 1年生が遊び場でボール遊びをしている。ジョンがボールを蹴るとボールはピーターの顔に当たり、ピーターが怒りけんかになった。
> ◎ 7年生がバスケットボールで遊んでいる。ゲームの興奮した場面で、リサはメアリーを引き倒す。メアリーは運悪くケガをした。

4 利他主義 (Altruism)

現代の体育教育では、利他主義と社会的に好ましい態度を育成することが重要な目標の1つと考えられている。利他的で社会的に好ましい行動は、早い年令で獲得されねばならないので、家族や学校は未来の大人になる子どもの社会的に好ましい行為の発達を促進するようサポートする。

■1.利他主義の定義

利他的行動とは動機に無関係に他者に有利となる行動すべてをさす（たとえば、同情すること；有形の報酬を期待すること；褒賞を与えること；何かを支払うこと；犠牲を回避すること）。しかし、利

▶図12.1 自発的利他主義

他主義の動機づけ的／意思的な定義は、社会的に好ましい活動という肯定的な意図を指す。介護や助けの必要な人々に対する積極的な志向性は、社会的に好ましい行為の第一の動機であるべきだ。幸福の維持が社会的に好ましい活動の動機である時、その行為は自律的な利他主義と呼ばれる（Rosenhan,これはShaffer[27)]よりの引用;図▶12.1）。自発的利他主義は、個人的利益の獲得や活動の失敗による犠牲を避けようという親切心からの行動である規範的利他主義とは異なる（▶図12.2）。

■2.利他主義の説明

生物学的理論は利他主義を生来的にプログラムされたものと考えている。精神分析理論は、社会的に好ましい行動は利他主義価値観の内面化から生じる個人の意識と考えている。利他主義に関しては、特に社会的学習理論と認知的発達理論が重要である。

社会的学習理論では、社会的に好ましい行動は学び獲得するものである。利他的な大人は、利他主義で物事が友好的にうまくいくことを学習したのである。社会的に好ましい態度として利他主義を尊重することを学ぶプロセスは3つある[27)]。第1は、同情的な反応が条件づけられることである。子どもは社会的に好ましい行為と良いことの関連を見出す。苦しむ他者に接する子どもたちは、慰めや助けが他者の嘆きばかりでなく、自分の嘆き

▶図12.2 規範的(意図的な)利他主義

も減らすことを体験する。この報償を通して，他者を助けることと良いことの関連が確立される。第2は，道具的な条件づけである。親や教師は内発的な報償として利他的な行動を誉めるので，子どもに肯定的感情が生まれる。第3は，観察学習である。利他的なモデル（人）が社会的に好ましい行為に快いと感じるのを観察することで，子どもは同じ行動をとるようになる。

利他主義の認知理論[13]は，社会的に好ましい行動の認知的発達に焦点を置く。ピアジェの認知発達段階を児童期と青年期の利他主義の出現に関連させ，社会的に好ましい理由づけの発達を研究した。

3.社会的に好ましい行動の発達：傾向と影響する要因

利他主義と社会的に好ましい行動のトレーニングは早く始まる。所有をめぐる兄弟姉妹のけんかには親が介入し，親は行動とその結果としての嘆きの関係を認識させ，子どもに同情を生じさせようとする。よちよち歩きや就学前の子どもでは自発的な利他的行動はほとんど起こらないが，小学生になると社会的に好ましい行動（分かち合うことと助けること）の頻度が増える。

年令とともに好ましい社会的行動の様式が増えるのではない。アメリカの子どもは4歳から12歳まで協同が少なく競争が多い[23]。小学校低学年の子どもの多くは，自分が助けられないと考えたり，大人がそばにいるから大丈夫と思えば他者を助けないという研究もある[19),29),30]。児童期と青年期の子どもは，助けを必要とする人からの非難を恐れる。

小学生の利他的行動の次の3つで増加させることができる。第1は子どもたちが社会情動的役割獲得スキルを発達させること，第2は高いレベルでの社会的に好ましい道徳的論理能力が発達すること，第3は利他主義の自己概念が芽生えることである[27]。

社会的な役割獲得スキルと共感は重要な社会的発達である。自分の嘆きの代わりに助けを必要とする人に注意を向けることを学習した子どもは共感し，両親や教師などが教えた道徳価値と規範を思い出し，責任を感じ，苦しむ人々を助ける。この反応は同情による共感覚醒(sympathetic empathic arousal) と呼ばれている。これは，役割獲得スキルの影響で児童期に頻繁に起こる社会的に好ましい行動の原因の1つである。

社会的に好ましい論理も小学校児童の利他主義を発達させる。アイゼンバーグたちは，お誕生日パーティーに行く途中にころんでケガをした友人に出会い，助けるために止まればケーキとアイスクリームを食べることができないなどのジレンマ状況を示し，その時どうするかを質問した[13),14]。就学前の子どもは，快楽主義的論理が優先するので思いやりよりも自己中心的な結果を求めた。小学生になると要求志向論理が増加し，他者の要求が自分の要求と葛藤を起こしても，他者の要求に関心を示した。小学校中学年ではもっと洗練された道徳論理が生じ，次の段階ではその頻度が増加した。しかし，内面化された価値，規範，責任に基づく説明や援助行動を正当化する社会論理の最

Exercise 3 利他主義的行動

体育授業で観察できる利他主義の欠如した例と，利他主義にあふれた例を3つずつ挙げなさい。社会的役割獲得スキルと情動的共感（またはそれの欠如）は利他的行動のはじまりにどのような機能をもつのだろうか？ 教師の介入では相互作用表現の改善か，共感的相互作用の保持か，どちらの側面を主張したらよいか？

高レベルは，中学校でも少数派であった[13]。

好ましい社会行動で友好的だとか有益だといわれた子どもは，利他主義を自己概念として内面化し，社会的に好ましい行動をとるようになる。したがって自己概念トレーニングは効果的である。

■4.違いを生じる個人特性と環境

助ける子どもと助けられる子どもの特性（たとえば性別）が社会的に好ましい行動に影響する。特に少女は少年に比べて利他的に行動せず，助けられる子どもの性別も違いを生む。幼稚園や小学校低学年の子どもは同性の同級生を援助する。3年生と4年生では，援助は助けられる者の要求の強さによって決められた[18]。多く（少しではない）の助けを要求し，助けるのに値すると思われれば援助は大きくなり，助けを求めるのが友人でも助けることが多くなる[12),19]。

感情や情緒が，積極的な援助に影響することも観察された[26]。自己否定的な感情は利他主義を抑えるが，否定的感情が利他的活動によって減少すると利他的行動が増えることもある。その場合，援助者は良いことをしていると感じるので他者を援助する。肯定的感情は利他主義的傾向を高めるので，良いことだと感じれば他者に喜んで分け与え，援助しようとする。

Exercise4　環境に影響すること

体育授業の直前に，生徒は国語のテスト結果が悪かったと伝えられたと仮定しなさい。それで緊張している生徒にどのように対処すべきか？この感情的雰囲気で，計画どおりに体育授業を進めることができると思うか？

■5.方法を示す両親と教師

利他主義のモデルである愛情にあふれた両親と教師は，子どもと暖かい関係を築き言語的強化によって利他的行動を促すだけでなく，自分の説教したことを実践しなければならない。自己中心的な人からの説得は子どもの寛容と援助に効果がない[27]。近年，体育教師のゲーム技術は協同ゲームによって質的に向上した。競争ゲームに比べて協同ゲームは，協力，仲間の受容，参加の価値，楽しさという態度を奨励する[21),32]。この活動は社会的に好ましい行動や利他主義の発達を促す攻撃のない遊び環境を作り出す。就学前の子どもを協同ゲームで遊ぶように訓練すると，楽しさや持ち物を分かち合う状況で気前良く行動できた[20]。

5　攻撃性

体育の授業では生徒の攻撃行動が引き出される。攻撃性はコントロールできるが，その方法を紹介する前に，攻撃性の定義と発達を示す。

■1.攻撃性の定義

攻撃性とは何か。行動としての攻撃は他の生物へ有害な刺激を加えるすべての活動である。行動の意図的な押しつけである攻撃行動は「害や傷つくことを避けようとする生物に，そうしようとする行動のすべて」と定義される[5]。心理学者は敵意のこもった攻撃と手段としての攻撃を区別している。敵意の攻撃は，行為者の目標が犠牲者に害を与え傷つけることにある（▶図12.3）。手段としての攻撃は，行為者の目標が物体，テリトリー，名誉への接近を得ることである（▶図12.4）。

この区別はそれほど明確ではない。集団スポーツでは，ケガを引き起こす身体接触は手段であると同時に敵意でもあり，結果は犠牲者にとってはケガで行為者にとっては罰（出場停止までも含む）になる。スポーツ心理学者は攻撃性が敵意であるか手段であるかは，スポーツに潜在する積極的な攻撃性である自己中心性で見分けるべきだと考えている[9),22),28]。強い意図と情動を伴うスポーツで，害を与える意図のないプレイを攻撃行動とは考えないが，攻撃性と自己中心性の区別はなかなか難

Exercise5　攻撃性の定義

クラスの子どもに攻撃的な遊びを挙げさせ，次に攻撃的行動をするように言いなさい。2つの違いを比較させなさい。これをしっかりすれば，試合でやってはいけない攻撃性を説明できる。

▶図12.3 敵意の攻撃性

▶図12.4 手段としての攻撃性

しい。

攻撃性を多様な要因に依存する社会的判断[1]であると主張する人たちもいる。一例を挙げると，教師は少年たちの荒っぽいゲームを攻撃行為とは解釈しないが，少女が同じ行動を示すと，それを攻撃と呼ぶ[8]。

■2.攻撃性の解釈

スポーツや運動のように社会的に受容される方向に向かう生得的な本能として攻撃性を考える本能理論と，攻撃的衝動を減じるために精神浄化作用技術を使用するという考え，は支持されていない[31),33)]。

攻撃性が本能でなければ，学習されると考えられる。攻撃性と非社会的行為を関連づけた学習理論である欲求不満攻撃性理論[11]は，攻撃性は欲求不満によって生じると主張するが，明確な証拠はない。バーコヴィッツ[6),7)]の新たな欲求不満攻撃性理論では，欲求不満が覚醒（痛み，怒り）を増加させるので攻撃性の出現が増すと考えた。欲求不満，他の原因，攻撃的習慣などから攻撃行為の準備が起こり，その状況に攻撃が適切であるという状況信号で社会的きっかけが学習されると，攻撃行動が生まれる。しかし，覚醒が高くなりすぎると，攻撃のきっかけがなくても攻撃は生じる。

第3の理論は，バンデューラの社会的学習理論である[1),2)]。攻撃しても罰せられない大人や子どもは，見ている子どものモデルになる。子どもの言語と非言語的攻撃性が強化されると攻撃の行為が増加する。力で目標を達成し，力で仲間の敵意行動を終了させることを学習すると，攻撃行動は習慣化する。つまりこの理論は，観察学習で攻撃行動が強化され，攻撃的な反応と習慣が獲得されると主張する。攻撃が起きそうな状況では，怒りや欲求不満などの否定的な感情の覚醒は好ましくないので，おだやかに処理することが必要である。

攻撃性の社会的認知理論では，相手の攻撃により危害が生じるとの判断が攻撃性を発達させると考える[10)]。攻撃的な子どもは，敵意を感じ，攻撃的に反応し，復讐し仕返しをするが，この攻撃行動は逆に仲間から反撃され，拒絶される引き金になる。この拒絶される経験が，仲間からの敵意を強化する[27)]。攻撃的な子どもは攻撃の目標にされやすく，仲間のほとんどが敵対していると強く感じる。

■3.攻撃性の発達

生後一年くらいの赤ちゃんでもおもちゃを取り合う。けんかは2歳児でよく起きるが，1歳児よりも言語が発達するので交渉し平和な解決が可能になる。シャファー[27)]は就学前の子どもの攻撃行動に次のような変化を見出している。[a] 幼稚園期にはかんしゃくの爆発は減り，4歳以降はまれになる。[b] 3歳以上では，欲求不満や攻撃への反応に報復する子どもの数は劇的に増加する。[c] 2, 3歳の攻撃の原因である欲求不満は，権威を振りかざす大人から引き起こされる。もっと大きな子どもでは，きょうだいや仲間とのけんかで攻撃的に行動しがちになる。[d] 攻撃の形式も変化する。2, 3歳の子どもは叩いたり，蹴飛ばしたりと攻撃は具体的であることが特徴で，

おもちゃの所有を意図している。就学前や小学校低学年では心理言語的な攻撃になる。しかし、もっと大きな子どもが目的を持ってけんかすると、その攻撃は本当の敵意になる。[e] 攻撃的接触の頻度は2歳から5歳の間で減少する。この減少は親や幼稚園の教師が平和的に解決することを教えるからだ。

小学1年生の所有をめぐるけんかでは身体攻撃は減少し続けるが、挑発に反射的に攻撃する。敵意ある攻撃性の増加は、この年代の子どもが他者の動機や意図を理解し復讐しようとするからである。少年は少女より攻撃に抵抗すべきだと考える。

前青年期と青年期の間（10歳から18歳）では、けんかと敵意攻撃性は13歳から15歳まで増加し、その後減少する。青年期後期になると危害を加える人への報復に一番暴力を使う。また、攻撃行動は減少するが非社会的行動や犯罪活動が増加する。

■4.個人差

一般的に、少年のほうが少女よりも攻撃的である。これはホルモンの違いによる生物学的要因だけでなく社会環境要因（親の働きかけが異なり、子どもは性別ごとの行動を学ぶ）も影響する。攻撃的な接触は典型的な男性行動と見なされる。

子どもすべてが攻撃的というのではなく、特定の文化、下位文化、家族が攻撃的な子どもを育てるし、少数だが非社会的行為や攻撃的に行動する子ども集団がある。攻撃性と暴力の主な原因は、親の養育態度である。子どもを愛さず拒絶する親は、力で叱責し、子どもの攻撃的衝動を制止しようとせず、授業や仲間集団での子どもの行動にも関心を持たない。このような親は敵意と非社会的行為の種となる家庭状況を作り出す。

■5.攻撃性をコントロールするための援助

学校で攻撃的な子どもは家族の中でも攻撃的である。家族は子どもに目標達成には攻撃的ではダメであることを教え、教師は他者との適切な相互接触と攻撃行動対処で攻撃性の変容を手助けできる。シャファー[27]は攻撃性と反社会的行為をコントロールする4つの方法を示している：[a] 攻撃への仕返しを取り除く手続き、[b] 模倣と指導という戦術、[c] 非攻撃的遊び環境の創造、[d] 犠牲者の痛みに同情するトレーニング、である。攻撃で良い結果が生じないことを理解させるには、攻撃行動へのご褒美をなくせばよい。たとえば、線の前に力づくで出された少年は後ろに回す。暴力で得られたボールは、奪われた子どもに返す。子どもが他の意図を持たないなら—注意を引きつけようとする無意識な意図でさえ—攻撃結果の削除は効果的である。時には非両立反応技法を用いるほうがもっと良い。これは、一番深刻な攻撃行動以外をすべて無視し、攻撃を伴わないすべての行動に褒美を与える技法で、子どもはお互いの良いところをほめることを奨励される。シャファーは次のように述べている。

「この罰なしアプローチの美点は、敵意行動によって、注意を引きたい子どもを強化しないこと、子どもを怒らせたり憤慨させたりしないこと、罰や攻撃モデルに子どもをさらさないこと、である。こうして、罰の負の効果を回避することができる[27]。」

危険な攻撃をする子どもには、隔離し自分の部屋や教室の後ろに送るなどの一時休止法が効果的である。これで攻撃行動は強化されず（注意を引かない）、その子どもが他の子どもの反社会的モデルにはならないはずである。社会的に好ましい行動の強化を用いれば、効果は増加する。

ストレスの多い欲求不満状況では、けんかを非攻撃的に解決するモデルを子どもに見せ問題解決の好ましい方法を指導すれば、非攻撃的行動が増える。他者を潜在的な攻撃者だと思って攻撃する子どもには、攻撃は敵意の結果ではないことを理解させ、衝動のコントロールの仕方を指導し、非

Exercise 6 攻撃性のコントロール

体育授業での攻撃行動の例を3つ挙げなさい。学校現場で攻撃の頻度を減らすために、何ができるか？教師や学校全体で非攻撃的風土を作るためにどのような合意が必要だと思うか？

攻撃的にけんかを解決させる手助けができる。しかし，このような努力はさまざまな社会状況で支持され強化されなければ良い効果を生まない。子どもの攻撃行為を減らそうとする教師の努力が上手くいかないのは，家や仲間グループで攻撃的行動様式が強化されてしまうからである。

社会環境だけでなく物質環境も攻撃を誘発したり減じたりする。遊びは広い空間や物質的な環境が必要なので，狭い場所では偶然の身体接触からすぐけんかが起こる。攻撃的な活動でだけ用いられるおもちゃ（例，鉄砲）も攻撃反応を引き出しやすい。このことは非攻撃的な環境を作り出す手がかりとなる。

攻撃的な子どもは犠牲者に加えた危害や痛みを理解しないので，攻撃を禁止する共感のトレーニングが必要である。

6 結論

体育教師は児童期と青年期の社会的スキルの発達に貢献する。学校期での社会的発達の側面と発達議論では，両親と教師が，生徒の共感，利他的行動，共同体の非攻撃的成員になるのに重要な役割を果たすことが示された。

社会的認知スキルは徐々に発達する。共感と社会的役割獲得は社会的発達の基本能力で生来のものではない。子どもは教育環境の中で何年もかけて獲得する。

利他主義は，健全に社会行動する成人の望ましい態度の1つである。小学校児童の利他的自己を発達させる要因は，役割獲得スキルの発達，社会的に好ましいモラール，高いレベルの理由づけ能力の発達，利他的人間としての自己概念の獲得，である。

攻撃性は生得的なものではない。怒りや痛みなどの感情を引きだす欲求不満は，攻撃的手がかりにより攻撃行動を起こしやすくなる。子どもは，罰を受けない攻撃モデルと，攻撃反応がうまくいく自分自身の言語的—非言語的攻撃の強化によって学習する。

要約すると，学校で社会的に好ましい行動を促進することが協同の責任である。そのためには，仕事や休息時間などの多様な社会的状況で，成熟した行為のモデルになるような，共感し，利他的で，非攻撃的な教師—個人や集団—を必要としている。

キーポイント

[1] 対人認知の発達段階は，行動比較，心理的構成，心理的比較の3つである。
[2] 対人認知の発達はピアジェの認知の発達段階と平行している。
[3] よちよち歩きの幼児は人間が物事を始めることができることを認識し，就学前の子どもは意図的な社会行動と非意図的な社会行動を区別し始め，小学生は対人描写に安定した特性を用いる。
[4] 子どもは社会的認知獲得の4段階を経て発達する：自己中心性から，一般化された他者の把握まで。
[5] 共感による覚醒は，自己中心主義から利他主義にまたがる同情反応を導く。
[6] 2種類の利他主義がある：自発的（生得的な）と規範的（意図的）。
[7] 子どもは利他主義が報われることを学習する。
[8] 両親は就学前の子どもに共感的な反応をマネさせる。
[9] 小学生は人を助け，寛大になっていくが，まだすべての局面でそうするのではない。
[10] 役割獲得スキルの発達，社会的に好ましい道徳的論理，利他的な自己概念は，小学生の利他的行動を促進する。
[11] 個人や状況特性が差異を生む。
[12] 非攻撃を奨励し，モデルになり，そういう環境を作るステキな教師が子どもの利他的行動を促進する。
[13] 攻撃性の3つのタイプは，敵意による攻撃性，道具による攻撃性，自己主張である。
[14] 攻撃性は解釈の問題でもある。
[15] 攻撃性は生得的なものではなく，学習されたものである。
[16] 少年のほうが少女よりも攻撃的である。
[17] 親の子どもへの養育方法が，子どもの攻撃性に影響を与える。

[18] 攻撃性を取り除くためには，攻撃を誉めてはいけない。

[19] 緊張した欲求不満の状況では，非攻撃的な人が好ましい行為を示すことができる。

[20] 非攻撃的遊び環境が，攻撃的行動をなくすのに効果がある。

[21] 共感トレーニングは攻撃性を禁ずることにも効果がある。

理解度チェック

[1] どのように子どもは他者を描写するのか。

[2] 社会的な役割獲得と共感はどのような関係か。

[3] 社会情動的な役割獲得スキルはどのように子どもの利他主義の発達を進めるか。

[4] 利他主義とは何か。

[5] 子どもたちは利他的に行動することをどのように学習するか。

[6] 社会的に好ましい行動が進むのは小学生期のどの発達段階か。

[7] 社会的に好ましい行動が子どもたちに生じる可能性に影響を与えるのは，恩人と（潜在的）受容者のどのような個人特性か。

[8] どのような行動が攻撃性と呼ばれるか。

[9] 人はどのように攻撃行動を学ぶのか。

[10] 攻撃性には発達的な傾向が見られるか。

[11] 子どもたちが攻撃性をコントロールするために，両親や教師はどのような手助けができるだろうか。

文献

1) Bandura, A. (1973). *Aggression: A social learning analysis.* Englewood Cliffs, NJ: Prentice-Hall.
2) Bandura, A. (1989). Social cognitive theory. In M. R. Vasta (Ed.), *Annals of child development. Vol 6.* (pp. 7-60). Greenwich, CT: JAI Press.
3) Barenboim, C. (1977). Developmental changes in the interpersonal cognitive system from middle childhood to adolescence. *Child Development,* 48, 1467-1474.
4) Barenboim, C. (1981). The development of person perception in childhood and adolescence: From behavioral comparisons to psychological constructs to psychological comparisons. *Child Development,* 52, 129-144.
5) Baron, R. A., & Byrne, D. (1991). *Social psychology: Understanding human interaction.* Newton, MA: Allyn & Bacon.
6) Berkowitz, L. (1965). The concept of aggressive drive: Some additional considerations. In L. Berkowitz (Ed.), *Advances in experimental social psychology.* Vol. 2 (pp. 301-329). New York: Academic Press.
7) Berkowitz, L. (1969). *Roots of aggression.* New York: Atherton Press.
8) Condry, J. C., & Ross, D. F. (1985). Sex and aggression: The influence of gender label on the perception of aggression in children. *Child Development,* 56, 225-233.
9) Cox, R. H. (1990). *Sport psychology: Concepts and applications.* Dubuque, IA: Brown.
10) Dodge, K. A. (1980). Social cognition and children's aggressive behaviour. *Child Development,* 51, 162-170.
11) Dollard, J., Doob, L. W., Miller, N. E., Mowrer, O. M., & Sears, R. P. (1939). *Frustration and aggression.* New Haven, CT: Yale University Press.
12) Eisenberg, N. (1990). Prosocial development in early and mid-adolescence. In R. Montemayor, G. R. Adams, & T. P. Gullota (Eds.), *From childhood to adolescence*: A transitional period? Newbury Park, CA: Sage.
13) Eisenberg, N., Lennon, R., & Roth, K. (1983). Prosocial development: A longitudinal study. *Developmental Psychology,* 19, 846-855.
14) Eisenberg, N., Shell, R., Pasternack, J., Lennon, R., Beller, R., & Mathy, R. M. (1987). Prosocial development in middle childhood: A longitudinal study. *Developmental Psychology,* 23, 712-718.
15) Heider, F. (1958). *The psychology of interpersonal relations.* New York: Wiley.
16) Hoffman, M. L. (1982). Development of prosocial motivation: Empathy and guilt. In N. Eisenberg (Ed.), *The development of prosocial behaviour* (pp. 281-314). New York: Academic Press.
17) Hoffman, M. L. (1988). Moral development. In M. H. Bornstein & M. E. Lamb (Eds.), *Developmental psychology: An advanced textbook* (pp. 497-548). Hillsdale, NJ: Erlbaum.
18) Ladd, G. W., Lange, G., & Stremmel, A. (1983). Personal and situational influences on children's helping behaviour: Factors that mediate compliant helping. *Child Development,* 54, 488-501.
19) Midlarsky, E., & Hannah, M. E. (1985). Competence, reticence, and helping by children and adolescents. *Developmental Psychology,* 21, 534-541.
20) Orlick, T. D. (1981). Positive socialization via cooperative games. *Developmental Psychology,* 17, 426-429.
21) Orlick, T. D. (1982). *The second cooperative sports and games book.* New York: Pantheon Books.
22) Parens, H. (1987). *Aggression in our children.* Northvale, NJ: Jason Aronson.
23) Radke-Yarrow, M., Zahn-Waxler, C. & Chapman, M. (1983). Children's prosocial dispositions and behaviour. In E. M. Hetherington (Ed.), *Handbook of child psychology. Vol. 4: Socialization, personality, and social development* (pp. 469-546). New York: Wiley.
24) Selman, R. L. (1976). Social-cognitive understanding: A guide to educational and clinical practice. In T. Lickona (Ed.), *Moral development and behaviour: Theory, research and social issues.* New York: Holt, Rinehart and Winston.
25) Selman, R. L. (1980). *The growth of interpersonal understanding.* Orlando, FL: Academic Press.
26) Shaffer, D. R. (1986). Is mood-induced altruism a form of hedonism? *Humboldt Journal of Social Relations,* 13, 195-216.
27) Shaffer, D. R. (1994). *Social and personality development.* Pacific Grove, CA: Brooks / Cole.
28) Silva, J. M. (1980). Assertive and aggressive behaviour in sport: A definitional clarification. In C. H. Nadeau (Ed.), *Psychology of motor behaviour and sport* (pp. 11-24). Chicago: Athletic Institute.
29) Staub, E. A. (1970). A child in distress: The influence of age and number of witnesses on children's attempts to help. *Jornal of Personality and Social Psychology,* 14, 130-140.
30) Staub, E. A. (1974). Helping a distressed person: Social, personality, and stimulus determinants. L. Berkowitz (Ed), *Advances in experimental social psychology,* 7 (pp. 194-341). Orlando, FL: Academic Press.
31) Thirer, J. (1993). Aggression. In R. N. Singer, M. Murphey, & L. K. Tennant (Eds.), *Handbook of research on sport psychology* (pp. 365-377). New York: Macmillan.
32) Vanreusel, B. (1985). Innovatie in spel:'New Games' en coöperatieve spelen [Innovation in games: 'New games' and co-operative games]. In J. M. Pauwels (Ed.), *Ludi nostril: Een conceptuele benadering van de sportspelen* (pp. 129-143). Leuven, Belgium: Acco.
33) Weinberg, R. S., & Gould, D. (1995). *Foundations of sport and exercise psychology.* Champaign, IL: Human Kinetics.

第13章

道徳性の発達

Moral Development

1 はじめに

　サッカーが行われている体育の授業中，一人の生徒が攻撃的にタックルをし，その結果，他の生徒に怪我を負わせた。またバレーボールのゲーム中，一人の生徒が一度もボールを回してもらえず，退屈そうにしている。さらにアイスホッケーのゲームでは，パックを捕ることができない不器用なゴールキーパーを，他の生徒たちが嘲笑している。これらは道徳性の問題である。あなたは，このような行動に対して，どれほど注意を払っているであろうか。体育教師は，身体的問題だけでなく，社会道徳的問題も教えている，ということを考えたことがあるだろうか。意識するしないにかかわらず，体育教師は道徳の教育を行うことができるのである。たとえば，不器用なゴールキーパーをバカにする行為を見過ごすならば，あなたは生徒たちに，「冷やかしは許される」と教えていることになる。

　本章では体育やスポーツにおける道徳性の特徴を示した。これらの知識は，生徒の道徳性を発達させることに役立つであろう。一般的には，スポーツや体育は子どもや若者の社会性と道徳性の発達を促進する活動であると考えられてきた。その信念の一部は少なくとも，19世紀イギリスのパブリック・スクール・システムにおける学校スポーツの理念に基づいている。そこでは，スポーツは人格を形成し，道徳的にみて価値があると考えられてきた。スポーツにおけるイギリスの伝統は，フェアプレイの精神とスポーツマンシップ（現在ではスポーツパーソンシップ）の概念として具体化してきた。

　生徒の社会的倫理を発達させることは，フィンランドをはじめいくつかの国々においても，体育の主要な目標の1つとなっている。

　しかしながら，この関連性について，体育の好ましい影響を示す確証はほとんど見当たらない。たとえば，最近の文献のレビューでは，体育やスポーツの肯定的意味は，実証的研究よりはむしろ，個人的見解や古い神話に基づいているということを示している。一方で，もし体育やスポーツ活動が社交的な行動や道徳的思考の促進を意図して実施されるならば，これらの目標は達成可能であると主張する研究もある[9]。

　体育によって社会化が促進されるかどうかについては，研究結果に矛盾が生じている。体育それ自体には明確な効果があるようには見えない。体育によってどのような効果が生じるかという問題は，体育がどのように組織化されていて，そこで指導者がどのような教育方法を用いているかによって規定される。本章は，体育が道徳性の発達にとって好ましい環境であることを明らかにし，この目標を達成するための特別な工夫を示す。本章のもう1つの重要な問題は，社会的行動と道徳的思考の間の緊密な関係を示すことである。最近の理論によると，社会性の発達から道徳性の発達の問題を切り離して考えることは非常に難しいという。

社会性の発達と道徳性の発達は双方向の関係にある。道徳的思考は社会的相互作用の中で学ぶことができ，一方で，他人に対する尊重の念を表明するといった社会的目標は，道徳的思考に基づくからである。以上から，この章では以下の5つをねらいとした。
◎主に，コールバーグの発達段階を引用しながら，道徳性の発達に関する概念を紹介すること
◎道徳性の発達に対する社会的相互作用の意味を示すこと
◎道徳教育の概要を簡潔にまとめること
◎体育が道徳性を発達させうる環境であることを示すこと
◎体育の実践場面における適用例を提示すること

2 道徳性の発達

道徳には善悪の概念が含まれている。ある人の行動がその周囲の人へ影響することからも分かるように，社会における善悪の決定はたびたび他者関係と連動している。

■1.道徳性の発達とは

道徳的に行動するためには，道徳的判断を下すための認知的能力が必要となる。人は本来自ら進んで道徳的に行動しなければならない。道徳性には3つの構成要素がある。すなわち，感情的要素，認知的要素，そして行動的要素である。道徳性の発達は，これらのすべての発達を意味している。

道徳的判断は日常生活における実際状況に即してなされている。それゆえ，道徳的でない行動をとったからといって，その判断能力がない，というわけではない。このような状況はスポーツ場面でよく見られる。たとえば，あるサッカー選手が，故意に相手選手を傷つけることはフェアではないと分かっているとしよう。彼は他人を傷つけることを好んではいないが，しかしコーチの指示によって，相手選手に怪我を負わせるような場合がそれである。

■2.道徳性の発達に関するコールバーグの段階モデル

道徳性の発達に関して，最もよく知られている理論は，コールバーグの研究である[5]。コールバーグは道徳性の発達に関して，3つのレベルと6つの段階からなるモデルを提示した。彼の理論とその発達段階は，主として道徳性の認知的発達に関係している。このモデルは，個人の道徳的判断能力が，どのようにして他律レベルから自律レベルへと発達するのかを説明している。

6つの段階の背景にある基本的概念は，社会道徳性の見通しである。それは，個人の道徳的判断の形成からみた特徴的な観点である。そこには，社会道徳性の3つの発達上のレベル，すなわち具体的な個人の見通し，社会の一員としての見通し，社会を超越した見通しが存在する。これらの3つのレベルは，前慣習的（pre-conventional）レベル（第1・2段階），慣習的（conventional）レベル（第3・4段階），そして原則的（post-con-ventional）レベル（第5・6段階）にそれぞれ対応している（▶表13.1）。そして，各段階には，基準の定義と正しい行動をする理由が定められている。

最も下位の前慣習的段階（第1段階）は，他律的な道徳性を示している。このレベルにおいて人は，ルールを破ると罰せられるので，そうならないように努めている。このような服従もまた，身体的ダメージを避け，財産を守るという点で正しい行為である。この第1段階において個人は，罰を避け，権力に従うことで，正しい行為を行う。この段階における社会道徳性の見通しは，自己中心的な観点である。この観点は，他者の関心を考慮しないか，あるいは他者は行為者とは区別され

▶表13.1 コールバーグの道徳性の発達に関するレベル，段階と社会的道徳性の見通し

社会道徳性の見直し	レベル	段階
具体的な個人の見通し	前慣習的	第1段階 第2段階
社会の一員としての見通し	慣習的	第3段階 第4段階
社会を超越した見通し	原則的	第5段階 第6段階

て認識されている。2つの観点は関連しあわない。他律的な道徳性が表現されるスポーツ場面での典型的な反応は，審判からの個人的な罰が与えられることを避けるため，というその1点の理由のためにルールを守っているような例が，それである。

　前慣習的レベルの2つ目の段階（第2段階）では，社会道徳性の見通しは，いまだ具体的で個人的である。この段階にある人は，自分の興味・関心を高めていき，それらが葛藤を生み出すことに気づいている。それゆえ，正しさは相対的である。正しさは，それぞれの人の関心に見合って行動すること，そして他者にも同じようにさせることを意味している。スポーツ場面における1つの例として，他者も同じようにできると考えつつ，自分の利益のためにルールを破るような場合があてはまるだろう。

　慣習的レベルの第3段階では，道徳性は他者関係における期待や関係性，他者関係の類似性に基づいている。この段階において正しい行為は，親しい人々が期待している行為もしくは兄弟姉妹，友人といった一般的な役割期待に添う行為を意味する。この段階において，正しい行為の理由づけは，自分の見方と他者の見方のいずれからも正しくありたいという欲求，他者に心配りをしたいという欲求，「自分の欲することを他人にしてあげなさい」のような金言に基づく信念が含まれている（▶図13.1）。社会道徳性の見通しは，「自分は社会の一員である」というものであり，個人は他者との関係の中にあるということを意味している。この段階における道徳的判断の例は，チームスポーツにおいて見られる。基本的にはルールは遵守すべきであると理解していても，所属チームの利益のためならルールを破ることは正しい行為となる。

　慣習的レベルの2つ目の段階（第4段階）において，社会道徳性の見通しは，社会という観点を，前述の他者関係の中で同意された事柄とは別のものとして区別している。正しい行為とは，責任もって義務を果たすことを意味している。正しい行為の理由は，既存の制度を継続させ，社会体制を崩壊させないようにすることにある。スポーツの場

▶図13.1　自分の欲することを他人にしてあげなさい

面に置き換えれば，たとえ練習試合であっても，他の参加者とゲームをするためには，ルールに従うしかないということを理解しているような場合があてはまるだろう。

　第5段階の脱習慣的あるいは原則的段階では，社会道徳性の見通しは，社会を超越した見通しである。この段階において正しい行為の理由づけは，すべての人々の権利を守る法に対する義務感にある。この段階における道徳の自律性の程度は，道徳と法の2つの観点が相互に対立し，それらを統合することが困難であることを意味している。スポーツの場面では，すべての参加者の楽しみや安寧を支えるために，ルールに従おうとする状況があてはまるだろう。

　最も上位の第6段階は，普遍的な倫理原則と道徳の自律性を示している。正しい行為の決定は，自ら選択した倫理原則にのみ基づいてなされる。ある種の法律は，そのような倫理原則に基づいているため，多くの場合有効である。法がこれらの原則と異なる時は，人はそれぞれの信ずる原則に基づいて行動する。この段階における正しい行為の理由は，普遍的な道徳原則に照らして妥当であるという合理的な信念とそれらに対する個人的な関与の感覚である。この段階における社会道徳性の見通しは，道徳の本質を認識しているか，あるいは我々人間は自分の中で完結した存在であり，かつそのように扱われなければならないと考えているような，合理的な個人の持つ見通しである。スポーツ場面での具体例は，たとえコーチが求め，審判から許された時にでも，倫理的な原則に基づけば，誰かに怪我をさせることは誤りだと考え，

そのようなことはしたくないと思うような選手があてはまる[5]。

> **Exercise 1** 道徳性発達の段階
>
> **表13.1**に示したコールバーグの道徳性の発達段階を踏まえ，授業で指導する生徒のゲーム中の行動について考えてみよう。自律的な道徳性や本当のフェアプレイを表現しているような生徒の行動を思い起こすことができるであろうか。前慣習的レベルの道徳性に近いと思われる生徒の状況は，どんなものであろうか。そして，どちらの行動がより頻繁に生じているであろうか。

3 道徳性の発達に対する社会的相互作用の意味

認知的，情緒的成熟は道徳性の発達にとって，重要な必要条件である。過去20～30年においては社会的相互作用，とりわけ仲間との相互作用の重要性が強調されてきた[6]。

実際のところ認知科学者でさえ，社会的相互作用の重要性を理解している。たとえば，ピアジェは，ディベートや議論，交渉，妥協において適切な状況をもたらすという理由で，仲間との協力関係が重要であると述べた。これらは，自律的な道徳性の必要条件である[6]。

ユーニス[13]はピアジェの考えを発展させ，3つのポイントに要約している。

「まず第1に個人の道徳性の志向は，両親，仲間，とりわけ友人との関係を通じて発達する。第2にこれらの構成要素における中核的なプロセスは，社会的相互作用に他ならず，議論や交渉，和解といった事柄を含んでいる。第3に，他者との交流を通じて獲得される道徳の知識は，認知的であると同様に，感情的であり，そして態度的であるとみなされるべきである。他者との協力関係を通じて道徳性が発達していくと，人々は相互に関係しあっており，対人関係に責任を持って行動すべきだということが理解されるようになる。」

道徳教育について考える時，他者との相互作用が感情や態度形成にとっても重要であるとみなされていることは興味深い。

コールバーグはまた，社会道徳性の見通しの発達への仲間関係の重要性についても言及している。彼は，仲間関係では参加するだけでなく，役割を受容できるようになることもまた必要不可欠であると強調している。彼は役割受容の機会が異なる2つの環境を例として紹介している。

1つはアメリカの孤児院であり，もう1つはイスラエルのキブツ（農業共同体）である。これら2つの状況下で比較すると，孤児院では子どもの道徳性の段階が低いレベルにとどまるという，大きな差異が生じていた。いずれも両親との相互作用が希薄であるが，その他の点では劇的な違いがあった。孤児院では子ども同士の関係は断片的であった。スタッフからのコミュニケーションはほとんどなく，そして仲間同士の相互作用をうながしたり見守るようなことはなかった。対照的に，キブツの子どもはグループリーダーの指導の下，仲間同士の強い相互作用の中にいた。リーダーは子どもたちがキブツのコミュニティに積極的で献身的な参加者として加わるように気を配っていた[5]。

自律的な道徳性の発達は，道徳教育にとって重要な目標である。それは外的な圧力（プレッシャー）とは無関係である。自律的な道徳性は協調と相互尊重の原則ならびに主観的な責任の概念に基づいている。主観的な責任感の発達の観点からは，大人と子どもの関係と，子ども同士の関係における差異が重要である。ユーニス[12]はピアジェとサリバンを引用しながら，以下のように指摘している。すなわち，「親と子の一方向の権力関係と子どもの親に対する一方向の尊敬は，幼い子どもの道徳機能の成長を妨げる」。ユーニス[12]は，子どもが仲間，大人との社会的交流を通じて，世の中に対する2つの異なる理解の仕方と，2つの対をなす行動指針のルールを構築すると提唱してきた。

子どもは，権力を統制し，彼らが学ぶべきシステムについて知っている人（たとえば大人）との相互作用を通じて，順応すること，つまり他者からの社会的期待に添う振舞い方を学ぶ。しかしながら，仲間との相互作用を通じて，子どもは社会システムは他者と一緒に創造すべきであることをも発見する。そして，そのシステムはいまだ修正

の余地があり，相互理解の感情をもたらすものであることを発見する。仲間との相互作用では，型にはまったシステムがないため子どもの間に優劣がなく，民主的過程を通じてシステムを変更する（再評価する）ことが容易である。

4 道徳教育

　道徳教育の目標は，道徳性の自律に向けてその発達を促進することであり，認知的，感情的，行動的領域の発達をもたらすことである。このことは，特に道徳的判断能力の発達，役割の受容，責任感，そして他者に対する感情と態度の形成を意味している。これらは，他者との社会的相互作用の中で最もうまく発達しうる。この相互作用によって，個人間，とりわけ仲間関係における積極的な共同作業と対話が可能となるに違いない。

　産業化以前の社会では，個人の社会的背景となる集団が社会的，道徳的規範を提供しており，その規範を守ることは当然のことであった。道徳教育の主たる関心は，次の世代に規範を継承することであった。この種の道徳教育は，教化（indoctrination）と呼ぶものである[2]。そこでは教師は何が正しいか，どう振舞うべきかを知っている。そして教師はそれを，モデリング，強化，罰によって教えようと試みる。近代からポストモダンの社会では，さまざまな意思決定過程において，個人主義，自己中心主義の傾向が強くなり，今までの規範や伝統的な価値観では，もはや道徳的判断を正当化することはできなくなった。今日の道徳教育は，学習の構成主義概念に基づいている。

　構成主義の学習過程のキーワードは，学習者自身の活動と，学習者と環境との相互作用である。学習者自身の活動とは，学習者が環境に働きかけることを意味している。学習者は学習の結果だけでなく，学習の過程についても構造化する。構成主義の学習において，学習環境は重要な役割を果たす。学習は，内容と状況に関連する。それゆえ，学習環境は，学習者に疑問を呼び起こし，学習者が回答を構造化するのを助けるものでなければならない。道徳教育の視点からみると，重要な学習環境は，社会的相互作用と道徳性のジレンマであるといえる。

　構成主義的な道徳教育の核心的テーマは，生徒間の対話場面で議論されるジレンマである。このジレンマの価値は，認知的道徳性の発達に不可欠な認知的葛藤を誘発することにある。たとえば，コールバーグの理論で紹介されている「ハインツのジレンマ」のような仮定ジレンマは，生徒の道徳的判断能力の発達に役立ちうるものである。しかしながら，生徒や教師がより興味をいだく道徳性ジレンマは，クラス内の相互作用と生徒が関与した実際の内容から発展するようなジレンマである[2]。スポーツ，とりわけチームゲームは，生徒が関与したジレンマの良い例を提供しうる。現実のクラス内での相互作用からジレンマが誘発されたなら，それらは生徒の実際の行動や感情に関連している。したがって，道徳性の行動的，感情的発達にとってよりよい機会になる。

　構成主義の道徳教育における教師の主たる役割は，認知的で社会的刺激に富んだ魅力的な環境を提供することによって，道徳性の発達を促すことである[2]。生徒に対して役割受容を奨励し，公正さを強調し，意思決定を道徳性から捉え，生徒を認知的，道徳的葛藤にさらすことを通じて，教師は生徒同士の対話を促進することができる。意思決定を道徳性から捉えるというのは，技術やゲームを教えている間でも，指導者は運動パフォーマンスだけでなく，生徒の社会的，道徳的行動にも注意を払うことを意味している。たとえば，教師はバスケットボールのゲームを中断し，生徒にこのような疑問を投げかけることができる。すなわち，「一番うまい選手ばかりにパスを出すことを君は正しいと思うか？」。他者に対する共感と気配りの観点から考えると，教師は生徒たちに他の生徒がどのように感じているかを思いやるよう促す必要がある。新しいスポーツやゲームを導入する際には，教師の役割も重要となる[1]。ルールや技術の理解に加えて，ゲームは公正に行われなければならず，味方であろうが敵であろうが他の参加者に対して尊敬の念を持つべきであることを，指導者は生徒が理解できるように手助けしなけれ

ばならない[1]。たとえ構成主義の理論においてモデリングや模倣は重要でなくても，道徳教育が確実になされるためには，教師自身の言行一致が必要となる。

道徳教育の現代的視点は仲間同士の相互作用と対話の重要性を強調している。実り多い相互作用と対話のための必要条件は，一方ではグループワークと共同作業を，他方ではジレンマの機会を提供する環境である。この時教師の役割は，対話のための導き役であり，ファシリテーター（促進者）である。

5 道徳性を発達させる環境としての体育

これまでの情報を要約すると，キーワードは社会的相互作用であった。体育の目標が仮に道徳性の発達であるなら，生徒たちは道徳的葛藤を経験する機会が与えられるべきであると同時に，対話と共同作業の機会が与えられるべきである（▶図13.2）。ルールを守っても守らなくてもいいし，相手を友人とみなすことも敵とみなすこともできるなど，スポーツはさまざまな状況を提供する。もう1つの重要な必要条件は，自分の責任を受容し，道徳的理由づけにおいて独立した存在である機会を持ち続けることである。

このことは体育において，どれぐらい達成できるであろうか。キーワードである社会的相互作用から検討をはじめてみよう。体育は身体接触を伴い，真の協同作業が体験できることから，その可能性はかなり高いといえる。私たちは，具体的で実際的な活動においてのみ，役割受容，他者への配慮，協調，対話などを学ぶことができる。他の教科に比べて体育は，社会的相互作用をもたらしうる環境と活動を，非常に多く提供できる。体育では，生徒中心の指導法を用いることと，生徒に責任を委ねることが，他の教科に比べて容易である。にもかかわらず体育授業の観察研究によれば，残念ながら，仲間同士の相互作用がほとんど生じていないことが示されてきた。同じ結果が，青少年スポーツのコーチングでも見出されている。

他方，相互作用のある指導法を体系的に用いれば，生徒の向社会的行動と社会的関係を発達させることが可能であることを示す研究もある。5年生を対象に，3つの体育の指導法により，1年間に及ぶ教育実験が行われた。第1グループはモストンの練習スタイル（生徒は個人練習），第2グループはペア学習スタイル（生徒は2人組みによる相互練習）でかつパートナーが頻繁に交代する方法，第3グループは同様にペア学習スタイルであるがパートナーは常に同じである。その結果，ペア学習スタイルが採用された場合，援助行動と社会的関係の発達が最も大きく，特にパートナーが変わる場合においてその傾向が顕著であった[4]。

第2のポイントはジレンマの性質と対話の可能性に関連している。とりわけゲーム中は，他者との相互作用の中での対話によって解決できうる，多様な葛藤状況の存在が，道徳性の理由づけに重要である。人は葛藤状況において正しいやり方でも，間違ったやり方でも行動しうるということが，道徳性の発達の観点から見ると重要である。たとえば，ルールを守ることもできれば，それを破ることもできる。道徳性のジレンマに関する議論が取り扱われる道徳教育において，そこで生じる問題の1つは，コールバーグによって紹介されたような仮定的なジレンマに対して，生徒が興味を示さないということである[2]。体育は，生徒にとって本物で，親しみのある，現実のジレンマを提供している。典型的なジレンマとしては，ルールをめぐる意見の不一致が上げられる。教師は審判でないという状況を設定すれば，このような意見の不一致はプレーヤー間の対話で解決せざるを得な

▶図13.2 もし体育の第一の目標が道徳性の発達を促すことであるなら，生徒たちには多くの対話の機会が与えられなければならない

▶図13.3 競技会は，自己コントロールの機会と攻撃性を安全な形で表出する機会を提供する

くなる。

　体育におけるゲームや試合の切迫した状況は，道徳教育において価値がある。なぜなら，それらの状況は道徳性の理由づけだけでなく，道徳性の感情的，行動的構成要素とも関連しているからである。もう1つのポイントは，このような状況が自己コントロールと攻撃性の好ましい表現の機会を提供する点である（▶図13.3）。それゆえ，競争状況は道徳教育にとって良い機会を提供している。

　他方，競争は道徳教育にとって問題となる場合もある。重要なことは，競争と勝利を重視する度合いである。シェリフ[8]の研究は，競争と協同作業の両方の効果に関する1つの優れた研究である。この研究から導かれた結論として，教師の仕事は競争状況と協同作業のバランスを保証することであると言える。体育においては，長期にわたる競争状況はあってはならない。

　競技レベルの高度化もまた，ハーバーマスが戦略的行動と呼び，ゲームの論理とも呼ぶことが可能な現象を増加させている[9]。本来ルールは，相手に敬意を払うということに基づいて敵味方に共通に同意された事項であり，フェアプレイの理想につながる意味を持つものであるが，ここではルールをそのようにはみなさない。そこでのルールは勝利への一種の障害であり，自身の損得勘定によって遵守するか，違反するかが決定される。これはまた，審判に対する態度にも現れることが知られている[10]。

　このように道徳性の発達のための場を設定するという理由から，教師の役割は重要である。ここでは3つの重要な側面，すなわち指導法，動機づけの程度，言語行動について考えてみよう。

　仲間との相互作用と責任を受容することの重要性は，他の章で何度も強調されている。モストンとアッシュワース[7]によって開発された指導スタイルの連続モデルは，より多くの責任を生徒たちに委任する方法を示すすばらしい例である。指導スタイルの連続モデル（▶表13.2）によると，指導の核心は意思決定である。生徒自身が，より多くの決断をすることができるならば，多くの責任が生徒に与えられることになる。命令スタイルでは，教師はすべてを決定する。自律的学習スタイルでは，生徒がすべてを決定する。ペア学習スタイルは，仲間との相互作用を教えるために特別に立案されている。

　理論に基づくと，道徳性の発達のためには熟達志向（課題志向）の動機づけのほうが，競争志向（自我志向）の動機づけよりも好ましいと考えられる。教師は生徒の動機づけを方向づけることができるので，その役割は重要である。（動機づけの程度に関する詳細は，3章を参照）。

　教師の言語行動とフィードバック（言語的，非言語的を含む）は，道徳性発達の手引きとして重

▶表13.2 指導スタイル連続モデル

命令スタイル：(The command style)
練習スタイル：(The practice style)
ペア学習スタイル：(The reciprocal style)
自己チェックスタイル：(The self-check style)
能力差包括スタイル：(The inclusion style)
誘導発見スタイル：(The guide-discovery style)
集中的思考発見スタイル：(The convergent-discovery style)
問題解決型発見スタイル：(The divergent-discovery style)
学習内容設計スタイル：(The learner-designed style)
主体的学習スタイル：(The learner-initiated style)
自律的学習スタイル：(The self-teaching style)

道徳性の発達

▶図13.4 他の生徒の気持ちや視点に配慮するよう働きかけることで、役割の受容を促進しなさい

要である。理論的に言えば、教師は教え込むのではなく導くのだから、そのことが教師の言語行動に見られなければならない。構成主義理論によれば、教師が生徒に「それは間違いである」と言うことは許されていない。このような宣言的言葉がけの代わりに、「もし〜ならば、君はどう感じると思う？」「結果がどうなるかを考えたことがあるかい？」のような、ソクラテス式問答法のいくつかを使うべきである[2]。言語行動を通して、教師は生徒の役割受容や共感をうながすこともできる（▶図13.4）。

教師のフィードバックは、教師が教えたいことと生徒が学ぶことを一致させるねらいがある。体育でのフィードバックは、主に技術習得と運動の出来栄えに関して行われる。社会的行動や道徳的行動に関して用いられることはほとんどない。ある意味、これは体育では自然なことである。しかしながら、生徒の態度や行動を発達させるためには、社会的行動と道徳的行動についてのフィードバック、特に積極的フィードバックを与えるべきである。

体育における道徳教育の可能性に関する多くの意見や論述がなされているけれども、根幹に関わる基礎研究は依然として不十分である。しかしながら、道徳性の理由づけは体育やスポーツの文脈においても発達しうることを示す、多くの研究がなされてきた[3),9)]。これらの研究結果は2つの重要なメッセージを提示している。1つ目は体育やスポーツにおいて道徳性の発達を促すことは可能で

あるということ。2つ目にその発達は、授業が仲間との相互交流か対話かのどちらか一方、あるいはその両方に基づく指導方法を用いて行われる時にのみ可能になるということである。

体育の授業には十分な時間などないので、運動技術あるいはフィットネストレーニング以外に何か他のことを取り入れることはできない、と教師たちは不満を言うこともあるだろう。このような場合には道徳性の理由づけ、態度、そして行動に関する学習は体育に付随する学習であり、何か特別な時間を必要とするものではないということを心に留めておけば役に立つ。

道徳教育には教師の内省が求められる。思慮深い指導とは、それぞれの時限で本当に何をしたいのか、そしてその授業にどのような社会道徳的意義があるのかについて、教師が気づいていることを意味している。教師は、自身の言語行動、用いた指導スタイル、そして生徒にもたらされた動機づけについて振り返るべきである。

Exercise 2 体育における道徳的発達

授業のゲームについて、全生徒の関与を増大させ、生徒間の相互作用を高めるために、ルールをどのように変えることができるかを考えなさい。

Exercise 3 生徒の独立心と責任感の増大

授業の個人競技について、生徒の独立心や責任感を増大させるための具体的な方法を3つ挙げなさい。

Exercise 4 生徒の協同作業における相互作用の拡大

個人競技の学習や練習において、生徒が協同作業を行い相互作用を拡大するための例を3つ挙げなさい。

6　学校体育への提言

教師は、体育授業における道徳教育の可能性と問題を理解しておかなければならない。したがって、教師養成プログラムを通じて道徳教育に関わる問題を議論すべきである。

■1.教師養成への提言

　教師養成プログラムには，道徳教育に関する概論的な課程が含まれるべきである。道徳教育は教師養成プログラムにおいて，根幹となる必要不可欠な部分でなければならない。さまざまな場面における道徳性の側面を理解できるよう，学生を援助すべきである。また学生に，道徳性の問題を議論することを奨励すべきである。道徳性の問題について考えることや議論することは，思慮深い授業の本質をなす。

　教師養成では，指導方法に力点をおくべきである。道徳性の発達にとって，仲間との相互作用が密接な関係にあることを，議論すべきである。仲間との相互作用を考慮に入れた指導法は，さまざまな活動や環境において大いに用いられるべきである。たとえば，学生は器械体操や水泳，ライフセービング，オリエンテーリングなどさまざまな個人種目において，お互いを教え，助けることを学ぶべきである。

　教師養成において仲間同士の相互作用は，講義，実技の両方において用いられるべきである。教師養成における道徳教育のための重要な先行条件は，学生の声を聞く民主的な雰囲気である。将来の体育教師たちに職業倫理を育てることは，教師養成における道徳教育の担うべき不可欠な部分である。このことは，とりわけ，すべての学生一人一人が取り組むべき責任を浮き彫りにしている。

■2.体育教師への提言

　授業について思い起こしてみよう。生徒の道徳性を発達させる準備はできたであろうか。単に健康と運動能力を高めるだけでなく，生徒の道徳性をも発達させることが教師の仕事の一部だ，とあなたは考えているか。これらの道徳性の問題を同僚と話し合うとよい。たとえば，道徳性の観点からみて，試合におけるルールはどのくらい重要だと考えられるか。ルールはどのように教えられるべきであるか。ルールの本質的な意味は何か。他者を思いやることはどのくらい重要だと考えられるか。授業における教師と生徒の役割について考えてみよう。あなたの授業では，どのくらい仲間同士の相互作用が起こっているか振り返ってみよう。どうすればその相互作用を増やすことができるであろうか。生徒に対して，責任を与えてきたであろうか。また，どうすればそれができるであろうか。生徒を口頭で注意する時，どれぐらい道徳性の問題を扱ってきたであろうか。どうすればもっと多くこの問題を取り扱うことができるであろうか。

　授業の計画や実施，評価において，生徒の役割を増やすよう，意図的に努力すべきである。生徒に協力関係と，個人の責任を提供するような方法，もしくは授業スタイルを用いるべきである（たとえば，モストンとアシュワースの指導スタイル連続モデル。▶表13.2）。グループもしくはペアで作業をさせる時には，親しい友人とだけでなく，他のさまざまなタイプの生徒たちとも一緒に作業するよう，注意すべきである。またソーシャルスキルにも注意を払うべきである。たとえば，他の生徒を手伝う方法や，フィードバックの仕方について具体的に説明しなければならない。活動中には，生徒に個人の果たすべき責任及びグループが果たすべき責任を与えるとよい。とりわけ，審判なしで試合をすることは，授業の1つの目的になりうる。そして生徒に審判を任せてみよう。生徒が彼ら自身で活動を組織化するように促そう。能力差の包括，すなわち，すべての生徒が参入できる機会を強調すべきである。特別なグループに属する生徒との共同作業の体験は，すべての生徒における社会性や道徳性の教育の観点からみて，重要な経験になりうる（16章を参照）。課題志向の動機づけ雰囲気を創造するよう，意図的に努力しなければならない。動機づけ雰囲気は教師の言語行動によって多大な影響を受ける。

　教師の言語行動について考えてみよう。教師の言葉かけによって，クラスの道徳的雰囲気を変えることができる。道徳性の問題がどれぐらいの頻度で取り上げられ，論議されているか，そして生徒の道徳性の問題に対する態度がどれぐらい発達しているかなどについて考えてみよう。宣言的な，直接的な表現よりも，ソクラテス問答の方法を使

うよう心がけよう。この方法によって，道徳性の発達に加えて，生徒の一般的な自己評価能力も向上する。他の生徒の感情やものの見方を察するように促しながら，役割を受容させるとよい。たとえば，試合で攻撃的に振舞った生徒に対して「メアリーがどんな気持ちでいると思う？」と尋ねよう。あるいは，もし，試合に参加できないでいる生徒がいるような場合であれば，上手くてゲームの中心になっていた選手に，「まったくボールに触ることができなくて楽しいと思う？」と尋ねるとよい。運動の出来栄えについてだけでなく，社会的，道徳的な行動についても，肯定的なフィードバックを与えるよう努める必要がある。たとえば，「サラ，ラリーへの手助けはすばらしかった！」もしくは，「ロン，エディスが倒れこんだ時に，試合を止めてくれてありがとう！」と言おう。

　身体活動の場は，すべて道徳教育の場として活用可能である。スポーツイベントが道徳教育に与える影響は，スポーツイベントの内容それ自体よりも，その社会的構造に関連している。しかし，たとえば試合などには，道徳教育にとってさらに好ましい機会が含まれている。新しい競技，もしくは新たなルールが必要な活動を始めるような時には，生徒とルールの意味を話し合うとよい。道徳性の問題だけでなく，競技の楽しみを促進する1つの要因として，フェアプレイの重要性を指摘しよう。試合への心構えを強調しよう。すべての参加者が参入しやすくなるために，ゲームやルールをどのように修正できるかについて，生徒と話し合ってみよう。それらの修正方法を検討し，実行するよう生徒に勧めてみよう。たとえばコールボールやアルティメットフリスビーのように，社会的人間関係を強調している競技を生徒に紹介するとよい。

　体育教師は，生徒が学校生活において社会性，道徳性を発達させていく際にとても重要な人物となる。もし，生徒の道徳性の発達に影響を及ぼす学校の可能性を疑うなら，授業における社会的相互作用や公平性を増大させてみよう。そうすれば，生徒たちはあなたの体育の授業を楽しいと感じるようになるであろう。このこともまた重要な点である。

キーポイント

[1] これまでの研究では，道徳性の発達における体育の有用性に関する確証は，ほとんど明らかにされていない。

[2] 一方，いくつかの信頼できる研究では，体育は道徳性の発達に影響を及ぼすことが示されている。

[3] 道徳性の発達における体育の効果は，教育方法や指導スタイルに関係する。

[4] 道徳性は3つの構成要素からなっている：感情的要素，認知的要素，行動的要素である。

[5] コールバーグの段階は主に，道徳性の認知的要素に関係している。それらは，道徳的判断に関わる個人の認知的能力の発達を記述している。

[6] 金言に基づきなさい：自分の欲することを，他人にしてあげなさい。

[7] 個人の道徳性の志向は，両親や仲間，そしてとりわけ友人との関係を通して発達する。この構成要素における中核的なプロセスは，社会的相互作用であり，議論や交渉，和解といった要素を含んでいる。相互作用を通して得た道徳の知識は，感情的であると同時に，認知的でもある。

[8] 社会道徳性の見通しが発達するためには，相互作用に加えて，役割受容の相互関係が必要である。

[9] 自律的な道徳性は，外部の圧力から独立している。それは，協同と相互尊重の原則と，主観的な責任の概念に基づいている。

[10] 子どもは，社会的システムは他者と一緒に創造すべきことであること，そしてそのシステムは修正の余地があり，相互理解の感情を与えるものであることを仲間とともに発見する。

[11] 自律に向かう道徳性の発達は，道徳的判断能力や役割受容能力，責任感，そして他者に対する感情と態度の発達を意味する。

[12] 構成主義の学習過程におけるキーワードには，学習者自身の活動と，学習者と周囲の環境の間における相互作用が含まれている。

[13] 構成主義的な道徳教育における教師の主な役割

は，認知的，そして社会的刺激に富んだ，魅力的な環境を提供することにより，道徳性の発達を促進することである。

[14] もし，体育において道徳性の発達を目的にするなら，対話や共同作業の機会と同様に，道徳性の葛藤をたくさん経験させるべきである。

[15] もし，相互作用的な教育方法が系統的に適用されれば，生徒の社会的な行動や社会的関係は発達する。

[16] 競技における緊張感に包まれた場面や，体育での競争は，道徳教育にとって価値がある。なぜなら，それらは道徳性の理由づけだけでなく，道徳の感情的，行動的要素にも関係するからである。

[17] 指導スタイルの連続モデルは，教師が仲間の相互作用を組織化することや生徒と責任を共有することを助ける。

[18] 熟達志向的な動機づけ雰囲気は，道徳教育にとって重要である。教師の役割は，そのような雰囲気を創造することである。

[19] 宣言的かつ直接的な表現の代わりに，たとえばソクラテス式問答法のような質問表現を使いるとよい。

理解度チェック

[1] 道徳教育の目的は何か。
[2] 構成主義的学習理論による道徳教育のキーポイントは何か。
[3] 体育が道徳教育に好ましい環境と考えられるのはなぜか。
[4] 道徳教育における体育教師の役割は何か。
[5] 道徳の発達に社会的相互作用と仲間との相互作用が特に重要なのはなぜか。

文献

1) Arnold, P. (1994). Sport and moral education. *Journal of Moral Education*, 23, 75-89.
2) Figley, G. E. (1984). Moral education through physical education. *Quest*, 36, 89-101.
3) Gibbons, S. L., Ebbeck, V., & Weiss, M. R. (1995). Fair play for kids: Effects on the moral development of children in physical education. *Research Quarterly for Exercise and Sport*, 66, 247-255.
4) Kahila, S. (1993). The role of teaching method in prosocial learning—developing helping behaviour by means of the cooperative teaching method in physical education. *Studies in Sport, Physical Education and Health 29*. Jyväskylä, Finland: University of Jyväskylä. (In Finnish with English summary)
5) Kohlberg, L., Devries, R., Fein, G., Hart, D., Mayer, R., Noam, G. Snarey, J. & Wertsch, J. (1987). *Child psychology and childhood education, a cognitive-developmental view*. New York: Longman.
6) Kurtines, W. M. & Gewirtz, J. L. (1987). *Moral development through social interaction*. New York: Wiley.
7) Mosston, M. & Ashworth, S. (1990). *The spectrum of teaching styles, from command to discovery*. New York: Longman.
8) Sherif, M. (1978). The social context of competition. In R. Martens (Ed.), *Joy and sadness in children's sport* (pp. 81-97). Champaign, IL: Human Kinetics.
9) Shields, D. & Bredemeier, B. (1995). *Character development and physical activity*. Champaign, IL: Human Kinetics.
10) Telama, R., Heikkala, J. & Laakso, L. (1996). Game reasoning and strategic thinking in sport: Attitudes among young people toward rules. In G. Doll-Tepper & W-D. Brettschneider (Eds.), *Physical education and sport, changes and challenges. Sport, Leisure and Physical Education Trends and Development: Vol. 2* (pp. 252-266). Aachen, Germany: Meyer & Meyer Verlag.
11) *The significance of sport for society, health, socialization, economy* (1995) (pp. 97-110). Strasbourg, France: Council of Europe Press, Committee for the Development of Sport (CDDS).
12) Youniss, J. (1980). *Parents and peers in social development, a Sullivan-Piaget perspective. Chicago*: The University of Chicago Press.
13) Younnis, J. (1987). Social construction and moral development; update and expansion of an idea. In W. M. Kurtines, and J. L. Gewirtz, *Moral development through social interaction*. New York, John Wiley & Sons, 131-148.

第14章
教師―生徒の相互作用と生徒集団における相互作用パターン
Teacher-Student Interaction and
Interaction Patterns in Student Groups

1 はじめに

生徒が授業に10分遅刻してきた。しかし彼は，なにも言わずにベンチに座ったが，明らかに教師からのコメントを待っているようであった。教師であるあなたは彼を無視してクラスの授業を続けていた。

ハンドボールの授業で，女子生徒がだんだんと興味を示さなくなってきている。あなたは，男女混合チームでその女子生徒が男子生徒に比べまったくボールにさわってないことに気づいた。あなたは生徒と気づいたことを話し合い，ゲームにおいて互いの協力が必要なことを強調した。

小学校2年生の授業を始めようと思った時，子どもたちは体育館を走り回っていた。座らせると子どもたちは男女別々に座った。今日は床運動を行おうと思っていた。子どもたちに床運動の器具の準備を頼んだが誰も行おうとしなかった。仕方なく，あなたは何人かの生徒の名前を呼び，手伝うように指示した。

多くの体育教師は上述したような場面を体育の授業で経験していることだろう。これらの場面はクラス内や教師と生徒の間におこる社会的過程についてのヒントを与えてくれる。社会的相互作用はこれらの過程を特徴づける用語なのである。

2 社会的相互作用

本章ではまず社会的相互作用を論じる。社会的相互作用の定義と社会的相互作用の4つの形式について説明する。

■1.社会的相互作用

社会的相互作用とは集団内で生起する行動と影響過程を記述する言葉として用いられる。広義な意味では社会的相互作用とは，ある状況で個人対個人，個人対集団，集団対集団において生じるすべての過程に影響を及ぼすことである。

つまり，試合を見ている観客は選手に影響を与え，その逆も起こりうるということになる。しかしながらこの場合，観衆と選手が互いに直接影響しあうことはない。これらは間接的な相互作用である。狭義な意味での社会的相互作用とは，直接的な影響過程の様をいうのである。集団の中のそれぞれの人は，集団内のどの人たちともコミュニケーションを取ることができる。このような社会的相互作用は体育の授業で起こることである。クラスや教師が集団を形成した時（16章を参照），すべての参加者（生徒）は，それぞれ直接的な相互作用を行うだろう。しかし，現実には，すべての生徒がすべての生徒と相互作用を行うことは極めて希である。教師はクラス全体とコミュニケーションをとることもあればクラスの内の何人かだけや一人の生徒とだけコミュニケーションをとることもあるだろう。

研究者たちは，社会的相互作用を少なくとも2者間の相互作用過程と記述しているが，相互影響の強さには差異がみられ，対称的影響と非対称的影響を区別している。対称的な作用では，両者は

独立した関係にあり，互いへの影響力はほとんど同じである。非対称的な作用では，リーダーと従者が存在し，そこでは不均衡な関係が存在する。体育の授業では，教師と生徒の相互作用のパターンは間違いなく対称的であろう。

ジョーンズとジェラード[14]は相互作用過程を分析して，社会影響過程が無意識に行われていることを指摘した。この相互作用を伴わない共働作用の存在は，集団やスポーツチームの研究でよく知られている。共働している集団は相互の影響の与え方があまり明確ではない。オールを同じ方向に動かさなくてはならないというボート競技は共働行動である。受け身的な立場である観戦者も共働行動の一例である。役者と観客は直接影響しあうことはないが，観客が役者の行動に影響を与える

ことがある。社会状況においてこのような影響はよく知られている。たとえば，緊急事態を目撃した個人が，単なる群衆よりもその事態について口を挟みがちである[15]。共同相互作用は，パートナー同士による積極的なかかわりや対称的影響過程であることに特徴がある。体育の授業やスポーツにおいては，**図14.1**[14]に示す4つの相互作用が発生している。

共働行動は，同じ部屋で同じか別の課題を行ってはいるが，互いが直接的な影響を与えていない時などが，典型的な例として挙げられる。ランニング，サイクリング，幅跳びなど多数で行っているが一人一人が独立している場合は共働行動である。

非対称的相互作用は，教師がリーダーシップを

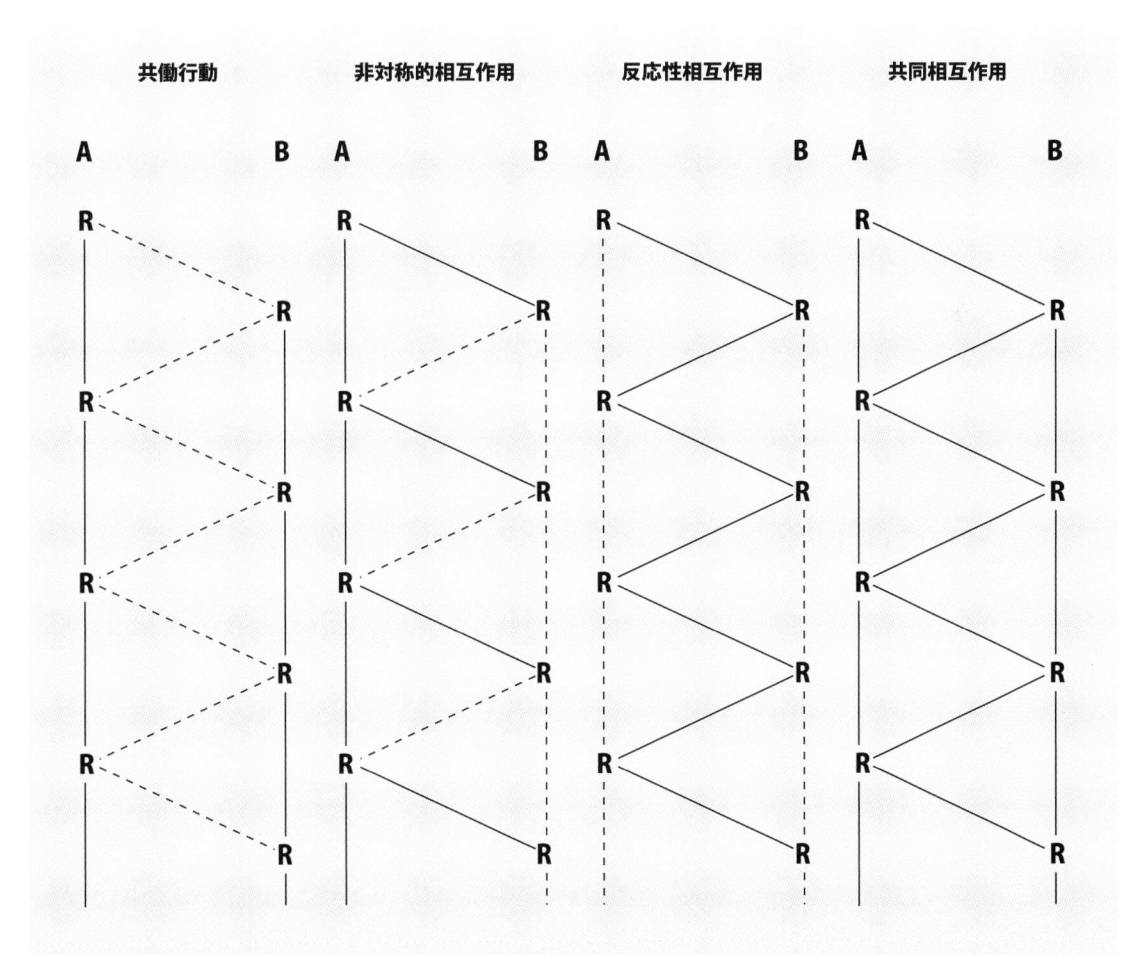

注）縦線は自己刺激を表し，対角線はパートナーA, Bの社会的刺激を示している。実線は後に起こった反応への一次的な影響を示し，破線は2次的影響を示している。（E.E.Jones&H.B.Gerard,1967, Foundations of social psychology,507）

▶**図14.1 相互作用の4タイプ**

発揮して生徒をリードしている関係である。生徒と教師は相互作用を行っているが，教師が生徒から受ける影響はわずかで，教師は生徒に対し指示を与え，生徒は教師の指示に従おうとしている。

反応性相互作用は，体育の授業ではあまり観察されない。競技者が自身のプランに従って行うことが可能となるのではなく，ものすごい速さで作用と反作用を繰り返さねばならないボクシングや卓球はその例である。

共同相互作用は，パートナー同士の対等な影響関係を意味している。彼らはお互いに等しく影響しあうと同時に，自分自身のプランにも従っている。生徒間の典型的な社会的相互作用は共同相互作用である。体育の授業では教師—生徒間の相互作用で発現する。この種の相互作用はサッカーのようなボールゲームにおいても観察できる。

> **E xercise 1** 社会的相互作用
>
> **図14.1**の4つの社会的影響パターンの例を体育授業で挙げなさい。

■2.言語的, 非言語的, 環境的コミュニケーション

社会的相互作用について議論する時は，相互作用の最も重要な要素であるコミュニケーションについても注目しなければならない。コミュニケーションとは，送り手が受け手にメッセージを送ることである（反応性または共同相互作用のようにその逆もまた同様である）。コミュニケーション過程は以下に示すように行われる。最初に，送り手（たとえば，教師）がメッセージを送ることを決める（たとえば，集団の中で立っている生徒に対して）。次に，この決定が具体的なメッセージとして符号化され，その情報が生徒により解釈されて再符号化される。そして，生徒がメッセージに対して反応をおこす（たとえば，注意されたら，怒ったり返事をしたりするなど）。授業でゲームをしようと計画している時，教師はどのチームに入るか選ぶように生徒に指示をする。生徒はこのメッセージを理解し受け入れる。生徒の一人が理解したことを教師に伝える。

体育の授業やチームのような集団内のコミュニケーションは，支配（勢力），親和，関与の3つの特徴的次元を持つ[13]。したがって，体育の授業における社会的相互作用は，階層関係，親和関係，及び関与のいずれかに分類できる。階層関係とは教師-生徒の相互作用のことである。生徒間には親和関係が成り立っている。関与は教師が生徒の進歩や課題に対して興味を示している時である。序列関係は非対称的関係のパターンとして分類される。教師が生徒の間違った行動に対し怒っているがそれに反して生徒たちがお互いにやり取りしようとしないような時は明らかに階層関係といえる。体育の授業における階層関係は，生徒のスポーツパフォーマンスによって決定づけられる。能力の高い生徒は他の生徒よりも尊敬されるのである。このようなクラス内の階層構造はソシオメトリック分析で明らかになる（16章を参照）。

親和関係は，共働作用（親和なし）またはさまざまな形の相互作用によって特徴づけられる。学校における社会的相互作用や集団の形成によって生徒の親和欲求は充足される。特に体育授業は最適に生徒の親和傾向を満たすのに最適である。なぜなら，スポーツや運動はコミュニケーションを必要とするチームや集団で行われるからである。

関与次元は，教師と生徒の相互作用，たとえば，教師が生徒に指導をしている状況などにおいて見受けられる。また，生徒がゲームに勝利した時や素晴らしいパフォーマンスをした時の集団の相互作用においてもこの関係は発生する。

コミュニケーションは，言語的，非言語的，環境の異なるチャンネル（手段）によって行われている。確かに多くのメッセージ，特に意図的なメッセージは言語的な手段を用いて行われる様にみえる。教師は教示，命令，コメントなどを言葉で行う。生徒の答え，質問，コメントなども言語的な手段を用いて行われる。つまり，教室における社会的相互作用を観察すると，だいたいは言語的コミュニケーションと符合する。

しかしながら，体育授業の特殊性ゆえに，非言語的コミュニケーションと環境のチャンネルが

重視され，これらの手段か他の状況に比べて頻繁に使われている。たとえば，体育の授業における社会的相互作用は，環境条件，集団過程，課題などの影響を受ける。教室と違って席が決まっていない体育館の開放的なフロアで生徒たちは自由にコミュニケーションや相互作用を行うことができる。それゆえ，体育の授業における社会的相互作用は，社会的・環境的要因に対し敏感である。体育館は生徒間の社会過程を知るうえでも興味深い場所である。コミュニケーション行動のうち50〜70％は非言語的に行われていると言われる[28]。したがって，体育の授業において，友達同士は近くによる傾向があり，そうでないものはお互いが離れる傾向にある。

体育授業における非言語的メッセージは，社会的なシグナルだけでなく動きや運動行動に関しても付加的な情報を与える。体育の授業では学習すべき技術のモデリング（模倣）が教示の際の典型例として挙げられる。テニスのバックハンドを教える時，教師は生徒の腕の使い方を手を取って指導する。このように非言語的行動は，体育授業においては社会的相互作用ばかりでなく技術を学び情報を入手するために重要である。

環境チャンネルは，コミュニケーションの道具として物理的な環境を用いたコミュニケーション活動を包含している。これには，環境をメッセージ信号にするテリトリー行動のすべてが含まれる。チームスポーツにおいては，ほとんどの選手やコーチが自分のロッカーやベンチを持っている。着ている服（ユニフォームなど）や他のマークは誰がどのチームに所属しているかを示してくれる。サッカーのゴールキーパーは，両手にグローブをしてゴールにいる。その姿はまさにゴールされるのを阻止したいということを物語っているようである。

行動空間は集団内におけるコミュニケーションの形としてよく知られている。行動空間は，集団凝集性や集団のアイデンティティ（同一性）を形成，維持，強調する手段である。体育館で生徒の行動を観察して，生徒たちが小さなグループを形成しているのを見かけたら，これはお互いに興味を示しているという証拠である。この意味において，サガートとウィンケル[21]は，「社会的相互作用の調節や媒体としての縄張り意識」の重要性を検討している。接近は親近感の指標となるので，もし教師が生徒同士の関係を高めようとしたいならば，彼らを接近させればよい。体育は，チームや集団を作ることが頻繁にあるから，このような状況を改善するために適している。

空間の目印やその他のサインは，社会的相互作用における媒体として機能している。媒体としての縄張り意識は，個々のアイデンティティ（たとえば，部屋の模様やそのほかのシンボルなど）や階層的な地位を示している。体育教師やサッカーの審判などの自分のロッカーは，他のだれもがシグナルを発することのできない特別な場所である。環境的な手がかりも集団成員間の相互作用やコミュニケーションなどに影響をあたえる。社会的相互作用はおそらく環境的行動によって変換されるのであろう。

非言語的な手段もコミュニケーションの媒体として非常に重要である。非言語的シグナルは意識して言葉を選んでいない。さらに，非言語的メッセージは，符号化することが容易ではない。非言語的シグナルは，社会的相互作用の2つの主な次元（支配性―服従次元，肯定的―否定的誘因次元）を反映していると考えられている。さらに，シグナルの強度はパートナーの感情的な関与の強度によって変化する。教師のような大人は，平静で抑制的に行動することが期待されるが，子どもたちは自分の感情を素直に表現するよう求められる。日本では，アメリカやヨーロッパ諸国に比べ感情を表現することを許されていない。北ヨーロッパでは南ヨーロッパに比べて感情的表現をしない[22]。肯定的感情は否定的感情よりも文化による統制がきかない[27]。さらに，女性は非言語的記号を符号化することが男性に比べ得意でよく笑ったり見つめたりするし，距離を置く行動においても男性のほうがパートナーとの距離を遠ざけようとするなど明らかに性差は存在する。これらのことは，感情シグナルや親和行動には文化的ルールがあることを意味している。

以前に論じたように，テリトリー行動と同様に非言語的メッセージは，支配性や階層関係のシグナルでもある。集団のリーダーは先頭にたち，それに従う人たちはリーダーとの距離を一定に保つことに注意している。逆に，リーダーは自身と従う人たちとの距離を決めることが許され，従う人たちはそれに合わせるということになる。性差から見ると社会における男性優位により，男性は距離をとりながら，その裏返しとしてより緊密に女性に接近しようと心を傾けるのである。しかし，すべての研究者がこの考えに賛成している訳ではなく，非言語的な性差については，性的役割期待（女性は友好や親和のサインを頻繁に出さねばならない）に反映されていると主張する者もいる[10),12)]。

　この議論は，非言語的，環境的行動は相互作用を行うパートナーとの社会的文脈（状況）や特定の役割に依存していることを示している。教師が難しい顔をした時は非難をしているシグナルで，生徒が難しい顔をしている時は理解出来ていないというシグナルである。

Exercise2 コミュニケーションのチャンネル

言語,非言語,環境の3つのチャンネルを，
[a] ある動きを教える時の教示
[b] グループに教師が話している時におしゃべりしている生徒への警告のコメント
[c] 生徒をほめる
[d] 批評する
の場面それぞれで考えなさい。

　環境的行動を除いて，研究者は主な非言語的シグナルを6つのカテゴリーに分類している[28)]。
◎身体的な外見
◎ジェスチャー
◎顔の表情
◎接触（タッチング）（手など）
◎姿勢
◎声の特徴

　体形，服装，髪型，宝石などの身体的外見はコミュニケーションを行うパートナーの重要な情報となる。シアルディーニら[8)]は，「栄光浴」という現象を発見した。アメリカンフットボールで勝ったチームのファンは次の日にサポーターとしてのアイデンティティを示すためにチームのシャツや帽子を着用する。服装は，集団の中の一員であることを強調するものなのであろう。学校では，身体的外見についての非公式なルールが生徒の間に存在する。さらに，身体的外見は生徒のアイデンティティの一部でもある。これは体育においても重要である。アクセサリーをはずすことを断る生徒は，イヤリングや指輪などをアイデンティティの一部と考えているからである。

　胸の前で両腕を上げたり組んだりするといったジェスチャーは，ポジティブまたはネガティブな感情を伝達する。体育の授業でもジェスチャーはさまざまな機能を果たし，感情表現以外でも，対人的魅力，仲間意識，階層関係のシンボルとされている。

　また，ジェスチャーは課題を解決する手助けをするので，スポーツや体育において重要な役割を果たしている。試合中に審判は，彼らの判定や判定の根拠をジェスチャーで表現する（たとえば，ボールがアウトになった時など）。また，ジェスチャーはスキル学習を助け，動きを表現する。教師が飛び込みについて説明する時，最初に腕と腕の間に頭を入れることを説明するためにジェスチャーを使うことはその一例である。

　社会的相互作用の場合，ジェスチャーは公式な規則ではない。そのかわり，パートナー同士は共通の社会経験によって相互理解する。ジェスチャーの社会的意味は状況的な手がかりから推測され，行動を起こす人の主観的な経験に依存している。得点をした後に手をたたき合うことはポジティブな強化と考えられるが，嫌いな教師がこの種のジェスチャーをしたら選手はあいまいな感情を抱くであろう。

　顔の表情は，非言語的コミュニケーションの中で最も表現に富む。それゆえ，生徒と話をする時は生徒の顔を見ると，生徒の注意を引きつけることができる。顔の表情は多くの場合感情を表現している。笑顔または悲しい顔はそれぞれ喜びと悲しみの感情を引き出すはずである。しかし，普通，

感情と顔の表情の関係は，たいていは感情が初めに来て，その結果として次に顔にその表情が表れる。こうして顔は感情を表わすのである。

顔の表情には文化による差や個人差が生じる。先に述べたように，笑顔や見つめたりする行動には明らかに男女差が存在する。女性は男性に比べよく笑ったり見つめたりするが，これらは共感や敏感な感情表現という女性への性役割期待にそった行動と解釈できる。体育館においても，性役割期待があるので，男性教師にくらべ女性教師がよく笑ったり見つめたりする。教室の状態を良くしたい時，生徒に笑いかけ，うなずくなど，ポジティブな顔の表情をすることは生徒の行動を強化するすばらしい方法である。

接触（タッチング）は，他者に対してポジティブな感情を表現するだけでなく，落ち着かせようとするコミュニケーションの手段である。タッチング行動は階層関係の規範であるので，生徒が教師にするよりも教師が生徒にタッチングすることはしばしばあることであり，教師が年齢の高い生徒よりも低い生徒に対して多くのタッチングを行い，異性間よりも同性間でのタッチングの方が多く行われるという現象は，体育授業ではよく観察される[2]。小学校では，教師と生徒との社会的な関係を強めるために低学年ほど頻繁にタッチングが用いられる。

タッチングは体操などのスキルの学習にも有効で，教師がある動きを教えたい時，生徒の身体の一部を支持して指導をすることがよくある。たとえば，やり投げを教える時には生徒の腕や肩をつかみながら行う。

姿勢は，感情状態を語り，支配—服従関係を明白にする。たとえば，喜び（悲しみ）を感じている時は典型的に上を向いている（うなだれる）姿勢になる。頭を垂れ，肩をすくめている姿勢は落ち込んでいるムードを反映している。直立の姿勢で指示・命令をしている時は支配の立場を強調している。一方，うなずきながら地面を見ているのは服従しているということの象徴である。生徒と話をしている時は，教師は背筋を伸ばしている。

言語的メッセージの言葉以外に，声は非言語的メッセージを伝える。声の早さ，テンポ，音量は言語的メッセージを納得させたり否定させたりもする。びくびくした声は不安を示し，一方，荒々しい声は怒りを示す。体育の授業は広く騒音も大きい場所で行うので，大きな声はプラスとなるが，教師は叫んだり大声を出しすぎることは避けるべきである。言語の指示やフィードバックなどを与える時は，生徒とは普通の距離で面と向かって話し，教師の声は平均的な調子，強さ，速度を保ったほうがよい。

3 教師—生徒の相互作用

教師—生徒と生徒—生徒の相互作用は教室において識別することができるが，最近の研究のほとんどは教師—生徒の相互作用について行われている。一方，生徒間の相互作用についてはあまり注目されていない。さらに，教師—生徒との相互作用に関する研究では，教師行動と有能感の関係に主に焦点が置かれてきた。

■1.教師による期待の効果

60年代から70年代にかけて，適切な教師行動についての研究の中心は，教師の相互作用スタイルが生徒の達成に及ぼす影響についてであった[5]。もう1つの重要な研究は，教師の期待感の原因と結果の分析である。これにより社会的相互作用の研究に多くの注目が集まった[4,20]。この節では，このことについて詳しく論ずる。

社会的相互作用とは他者に影響を与える過程を指す用語である。それらの影響を操作する方法がコミュニケーションである。ロバート＝ローゼンタールとレノーレ＝ジャコブソンが有名なピグマリオン効果を発見した時，これらの効果がどのように置き換えられるのかという疑問が生じた。ピグマリオン効果とは，教師が生徒の能力などにある期待感を抱くと，教師はその生徒を自分の期待に合致させるように無意識に扱ったり，その生徒がその期待を認知して期待に応えようとする行動である。その後の研究では，教師が発信する言語的コミュニケーションと非言語的コミュニケーションの両方ともが媒体（仲立ちをしているもの）

であることが見出されている。教師の期待を教室で告げることによって，生徒は教師のパフォーマンス期待に従って成長する[4]。

自身の期待を伝えるために教師はどのように行動すべきなのか。ローゼンタールはピグマリオン効果を説明するための4つの要因からなるモデルを開発した。4つの要因は，教師のポジティブな期待感を生徒の学習進歩の方向に強めるという教師の能力に貢献することが示されている。それらの要因は，教師が作り出す社会情緒的風土，教師が与えるフィードバック，教師が作り出すインプット・アウトプットなどを含んでいる。

ローゼンタール[20]はこれらの要因が教室でどのように具体化されているかを検討している。教師たちは特定の生徒に対して社会情緒的に暖かみのある風土を創造している。この風土では生徒たちとは笑顔で対応したり，見つめたり，単に全体的な注意を与えるというような非言語的手がかりを用いて，部分的なコミュニケーションが行われている。教師たちは特定の生徒に対し個別の方法でフィードバック（言語的，非言語的）を与える。つまり，期待されていない生徒に比べ期待されている生徒はパフォーマンスを向上させるためのヒントを多く得ることができる。

インプットに関して，教師たちは期待している生徒に対してはより難しい内容を指導しているし，全体としても多くのことを指導している。特定の生徒は難しい課題を与えられることで，その進歩は期待されていない生徒と比べ早くなる。アウトプットという観点では，特定の生徒は教師に対する反応の機会や費やす時間が多く，また，スキルを学習する機会も増えてくる。換言すれば，特定の生徒は自分のパフォーマンスがうまくいっていないなら教師に質問し何回も学習することが許されている。

これら4要因に包括的な要因をつけ加えて，ブロフィー[4]は教師—生徒の相互作用における具体的な行動についてまとめている。特にあまり期待をされていない生徒に対する教師の期待効果を媒介する行動について検討した。教師は生徒に対するポジティブな面の情報よりもネガティブな情報

▶表14.1 期待の高い生徒・低い生徒への扱いの違いを示す教師—生徒の相互作用に関する経験的結果

要因	期待の低い生徒に対する教師の行動（期待の高い生徒との比較）
風土	好意的な相互作用が少ない（すなわち，笑顔や非言語的シグナルなどのソーシャルサポートが少ない） 非言語的注意があまり注がれない（アイコンタクトやうなずく回数，身体を生徒のほうへ傾けることが少なく，常に距離を保っている）
フィードバック	間違った答えや行動に対するネガティブな強化が多い 失敗したことに対する批判が頻繁に行われる 成功に対してあまり褒めない フィードバックが短めであまり情報が含まれていない 生徒の公開発表に対してフィードバックや強化をほとんど与えない
インプット	期待の低い生徒からの要求は少ない 相互作用の回数や注目が少ない 教示の量と練習する機会が少ない 時間的制限がある時に教示をあまりしようとしない
アウトプット	期待の低い生徒のパフォーマンスを十分に見ようとしない スキルを発表させる機会を十分に与えない 管理や成績の基準が異なる

Brophy, 1985b, p.309-310

によって影響されやすい。それゆえに，ブロフィ[4]は，生徒の不利益になる教師行動について注目している（なぜならば教師たちはこのような生徒の成長をあまり期待していないため）。一般的に生徒に対する期待感は新学期が始まった初期の段階で決定づけられる。さらに教師は生徒に対する期待感と一致した行動をとる。**表14.1**には関係する経験的な結果を示した。行動のリストは「期待されない生徒の学習の進歩を教師が最少にするメカニズム[4]」と，まとめられている。**表14.1**に示すように，教師たちは自分の期待感によって，期待の高い生徒と低い生徒に違った扱いをしている。もし，これらのことが恒常的に行われるようになったら，生徒たちは自己概念，目標，要求水準の度合いな

どを変化させることで教師の期待感に適応することを学習する。

教師たちが生徒に対する期待をどのように発達させるかが注目される点であろう。どのようなきっかけが関係しているのであろうか。多くの場合，教師はステレオタイプ的に帰属された特性に従って生徒を判断している。人種，性別，身体的魅力などのカテゴリー特性はステレオタイプ的な期待を引き起こすものである。こうして，教師たちは，女児は男児よりもパフォーマンスレベルが低く，身体は活動的ではないことをいつも期待するのである。身体的魅力に優れている人はポジティブな特性と見なされ，高い能力を発揮することが期待される。さらに，身体的魅力の自己概念は行動を決定づける重要な要因である（特に社会的相互作用に関する行動において）。

体育では，体格が生徒に対するさまざまな期待を導き出す。中胚葉型の生徒は活発に身体活動に参加し，ポジティブな特性と見なされている。「美しいことは良いことだ」というステレオタイプは，中胚葉型に特に当てはまる[30]。また，教師らは太った生徒は動きがゆっくりで活発に動かず身体活動を好まないと予想する[9]。内胚葉型の生徒は教師や友達から偏見や差別を感じた経験があるに違いない。西欧諸国において文化的にやせ型の体型は理想とされているため，やせ型の人は太った人に比べ魅力的と見られている。同時に，やせ型の人はポジティブな特性を持ち，知性や運動などの優れた技能を持っているとみなされている。

要約すると，教師の期待は生徒の体格，身体的魅力，性別などの特徴から推測された印象に基づき形成される。

2.社会的相互作用の測定

体育館でおこる社会的相互作用の過程は，評定法，質問紙法，行動観察法の3手法で研究される。生徒やその領域の専門家が教師の行動について質問された時，全体的な特性や行動の傾向を測定する評定尺度を用いる。たとえば，「授業中に生徒たちに対して先生はどれくらい励まし，支援してくれましたか？」「あなたの先生はどのくらいの頻度で褒めたり励ましたりしてくれますか？」などの項目がある。被験者はリッカート法型の尺度で行動を評価する。それは1～5の5段階尺度で評定するものである。この尺度では，1は「いつもそうである」または「まったくそう思う」であり，5は「まったくそうでない」もしくは「まったくそう思わない」という意味を表している。評定法や質問紙法は経済的で結果を早く知ることが可能である。またこれらの手法は年齢の低い被験者に対しても簡単に応用できる。「先生はクラスの人気者にばかりに注意を傾けている」とか「先生は常に全力をつくすことを強調している」などの質問は体育授業における動機づけ雰囲気を測定するものである。

教師と生徒の相互作用はブロフィーらによって用いられた行動観察法を応用できる。これらのシステムは**表14.1**に要約しているように，行動に関して確実に異なる部分を評価するといった方法で教師と生徒の言語的・非言語的行動をコード化するものである。観察法は系統だって行われるが，分析などに非常に経費と時間がかかる。しかし，教師と生徒の相互作用を分析するには正確な方法である。

教師と生徒の相互作用は，閉鎖システムと呼ばれる観察法が一般的に使われる。それは以下のよ

Exercise3 自己成就的予言

◎ 以下の質問は，自己成就的予言を意識するためのものである。それぞれどのように対応するか説明しなさい。
[a] 生徒がスポーツ用具を忘れてきた時
[b] 運動能力が高い生徒が忘れてきた時，あるいは運動能力が低い生徒が忘れてきた時
[c] スポーツ用具を忘れたのが初めてだった時
[d] 忘れたのが4回目だった時
◎ 授業ではどちらに注意しているだろうか？
[a] 能力の高い生徒と低い生徒
[b] 活発な生徒と消極的な生徒
[c] 女子生徒と男子生徒
◎ 新しいクラスを担任する時，それぞれ何を手がかりに期待を形成しているか？
[a] 能力やスキルのレベル
[b] 規律正しさ

▶表14.2 コーチング行動評価システム(The Coaching Behavior Assessment System:CBAS)

I. 反応型行動(生徒の行動に対する反応A, B, C)

A. 望ましいパフォーマンス
1. ポジティブな強化(R)
2. 何もしない(強化を与えない)

B. ミスまたはエラー
3. ミスに対して励ます(EM)
4. ミスに対して技術的な教示をする(TIM)
5. 罰を与える(P)
6. 罰を含めたTIM
7. ミスをしたことを無視する(IM)

C. 間違った行動
8. 気持ちを抑える(KC)

II. 自然発生的行動

A. 試合に関係する状況
9. 一般的な技術教示(TIG)
10. 一般的な励まし(EG)
11. 組織化する(O)

B. 試合と関係のない状況
12. 一般的なコミュニケーション(GC)

©Research Quartery for Exercise and Sport 48:401-407, 1977

うに定義される。

「観察カテゴリーや単位(たとえば,教師への批判,質問に対する生徒の反応など)があらかじめ用意された観察である。閉鎖システムにおけるカテゴリーは,研究の対象となる過程,事象,集団の特質について哲学的,理論的,実験的起源,もしくは経験的信念によって,互いに重複しないようあらかじめ定められている[11]。」

閉鎖システムは,研究している行動カテゴリーについて定量的なデータを表すことができる。閉鎖システムの問題は非常に多くの時間がかかるという点である。閉鎖システムは行動の属するカテゴリーのみを記録しメッセージの内容を記録しないので,教師が実際に言ったことを記録しないで教師の言語的なコミュニケーション(賞賛や教授)を記録することが可能である。**表14.2**に閉鎖システムを用いた観察の例を示した。

開放システムは,カテゴリーの決め方と観察者の役割という二側面において閉鎖システムとは大きな違いがある。閉鎖システムにおいては,観察に関係すると思われる事柄が事前にカテゴリー化されており定義されているが,開放システムでは,カテゴリーはデータの中から抽出される。また,データ記録過程へ観察者が影響するという面で観察者の役割が違ってくる。閉鎖システムでは,観察者は既存のカテゴリーに属する行動を記録するが,開放システムでは,観察者がデータの選択やカテゴリーの構築に影響を与えるだろう。

開放観察法,閉鎖観察法,評定尺度法の主な違いは以下の通りである[11]。評定尺度は,具体的な行動というよりもより包括的な構成概念を反映する尺度上に,重みづけされた評価を行うというものである。つまり,教師の感情的な優しさは評定尺度において評価することができるし,指導の質も,五段階評定尺度上で1(大変質がよい)から5(非常に質が低い)で評価されるだろう。カーンズとグリーン[6]によると,行動観察の顕著な特性は,個々の子どもたちの性分や相互作用の質についての判断を提示するというよりも,子どもたちの実際の活動を記録しようとすることである。判断は,先に示したような評定尺度で行われる。

行動観察は評定尺度よりもはるかに具体的である。感情的な優しさは,好意的なジェスチャーやタッチングなどのさまざまシグナルの観察と表現(たとえば,褒めたり励ましたりすること)の記録によって評価される。観察法ではより現実的で具体的な行動の全体像を表すことが可能であるが,学校という状況では系統的な観察法を訓練し用いることは許されないことが多い。それゆえに,現場の教師には質問紙や評定尺度が有効な手段になってくるのである。

*E*xercise4 社会的相互作用の測定

ある生徒が授業でクラスメイトから無視されていると感じた時,その印象をどのように測定するか。
[a] 評価尺度
[b] 質問紙
[c] 行動観察

3. スポーツ場面における社会的相互作用

表14.2はスミス,スモル,ハント[24]が青年期の

スポーツ活動におけるコーチ行動や教師行動の観察のために開発したコーチング行動評価システム（CBAS）をまとめたものである。CBASは12のカテゴリーから構成されコーチや教師の言語的行動による反応と自然発生的な行動を評価するものである。ここでいう反応とは生徒の行動に対するものである。自然発生的な行動はコーチによって相互作用が促され，生徒の行動が始まるというものである。スモルとスミス[25]は，コーチ行動が生徒の学習過程，健康，スポーツにおける楽しさ，に与える影響についてまとめている。生徒はポジティブな強化や技術的な指導を行い，失敗した時でも励ますようなコーチに好意的であった。さらに，生徒はこのような行動を好むばかりでなく，楽しさや動機づけが増加した。また生徒は，高い指導能力を持ち，励ましてくれるコーチの指導を受けているほど有能と感じていた。体育におけるコーチ行動や教師行動には主に2つの次元があると考えられる。配慮と構造づくりというリーダーシップ次元である。生徒は教師がポジティブな社会的関係への関心（配慮）を示すことや指導能力と課題遂行への関心を示すこと（構造づくり）を期待する。

メシング[18]は，約1,600名の中学2年生と3年生を対象にして，好ましい教師の行動や特性について調査した。多くの生徒は民主的で生徒志向であり運動技能を上手に教えることができる先生が理想的と答えた。配慮を強調する傾向は男子生徒よりも女子生徒に強く，一方，男子生徒は教師の教示スキルを強調した。

教師と生徒の相互作用研究の目的は効果ある教師を見つけることである（ブロフィーとグッド[5]により要約されている）。ローゼンシャインとスティーブンス[19]は教室での実験的な研究から最も効果的な指導スタイルについてつぎのようにまとめている。

「体系的な教授に含まれる主な項目としては，スモル段階（ステップ）で生徒が練習をするよう指導すること，各段階の最初の練習では生徒を導くように指導し，すべての生徒に成功レベルの高い練習をさせること，などである。最も効果的な教師はこれらの方法を常に使っているのである。」

体育の授業において，効果的な教授方法はスモル段階（ステップ）ごとに教えるということだけに限定されているわけではない。全体的なアプローチも効果的な手段として使えるだろう。シュミット[23]（14章参照）のスキーマ理論のような最近の運動学習理論やイメージトレーニングでは全体の動きを一度に練習することも推奨されている。それゆえ，体育の授業における効果的な教師はスモル段階（ステップ）と全体的な動きを教えるタイミングを知っている者である。彼らは心理的（かつ/または身体的）に練習する機会を与える。効果的な教師は最初の段階の練習で教え導き，すべての生徒に対し成功レベルの高い練習を行わせる。このことは，課題を識別し，失敗することよりも成功することに注意を払うことを意味している。

体育の授業における効果的もしくは好ましい教師行動について多くの議論が行われてきた。この見地からすれば，生徒の行動には教師の行動が直接的に影響しているということである。もちろん，教師と生徒は下記の例のように相互に影響を与え合うこともある。

体育授業における教師と生徒（小学3年生・5年生から高校1年生まで）の観察的研究では，教師の言語的表現と生徒の言語的表現にはかなり高い相関関係が認められた[2]。教師の言語的教示と生徒の質問（r=0.46）とその答え（r=0.46）には相関関係が認められた。すべての生徒の言語的表現とすべての教師の表現には相関関係が認められた（r=0.51）。この意味は，教師が多くの言語的説明やコメントを生徒に与えると，生徒は言語的に発言するということである。また，教師が生徒の特別な特徴に反応することはよく知られている。たとえば，アルファーマン[1]が男女共学の79クラスでの体育の授業で行った研究によると，すべての学年の教師が女子生徒よりも男子生徒に対してネガティブなコメントをしている。この結果は理科等の他の授業においても追試されている[3]。これは男子生徒が女子生徒より挑発的で規則を守らない行動が多いため，教師は男子生徒が違反を犯す前に彼らの行動に反応しているようである。

ビアホフ - アルファーマン[2]の研究においても，あるクラスの教師は女子生徒よりも男子生徒により注意を払っていることが明らかにされている。彼らは男子生徒に対し頻繁に言語的指導を与えたり注意を払ったりしていた。しかし，この結果はすべてのクラスで再現されたのではなく，先生の好みやクラスの構成などによっても変わった。また，教師は生徒の能力のレベルに反応するらしく，高い能力を持った生徒は他の生徒よりも注目される。3年生のクラスで，教師（多くは女性）は能力が高い生徒と低い生徒に対して多くの言語的指導を行っていた。生徒に接触（タッチング）する機会や言語的指示を行う量（回数）は生徒の年齢が増加すると減少したが，これは年齢が増加するにつれて教師の監視で行うことが減少し，小さなグループや一人で学習する機会が多くなるからである。

4 生徒集団における社会的相互作用

体育の授業は学習の内容や社会的状況という点で他の教科とは異なる。チームスポーツでは必ずチームを作るので，体育の授業は社会的相互作用を自然に練習する場所であり，社会的過程を観察する良い機会である。

これらの社会的相互作用はグループ内（グループのメンバー間）で見られるばかりかグループ間でも観察できる。それゆえ相互作用の過程には，チームやグループ間での競争的な相互作用（グループ間相互作用：inter-group interaction）と共にチームやグループ内の協力的な相互作用（グループ内相互作用：intra-group interaction）も含まれるのである。

体育の授業は生徒間の社会的相互作用を研究するのに有益であるにもかかわらず，教師と生徒との相互作用に関する研究に比べるとその数は非常に少ない。体育の授業に関する著者の研究[2]では，観察法を用いてグループの形成や相互作用へと通じるグループ内の相互作用と社会的影響について評価した。

その研究では，キャンベル，クレスキル，ワラス[7]によって行われた教室における観察法を応用して，男女共修の79クラスの体育の授業（90分授業）について観察を行い，小学生から高校1年生までの体育授業における男子生徒と女子生徒の社会的相互作用と仲良しグループの量と質について調べた。具体的には，授業中（特にスキル練習をしている時）に自然に形成された男女混合のグループ数（反対に男子生徒だけ，女子生徒だけというグループ数も）を記録した。また，教師が呼び集める度に毎回男子生徒と女子生徒の座った時の集合の仕方も記録した。立ったり座ったりしている男女一緒のグループを観察し，接触（タッチング）の回数と質が記録された。さまざまなボールゲーム（たとえばバスケットボール）においてのボールへの接触回数とパスの回数を男女混合と男女別の時について記録した。

その結果を要約すると，男子生徒と女子生徒の間には大きな社会的距離があることがわかった。教師の指導やルールなどで強要されない限り男女混合グループが形成されることはめったにないが，男女混合グループが形成されると，生徒たちは社会的な接触を避けようとした。学年が高い時においてのみ男女間での高いレベルでの社会的相互作用が観察された。これらは異性に対する興味が増加したせいである。男・女生徒間の社会的分離に関しての結果は，典型的なものであった[26],[31]。しかし，社会的状況，たとえばクラスやグループの構成は生徒の社会的態度と同様に重要な役割を果たすことが明らかにされた。つまり，男女混合チームで，少なくとも二人以上女子生徒がいる状況に比べ女子生徒が一人という状態では，女子がゲームにおいてボールを受け取るチャンスが減少するのである。

社会的環境（男女共修対別学，クラス，グループ）も生徒の自己概念や態度などにも影響しているように思われる。リルグ[16]は男子のみで構成されているグループの生徒は男女混合のチームの生徒に比べ自分の能力レベルに不安を感じていることを見出した。著者の研究によると，男子生徒は小学校時代に同性の能力を高く評価し，女子生徒に対して低く評価する傾向があった。リルグ[17]は男子生徒も女子生徒も男女共修（男子と女子が一緒に体育の授業を行っている）の授業では，男女別の

▶ 表14.3 教師—生徒の相互作用における効果的な言語的メッセージの送り方

[1] 直接言おう！ あなたのメッセージを直接的な表現で伝える。「マリー，私はあなたに控え室でうろうろしてもらいたくないんだ」。
[2] あなた自身のメッセージで！「私たちは」ではなく「私は」とか「私の」という語をメッセージでは用いる。
[3] メッセージは完全で具体的に伝えよう！ メッセージには論理の飛躍，分からない仮定，不安定な意図を含めるべきではない。「私はあなたにこの夏は背面飛びを学んで欲しい。これには時間がかかる。だから今から6週間，私はあなたにテクニックを教えるのでそれを練習しよう」。
[4] 理解を深めるために必要ならばメッセージを繰り返しなさい！
[5] メッセージは明確で一貫性がなければならない！ 受容とも拒絶とも取れるような二重意図のメッセージは避けること。
[6] 事実と意見を分けて送ること！
[7] メッセージは，一度に一つのことに焦点を絞るべき！ 一度にいくつものメッセージを混ぜて送るべきではない。
[8] メッセージはすぐに伝えなさい！ メッセージを送るのが遅れたり止めることのないようにする。たとえば，フィードバックや教示は速やかに行う。
[9] 生徒との関係が貧弱な関係に見られるように奥歯に物が挟まった言い方ではなく，メッセージはあなたが言いたいことをそのまま含むこと！
[10] メッセージは励まし支援するように伝えること！
[11] 言語によるメッセージと非言語的メッセージを一致させること！
[12] 受け手の参照の背景や枠組みに合うようにコミュニケーションを適応させること！
[13] 例えばフィードバックを得る等をしてメッセージが理解されたかどうかを確認すること！

R. Martens, 1987, Coaches Guide to Sport Psychology(Champaign, IL : Human Kinetics), 51-53

授業に比べて競争心が少ないと報告している。また，男女共修で行っている時，女子生徒は男子生徒より教師からより多くの注意を払われていると評価しており，社会的相互作用は生徒の態度と同じように教室の社会的状況に影響される。

5 社会的相互作用の活用

生徒のグループ間やグループ内に関してもそうであるが，体育の授業の中で教師と生徒間の社会的相互作用過程をどのようにして構築するかについてのアドバイスをすることは容易ではない。しかしながら，コミュニケーション様式，社会的相互作用の影響，グループ形成過程の影響，社会的相互作用の測定等はヒントとなる。

コミュニケーションという語は，他の人にメッセージをおくることに関わるすべての過程を含んでいる。体育の授業では，メッセージは言語的に送られるだけでなく，半分は非言語的，環境的経路(チャンネル)で送られる。もし教師の言語的メッセージが非言語的メッセージと相反するとすれば，生徒は接近—回避葛藤を感じるにちがいない。また，非言語的コミュニケーションと環境的な手がかりは，特に支配—服従領域と接近—拒絶領域の影響を受けやすく，厳しく不快な声で生徒を誉めたとするとそれは結果的に生徒をがっかりさせてしまうのである。

教師—生徒の相互作用においてどのような原理を教師は現場で使えるのであろうか。ワインバーグとグールド[28]は言語的コミュニケーションについていくつかの提案をしている（▶表14.3）。彼らは，明快なメッセージを与えること，励ましや支援するメッセージを与えることなどに注目している。ローゼンシャインとスティーブンス[19]は，系統的に指導することや生徒に練習の機会を与えることに関してアドバイスを与えている。熟達動機づけを向上するために開発された熟達トレーニングプログラムは，教師—生徒の相互作用に関する3変数を強調している。これらは，現在の要求水準を学習するために自由に課題を選択できる機会を十分与えること，動機づけ的フィードバックや原因帰属を与えること，ポジティブな自己強化を学習することである。表14.4は生徒の熟達動機づけを促進するための教師—生徒の相互作用の主な原理をまとめたものである。

教師が意図的に社会的相互作用に影響を与えたいならば，自分が相互作用過程の社会的なモデルであることを意識しておくべきである。とりわけ，生徒は教師の行動から学習する。それゆえ，

▶表14.4　生徒の熟達動機づけを促進するための相互作用過程

	社会情緒的風土
感謝	感謝と肯定的な情緒的支援を示すこと。
個人的会話	個人的な出来事やクラス内での可能な相互作用過程についての教師と生徒との間でコミュニケーション。

	課題の困難さ
生徒の提案	生徒は授業の組織化や計画への協力が許される。
異なる課題	生徒は異なるレベルのさまざまな課題を示され,生徒にとって適した課題を選択できる。
肯定的な期待	もし生徒が自分に適した難度の課題を選択すれば,成功が期待できることを教師は言語的・非言語的に伝える。

	パフォーマンスの評価
個人的比較	生徒のパフォーマンスは各自の個人内の進歩によって評価される。
パフォーマンス基準	パフォーマンスの基準についての教師と生徒の話し合い。
原因帰属	成功は本人の能力や努力によるものであり,失敗は努力が足りなかったことや運が悪かったことによるものである等,教師は好ましい原因帰属の方法について伝える。
肯定的な強化と激励	教師は激励をあたえ内発的動機づけを向上させようと試みる。

G. Weßling-Lünnemann, 1985, Motivationsförderungim Unterricht {Enhncing motivation in education} (Göttingen, Germany:Hogrefe)

表14.3に示したルールは,教師—生徒の相互作用に影響する重要なものである。また,教師が良い社会情緒的風土を強調すること,教師が生徒の社会的ニーズを配慮すること（リーダーシップ領域）,課題の要求を満たすこと（構造づくりのリーダーシップ）が重要である。加えて,ローゼンシャインとスティーブンス[19]によって与えられたヒントは,明確な教授,事前にしっかりと準備された授業,生徒を励まし支援する態度の必要性,を強調している。

生徒の学習や動機づけを改善するために教師—生徒の相互作用という観点からその他に何ができるだろうか？ ヴェスリング - レーネマン[29]は,体育の授業において熟達動機づけを高め,動機づけ雰囲気を改善する体系的な介入プログラムに関する研究を行った（▶表14.4）。生徒は自分自身の要求水準や課題の困難度を知ることができなければならない。また,体育のクラスは互いを励まし合える雰囲気と支えあうことのできる原因帰属スタイルを持つべきである。生徒は主観的に困難度が中くらいだと思える"至適"な課題を選択できるようになるべきである。失敗は原則として努力が足りなかったことに帰属させ,ごく希に運が悪かったことや他の状況が良くなかったことに帰属させる。成功は高い能力や努力に帰属させる。生徒は成功することの喜びを知り,失敗も成功も感情の最終結果はポジティブであるというやり方で失敗に対処することを学ぶべきである。

もちろん,教師は社会的相互作用に影響するだけでなく集団の形成や発達にも影響する。たとえば,教師はクラス内の社会的相互作用や集団形成過程の観察から,クラスの社会構造と序列を知ることができる。集団過程はいわゆる序列（pecking order）を反映している。さまざまな活動を通じてあまり仲間から選択されない,または試合中にしばしば無視されている生徒はクラスの中での序列が低い。著者らが生徒に対して最も好ましいチームメイトは誰かと尋ねた時,生徒らの選択は能力だけに左右されるのではなく,選んだ人をどれくらい好きかということにも関係があった。試合を観察していると,パスを出す時はレシーバーの能力で決定されるばかりでなく,好きな選手にパスしたりするのである。

体育教師は常に授業を組織し運営することに余念がないので,授業をしながら同時に授業を観察することができるとは思っていない。しかし,教

師が教育活動に組み込まれていなければ社会的相互作用を観察することは可能である。たとえば，生徒が競技をしている間や生徒自身が授業を作ることができる状況下ではそうである。また，言語的コミュニケーションならば録音したり，集団相互作用ならばビデオで撮影したりして授業が終わった後に分析することも可能である。教師自身が社会的相互作用の過程に深く関与しているので，授業を直接観察すると多くのことを見逃すかもしれない。それゆえに，授業を録音したり録画したりすることは教師が冷静に見ることを助ける。

教師たちは非体系的なやり方で観察することもできる。体育の授業の間，コート上や校庭で生徒を観察することによって，たとえば生徒をより理解したり，クラス内の社会的関係が分かったり，社会的影響戦略の効果を評価したりすることに役立つだろう。体育における社会的諸過程やそれらの基本的な意味について学ぶには，それらに注意を向け理解することである。

いくつかの例を以下に挙げてみる。

《小学2年生に，ある技術を練習するために二人組になるように指示する。生徒数が奇数だったので一人だけ余ってしまう。教師はその子どもと組みになる。次の授業において，同じ男子生徒がいつも一人になることに気づいた。そこで，たとえばシャツの色，髪の毛などの条件を使って無作為にグループを作ることを決める。》

《中学2年の女子生徒二人が体育館に入る前に体操着に着替えていない。彼女らはゆっくりと歩きながらおしゃべりを始めた。教師はグループに参加してランニングを始めるように指導する。二人の少女はしぶしぶ従ったが，他の生徒とは距離をあけてランニングをする。教師は後に，二人の少女がクラスメートと口論していたことを聞いた。》

《駆け出し教師は生徒を可能な限り早く知りたいと思うはずだ。そこで生徒に写真を持ってくるように言えば，彼らの名前を簡単に知ることができる。好きなスポーツとどのクラブ活動を行っているかを書かせれば生徒についての価値のある情報を得ることができる。生徒が率直に自分の興味や能力について話すことに気づく。明らかに，彼らは教師を信頼していて，頻繁に教師に近づいてくる。》

E xercise5 集団を形成する

体育の授業で以下の目的のために小グループをつくる方法をできるだけ多く挙げなさい。
[a] バスケットボールを行うチームをつくる
[b] 2人グループで練習する
[c] 体操で6人グループをつくる

6　結論

社会的相互作用はグループのメンバー間における対人的影響過程である。体育の授業において，これらの影響は，スキル学習やゲームをするといった課題や，教師と生徒間もしくは生徒間における社会過程に関わっている。コミュニケーションは社会的相互作用の重要な一部である。コミュニケーションは，異なるチャンネル（言語的，非言語的，環境的）によって送・受信される。全メッセージの半数以上は非言語や環境として送られている。体育の授業は特有な状況なのでこれらのことがよく当てはまる。教師として，集団形成という方法や，さまざまなコミュニケーションと指導の方法を使ったり，励まし合える暖かい風土を設定することによって社会的相互作用に影響を与えることができる。同時に，教師が気づいてなくても生徒も教師行動に影響を与える。つまり，互いが与える影響の量には違いがあるけれども，体育の授業における相互作用は双方向性を持つのである。

キーポイント

[1] 社会的相互作用は一般的に集団内の行動と影響過程を言い表す用語である。集団のそれぞれのメンバーは集団内のすべてのメンバーとコミュニケーションができる。
[2] コミュニケーションは相互作用の重要な一部である。送り手は受け手にメッセージを伝え，逆も同様だという意味である。

[3] 体育の授業における社会的相互作用は，階層的な関係（教師－生徒の相互作用の場面で），親和関係（生徒グループでの友人関係），関与（生徒の進歩や課題に対しての教師の興味），といった関係を反映する。

[4] 体育の授業は特別な状況であるため，他の教科に比べて非言語的コミュニケーションや環境チャンネルが非常に重要であり，多用される。

[5] 環境チャンネルは，コミュニケーション手段として物理的な環境を用いるコミュニケーション行動を意味している。これは，あるメッセージの送信のために環境を用いると言った縄張り行動のすべてが含まれる。

[6] 非言語的コミュニケーションや環境的行動の解釈には，社会的文脈や相互作用での相手の特別な役割が手がかりになる。

[7] 非言語的なシグナルとは身体的容貌，ジェスチャー，顔の表情，タッチング，姿勢，声などである。

[8] 顔は非言語的コミュニケーションの中で最も表現に富む媒体である。

[9] 体育授業における非言語的コミュニケーションは，社会的相互作用における所属グループと内容という重要な2つの機能を果たしている。それゆえ，非言語的信号はスキル指導だけでなく社会過程にも意味がある。

[10] 生徒の学習進歩に対する教師の肯定的な期待（もしくは否定的な期待）は，4つの要因によって形成される。これらの要因は，社会感情的風土，フィードバック，教師による情報の入力，出力である。

[11] 教師の生徒に対する期待は生徒の体型，身体的魅力や性別といった特徴から推測される印象によって決められる。教師はそれとなしに生徒にその期待を伝え，そのような社会的相互作用過程の結果，生徒について達成予期してしまう。

[12] 評定法，質問紙法，行動観察法は体育における社会的相互作用を評価するためには大変有益な手段である。

[13] 他の教科と同じく体育の授業においても教師―生徒の相互作用については，効果的で望ましい教師行動に関心を持ってきた。教師と生徒はお互いに影響しあっているが，生徒の行動は教師行動の直接的な結果と見なされる。

[14] 体育の授業は，社会的相互作用にとって自然の訓練の場であり，社会過程を観察する機会である。グループ内だけでなくグループ間についても観察できる。

[15] 教師は相互作用過程の社会的モデルである。生徒は教師の行動から学ぶ。教師は，集団形成の方法，さまざまなコミュニケーションや教授様式，肯定的な風土を促進したりすることによって，社会相互作用に影響を与えることができる。

[16] 体育の授業における相互作用は，互いが与える影響の量には違いがあるかもしれないが双方向性を持つ。

理解度チェック

[1] 体育での社会的相互作用の例を考えなさい。どのような相互作用が観察されるか？

[2] どのようなコミュニケーションのとり方があるか，例を挙げなさい。

[3] 体育で非言語的コミュニケーションと環境的コミュニケーションが重要なのはなぜか。さまざまなシグナルはどのように社会的相互作用に影響するか。指導にそれらはどのように役立つか。

[4] 教師はどのように生徒への期待を作りあげるのか。

[5] 社会的相互作用を測定する方法を挙げなさい。それらの違いを述べ，それぞれの良い点を挙げなさい。

[6] 生徒のグループ内の相互作用をどのように評価するのか。教師はどのような社会的プロセスを観察できるか。

[7] 体育での社会的相互作用に影響を与える色々なアドバイスを挙げなさい。

文献

1) Alfermann, D. (1991). Mädchen und koedukativer Sportunterricht—Nein danke? [Girls and co-education in physical education—No, thanks?] *Sportunterricht,* 40, 176-183.

2) Bierhoff-Alfermann, D. (1986). *Lehrer- Schuler- Interaktion, Spielinteraktion und motorische Qualifikation der Schüler im koedukativen Sportunterricht* [Teacher-student interaction, interaction in ball games and motor ability level of students in co-ed classes in physical education]. Unpublished research report. University of Giessen, Germany.

3) Brophy, J. E. (1985a). Interactions of male and female students with male and female teachers. In L. C. Wilkinson & C. B. Marrett (Eds.), *Gender influences in classroom interaction* (pp. 115-142). New York: Academic Press.

4) Brophy, J. E. (1985b). Teacher-student interaction. In J. B. Dusek (Ed.), *Teacher expectancies* (pp. 303-328). Hillsdale, NJ: Erlbaum.

5) Brophy, J., & Good, T. L. (1986). Teacher behavior and student achievement. In M. C. Wittrick (Ed.), *Handbook of research on teaching* (pp. 328-375). New York: Macmillan.

6) Cairns, R. B., & Green, J. A. (1979). How to assess personality and social patterns: Observations or ratings? In R. B. Cairns (Ed.), *The analysis of social interactions. Methods, issues, and illustrations* (pp. 209-226). Hillsdale, NJ: Erlbaum.

7) Campbell, D. T., Kruskall, H. W., & Wallace, W. P. (1966). Seating aggregation as an index of attitude. *Sociometry,* 29, 1-15.

8) Cialdini, R. B., Borden, R. J., Thorne, A., Walker, M. R., Freeman, S., & Sloan, L. R. (1976). Basking in reflected glory: Three (football) field studies. *Journal of Personality and Social Psychology,* 34, 366-375.

9) DeJong, W., & Kleck, R. (1986). The social psychological effects of overweight. In C. P. Herman, M. P. Zanna, & E. T. Higgins (Eds.), *Physical appearance, stigma, and social behavior: The Ontario symposium,* Vol. 3 (pp. 65-87). Hillsdale, NJ: Erlbaum.

10) Eagly, A. H. (1987). *Sex differences in social behavior. A social-role interpretation.* Hillsdale, NJ: Erlbaum.

11) Evertson, C. M., & Green, J. L. (1986). Observation as inquiry and method. In M. C. Wittrock (Ed.), *Handbook of research on teaching* (pp. 162-213). New York: Macmillan.

12) Hall, J. A. (1987). On explaining gender differences: The case of non-verbal communication. In P. Shaver & C. Hendrick (Eds.), *Sex and gender* (pp. 177-200). Newbury Park, CA: Sage.

13) Hanrahan, S., & Gallois, C. (1993). Social interactions. In R. N. Singer, M. Murphey, & L. K. Tennant (Eds.), *Handbook of research on sport psychology* (pp. 623-646). New York: Macmillan.

14) Jones, E. E., Gerard, H. B. (1967). *Foundations of social psychology.* New York: Wiley.

15) Latané, B., & Nida, S. (1981). Ten years of research on group size and helping. *Psychological Bulletin,* 89, 308-324.

16) Lirgg, C. D. (1993). Effects of same-sex versus coeducational physical education on the self-perceptions of middle and higt school students. *Research Quarterly for Exercise and Sport,* 64, 324-333.

17) Lirgg, C. D. (1994). Environmental perceptions of students in same-sex and coeducational physical education classes. *Journal of Educational Psychology,* 86, 183-192.

18) Messing, M. (1980). *Der gute und der schlechte Sportlehrer aus Schülersicht* [The good and the poor physical education teacher as perceived by students]. Berlin, Germany: Bartels & Wernitz.

19) Rosenshine, B., & Stevens, R. (1986). Teaching functions. In M. C. Wittrock (Ed.), *Handbook of research on teaching* (pp. 376-391). New York: Macmillan.

20) Rosenthal, R. (1985). From unconscious experimenter bais to teacher expectancy effects. In J. B. Dusek (Ed.), *Teacher expectancies* (pp. 37-65). Hillsdale, NJ: Erlbaum.

21) Saegert, S., & Winkel, G. H. (1990). Environmental psychology. *Annual Review of Psychology,* 45, 441-477.

22) Scherer, K. R., Wallbott, H. G., Matsumoto, D., & Kudoh, T. (1988). Emotional experience in cultural context: A comparison between Europe, Japan, and the United States. In K. R. Scherer (Ed.), *Facets of emotion* (pp. 5-30). Hillsdale, NJ: Erlbaum.

23) Schmidt, R. A. (1988). *Motor control and learning: A behavioral emphasis* (2nd ed.). Champaign, IL: Human Kinetics.

24) Smith, R. E., Smoll, F. E., & Hunt, E. (1977). A system for the behavioral assessment of athletic coaches. *Research Quarterly,* 48, 401-407.

25) Smoll, F. L. & Smith, R. E. (1984). Leadership in youth sports. In J. M. Silva III & R. S. Weinberg (Eds.), *Psychological foundations of sport* (pp. 371-386). Champaign, IL: Human Kinetics.

26) Thorne, B. (1993). *Gender play. Girls and boys in school.* New Brunswick, NJ: Rutgers University Press.

27) Wallbott, H. G., & Scherer, K. R. (1988). How universal and specific is emotional experience? In K. R. Scherer (Ed.), *Facets of emotion* (pp. 31-59). Hillsdale, NJ: Erlbaum.

28) Weinberg, R. S., & Gould, D. (1995). *Foundations of sport and exercise psychology.* Champaign, IL: Human Kinetics.

29) Weßling-Lünnemann, G. (1985). *Motivationsförderung im Unterricht* [Enhancing motivation in education]. Göttingen, Germany: Hogrefe.

30) Whiting, H. T. A. (1973). The body-concept. In H. T. A. Whiting, K. Hardman, L. B. Hendry, & M. G. Jones (Eds.), *Personality & performance in physical education & sport* (pp. 43-75). London: Henry Kimpton.

31) Wilkinson, L. C., Lindow, J., & Chiang, C. (1985). Sex differences and sex segregation in students' small-group communication. In L. C. Wilkinson & C. B. Marrett (Eds.), *Gender influences in classroom interaction* (pp. 185-207). New York: Academic Press.

第15章

児童・生徒の協同と競争
Co-Operation and Competition in Children and Adolescents

1　はじめに

　この章では児童・生徒の協同と競争についての概念を詳説し，教室一般，さらに体育授業における協同と競争についての研究を取り上げる。初めに，協同と競争に対しての主要な研究について論じる。個人，二人組，集団において効果的に作業するために必要な条件を考える枠組みは，教育心理学分野の研究から得られる（▶図15.1, 15.2）。次に体育における協同活動と競争活動に焦点をしぼり，教室における具体的な方法を示す。本章は，学習の基礎として使われる運動課題と教師がクラスを組織化できる方法という2つの変数に特に注目した。生徒間の相互作用のマネジメントは，協同活動や仲間同士の指導の多様な形態に関わるものである。最後に，協同と競争の概念を自らの指導法にどのように適合させるかについて，教師が良いアイディアを得ることができるような例を示した。

▶図15.1　協同…

2　定義と理論的な基礎

　協同と競争を定義するために，2つの異なる理論的な枠組みを見ることができる。第1は，レヴィンの場の理論であり，目標達成は人を利己的，協同的，あるいは競争的に行動させてそれらを発達させるというものである。個人はその内発的動機づけによって，さまざまな性質の行動を生み出すとされる。ドイチェ[5]によれば，ある人の目標達成が，集団の他の仲間による目標達成と正の相関を持つ状況が協同である。反対に競争は，ある人の目標達成がその他の人の達成を妨げる状況である。そしていわゆる個人的な状況とは，いつでも個人の目標達成が他者の成果とは無関係に生じ，そして他者の成果に影響しない状況である。

　第2の理論的な見解はケリーとチボー[15]の提唱するもので，外発的動機づけと報酬のシステム（注）に基づくものである。このアプローチでは個人に与えられる評価が常に集団成果に正比例する構造を協同という。競争状況では受け取る評価に差異が生じる。この枠組みにおいては，個人は評価システムによって協同行動あるいは競争行動を引き起こされるとされる。

注）チボーとケリーは「報酬システム（reward system）」という語を用いている。しかしreward（報酬）という語は，日本語にそぐわないので，訳者の責任で以降の文章では「評価」を用いた。表15.1 の「評価」，本文中の「評価」という語の原語は「reward」と「evaluation」または「reward and evaluation」である。

▶図15.2 …そして，競争

3　教室における協同と競争

　まず，スラヴィン[22]とジョンソン，ムラヤマ，ジョンソン，ネルソン，スコン[13]の研究に基づいて，協同作業と競争作業と個人作業それぞれの構造を比較する。次に，さまざまなタイプの協同構造について示す。

　ジョンソンら[13]は，集団間の競争を伴う協同と伴わない協同，個人間の競争，そして個人作業という4つの基本的な活動形態を比較した。その結果，協同すること自体が，競争や個人作業より優れた結果を示したが（▶図15.3），集団間の競争を伴う協同と伴わない協同の間には差は見られなかった。しかし，集団間の競争は，協同が効果的に行われるために必要であると示している研究（Slavin[22]も含めて）もある。集団間の競争を伴う協同は，個人間の競争や個人作業より優れており，単独での作業は個人間の競争とほとんど同じであり，これらの結果は協同作業の優位性を示している。

　スポーツの分野では，協同と競争はそれぞれのスポーツに独自な形態をとるが，両者は絡み合っている。体育でも同様である。たとえばチームスポーツにおいて，チーム内の個人は互いに協力し，敵を打倒するという共通のゴールに到達するために努力を結束させる。そしてそのチームは他の1つのまたは多くの集団と争っている。このような状況が集団間の競争を伴う集団内の協同の例である。

　個人間の競争よりも協同が優れているということは，さまざまな要因と関連している。それは，課題のタイプに関係があり，達成される成果の相互依存性に依拠する。相互依存性は，目標に到達するために集団成員の努力を結束させる必要があるどの課題にも存在する。そこでは励ましあい，助け合うことと，学習される事柄を心の中でリハーサルすることが強調される。体育では，スポーツの種目によって相互依存性は異なる。たとえば，陸上競技のリレー競走において，もし集団成員が協調し彼らの動作を同調させたならば，相互依存性はエネルギーと時間を節約する。チームスポーツにおいては，役割の分担は時間を節約したり，目標達成の有効性を増大したりする。実際に，協同を効果的にするためには集団成員間の相互作用が重要であると指摘している研究者は多い[4,18]。

　協同は，問題解決・分類・記憶・判断・運動パフォーマンスなどさまざまな課題において競争よりも優れている。さらに協同の優位性を支持する研究結果が，他の多くの研究分野で得られた。しかし，反対の結果が再コード化課題や訂正課題の研究で得られている。

　個人間の競争や単独での作業に対する協同の優

▶図15.3　競争や単独での作業などの他の作業構造に比して，協同は時に優れた結果を生み出す

位性は，集団の大きさと学年に反比例する。小学生における効果は，年長の子どもたちの効果よりも強く現れる。ほとんどの研究結果は協同を支持しているが，2つの理由からより詳細な検討が必要である。たとえばチームスポーツでは，協同と競争がしばしば結合して生じることから，体育において協同と競争を比較することが常に可能というわけにはいかない。また評価システムと，集合課題での成功に対するさまざまな集団の成員の貢献は別々に分析される必要がある。一般的な教室用には，さまざまな協同組織の形態がスラヴィン[22),24)]の研究に基づいて後述のように定義されている。

1.教室におけるさまざまな形の協同

クラス組織についての研究結果から，協同集団における作業が優位であることを示してきた。協同作業を行う組織を研究することは，協同作業の効果に寄与する要因を明らかにすることに有益であろう。本書はまず多くの教科，特に体育に応用できるさまざまな協同構造を区別するために用いられた基準を紹介する。

すべての協同組織が共有する特性は，児童・生徒が小さな異質集団で一緒に作業するという点である。しかしながら，個々の組織はそれぞれいくつかの点で異なる。スラヴィン[22)]とナスタシ，クレメンツ[18)]によって提唱された教室用の分類によれば，協同する集団の4つのタイプは，勉強集団，共同学習集団，専門家集団，そして問題解決集団に分けられる。これらの集団は，3つの基準：課題の特殊性，学習成果，評価システムに基づいて区別されている。これらの基準を適用することによって，課題の特殊性のない集団と，それがある集団を区別できる。

(1)課題の特殊化がない場合

教師は勉強集団や作業チームに課題を割り当て，そして成員に仲間の学習を援助するよう指導する。評価は集合的だが，成員の個人的な成果と進歩の合計に基づいたものである。スラヴィンの協同集団はこの分類に区分される。

ジョンソンら[13)]の定義による共同学習集団では，次のステップや個人への課題の割振りを決めるなど，学習の過程を組み立てるイニシアチブが生徒に多く残されている。この場合，集合的成果が評価される。

(2)課題の特殊化がある場合

専門家集団においては，集団の個々の成員が獲得すべき専門的なスキルを割り当てられる。個人はいったん自分の分野で熟練したら，獲得した知識を他の人に伝えなければならない。このタイプの組織は，熟練者から初心者への指導関係を必要とする。しかしながら，伝統的な指導と異なり関係は互恵的である。つまり，それぞれの生徒はある分野では専門家であり，他の分野では初心者あるいは未熟者でありうるということである。学習成果は個人のもので，それぞれが熟練したすべての分野と関連し，評価は，個人的，共有的あるいはその両方である。

問題解決集団は，集団に許される実質的な自己裁量によって特徴づけられる。この集団のメンバーは，解決する問題を選び，自由に個々の役割を分配し，そして成功を彼ら自身で評価することさえできる。このアプローチは，各個人の内発的動機によるところが大きく，評価の果たす役割は小さい。**表15.1**は協同集団構造の単純化した分類を示している。

勉強集団は基本的な能力（算数，語学）の獲得に有効である。専門家集団は，これら基本的な能力の獲得にはまさに効果的であり，評価システムは混合型である。ジョンソンとジョンソンによって開発された方法（共同学習）は，多くの教科において効果が証明されている。このアプローチでは児童・生徒は実質的な責任を持つ。なぜなら，彼らは課題達成の方法及び組織を決定できるからである[12)]。問題解決集団は数学と問題解決の分野に有効である。要するに，それぞれの方法の効果は，達成されるべき課題と獲得されるべきスキルのタイプで異なる。

さらに，上記の協同集団のタイプは，多くの教科に応用できる。協同集団は一般的に対人関係に良い効果がある。この点についての詳しい分析には，スラヴィン[22)]とナスタシとクレメンツ[18)]を参照されたい。彼らは，協同が教師や仲間に対する

▶表15.1 協同学習方法

	課題構造	特徴	成果	評価
特殊化なし	勉強集団	生徒は小さな異質集団で作業する —個人間の競争あり・なし —自己ペース学習あり・なし	個人的	集合的: 個人レベルのパフォーマンスや進歩の総和に基づいて
	共同学習集団	生徒は協同し，課題達成のための方法を決定する	集合的	集合的
特殊化あり	専門家集団	集団の各成員が自身に与えられた領域でスキルを伸ばし，それを仲間に伝達する	個人的であるが勉強したすべての領域	集合的，個人的，あるいはこれらの混合
	問題解決集団	集団は問題解決のために協同し，すべての決定を行う それぞれの課題は教師によって与えられるか，集団に選択される	集合的	集合的

From Natashi&Clements, 1991.

ポジティブな態度の発達を導くことを証明した。

これら協同集団のすべてのタイプを体育授業にあてはめることができる。しかしながら，本章の後半部分に提示されるようなさまざまなスポーツや身体活動の分類に基づき，勉強集団，専門家集団，問題解決集団のいずれがその特殊状況に最も適するかは教師が決定するであろう。

今日，協同学習の理論家は，集合作業における個人参加の度合いの問題を論議し続けている。スラヴィン[22),23)]は，個人参加の度合いは測定されるべきだと主張した。集団の成功における個人の貢献度は，明確にされなければならない。ジョンソンとジョンソン[12)]によって考案された方法は，集合作業における個人の貢献度を考慮していない。しかし，この問題は体育授業，特にチームスポーツにおいて重要な問題である。もし個人の貢献度があまりにも重要視された場合は，個人間の競争行動を誘発することになり，集団の目標達成における集合的効果を妨げることになる。

協同集団における役割の専門化はどんな活動を行うかによって特徴づけられる。これまでに示されてきたそれぞれの方法が，対人関係を改善し，教師と仲間に対してより良い態度をもたらすために利用できる。

また，集団作業はいくつかのレベルで動機づけへ影響する。協同は有能感を増大させ，社会的比較よりも熟達を目指す内発的動機づけを増大させる。このことは体育授業にもあてはまる（本書の最初の部分参照）。その課題を学習する際に児童・生徒間の相互作用と議論が個々人の活発な情報収集を導くという点においては，集団作業は個人の働きに有益となる。しかしながら，集合的課題の達成が最優先される場合だけ，教室内の協同はプラス効果を示す。対立が多くうちとけない関係は，集団の成功の障害になるであろう。

クラスにおける協同はさまざまな種類の協同過程を活用する。発達理論[23)]は仲間との相互作用が発達と学習にどの程度恩恵をもたらすかを説明している。以下にこれらの研究アプローチを示そう。

■2.協同過程の詳細分析に向けて

発達と認知機能の社会心理学における研究の流れは，仲間との相互作用を強調している。「社会」の持つ重要性は理論的立場によって変わる。ピアジェによれば補助要因であり，ヴィゴツキーと認知発達の社会心理学者によれば本質的要因である。

均衡のとれた関係では，二人組のパートナーは同じレベルの発達，スキル，地位にあり，一緒に作業する。いずれか一方のレベルが他方と違う場合には不均衡な関係が常に発生する（▶図15.4）。

認知発達の社会心理学は，仲間との相互作用を

ピアジェ派の構造主義に組み込んでいる。なかでもドイセとマグニー[6]とグロセン[11]による研究は，社会認知的対立の重要性について実験的証拠を示している。相互作用する仲間はレベルが同じで，その反応は相反するという2点が社会認知的対立の起こる条件のうちで本質的なものである。個人間の意見の不一致は，個人間の均衡をくつがえし，仲間による視点による調整は，認知構造の変化を導く。機能的社会心理学者[10]のアプローチにおいては，社会認知的対立は，もはや問題解決課題における仲間との相互作用を通しての成長を説明する唯一のメカニズムではない。これらの心理学者は，従順な協同，共通の解釈（反対のない協同），そして論争を伴うあるいは伴わない反駁する対立という4つのタイプの協同作業を示している。

ヴィゴツキーの理論に基づく研究が主張するのは，大人と子どもあるいは子ども同士における不均衡な関係と相互作用の重要性である。不均衡な関係は手引き指導や相互作用による個別指導という考えに基づいている[2]。個別指導とは，学習と知識の伝達状況における不均衡なやりとりであ

り，そこでは指導者の介入が非熟練者を発達させる[25]。教室においてこれは，教師と生徒あるいは異なったスキルレベルの生徒の間で行われる。個別指導に関する，大人と子ども間のものと子ども同士のものとの比較では，前者が好ましいものとされている[9]。9歳の指導者が教材，初心者に与える説明，そして相互作用関係を同時に扱うことには問題がある。

また，仲間同士の相互作用には多様な特質がある。ビューディション，ヴァーバとウィニカーモン[1]は，学校生活の生態学的なシステムは，多様な関係や相互作用メカニズムと関連することを指摘している。対立や共同や異なる指導形態はすべて教室内に共存するのである。

4 体育，スポーツ，協同，競争

スポーツと身体活動の特質の1つは，協同と競争が深く関連していることである。しかし，体育はスポーツとは異なり，学校教育の一環であり，集団の相互作用と社会化が促進されねばならない。

■1.協同と競争の独特な分野としての体育とスポーツ

多くの体育プログラムは，社会性を養うこと（社会化）を目標の1つとしている。シーデントップ，ドーティス，ツァンガリド，ワードとラウシェンバッハ[21]は，コミュニケーションや協同や他者を尊重するなどの社会的な目標が，プログラムの明白な目的であり，しばしば学習よりも重要に考えられていることを示している。しかしながら，社会化と協同と競争の具体的な状況との関連は，ただ動機づけの観点から眺められているのみである（本書の最初の部分を参照）。本節では，さまざまな運動活動における協同と競争の役割について分析していく。

ここでの論点との関連で体育授業におけるさまざまな運動課題を定義するために，この章では，さまざまなスポーツ活動を分類しなければならない。まず課題目標と課題の発生する状況の分類が必要である。この基準はさまざまなスポーツと身

▶図15.4 協同のプロセスは均衡のとれた，あるいは不均衡な相互作用と関連する

▶表15.2 スポーツとダンスにおける運動活動

| | 身体的に予測できる環境 ||||||| 予測できない環境 ||||
	パフォーマンス スポーツ		芸術的なジェスチャーを 示すスポーツ			対敵スポーツ (人に関して予測不能)			野外スポーツ (身体的にとともに、あるいは人に関して予測不能)		
参加人数	1	>2	1	2	>2	1	2	2>	1	2	>2
各個人の協同や同調	−	+	−	−	+	−	−	+	+	−	+	+
成果のタイプ	I	C	S	I	M	C	S	I	M	C	I	M	C
具体例	走り幅跳び	リレー競走	競走チーム	ダンス	ペアダンス	リズム体操	体操の集団演技	柔道	テニスのダブルス	ハンドボール	スキー	ボートのダブル	ヨット競技

C＝Collective：集合的　I＝Individual：個人的　M＝Common：共有的　S＝Sum of individual：個人の総和

体活動を，以下の4つのカテゴリーに分割する。

[1] 課題目標が，参加者が予測できる環境においてパフォーマンスを行うことである場合[20]。このタイプは，陸上競技（ハイジャンプや短距離走）や水泳でみられる。

[2] 目標が芸術的な身振りを生み出すことである場合。これは，体操，新体操，ダンスである。

[3] 活動が，味方とあるいは味方なしで，敵と一緒に行う場合。これらの活動は対人スポーツ（テニス，柔道）とチームスポーツを含む。

[4] 野外スポーツ。これは予測できない環境の中で行うものである。

これらの一般的なカテゴリーに基づき，スポーツと体育における協同と競争活動の役割と特質を定義するいくつかの指標がある。最初の指標は，その状況にいる参加人数（敵を除いて）である。第2の指標は目標到達のためにプレーヤー達の協力が必要かどうかに関係する。協同は二人以上の味方を伴う状況（たとえばリレー競技のように）で必要になるであろう。第3の基準は同時性である。同時性はタイミングが成功の要素である場合に活動の協力を頻繁に伴う。チームスポーツの多くの局面（たとえばスクラム，そして同時行動が要求されるすべてのカウンター攻撃）と同様にリレー競技は1つの例である。第4の指標は成果に関係する。個人競技，対人競技，集団競技によってその成果は異なる。たとえば試合の勝利のように個人，二人のあるいは集団であるかもしれないし，あるいは体操や陸上競技のように個人のパフォーマンスの総和であるかもしれない。**表15.2**は，これらの指標に基づいてさまざまなスポーツを分類したものである。

■ 2. 競争と協同の役割

通例のスポーツは，さまざまな競争形態のうちの1つに必ず当てはまる。個人間の競争は，柔道のように直接対決の形であったり，陸上競技のように別の形であったりする。それは予測可能な，あるいは不可能な身体的環境（一人乗りボートのレガッタ）で起こるだろう。競争は二人組の間（ダブルステニス，二人乗りボートレース）にも，あるいは集団間（チームスポーツや体操の集団演技）にも存在するだろう。

協同もまたスポーツにおいてさまざまな形態を示す。ドイチェ[5]の一般的な定義（この章の最初の部分を参照）によれば，3つのレベルの協同に分類することができる。

◎試合や大会に勝利するというような共有する目標を達成するために一緒に活動する場合。

◎同じまたは異なる動作の協同と同時性が要求さ

れる課題において，集団全体に共有された目標に到達しようとする場合（例：リレー競技）。
◎運動課題をうまく行おうとする際にはある成員が他の成員をアシストしなければならないような場合における，仲間との助け合いや協力（この基準はドイチェの最初の定義には含まれていない）。

初めの2つのレベルの協同は，スポーツと体育に存在するが，3つ目は体育だけにあてはまるものである。

表15.3は第3レベルに含まれる課題のさまざまなタイプをまとめたものである。

■3.仲間との相互作用,集団活動のマネジメント

運動スキルの習得を進めるためにすべての児童・生徒が学習する運動課題に伴う多くの活動を，教師は準備することができる。表15.3は，体育に伴って生じる活動を示す。いくつかの活動は役割の専門化を必要とするが，他の活動は必要としないことに注目してほしい。すべての活動を体育教師は利用できるが，競争は表15.3のカテゴリーを考えればよい。

これらすべての課題に共通しているのは，観察，分析，意志決定，評価そしてマネジメントに関する一般的な能力を必要とするということである。しかしながら，それらはいくつかの点において相違がある。あるものは審判することやコーチングなどのように，個人として行われる。これら

▶表15.3 体育とスポーツにおいて，運動課題に伴う活動

競争に基づいたシステム	体育授業
―レフェリー → ―コーチ(指導者) → ―パフォーマンスや活動のジャッジ(判定員) → ―活動計画の考案 → ―戦略の選択と変更 →	―学習期間における用具の利用と変更 ―安全の確保 ―運動感覚的指導 ―課題実施の示範と説明 ―観察，アドバイス

の課題は，集団志向（たとえば，チームスポーツの試合や大会）かまたは個人志向（レスリングやラケットスポーツのような対人競技）のどちらかである。他は，チームスポーツでの戦略選択や，新体操やモダンダンスの動きを考案するなどのような，より集合的なものである。

これらの活動は運動課題でも（表15.2にまとめたように）相違がある。判定の課題は，フォームや芸術的な身振りの成果と関連する活動（体操，新体操，ダンス）に特に必要とされる。身体審美的指導は，主として体操において実施される。また審判は二人や集団が競争する時のみ生じる。

■(1)関係と相互作用

さまざまな付随的活動もまた，それらの活動に含まれる仲間との相互作用のタイプによって分類することができる。最初の定義によれば，審判や審査の役割は，他のメンバーとの相互作用を含まず，ルールを適用すること，あるいは競技者をそれに従わせることにある。他の仕事は，たとえば体操の集団演技における傷害予防や運動感覚指導のように，関係性と相互作用性がより強い。

■(2)均衡と不均衡

ラフォン[17]は均衡した状態と，生徒間の指導関係（師範や教え合い）の違いを明らかにした。均衡した状態では，同じスキル水準の個人が，共通の戦略をともに決定したり，個人もしくは共通の目標達成のためにどの方法を用いるべきかを比較検討したりする。不均衡の状態においては，分析の2つのレベルを区別すべきである。第1に不均衡は，課題スキルのレベルの違いであり，これは運動の習熟段階の異なる生徒で構成された集団や二人組などの場合である。2つ目は，児童・生徒の役割の特徴によって，スキルやメタ認知に関する知識において一時的不均衡が引き起こされる場合である。たとえば体操を行う時，生徒はスキルレベルが同じ仲間に身体や言葉で指導することができるだろう。このケースでは，役割は不均衡だがスキルは不均衡ではない。

ここでは運動課題を選択する際の基礎として役立つスポーツの分類を述べてきた。体育においては，協同と競争は混在し，3つのレベルの協同が

■4.児童期から青年期へ

体育における協同と競争の論点を発達の観点から述べるためには，相互に関連するいくつかのアプローチを必要とする。子どもの競争活動についての問題は，子どもが体育を始めるべき年齢とスポーツにおいて動機づけが果たす役割についてである（後者は，本書の第1章の話題であるのでここではふれない。）。

スポーツ活動を始めるべき時期については，多くの研究は若い時期からの開始（その研究にもよるが8歳か9歳より以前）に反対している。この主張は，認知発達，"自己中心的にならない"能力，そして役割行動に基づいている[3]。道徳性の発達もまた考慮されるべきである。デュラン，バルブロウとデュラン[8]は，他律的な道徳性から自律的な道徳性への移行を観察した。これはピアジェ[19]の提唱したものとほとんど同じ傾向を示すものである。5歳か6歳では，ルールは外的なものとして理解される。8歳〜9歳では，ルールは存在するがお互いが守るものとは理解されない，そしてしばしばルールは破られる。最終的には，11歳〜12歳では，たとえ破られようともルールは進んで受け入れられる。従って，競争的スポーツは行動の有効性とルールの遵守という二重拘束を含むこととなる[7]。テラマによる分析は，これらの研究と同一線上にある。彼らは，教師が体育において競争行動を利用する際に，留意すべき点があると指摘している。これらの分析もまた，協同状況における仲間との相互作用や役割行動を促進する必要性を強調している。

発達を考慮することは体育において重要であり，教師が小学校においてどのような競争活動を選び用いるかの手助けとなる。ゲーム理論では，研究者は年齢とともに対抗意識は高まり利他的傾向は低くなることを示している[16]。カガンとマドセン[14]の研究は，しかしながら，はっきりとした文化間の違いを指摘している。アングロサクソン系アメリカ人の子どもはメキシコ系アメリカ人やメキシコ人よりも協調性が劣ることが示された。

年長の子ども（7歳〜9歳）は協同あるいは競争の教示に応じて，自身の戦略を修正できることを示し，教育の重要性が指摘された。集団としての教室の組織に焦点をあてた研究は，学年を問わず他のタイプよりも協同が優れていることを指摘している[18]。スラヴィン[22]のメタ分析（注）によれば，統制群に対する協同群の優位性は，小学校より中等学校においてわずかに大きかった。

注）多くの研究から得られた結果をデータとし，全体としての結論を導くための統計的方法。1つひとつの研究結果をより広い視野に位置づけようとする方法。

青年期の体育での協同と競争の研究はほとんど行われていない。だが，十分考慮すべき2つのアイディアを示すことができる。思春期による変化は一時的な不安の原因である。体育における排他的な競争の状況が，青年，特に女性がスポーツを諦めることにつながる可能性を示してきた。もう1つの考えは，付随する課題（お互い助け合い，協力するというような）を交替で行うことにより，青年にアカウンタビリティ（責任）を自覚させることが，動機づけの維持と望ましい授業参加をもたらすというものである。

5　実践のための指針

ここでは，教師がさまざまなレベルで協同と競争を用いる時に役立つようなさまざまなオプションを示す。

■1.スポーツ活動の選択

教師は，種目のルールを通して，児童・生徒が個人，二人，あるいは集団で競争できるスポーツ活動のどれかを授業用に選ぶことができる。この最初の段階において，チーム内のパートナーらとの協同を生み出すよう，集団間あるいは二人組の間の競争が準備される。これはスラヴィンが述べた協同集団の第1のタイプである。このことはまた，協同の第1の定義でもあり，勝利をめざして活動を結びつけていくというまさに運動課題の特質である。

ルールは運用上そのスポーツの指定より少ない人数で行うように決めてもかまわない。たとえば

バレーボールでは，両チームを3〜4人に設定してもよい。この方法により，目標達成への個々人の参加を増大することができる。

■**2. クラスでのさまざまな作業形態の選択**

さまざまな方法で授業を組み立てることにより，協同と競争のバランスをとることができる。ある生徒たちには，運動課題（▶図15.3）とともに，生徒の相互作用を活発にさせリーダーシップをとることを促すための活動を割り当てることができる。ここで体育授業における異なった構成形態の例を説明しよう。

■**例1［バスケットボール］**
◎活動は集団間競争とチーム内の協同である。

教師は目標と課題を示し，30名のクラスを6名ずつ5チームに分けるといった形でチームを選択し，そのチーム間の試合を準備する。

さらに集団間の競争に伴って，いくつかの形態の協同活動を準備することができる。教師は目標と課題を示し，30名のクラスを7〜8名1チームで4つに分けたうえで，それぞれのチーム内で色々な役割（選手，コーチ，観戦者）を割り当てることもできる。またクラスから二人の審判を任命し，チーム間のトーナメントを計画し，相談の時間を設けることもできる。

すべての児童・生徒は勝利を目指し仲間と連携した行動計画を考え，コーチや観戦者のアドバイスを聞きながらその計画を実行に移す。

■**例2［ダンス］**
◎比較のために，3つの構成の例を示す。
[1] 個人活動。教師は目標と課題を示し，ダンスの所作を師範し説明することによって教え，そしてそれぞれの生徒が動作を練習する。
[2] 個人活動に加えて協同に基づく授業構成を考える。最初の2段階は上記と同じである。そこで教師は，スキルや知識の異なる2人組または集団を作る。そこでは有能な生徒が他の仲間の学習を助ける。
[3] 選んだ構成は問題解決集団における作業である。教師は目標と課題を示し，5〜6人の異質集団を作り，そして創作活動を説明する。

指導者はまた，ダンサー，振り付け師，観客などの交替できる役割を決定し準備する。

これらは，授業を構成するための具体的な実例を示したものである。数例にすぎないが，これらは同じスポーツ活動であっても，競争，個人作業，あるいはいくつかの協同形態のいずれにどのように重きを置くことができるかを示している。

> **E**xercise 1 さまざまな組織形態の形成
>
> 体操を用いて，体育授業のための2つの組織形態を形成しなさい。第1のタイプは個人間の競争に焦点を置きなさい。第2のタイプは個人のパフォーマンスに協同と生徒間の援助を強調しなさい。
> 授業の組織，協同活動での役割，運動課題を明確にしなさい。

■**3. 授業での集団と役割の運営**

本章ですでに説明してきたように，授業における子どもたちの役割によって，体育においてさまざまなタイプの集団形成が可能である。以下では，集団の編成ならびに役割の配置と交代についてまとめた。

■**(1) 集団の編成**

協同についての多くの研究はさまざまな構成員からなる集団での活動を提案している。この章のホヴォリンクとヴァンデン-オウェールによる体育の集団についての分析は，このアプローチと一致する。もしあなたが仲間同士での教授関係の発展を望むなら，最もよい方法は二人組か小さな集団（3〜4人の生徒）を設定することである。問題解決集団（器械運動やダンスを創ることなどのような）を含めて，すべてのタイプの集団において，サイズを小さくすることは集団活動への個人の参加を促すであろう[18),22)]。

チーム対抗の活動で，集団間の試合（バレーボール，ハンドボールなど）で個々の参加を増やすために仲間の人数を減らしてもよい。また，人数の異なるチームを設定すること（4対3, 3対2）は，攻撃における選手の役割や戦術の一時的な有利性を見せることができる。

■(2)役割の配置と交代

　直接的な効果を挙げることを目標とした従来のスポーツシステムと異なって，役割の配置（たとえば対戦型スポーツ集団において）はそれぞれの生徒の能力を最高に引き出すという方針に縛られることはない。たとえ一時的に集団の効果が低くなっても，役割を分担し，交代システムを取り入れようとするはずだ。

　生徒に役割を割り当てる時，互いに補い合う2つの領域を扱う必要性を忘れてはいけない。最初の領域はプレーヤーとしての役割（たとえばバレーボールのパッサーとアタッカー）であり，2つ目は運動課題に付随する役割と課題（審判，観戦者，選手，演出家など）である。

Exercise2 集団と役割の運営

バレーボールを用いた授業で，攻撃を改善するための練習期間を組織化するための表を作りなさい。生徒の人数，使える条件（期間，練習，試合の頻度，場所など），練習と試合中の味方と相手の人数を明確にしなさい。試合中のチームの配置，レフリー，マネジャー，観客，プレイヤーの役割の交代を明確にしなさい。
各チームのプレイヤーの人数を変えたもう1つの表を作りなさい。

■4.評価システムの選択

　従来のスポーツは，大部分で競争を重視してきた。価値は相対比較に基づいた評価に置かれている。このやり方では，個人や集団は自分の成績によって順位づけられ，評価が与えられる。今日のチームスポーツ競技では，個人の階層化（最も攻撃力のある選手，最も素晴らしいシューターなど）がかなり進み，このことは個人内そして個人間の対立を起こすであろう。

　体育において，評価の問題はもっと複雑である。前述したものも含み，次にいろいろな評価のシステムを示した。

◎集団としての成果（試合に勝利するというような）については，評価はチームの全員を同じにすることができる。その原理は，二人組の対抗戦（ダブルスのテニスや卓球）の扱いと同一である。

◎個人スポーツでは，評価は個人のパフォーマンスに基づいて与えられる。もし体操や陸上競技などのスポーツをチームで練習させていた場合は，評価は個人の成果の総和になる。

　この2つの評価方法は相対比較と純粋な競争に基づくもので，集団間あるいは個人間の競争のいずれにも適用できる。

　成果が集団的なすべての場合（チームスポーツ，団体の新体操，そして演出されたダンス）で，教師は評価方法を組み合わせて選ぶことができる。この場合は評価の一部は集団の成果に基づき，一部は各々の生徒の成果に基づく。この方法は，スラヴィン[22]の研究に示されたように，共通の成果への個人の参加を増やすよい方法である。しかしチームスポーツにおいては，個人の活動に多くの価値を認めた場合，チーム内の対立と個人間の競争によってチームの有効性を下げる危険を冒すことになる。

　結局は，スラヴィンの協同の研究と同様に，個人や集団の進歩に基づく方法が体育でもまた実施できる。この評価方法を実行するための段階をここに示そう。

[1] 過去の成績あるいはプレテストによって決定したいろいろなスキルレベルの生徒からなる集団を作る。各集団は，高，中，低達成者を同数に調整し，集団間の等質性を確保する。

[2] 集団活動期間の後に個々人のパフォーマンスを評価する。

[3] 中間あるいは最終のパフォーマンスと，初期のパフォーマンスを比較する。

[4] 2つのパフォーマンス間の差に従って，ボーナスポイント[24]を与える。

[5] 集団評価は各々の生徒が受けたボーナスポイントの平均である。

　このような評価方法の説明を下記に数例示してある。課題の種類（個人，集団などの）によって，ある評価方法が他のものよりも適切であることがわかるであろう。

■例3［バレーボール］

◎評価方法は集団間の競争と協同（目標達成のための共通の活動）に合わせる。教師はチーム間

のトーナメント戦を行い，勝敗数による順位に従って各チームに点数を与える。
◎評価方法はいくつかの方法を組み合わせる。集団間の試合が優先するが，共通の目標への到達ならびに付随する課題の実行への各成員の参加もまた重要である。
◎たとえば20点満点として，その内訳は次のように分けられる。
　試合後のチームの順位：10点，目標達成への個人参加（プレーの内容として）：5点，そして付随する課題への個々の生徒の参加：5点。
　これは各部分にどれほどの評価のウェイトを置くかの一例である。

■例4［体操］
◎個人の成果。
◎評価方法は難易度の高い技の実行や規定演技の実施である。
◎この方法は生徒の中での相対比較の過程を設定している。
◎評価方法は，個人的な成果に関わる生徒間の協同に重点を置く。3〜4人の生徒で作業集団をつくり，そして最終評価は集団の各成員の進歩（初期と最後の成績の差）に基づく。この場合，最も重要なことは集団内の援助と運動課題やそれに伴う課題へのそれぞれの生徒の参加である。

　これらの例は協同と競争のどこを重視するかを示している。極端なシステムを採用することなく，個人，仲間の援助，そして集団によって行われることに異なる重みづけをすることができる。教師がどのような選択をしようとも，目的を明確にし，生徒に目的を知らせ，そして設定された目的を評価する最も良い方法を決定しなければならない。

　以上のように，この章の第5節では，体育授業に役立つ具体的な実例を示した。競争とさまざまな形態での協同に関わるいろいろな方向性が提案された。この部分では，教師が決定すべき4つのキーポイントを示した。
◎活動の選択
◎作業構造の選択
◎集団の編成と役割の管理
◎評価システムについての決定

Exercise 3 評価方法の立案

新体操（団体）やダンスのための評価方法を立案しなさい。個人のパフォーマンス，協同課題への参加度（計画の組織化），振り付けの団体での実施，を分けて評価しなさい。

Exercise 4 統合

チーム種目（バスケットボールなど）を用いて，体育授業で2つの異なる構造のタイプを作りなさい。第1のシステムは集団間の競争に焦点を置きなさい。第2のシステムは異なる協同のタイプに焦点を置きなさい。目標，授業の構造，付随する活動に伴う役割，課題と付随活動でのチームの役割の交代，を明確にしなさい。
それぞれの構造での評価方法を立案しなさい。個人の運動パフォーマンス，団体運動パフォーマンス，協同課題への個人の参加，を分けて評価しなさい。
それぞれの評価方法を選ぶために，前に述べた例を用いなさい。一貫したプロセスを使うように注意しなさい。

6 結論

　本章は体育における競争と多様な形態の協同を分析する枠組みを提供した。この分野のほとんどの研究は一般的な学校環境を扱っている。この分析の枠組みが体育に適用できるかどうかは，研究によって確認されるべきである。

　本章から，体育では教師が伝統的スポーツを使う時はいつも集団間あるいは個人間の競争が重要なポイントとなると結論することができる。このことは，体育が学校で教えられる他の教科と異なる特徴の1つである。創造性のある体育教師は伝統的スポーツ活動から出発して，注意深く適度の競争と協同を計画することができることをここでの分析は示そうとしたものである。この章の第5節に示された例は，あくまでも実際の例示である。これらはさまざまに変化する競争の状況に適合するものである。これらの例を参考にして，児童・生徒間の多様な形態の協同と相互の助け合いを増やしてほしい。このようなアプローチのしかたを

すれば，体育において協同と競争は互いに補い合うようになる。競争活動をうまく使いながら，協同と競争の一方が他を排斥するような活動形態をさけて，協同と助け合いが必要となる状況を設定しよう。

しかし，生徒が成長するにつれて，競争はより重要になってくる。そして競争の効果はコントロールされ，さまざまなかたちの協同や助け合いが競争と結びつけられるであろう。子どもは大人よりも有能ではないが，9歳児はすでに指導活動をすることができる。

思春期前期（11,12〜14,15歳頃）は，知育，徳育の両方から重要な発達の時期である。思春期前期には形式的操作が獲得され，自律的な道徳性が発達する。しかしながら，身体変化と自我の再構築の時代でもある。特に中学校の体育では学校外のスポーツに比べて，教師は広い個人差に対処しなければならない。生徒は素質，運動スキル，心的表象，動機づけの方向，に違いがある。良好な身体状態を維持して運動技能の習得を促進するために，助け合いと協同の状況を準備すべきである。相対比較に基づく評価方法のみの使用は，特に感受性の強い思春期前期において，運動活動への動機づけを損なう可能性がある。生徒に指導者，観衆などの役割を割り当てることは，集団の各成員の参加を増大し，スキルレベルを進歩させるであろう。このことは，まとまりのないクラスを生徒間の相互作用のある有益な集団に変える方法ともなるであろう。

キーポイント

[1] 個人による目標達成が，集団の他のメンバーによる目標達成と正の相関を持つ状況が協同である。参加者の目標達成が他の参加者の達成を妨げる時，その状況は競争である。
[2] 協同はしばしば他の作業構造（競争，単独作業）より優れている。
[3] 協同の優位性は課題の種類と集団成員間の相互作用で決まる。
[4] 教室において，協同集団は4つの形態に分類することができる。
[5] 協同集団は対人関係にポジティブな影響がある。
[6] 集団作業への個人的参加と役割の明確化はまだ論争中である。それらは体育において特殊な形態となる。
[7] 協同の過程は均衡，不均衡（集団成員が同じ立場か，または指導—被指導）の相互作用に関連する。
[8] 社会認知的な対立は認知構造の変化を生じる。
[9] 多様な形態の個別指導が授業において存在する。
[10] スポーツ活動は，さまざまな基準によって分類することができる：目標，活動の協調，同時性，参加人数，成果。
[11] 観察すること，審判すること，審査すること，そして運動感覚的指導は運動課題に伴う活動の例である。

理解度チェック

[1] 協同，競争，個人を明確に定義できるか？
[2] 協同，競争，個人を定義する2つの理論的枠組みは何か？
[3] 教室で協同の有効性を説明する重要な要因は何か？
[4] 体育で，競争と協同の関連が明確なのはなぜか？
[5] 教室で協同の様式には，どのようなものがあるか？
[6] 仲間の相互作用のさまざまな様式とプロセスを書き出しなさい。
[7] 体育とスポーツにおける競争と協同を定義するいくつかの指標を説明しなさい。
[8] 体育とスポーツにおける協同する運動課題に付随する活動の例を挙げなさい。
[9] 体育授業で，ペアまたは集団の均衡の取れた状況と不均衡の状況の例を挙げなさい。
[10] 体育授業でのさまざまな作業構成形態とさまざまな評価システムを書き出しなさい。

文献

1) Beaudichon, J., Verba, M., & Winnykamen, F. (1988). Interactions sociales et acquisition de connaissances chezl' enfant: Une approche pluridimensionnelle [Social interactions and knowledge acquisition in children: A multidimensional approach]. *Revue Internationale de Psychologie Sociale,* 1, 129-141.

2) Bruner, J. S. (1983). *Le développement de l' enfant, savoir faire, savoir dire* [Child development, knowledge, talking]. Paris: P. U. F.

3) Coakley, J. (1987). Children and the sport socialization process. In D. Gould & M. R. Weiss (Eds.), *Advances in pediatric sport science,* Vol. 2 (pp. 43-60). Champaign, IL: Human Kinetics.

4) Cohen, E. G. (1994). Restructuring the classroom: Conditions for productive small groups. *Review of Educational Research,* 61, 1-35.

5) Deutsch, M. (1949). A thory of co-operation and competition. *Human Relations,* 2, 129-152.

6) Doise, W., & Mugny, G. (1981). *Le développement social de l' intelligence* [The social development of intelligence].Paris:Interéditions.

7) Durand, M. (1994). *La pratique sportive comme adaptation à un systeme de contraites symboliques et physiques* [Sport activity as adaptation to symbolic and physical strains]. Enfance, 2-3, 123-133.

8) Durand, M., Barbreau, E., & Durand, G. (1985). Les critères moraux de jugements d'actes sportifs chez de jeunes joueurs de handball [Moral criteria for judgenebts of sport acts in young handball players]. *L' enfant et le sport: Actes du colloque de la société francaise de psychologie du sport et de l' expression corporelle.* Annecy, France.

9) Ellis, S., & Rogoff, B. (1986). Problem solving in children's management of instruction. In E. Mueller & C. Cooper (Eds.), *Process and outcome in peer relationships,* 9 (pp. 301-325). New York: Academy Press.

10) Gilly, M. (1988). Interaction entre pairs et constructions cognitives: Modeles explicatifs [Interaction between pairs and cognitive constructions: Explanatory models]. In A. N. Perret-Clermont & M. Nicolet (Eds.), *Interagir et connaître* (pp. 19-28). Cousset, Switzerland: Delval.

11) Grossen, M. (1994). Theoretical and methodological consequences of a change in the unit of analysis for the study of peer interactions in a problem solving situation. *European Journal of Psychology of Education,* 9, 159-173.

12) Johnson, D. W., & Johnson, R. T. (1975). *Learning together and alone.* Englewood Cliffs, NJ: Prentice-Hall.

13) Johnson, D. W., Maruyama, G., Johnson, R., Nelson, D., & Skon, L. (1981). Effects of cooperative, competitive, and individualistic goal structures on achievement: A meta-analysis. *Psychological Bulletin,* 89, 47-62.

14) Kagan, S., & Madsen, C. M. (1971). Cooperation and competition of Mexican-American and Anglo-American children of two ages under four instructural sets. *Development Psychology,* 5, 32-39.

15) Kelley, H., & Thibaut, J. (1969). Group problem solving. In G. Lindzey & E. Aronson (Eds.), *The handbook of social psychology.* Reading, MA: Addison-Wesley.

16) Knight, G. P., & Kagan, S. (1977). Development of prosocial and competitive behavior in Anglo-American and Mexican-American children. *Psychological Bulletin,* 89, 47-62.

17) Lafont, L. (1994). *Modalites sociales d' acquisition d' habiletés motrices complexes. Rôles de la démonstration explicitée et d' autres procédures de guidage selon la nature des habiletés* Social modalities of complex motor skill learning. Role of explicit demonstrations and other procedures of guidance depending on the kind of skill]. Unpublished doctoral dissertation, Universite Paris V.

18) Nastasi, B. K., & Clements, D. H. (1991). Research on cooperative learning: Implication for practice. *School Psychology Review,* 20, 110-131.

19) Piaget, J. (1932). *Le judgment moral chez l' enfant* [Moral judgement in children]. Paris: P. U. F.

20) Poulton, E. C. (1957). On prediction in skilled movements. *Psychological Bulletin,* 2, 99-112.

21) Siedentop, D., Doutis, P., Tsangaridou, N., Ward, P., Rauschenbach, J. (1994). Don't sweat gym! An analysis of curriculum and instruction. *Journal of Teaching in Physical Education,* 13, 375-394.

22) Slavin, R. E. (1983). When does cooperative learning increase student achievement? *Psychological Bulletin,* 94 (3), 429-445.

23) Slavin, R. E. (1987). Developmental and motivational perspectives on cooperative learning: A reconciliation. *Child Development,* 58, 1161-1167.

24) Slavin, R. E. (1991). *Educational psychology*: Theory into practice (3 rd ed). New York: Prentice Hall.

25) Winnykamen, F. (1990). *Apprendre en imitant?* [Learning by imitation?]. Paris: P. U. F.

■第16章■
体育授業における集団の発達
Group Development in the
Physical Education Class

1 はじめに

どのクラス，どの生徒も異なっているが，相互作用にはいくつかのパターンがある。

相互作用のパターンと発展は，体育教師の授業集団の経営と，授業のカリキュラム目標の達成に役立つ。この章では集団発達のモデルと実践のためのガイドラインを紹介する。

体育授業のカリキュラム目標は相互に関連する身体と社会情緒的成長の両方を含んでいる。集団発達を促進することはこのどちらに対しても役立つ。著者らは集団の発達に留意することが指導の不可欠な部分であると考えている。授業経営が教師の仕事の先頭にくるという考え方もあるが，教えることは授業経営を含み，また逆のことも言える[17]。

2 グループダイナミックスの研究：理論的背景

グループダイナミックスとは，小集団における人々の行動の研究である。

■1.グループダイナミックスの歴史と特色

■(1)研究の分野とその起源

グループダイナミックスの起源は，K・レヴィン，アメリカのグループダイナミックス研究センターの実践，及び第2次世界大戦直後のイギリスにおけるタビストック研究所のビオンであるといわれている。レヴィンの最初の集団研究は1930年代に始まった。第1次世界大戦を経験してから，彼は心理実験室での実験よりも，複雑な現実の生活現象，特に集団の研究を好むようになった。彼は集団という大規模な社会的問題を扱い，戦争により引き裂かれた人々に対する再教育と異人種間関係を改善しようとした。このような観点から，レヴィンと同僚のブラドフォード，リピット，ベンはグループファシリテーターのトレーニング（Tグループ／注：感受性訓練）を開始した[3]。

タビストックグループとビオンは，この分野における第2の功績を残した[11]。通例ゲシュタルト心理学者として紹介されるレヴィンとは対照的に，ビオンは精神病患者のリハビリテーション部門を担当する精神分析家であった。ビオンは相互作用集団に身をおく患者たちの機能不全を関係性の障害と解釈し，患者の直接的な社会環境を指摘してからは，病院のスタッフも研究対象とした。それがグループセラピストのためのTグループである。Tグループは，集団を研究対象にするという新しいアプローチの基礎を築いた。これがグループダイナミックスの起源である。

■(2)現代グループダイナミックスの特徴

第1に，グループダイナミックスの研究は常に実践を強調している。ビオンの関心は治療にあり，レヴィンの目的は社会変動にあった。グループダイナミックスの理論に大きな貢献をしたグループセラピストと組織開発コンサルタントもレヴィンのTグループに根源を持つ。彼らの立場は教師と似ている。教師は教育目標の社会情緒部分を達成するため，集団に働きかける。集団の発達を促す

が，変えつつある集団について研究するので，理論とガイドラインが明確には分けられないのである。

第2に，集団機能における課題と社会情緒は，グループダイナミックスモデルでははっきり区別されている。ビオンは，集団の作業・課題と集団機能を明確に区別した。機能とは，集団が課題に取り組む方法に影響を及ぼす情緒的なもので，集団のふるまいを規定するものである。たとえば，授業の問題は教師が解決すべきであると想定するので，生徒は依存的である。

ビオンは集団機能を研究し，集団の課題には注目しなかった。これは，グループダイナミックスが仕事に無関心ではなく，課題の達成に集団機能が重要な役割を担うと考えたことによる[11]。

■(3)グループダイナミックスにおける集団

レヴィンは，相互依存性とそれについて集団のメンバーが気づいていることを集団の基礎とした。言い換えると，個人の集合と集団の違いは，個人がどれほど似かよっているかとは関係なく，お互いがお互いの活動に頼っているかどうかによる。

ある定義では，集団はメンバーが共通の目標を持つ時に限り存在する。他の定義によれば，共通の目標は必要条件ではない。相互依存は，個人の目標を達成するための手段を共有する必要性からも生じている。この場合，共通の目標は集団とチームとの違いを定義する（▶図16.1）。共通の目標が相手チームコートにボールを落とすことであるバレーボールの試合では，お互いに競い合う2つのチームを含む。しかし，サーキットトレーニングでは，エクササイズを行うための用具を共有しているに過ぎない。本章ではサーキットトレーニングに参加している生徒たちはチームではなく集団とみなす。

グループダイナミックスはメンバー間がお互いに顔を見合わせられる大きさの小集団を扱っている。授業ごとの生徒数が増加しても授業は小集団と考えられる。

■2.小集団における相互作用の記述

グループダイナミックスモデルは集団機能の社会情緒的側面を3つのカテゴリーに分けている。

■(1)相互作用分析の次元

この次元は，別のモデルでも取りあげられている。ベイルズ[1,2]，レーリー[8]，ハーレら[4]は，対人行動のバリエーションを説明する非常に小さな次元を識別しようと試みてきた。これらは，集団の現象の理解に有効と思われる相互作用を両極性の次元で表し，それぞれの次元上にメンバーを位置づけて集団機能を示すというものである[4]。

内—外次元は，人々が集団に属しているかどうかを示す。集団のメンバーシップ，あるいは包括などが同義語である。生徒が教室で座っていても，クラスの一部となっていない時は拒絶されているか，自分でクラスを拒絶したかである（▶図16.2）。

上—下次元は，影響の観点から集団メンバーを説明する。支配者でリーダーか，あるいは部下でフォロアーであるか，勝利者か敗北者か，あるいは持つ者か持たざる者かである。

近—遠次元は，集団メンバー間の親密さを説明する。誰に話し掛けるか，誰に答えるか，誰と頻繁に交流があるか，そして誰を援助するかなどである。

共存—対立次元は近—遠次元と混同されることがあるが，これは，集団メンバーが誰と関係があるかではなく，その関係の質の次元である。関係は調和していて，支持的であり，楽しいのか，または，互いの相互作用が批評，皮肉，怒り，口論，そして競争によって特徴づけられているか。集団

▶図16.1 チームの基礎は相互依存と共通の目標

▶図16.2 ある生徒はクラスに存在するが，クラス集団の一部となっていない

は怒りによっても近い関係になることができる。

最後は，前進─後退次元である。集団メンバーは集団を進歩させたり，それを遅らせたりすることができる。刺激的な役割を担うこともできるし，停滞させることもできる。

教師は，この5つの次元を直感的に理解している。たとえば，授業初日にクラス集団が体育館に歩いて入ってくる様子と着替える様子を見て，誰が不法行為のリーダーであるのかを理解する。次元の点からいうと，教師は上─下次元に数人の生徒を位置づけ，授業の間に，生徒の非公式なリーダーシップを奨励すべきか，構わないでおくべきか，あるいは妨げるべきかをまず決定する。この決定は，前進─後退次元と関連している。

これらの次元は，評価のために用いるものではない。混乱の危険性が共存─対立次元にあると考え，肯定─否定と名づける研究者もいるが，この次元は調和か不調和などの特徴を示すだけで，対立が悪いことだとはみなしていない。

■(2)相互作用パターン

グループダイナミックスでは，集団メンバー間の関係，リーダーとの関係，課題や組織，他の集団との関係を中心とした相互作用が研究された。

これらの関係を明らかにするためによく用いられるのがソシオグラムである（▶図16.3）。この地図では集団のメンバーの位置とメンバー間の関係が記号で表される。地図にはマークの大きさ，マーク間の距離，マークを結ぶ線の太さ，これらラインの横につけられる＋または－の記号等が含まれる。

ソシオグラムには多くのバリエーションがあるが，定期的に描けば，パターンが見え，集団の発展が見えてくる。このようなソシオグラムによって描かれる集団のインフォーマルな構成が重要である。ハグとキング[6]は，授業への好意や敵意，あるいは無関心か参加かを決定するのは生徒の特性ではなく，集団の相互作用パターンであると指摘した。このことから，教室では攻撃的な生徒が個人的に話すと優秀で信頼できる場合があるという教師の経験を説明できる。授業中には，彼らは異なる関係のネットワークに属している。同様に，リチャードとシュムック[13]は，インフォーマルな相互作用パターンがクラスにおける対人関係の風土を決定していると指摘している。

■(3)話題と問題

最後のカテゴリーは，話題と問題の区別である。話題とはメンバーがあからさまに話していることである。問題は隠された関心事であり，生徒が実は気にしていることである。

たとえば，クラスの生徒二人が，チームがどのようにバスケットボールを行うべきかを激しく口論をしている状況を考えてみよう。話題はドリブルをするかパスをするかや，コートにおける選手

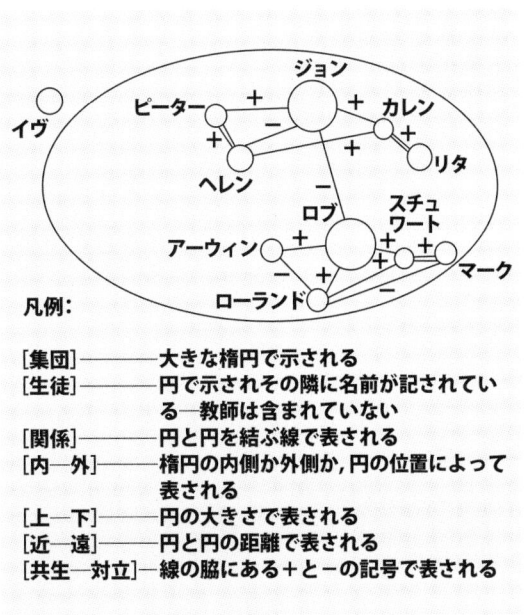

凡例：

[集団]────大きな楕円で示される
[生徒]────円で示されその隣に名前が記されている─教師は含まれていない
[関係]────円と円を結ぶ線で表される
[内─外]───楕円の内側か外側か，円の位置によって表される
[上─下]───円の大きさで表される
[近─遠]───円と円の距離で表される
[共生─対立]─線の脇にある＋と－の記号で表される

▶図16.3 ソシオグラムの例

のポジションかもしれないが，本当に問題となっているのはポジションなのではなく，ポジションを決定する力なのである。

集団メンバーが話題について話すのは，彼らはそれについて話すことができるからである。集団メンバーは問題について十分に安心して話ができるまでの間，話題について話すことによって静かに問題を扱うのである。先に紹介した5つの次元の観点で見ると，ドリブルかパスかの問題は内—外次元に関することである。コート内におけるポジションの対立では，問題は上—下次元が含まれる。

3.集団発達のモデル

ここで論じる集団発達のモデルは，生徒間の関係における話題と問題の両方を含む。モデルはまた，ソシオグラムにみられるパターンの変化と，クラスと教師との関係にある隠された問題に注目している。

シュッツ[14]は，内—外，上—下，及び近—遠の次元から成るモデルを考案し，その後他の研究者によってまとめられた[9),13)]。

話題については，集団機能の課題と社会情緒的側面が区別される。はじめの話題は課題だけであるが，互いに知り合うようになると，情緒的で関係的な事柄について話すようになる。

集団の異なる時点で描かれたソシオグラムは，個人の集まりから包括的集団への発展を映し出す。生徒と教師の関係は，内—外，上—下，近—遠，及び共生—対立の次元である。

次にバスケットボールチームを例にして典型的な傾向を示し，それらを5つの段階にまとめ，集団の発達の実践的なアプローチを提供する。

(1)第1段階：課題，包括，依存

空き時間にバスケットボールをしている若者を例にする。新しいチームメイトたちはお互いをよく知らないために，皆の関心事で，安全な話題であるバスケットボールだけに注意を向けている。チームでメンバーシップを得るためには，試合で勝利に貢献（得点する）しなければならない。集団の一員でありたいと思うので，メンバーは一斉に無秩序に動きだす。

このような初期の段階では，コーチは戦術，ポジションの割り当て，さらに選手交替まで決定できる。当該の選手は失望しながらそれに応じるだろうが，コーチの権威に異論を唱えることはない。

(2)第2段階：ルール，類似，反依存

遊び場のバスケットボールの試合にはコーチはいない。無秩序では集団の話題はゴールから試合へと広がる。プレイヤーはチームを組織化する方法について話し始め，たいていはマンツーマンディフェンス（選手に同じ法則を適用）を採用する。かたやゾーンディフェンスは異なった役割を割り当てる。

組織化されたバスケットボールでは，コーチは自分の決定に対する最初の抵抗を予期できる。メンバーは自分の意見を持つようになり，コーチに抵抗する。第1段階で失望を示しながら応じた選手も，ここでは「なぜ私が？」という怒りをもって対応し，えこひいきもかなりの批判を浴びるであろう。

(3)第3段階：役割，影響力，相互依存

やがて，試合の組織化が別の役割を含むようになる。チームがマンツーマンディフェンスを選択しても，ある相手をマークすることに他のメンバーよりも適した選手が出現する。そのとき話題は，漠然とした「我々はどのようにプレイする？」というものから「誰が何をする？」に移行して，プレイメーカー，フォワード，それにガードという役割分担ができる。このようなプロセスを経て，集団のリーダーも現れる。チームがリーダーシップを発展させるにつれて，メンバーはコーチのリーダーシップに依存しなくなっていく。

(4)第4段階：行動，平等，相互依存の継続

チームのメンバーがお互いを知ると，試合でそれぞれの役割を遂行する方法について選手個人が話すようになる。リーダーは彼らの行動の仕方にフィードバックを与えてくれる人である。コーチからのフィードバックに対する反応がポジティブで，チームのメンバーは異なる役割を果たし，自分を価値があると感じているならば，そのような集団はさらに発展するであろう。

■(5)第5段階：情動, 開放, 相互依存の継続

この段階では，メンバーは個人として受け入れられていると感じており，集団とその課題に専心することができる。ここまで，選手たちは得点することに駆り立てられていたが，この段階では心からチームの目標を目指している。彼らは，集団で補完し合いながら，お互いの能力と利益を引き出している。第1段階では活動力を示したが，今や集団は相乗効果を示している[5]（▶表16.1）。

■4.理論に対する警告

上述したモデルが開発された背景についていくつか特徴を指摘しておく。

第1に，集団発達に関するモデルは，思春期後半と大人の集団についての観察が基礎となっている。しかしながら，集団発達の段階は個人発達の段階と相互に影響し合っている。10歳から11歳までの反依存と比較すると，反依存的な年齢にある思春期集団はかなり険悪である。同様のことが相互依存の局面においても起こっており，そこでは集団メンバーは教師を集団内のメンバーとして扱っている。つまり，高校生と未就学児では明らかに異なっている。

第2に，モデルでは集団の発展はその集団の発

▶表16.1 集団発達の段階

[第1段階]課題, 包含, 依存

- ◎[話題]課題と表面的な会話が成り立つその他の話題
- ◎[問題]「内―外」：包括, 一部であること, クラス集団に含まれるか除外されるか
- ◎[ソシオグラム]個人の集積：関係は表面的なまま, そして結果的に「共生」か「対立」か明確ではない
- ◎[リーダーとの関係]依存：教師は「上」かつ「遠」：指導とパフォーマンス評価の受け入れ

[第2段階]ルール, 類似, 反依存

- ◎[話題]課題を達成するために必要な構成とルール
- ◎[問題]公平／類似：類似の他者は包含され, 支援される：生徒は全員に対するルールを一様に適用することに対して非常に敏感に反応する
- ◎[ソシオグラム]いくつかの点で似た感じを得ている生徒同士の2者関係
- ◎[リーダーとの関係]反依存に傾く：教師は「遠」のまま, それに（それほど高くない）「上」, リーダーシップは「対立」に傾斜する

[第3段階]役割, 影響力, 相互依存

- ◎[話題]課題を達成するための組織化に必要な役割
- ◎[問題]「上―下」：影響力：クラスにおける役割と力の衝突
- ◎[ソシオグラム]下位集団, 対立している派閥
- ◎[リーダーとの関係]相互依存の始まり：教師は「共生」に戻り, 「近」と「内」にくる：関係はより協同的になる

[第4段階]行動, 平等, 相互依存の継続

- ◎[話題]集団の話題としてのクラスにおける個人の行動を含む（世間話的な対話としての話題とは異なる）
- ◎[問題]平等：個人間の違いを相互に認め合う
- ◎[ソシオグラム]下位集団から全体的な集団に向かって広がる効果
- ◎[リーダーとの関係]相互依存の継続

[第5段階]情動, 開放, 相互依存の継続

- ◎[話題]クラスと達成についての感情, 及びクラスメンバー間の関係を含む：問題を話題として利用することができる
- ◎[問題]「近―遠」個人差を考慮した組み合わせによる凝集
- ◎[ソシオグラム]1つのグループ：固い結束の1つのネットワーク
- ◎[リーダーとの関係]相互依存の継続

生とともにスタートしている。教師が新しい集団を扱うのは，幼稚園，小学校，中学校，高等学校の最初の年—新しいクラスメイト，新しい学校，異なるスケジュール，知らない教師—などである。少しの新しいメンバーが加わった集団や新しい状況における集団の存続もまた，集団の開始である。メンバーはこうした新しい状況においてお互いに知り合い，新しい規範や別の役割，異なったふるまい方を要求されるのである。それゆえ，モデルは直線的な発達を提案しているが，集団の発展は直線的というよりも循環的である。

最後に，以前に示された2点の理由から，どの集団でも問題が話題になる段階に達することはない。その集団が悪いのではなく，理論に対する警告である。ナイルセン[9]は，集団発達が完全に達成されることはないと指摘している。

3 集団の発達を通しての集団経営：実践のためのガイドライン

発達の途中にある集団を経営するためのガイドラインについて述べる。

■1.理論と実践

教育では理論と実践を合わせることが必要である。他人の知識を自分のクラスに単に試しても失敗する。集団としての発達段階を考えた上で，クラスを位置づけるアプローチが必要である。そのためにはクラスを観察し，道具としてソシオグラムを用いながら，関係のメッセージを聞くことが大切である。

■2.集団の発達段階を識別する

集団の発達段階を識別するアプローチを紹介する。

■(1)関係のメッセージを聞く

理科や国語は優れてはいないが，体育授業に適応している生徒を想像してほしい。授業は6人ぐらいでの編成の小集団で活動している。鉄棒を交代で行い，お互い協力し合っている。いつもと違い，その生徒が授業を怠けているようである。彼は離れ，順番になっても鉄棒を行わず，他の生徒が彼を仲間に入れようとすると激しく抵抗し，器械運動の運動プログラムを乱暴にののしっている。

隠された問題を疑わずに，表面にでている彼の態度をとりあげたらどうなるだろうか？ この例では，鉄棒上での運動が攻撃性とその後の暴言を説明することはできない。この生徒の反応は話題と調和していない。反応の激しさは問題を反映している。反応と話題の間にあるアンバランスは，隠れている問題の存在を示している。

問題を理解するには傾聴することが必要だが，答えることが妨害になる。もし，生徒が成績評価を公平ではないと感じ，生徒が教師に訴えた時，自分がつけた得点と評価の観点とを説明しようとする衝動に駆られるだろう。しかし，この手の誘惑は，不満を言う生徒の見方を考えることの妨げとなる。また，この例では，問題と関係ない鉄棒運動を有益だと生徒に納得させても本当の問題は解決されない。

状況と出来事が問題を知る鍵となる。別の授業で問題を抱えた生徒を例にしよう。体育の授業で体育館に向かう時の生徒の会話から，前の時間に試験があったことがわかる。教師が運動の説明をした時深いため息を聞いた。これらすべてのデータをもとに何が問題なのかを知ることができる。この解釈を確かめるためには，生徒に尋ねれば良い。問題が何であるかを尋ねることは生徒を傷つけることではないが，生徒の返答は，教師との関

E *xercise* 1 関係のメッセージを聞く

発達を知るためには，授業後以下の出来事をノートに記載し保存する必要がある。
◎日付とクラス
◎生徒が話す話題と，そこに参加していた生徒の名前
◎話題と話題への反応との間に生じた不均衡によってあなたがはっとした瞬間，そしてそこに参加していた生徒の名前
◎この瞬間に隠れている問題について，あなたの解釈と解釈を裏づける事実
最初の月は10分間かけ毎週これらのデータを記録しなさい。2ヵ月目は2週間毎，それ以降は月1回記録しなさい。

係や集団発達の段階に影響される。

　聞くこと，話し手を注視することによって関心を示すこと，問題を明確にするために生徒に自由回答の質問をすること，教師がメッセージを正確に解釈できたかどうかを確認することがポイントである。確認は，言い換えることでもある。

■(2)ソシオグラムを作成する

　ソシオグラムはクラスを違った視点から見る方法である。**図16.3**に示されるフォーマットを用いてほしい。これは生徒間の関係のみを含み，内―外，上―下，近―遠，共生―対立の次元を描写する。

> **Exercise2 ソシオグラムを作成する**
>
> 集団を円で表しなさい。名簿を使用せず，お互いの関係において生徒を位置づけなさい。次に，ソシオグラムとクラスの名簿を対比する。
> 次の10分を使ってこれを再び行いなさい。このソシオグラムを次の授業後に訂正してはいけない―新しいソシオグラムを作成しなさい。

　体育授業は，生徒の関係を観察するのに絶好の状況である（▶**図16.4**）。立って教師の指示を聞いている生徒は，無意識的にソシオグラムの位置を作っている。バレーボールのチーム分けでは，クラスの下位集団が表れるであろう。対人関係の魅力はハンドボールの試合におけるパスによって表されるであろう。他の教科と比較して，生徒間のパターンがよく見えるので生徒の観察に好都合である。

■(3)生徒―教師間の関係

▶**図16.4 体育授業はソシオグラムの位置を観察するのに特別な状況である**

　教師が生徒にとって話題を話すことのできる人間の一人であったとしても，生徒の言うことを教師が直接聞くことは少ないであろう。おそらく，生徒の意見は遠まわしで，学校の代表者としての教師に対する慎重なメッセージになるであろう。

> **Exercise3 生徒―教師間の関係**
>
> 次の5分で練習問題1,2を結合しなさい。
> ◎生徒が教師と話している話題と，そこに参加している生徒の名前
> ◎はっとした生徒の教師に対する反応，そしてその生徒の名前
> ◎聞くことによって明らかになった問題
> ソシオグラムを見ながら，生徒の自分に対する扱いをあなたがどのように感じているのかを書き留めなさい。生徒は教師を「内―外，近―遠，共生―対立」に位置づけているか？

■(4)クラスの発達段階を識別する

　授業での話題と問題を書き記し，数週間に渡るソシオグラムを描いてみると，データは発展を示すだろう。**表16.1**の集団発達の段階にそのデータを照らし合わせてみよう。

> **Exercise4 集団発達を決定する**
>
> データを，**表16.1**にある5つの段階に照らし合わせなさい。話題，問題，生徒―教師間の関係のカテゴリーの記述を，資料を分類するために用いなさい。

　データを，このモデルに当てはめようとしてはいけない。本章はこのモデルをひどく単純化して紹介しているので，必ずしも5つの段階が提案しているようなことが同時におこるわけではない。

　この練習問題は教師に集団発達を認識してもらうためのものである。クラス集団が，これらのカテゴリーに少しも適合することがないとしても，集団発達を促進することは，生徒がクラスの問題を解決することを助ける。

■3.集団発達を促進する

　集団は，問題に対する集団の取り組みを援助することで発達する。そのためのアイデアは，次の

ように分類できる。「問題について話すこと」「適合する課題を用いること」「ルールと課題設定の調節」。

最初のアプローチは問題について直接話をすることである。鉄棒運動を拒絶する生徒の声に耳を傾ければ、失敗することとクラスメイトの評価を失うことへの不安を知ることができるかもしれない。この例で興味深いのは、多くの教師がこの生徒の行動を個人の問題として無意識に解釈してしまっているという点である。生徒の行動は、それをクラスや他の関係性で理解すべきである。

しかし、関係の問題を直接話すことは、十分な集団発達を前提とするので、最初の数段階では、このアプローチは成功しない。

代案は、課題を適合させることである。集団が問題を扱うようにしむける運動を提供することである。スウェーデン体操、ダンス、サッカーの試合は、生徒の相互作用の機会がまったく異なっている。

第3のアプローチは、すでに存在する課題の構造、ルール、役割を操作することである。たとえば、チーム分けの手続きを変えたり、球技の試合では得点を入れた選手がチームを入れ替わるというルールも作れる。こうすれば、カリキュラムから逸脱しないで、社会構造に影響を及ぼすことができる。

次に、前述の表（▶表16.1）の5つの段階それぞれにおける集団の発達を促進する局面を紹介する。

■**(1)第1段階：課題, 包括, 依存**

クラスが集団として成長するには、集団活動を提供する必要がある——その活動とは、集団状況で生徒に相互依存させるものである。課題と包括の相互作用で、生徒は目の前の活動に注意を注ぐ。異なる能力を要求する課題を用いれば、さまざまな能力の生徒が体育授業に活発に参加することができる。ニューゲーム[10],[16]は、異なる能力を要求する多様な集団活動ゲームを含む例である。

生徒がお互いに見聞きし合えるクラスを設定することの重要性を指摘している研究もある[12),13),15)]。体育授業ではこの設定は変化しやすいが、たとえば円陣は整列と異なり集団の相互作用を生み、コミュニケーションを分散できる。

教師は生徒に期待することと、生徒が体育授業に期待できることを明確に述べなければならない。非言語的メッセージは言語的メッセージと同じくらいに伝わるものであることを理解してほしい。生徒は教師の言うことは聞いていなくても、どのように言うかをしっかり理解する[9)]。

自分が学校時代に好んだ行動を、授業にまずモデルとして用いたらよい。生徒は教師が何を基準にするかをすぐに読もうとするはずだ。授業で生徒が安全か脅威かを感じるのは、教師のほんのわずかな評価の仕方である[15)]。教師が自分のことを話す時に個人的な情報を加えること、生徒をファーストネームで呼ぶこと、パフォーマンスと同じくらい努力を認めること、そしてえこひいきや恥をかかせることのないよう注意すること、などが誤解のないコミュニケーションの例である。

教師は生徒にこの種のふるまいを奨励する立場にもある。本章では強制という言葉を故意に避けている。規則を強いることを否定しているのではないが、「私がそのようなことを言われたら、非常に傷つくであろう。私はこのクラスで生徒が互いに傷つけあうことは絶対にいやだ」と言うことができる。期待は誰に対しても明快に、そしてメッセージは誰に対しても確固たるものが良い。授業は、上品であるより親しみのある雰囲気を目指してほしい。

最初の授業で、生徒の質問に答えることは悪くない。しかし生徒が自分でわかるような質問に答えないことも意味のあることである。生徒は失望するかもしれないが、教師に依存しなくなる。ある生徒の質問にクラス全体で答えを出す方法も効果ある。

■**(2)第2段階：ルール, 類似, 反依存**

最初の集団の出会いが終わると、生徒は気の合いそうなクラスメイトを探し始める。2, 3人による接触の機会を持つ定期的な課題を設ければ、生徒の友人探しを支援することができる。この段階では、カリキュラムの後半で重要となる新しく複雑な技術を教授しないほうが良い。まだ生徒は

▶図16.5 自立を獲得しようとする試みとして生徒の反感を理解する

十分に活動を受け入れていないので、内発的に動機づけるような活動が好ましい。

壁登りは上記の基準に合うと思われる活動の例である。登山者、ビレイヤー（ザイルで確保する人）、ロープでつなぐ（バックアップ）ビレイヤーという3人構成が必要である。多くの生徒にとって、登山は内発的な活動である。

活動のルールを決定する時、生徒の欲求を認識してほしい。この段階では、生徒に下位集団を選択させる。そうすることで、形成されつつある友情を教師が認めたことになり、生徒は互いに接触する。スタンフォード[15]は、この段階では選んだり選ばれたりすることに生徒は脅威を感じていると考え、集団をランダムに分けた。しかし著者らは、選んだり選ばれたりすることを恐れるのではなく、選ぶことを強いられていることが脅威であると考えている。

自分のチームを自己選択することで生じる効果は、会話の機会がなければまったく消滅してしまうであろう。したがって、沈黙を押しつけることは非生産的な規則となる。

この段階でクラスは規則への感受性と類似性を増す。そこで教師は規則に特別な注意を払い、すべての生徒に等しく適用するであろう。

集団作業に報酬を与え、個人のパフォーマンスではなく生徒たちの共通の努力を正しく認めると、集団が自立に向けて成長する。自立に向け成長する過程には教師に反抗することも含まれる。

教師にとって、これはたやすいことではない。生徒からの否定的な反応は、教師—生徒間の貧弱な関係を導く[9]。

そうならないためには以下の点に留意するとよい。第1に、生徒の質問に対して偏った考えに固執しないこと—彼らは決して非難しているのではない。第2に、生徒の見解が不適切、あるいは不正確であると考えるのではなく、教師は生徒が伝えようとしていることを傾聴すべきである[13),15]。第3にモデルは、自立を獲得しようとする時に教師が耳にする激しい反発の一部のみを解釈している（▶図16.5）。したがって、意見を個人的に受けとめてはいけない。

■(3)第3段階：役割，影響力，相互依存

生徒がクラスメンバーとよく知り合ってからは、下位集団の課題がクラスの関係促進に効果を表す（▶図16.6）。メンバーを集団に固定せず、よく知り合っていないクラスメンバーを必ず含むことで、下位集団を変化させてみよう。下位集団を選び構成するための規則は、集団メンバーを混ぜ合わせる。バレーボール、バスケットボールなどの球技スポーツがそれに適している。

集団やクラスの活動を行う時自分のやり方を通そうとしている生徒には、皆と話し合って方法を決めさせることが必要である。そのような生徒は影響力を持ちたいので、教師の手助けが彼らの力を増すなら、影響力の問題は解決できない。

教師とクラスとの関係がオープンになり、生徒たちが教師の専門的知識や許可を必要としないで行動できるようになると、彼らは責任を持つよう

▶図16.6 あなたは下位集団に課題を提供するべきである…

▶図16.7 …そして生徒に責任を与える

になる。そうすると授業のためにチームに責任を割り当てることができる（▶図16.7）。ここで、生徒の依存性や反依存性の影響を受けることなく、授業での生徒の反応を知ることができるようになる。

■(4)第4段階：行動, 平等, 相互依存の継続

競争的な衝動はこの段階ではなくなっている。生徒は社会的関心ではなく、課題の基準によってクラス内に安定した下位集団を構成する。

クラスは生徒主導の下位集団で活動できるように経営を行うべきである。共通目標を持ち、能力の異なる集団の方が好ましいことが明らかにされているので、下位集団は能力別に分割されるよりも、課題に対する熟達度の異なる生徒で構成されたほうが効果的である。達成度別グループ分けは、単元内容の理解と熟達によくない影響を及ぼす。教師がある集団を能力の高い集団と分類し、その違いを強調すると、クラスの関係性が悪くなる[18),19)]。特別な能力を持った生徒たちは他の生徒が気づいた時に、クラス（あるいはその一部）に紹介すると良い。これらの生徒は特定の運動やスポーツに精通していないメンバーを手助けすることができる。

男女共学の下位集団では同数の男子と女子を含むことが最適であるが、これが不可能な場合、むしろ男女混合にしないほうがよいことが見出されている[18)]。

1人の人間として教師に興味を持つようになると、生徒は人生について相談し答えを知りたがる。その時は、優れた正しい回答を期待しているのではなく、共感を求めているのである。

■(5)第5段階：情動, 開放性, 相互依存の継続

集団は最後に成熟段階に到達する。この段階では集団メンバーは授業での到達と同じくらい集団での活動に責任を感じるようになる[13)]。その結果、教師はカリキュラムが許す範囲で、生徒たちが行いたいと思っているスポーツや運動を選ばせることができる。自発的に集団が構成され、組織される。

シュムック[12)]は、最後の数日間の最も良い点と悪い点についてクラス討論を行うことを提案している。これは問題解決の討論になりうる。この段階は終わりなのではなく、次の身体的、社会情緒的成長に向けた準備となる。

4 結論

この章では、集団発達のモデルを紹介してきた。これは授業で観察されるさまざまなことを考える視点を示すものである。また、毎日の実践のために必要とされるいくつかのガイドラインも紹介してきた。5段階モデルが集団発達の複雑性を完全にカバーすることを期待することはできないので、無批判にこのガイドラインを適用してはいけない。しかし、モデルは少しは役に立つだろう。

第1に、このモデルは多くの発見を理解する枠組みとして役立つ。著者ら自身、いわゆる専門家の知識というものが、いかに矛盾をはらみ、結果的に混乱を生み出す代物であるかを経験してきた。ある専門家はこう言い、他の人は反対のことを言う。それでは私はどうすればいいのか。このような矛盾するアドバイスは、集団発達の連続体を考えると解決できる。例として、下位集団の構成を挙げよう。これは生徒を下位集団に割り当てるか、それとも生徒に選ばせるかという問題ではなく、いつ集団を構成し、いつ自身のこととさせるかということが問題なのである。一見するとまったく矛盾するガイドラインは、集団の成長における別々の段階で用いられただけであったのだ。

第2に、この章で組み合わされたモデルとガイドラインは、教師が集団を発展させることを助ける。集団発達は、身体と社会情緒的な教育の両方

に有効である。人間関係の問題が落ち着くと，体育の課題に集中できるようになる。公平性と親密性の段階へ発展していく集団は，社会情緒的な教育に重要な機会を提供すると言える。

　ガイドラインは授業のレシピではない。授業では生徒の問題についての見通しとバックアップが必要である。集団発達を促進するためには，生徒のメッセージを聞き，苦労して進まなければならない。1つの手法や1つの答えだけがクラス経営にとって正しいのではない。教師の活動はすべて生徒との関係で理解され，良くなったり悪くなったりする。この関係を十分に生かし，それに応じて活動することは，健康的な学習環境をつくりだす一番良い方法である。

　本章は，教師に学習における関係について新しい展望をもたらすものである。逆説的であるが，規則のための規則を適用することはうまくいかないことが多い。もし，レシピがうまくいけば教師生活は楽になるだろうが，それはまちがいなく教師生活を味気ないものにするであろう。

キーポイント

[1] 教師は，クラスにおける相互作用パターンの発達に気づくべきである。これは，カリキュラム目標に到達するよう運営することと，社会的スキル（生活変化，衝突，緊張への対処）を実践させることに役立つ。

[2] 課題と情緒を区別することが，グループダイナミックスの特色である。

[3] 集団の基礎は相互依存である。

[4] チームの基礎は，相互依存と共通の目標である。

[5] 集団機能の社会情緒的側面は，次元として説明できる。

[6] ソシオグラムとは，関係性を描いた地図である。

[7] 話題とは，集団メンバーが表立って話しているものである。問題とは集団メンバーの隠された関心事で，暗黙的なものである。

[8] 集団発達モデルは，各段階における一連の集団関係の発展を示す。発達は，熟達した機能に向けた発展を意味する。

[9] 集団発達の段階は，個人発達の段階と相互作用する。

[10] 体育の自然科学は一般原理を描写することに焦点を当てている。体育の人文科学は「いつ」「どのように」を認識すること，そして一般原理の個別化の程度を認識することを含んでいる。

[11] 体育授業は，ソシオグラムの位置を観察できる特別な状況である。

[12] 集団発達の促進とは，集団が自らの問題を解決する援助をすることである。

[13] 集団発達を促進するには①問題について話す，②適当な課題を選択する，③構成と規則を調整する，ことが必要である。

[14] 第1段階では，多様な集団活動を提供するべきである（課題）。相互作用を生み出すクラス環境を組織しなさい（構成）。期待と到達目標をはっきりと述べ，それを実践しなさい（過程）。

[15] 第2段階では，2，3人の接触が行われる活動を提供すべきである。複雑な技能を教えることは避けなさい（課題）。生徒に下位集団を選ばせなさい。規則に特別な注意を払いなさい（構成）。生徒の反感を自立の試みとして理解しなさい（過程）。

[16] 第3段階では，下位集団に課題を提供すべきである（課題）。よく知り合っていないメンバーを混ぜて，下位集団の変化を奨励しなさい（構成）。生徒間の討論を促進し，構成しなさい。生徒に責任を持たせなさい（過程）。

[17] 第4段階では，共通の目標に向かう，さまざまな能力を持つ生徒が混ざり合った集団を構成すべきである。

[18] 第5段階では，集団は成熟し，集団生活と集団課題の責任を受け入れ，生徒が集団を組織することができる。

[19] 互いに矛盾するようにみえるガイドラインは，集団発達の異なる段階に適用すべきものと考えられる。

理解度チェック

[1] 体育クラスとスポーツチームの類似点と相違点を挙げなさい。

[2] 集団機能の社会情動レベルとはどういうものか。

[3] 自分の体育クラスの機能と発達段階をどのようにして知ることができるか。
[4] 14章，15章でまとめられている社会的相互作用，協同，競争を，集団発達の連続軸上に描いてまとめなさい。
[5] あなたがクラスの発達を促進するために使う主な方法は何か。

文献

1) Bales, R. (1951). *Interaction process analysis*. Cambridge, MA: Addison-Wesley.
2) Bales, R. (1970). *Personality and interpersonal behavior*. New York: Holt, Reinhart, & Winston.
3) Bradford, L., Gibb, J., & Benne, K. (1964). *Group theory and laboratory method*. New York: Wiley.
4) Hare, P. (1973). Theories of group development and categories for interaction analysis. *Small Group Behavior*, 4, 259-304.
5) Hovelynck, J., & Vanden Auweele, Y. (1995). *Group dynamics in the sports team: A developmental model*. Leuven: unpublished paper.
6) Hug, W., & King, J. (1984). Educational interpretations of general systems theory. In R. Bass & C. Dills (Eds.), *Instructional development: The state of the art. Part 2* (pp. 18-28). Dubuque, IA: Kendall Hart.
7) Lancy, D. (1978). The classroom as phenomenon. In D. Bas-Tal & L. Saxe (Eds.), *Social psychology of education* (pp. 111-132). New York: Wiley.
8) Leary, T. (1957). *Interpersonal diagnosis of personality*. New York: Ronald Press.
9) Neilsen, E. (1977). Appiying a group development model to managing a class. *The Teaching of Organization Behavior*, 11 (4), 9-16.
10) Orlick, T. D. (1982). *The second cooperative sports and games book*. New York: Pantheon Books.
11) Rioch, M. (1975). The work of Wilfred Bion with groups. In A. Colman & W. Bexton (Eds.), *Group relations reader* (pp. 21-33). Sausalito (San Francisco), California: Grex.
12) Schmuck, R. (1978). Applications of social psychology to classroom life. In D. Bas-Tal & L. Saxe (Eds.), *Social psychology of education* (pp. 231-255). New York: Wiley.
13) Schmuck, R., & Schmuck, P. (1992). *Group processes in the classroom*. Dubuque, IA: Brown.
14) Schutz, W. (1966). *The interpersonal underworld*. Palo Alto, CA: Science & Behavior Books.
15) Stanford, G. (1977). *Developing effective classroom groups*. New York: Hart.
16) Vanreusel,B.(1985). Innovatie in spel:'New Games' en coöperatieve spelen [Innovation in games: 'New Games' and cooperative games]. In J. M. Pauwels (Ed.), *Ludi nostri: Een conceptuele benadering van de sportspelen* (pp. 129-143). Leuven, Belgium: Acco.
17) Verhaeghe, J. P. (1994). Kan omgaan met leerlingen aangeleerd worden? [Can dealing with pupils be taught?]. *Welwijs*, 5 (3), 24-29.
18) Weinstein, C. (1991). The classroom as a social context for learning. *Annual Review of Psychology*, 42, 493-526.
19) Zander, A. (1982). *Making groups effective*. San Francisco: Jossey-Bass.

索引
Index

索引
Index

あ

アウトプット………162
暗黙の知識………116
一般的自尊心………45
イメージ想起………128,129
インプット………162
運動イメージ………128
運動学習………108
運動学習のスキーマ理論………108
運動学習の閉回路理論………108
運動課題………82,83,100,113,177
運動協応………77,78
運動行動のテスト………86
運動スキル………75,108
運動スキルの獲得………111,119
運動トポロジー………120,121,123
運動能力………79,95
運動パフォーマンス………80,100
運動表象………129
運動有能感………89

か

外在的情報………119,125
階層関係………158
開放的なスキル………85
顔の表情………160
学習………69,81
学習課題………119
学習性無力感………44
過剰情報………126
過小評価………96
過小評価者………94
課題関与………13,15,38
課題志向………39,151
課題志向性………12
課題志向的動機づけ雰囲気………39
課題の要求………104
過大評価………96
過大評価者………94
課題目標………13,37
感覚情報………86
感覚情報源………84
環境チャンネル………159
関係のメッセージ………190
観察学習………120,121,125
慣習的レベル………146
感情移入………135
帰属………94
規範準拠基準………37

索引
Index

規範的利他主義………138
逆U字仮説………65
客観的難易度………102
協応………77,112,114
協応性………77
協応能力………77,81
共感………49,152
共感覚醒………139
共感のトレーニング………143
教師の期待効果………162
教授-学習過程………35
共生—対立………188
競争………173
競争志向………105,151
競争的目標報酬構造………39
競争と協同………151
競争目標………105
協同………173
共同学習集団………174
共働行動………157
共同相互作用………157
近—遠………188
グループ間相互作用………166
グループダイナミックス………186
グループ内相互作用………166

計画的行為の理論………4
ゲーム的推論理論………50
ゲームの論理………151
原因帰属………46,97
原因帰属スタイル………168
言語的コミュニケーション………158
言語的手がかり………128
原則的レベル………146
攻撃性………140
向社会的行動………49
構造的発達理論………49
行動意図………5
行動観察法………163
行動の統制認知………5
合理的行為の理論………4
声の特徴………160
個人志向………178
個人の成果………181
コーチング行動評価システム………165
個別化構造………39
コミュニケーション………158
コンピテンス動機づけ理論………46,57

さ

最適化………115

索引
Index

ジェスチャー………160
自我関与………13,15,37
視覚的手がかり………127
自我志向………39,151
自我志向性………12
自我／成績志向的動機づけ雰囲気………39
自我目標………13,37
時間と正確性………82
自己………91
自己概念………45,55,90,96,97
自己概念トレーニング………140
自己価値………45
自己決定理論………6
自己効力感………46
自己参照思考………89
自己システム………56
自己準拠規準………37
自己成就的予言………43
自己知覚………33,45,55
自己知覚プロフィール………91
自己知識………56
自己陶酔型パーソナリティ………59
自己の領域………91
自己評価………97,129
姿勢………160

自尊心………33,34
失敗回避方略………60
質問紙法………163
指導スタイルの連続モデル………151
自発的利他主義………138
示範………121
社会情緒的風土………162
社会的規範………4
社会的相互作用………150,156
社会的道徳的推論………49
社会的認知アプローチ………36
社会的認知スキル………135
社会的認知理論………46
社会的望ましさ………91
社会的比較………105
社会的比較理論………46
社会的有能感………60
社会道徳的推論………36
社会認知的学習理論………49
集団………186
集団間競争………180
集団志向………178
集団の成果………181
集中………65
自由度………111,116,125

索引
Index

自由度の探求………112
自由度の抑制………111
自由度の抑制と解放………110
主観的運動強度………103
主観的重要性………97
主観的難易度………100
主観的評価………95
熟達志向………105,151
熟達動機づけ………167
熟達目標………105
準拠集団………93,96,99
障害者体育コンサルテーションモデル………60
上―下………188
情報処理モデル………64
情報の符号化………123
情報量………123
職業倫理………153
自律性………6
自律的な道徳性………148
身体活動………3
身体的自己価値………56
身体的自尊心………45
身体的な外見………160
身体的有能感………57
シンボリック相互作用理論………46

心理的成果………35
親和関係………158
スキル………78
スキル習得………89,95
スポーツ能力………20
スポーツへの参加………93
制御パラメータ………115
成功………95
成功体験………90
性差………93,103
接触………160
前慣習的レベル………146
専門家集団………174
相互作用パターン………187
相互作用分析の次元………186
相対的タイミング………110
ソクラテス式問答法………152
ソシオグラム………187
素質………104
ソーシャルサポート………61

た

対称的影響………156
対人認知………135
態度………4

索引
Index

ダイナミックシステム理論………108,110,115
達成動機………105
達成目標………33
達成目標志向性………12
達成目標理論………37
楽しさモデル………9
男女共修………167
チーム………186
チーム内の協同………180
チャンク………123
注意………65
手がかり利用仮説………65
適応的達成行動パターン………20
動機づけ………89
動機づけ環境………105
動機づけ雰囲気………25,39
道徳性相互作用理論………49
道徳性の発達………146
道徳的ジレンマ………51
努力………100,104
努力は両刃の剣………39
努力目標………95

な

内—外………188

内在的情報………125
内発的動機づけ………6
認知過程………64
認知機能………33,34
認知構造主義理論………56
認知的評価理論………6,40
認知方略………119,127
能力………78,97
能力概念………12

は

ハインツのジレンマ………149
場の理論………172
パフォーマンス………69
パラメータ学習………120,121,124
反応時間………67
反応性相互作用………158
ピアジェ………175
ピグマリオン効果………161
非言語的コミュニケーション………158
非現実的な認知………90
非攻撃的環境………143
非対称的影響………156
非対称的相互作用………157
評定法………163

索引
Index

疲労………64
フィードバック………119,121,125,126,162
付加的情報………119,121,125,126
複雑運動………108,109
不適応達成行動パターン………20
フロー………8
閉鎖的なスキル………84
勉強集団………174
包括的自尊心………34
報酬のシステム………172

ま

ムーブメント教育………83
メンタルトレーニング………128
目標の難易度………100
目標の現実性………101
モデリング………49,120,121,122
問題解決………66
問題解決集団………174

や

役割獲得スキル………136
役割取得能力………49
役割受容………152
役割と課題………181

有能感………42,89
有能さ………6
予期………95
欲求不満攻撃性理論………141
ルール………153

ら

利他主義………138

わ

話題と問題………187

欧文

KR………126
RPE………103
SPPC………93
SPPC尺度………91
Tグループ………186

編著者＆訳者一覧

■編者
ヴァンデン-オウェール，Y（Vanden Auweele, Yves）
バッカー，F（Bakker, F）
ビドル，S（Biddle, S）
デュラン，M（Durand, M）
ザイラー，R（Seiler, R）

■著者
ヴァンデン-オウェール，Y（Vanden Auweele, Yves）　　　まえがき，はじめに，第4部扉，第16章
バッカー，F（Bakker, F）　　　まえがき，第2部扉
ビドル，S（Biddle, Stuart）　　　まえがき，第1部扉，第1章
デュラン，M（Durand, M）　　　まえがき
ザイラー，R（Seiler, R）　　　まえがき，第3部扉
ファン-アッシィ，E（Erik Van Assche）　　　はじめに
メトロシコ（Metlushko, O）　　　はじめに
チェブニッキ（Rzewnicki, R）　　　はじめに
チャチアランティ，N（Chatzisarantis, Nikolaos）　　　第1章
ザラスイン，P（Sarrazin, Philippe）　　　第2章
ファモーズ，J（Famose, Jean-Pierre）　　　第2章
パパイアノウ，A（Papaioannou, Athanasios）　　　第3章
グッダス，M（Goudas, Marios）　　　第3章
オーモンソン，Y（Ommundsen, Yngvar）　　　第4章
バエリ，M（Bar-Eli, Michael）　　　第4章
リントゥーネン，T（Lintunen, Taru）　　　第5章
ゼルバス，Y（Zervas, Yannis）　　　第6章
ストロバノワ，N（Stambulova, Natalia）　　　第6章
メヒリング，H（Mechling, Heinz）　　　第7章
ファン・ロッスム，J（Van Rossum, Jacques）　　　第8章
ムッシュ，E（Musch, Eliane）　　　第8章
フェルメール，A（Vermeer, Adri）　　　第8章
デリニエール，D（Delignieres, Dideier）　　　第9章
フェアアイケン，B（Vereijken, Beatrix）　　　第10章
ボガード，R（Bongaardt, Rob）　　　第10章

編著者&訳者一覧

ブリスク，K（Blischke, Klaus）	第11章
マーシャル，F（Marschall, Franz）	第11章
ミュラー，H（Muller, Hermann）	第11章
ダウグス（Daugs, Reinhard）	第11章
マーコーン，A（Marcoen, Alfons）	第12章
テラマ，R（Telama, Risto）	第13章
アルファーマン，D（Alfermainn, Dorothee）	第14章
ラフォン，L（Lafont, Lucile）	第15章
ウィニカーモン，F（Winnykamen, Fayda）	第15章
ホヴォリンク，J（Hovelynck, Johan）	第16章

■訳者

伊藤豊彦（島根大学）	本書の翻訳にあたって，第1部扉，第1〜3章（第1部責任者）
長谷川悦示（筑波大学）	第2部扉，第4章
西野明（千葉大学）	第5章
吉澤洋二（名古屋経済大学）	第6章
三木ひろみ（筑波大学）	第3部扉，第7章（第3部責任者）
西田順一（福岡大学）	第8章
磯貝浩久（九州工業大学）	第9章
阿江美恵子（東京女子体育大学）	第10章，第4部扉，第12章（第4部責任者）
杉山佳生（九州大学）	第11章（第2部責任者）
土屋裕睦（大阪体育大学）	第13章
遠藤俊郎（山梨大学）	第14章
渡辺英児（龍谷大学）	第14章
森　恭（新潟大学）	第15, 16章
高山千代（新潟青陵大学短期大学部）	第15章
渋倉崇行（県立新潟女子短期大学）	第16章

体育教師のための心理学
©スポーツ社会心理学研究会 2006

NDC375 xiv, 203p 26cm

初版第1刷発行―――2006年4月10日

編　者	ヴァンデン-オウェール,Y／バッカー,F／ビドル,S／デュラン,M／ザイラー,R
訳者代表	伊藤豊彦
発行者	鈴木一行
発行所	株式会社 大修館書店 〒101-8466 東京都千代田区神田錦町3-24 電話 03-3295-6231(販売部) 03-3294-2358(編集部) 振替 00190-7-40504 [出版情報] http://www.taishukan.co.jp http://www.taishukan-sport.jp(体育・スポーツ)
装丁・本文デザイン	田中眞一
印刷所	広研印刷
製本所	関山製本社

ISBN4-469-26597-7 Printed in Japan

Ⓡ本書の全部または一部を無断で複写複製(コピー)することは、著作権法上での例外を除き禁じられています。